Derrida · Die différance

Jacques Derrida

Die différance

Ausgewählte Texte

Mit einer Einleitung herausgegeben
von Peter Engelmann

Reclam

RECLAMS UNIVERSAL-BIBLIOTHEK Nr. 18338
2004 Philipp Reclam jun. GmbH & Co. KG,
Siemensstraße 32, 71254 Ditzingen
Copyrightvermerke für die Texte siehe Seite 361
Druck und Bindung: CPI books GmbH, Leck
Birkstraße 10, 25917 Leck
Printed in Germany 2022
RECLAM, UNIVERSAL-BIBLIOTHEK und
RECLAMS UNIVERSAL-BIBLIOTHEK sind eingetragene Marken
der Philipp Reclam jun. GmbH & Co. KG, Stuttgart
ISBN 978-3-15-018338-0
www.reclam.de

Inhalt

Einleitung

Im Rückblick auf Jacques Derridas noch nicht abgeschlossenes, gleichwohl schon sehr umfangreiches und verästeltes Werk und auf ein riesiges Korpus seine Arbeit interpretierender Texte ist es nicht leicht, Leitlinien für die Lektüre und das Verständnis dieses Werkes festzulegen und vorzuschlagen.

Hinzu kommt, dass Derrida aus Gründen, die sich aus seinem Werk ergeben, ständig darum bemüht ist, kommunikative und pädagogische Lektüren zumindest zu stören, falls er sie nicht ganz zu verhindern sucht. Ziel dieser Störungen ist es, sein Werk vor vereinfachenden Lektüren zu schützen, die es seiner wesentlichen Qualitäten berauben würden.

Tatsächlich weiß der Autor Derrida, dass sich sein Werk – wie jedes andere – seine Lektüre prinzipiell nicht aussuchen und seine Interpretation nicht festlegen kann. Gerade das ist eine der wesentlichen Einsichten Derridas. Und so finden sich bei ihm zunehmend pädagogische und kommunikative Texte, welche die Situation der Lektüre, ihre institutionellen Umstände und Zwänge nicht nur berücksichtigen, sondern auch zu lenken versuchen.

Ginge Derrida jeder Sinn für Kommunikation, Pädagogik und Institution ab und würde er die Legitimität solcher Texte bestreiten, hätte er nicht jahrzehntelang unterrichtet, unzählige Vorträge gehalten und Interviews gegeben, die sich durchaus bemühen, sein Werk einem nicht spezifischen Publikum nahe zu bringen und zu erläutern, um den Lesern ein Verständnis seiner philosophischen Ansichten zu ermöglichen. (Sein Buch *Auslassungspunkte*[1] fasst viele dieser Statements und Interviews

1 Jacques Derrida: Auslassungspunkte. Gespräche. Übers. von Karin Schreiner und Dirk Weissmann unter Mitarb. von Kathrin Murr. Hrsg. von Peter Engelmann. Wien: Passagen Verlag, 1998.

zusammen und bietet die beste Sammlung von Eigenerklärungen.)

Auch die folgende Auswahl seiner Texte ordnet sich in das Feld kommunikativ orientierter pädagogischer Texte ein und ist in diesem Rahmen ebenso legitimiert wie jeder andere Kommentar zum Werk Derridas. Zugleich teilt er mit allen Kommentaren und Erklärungen deren prekären Status.

Über die Schwierigkeit, Derrida zu lesen

Jede Textauswahl aus dem Werk eines Philosophen und so auch die folgende Auswahl von Texten Jacques Derridas wird von einem pädagogischen Interesse gesteuert. Die Leser sollen einige Texte zur Verfügung gestellt bekommen, die ein Verständnis des Autors und seines Werkes ermöglichen. Die Lektüre der Textauswahl stellt einen vergleichsweise kurzen Weg zum Verständnis des Autors her. Die Auswahl verspricht durch das abgekürzte Verfahren, bei dem der Auswählende dem Verständnis Suchenden einen Teil der Arbeit abnimmt, eine Zeitersparnis und einen geringeren Energieaufwand beim Bemühen um das Verständnis des Philosophen. Die Auswahl will in dem weit verzweigten, unübersichtlichen Werk einen philosophischen Kern markieren und Texte zusammenstellen, deren Studium einen Leitfaden für die Durchquerung des Textozeans an die Hand gibt, ohne dabei den verzwickten Status eines Textes, eines Leitfadens, eines jeden verwendeten Begriffs ganz aus den Augen zu verlieren. In diesem Fall sind wir damit konfrontiert, dass der einleitende Text gehalten ist, alle seine Gewissheiten, welche die Entscheidung über die ausgewählten Texte erst ermöglichen, für unzureichend, ja ungültig zu erklären. Der Leser erfährt also zu Beginn seiner Lektüre, dass sowohl die Auswahl der Texte als auch die einführenden Sätze des Auswählers unbegründet sind.

Texte, die ernsthaft versuchen, das Werk des französischen Philosophen Jacques Derrida zu erklären, wirken deshalb zunächst immer etwas affektiert, weil sie sich zugleich bemühen, ihre Argumente, ihre Logik, ihre Einsichten als unvollkommen und vor allem dem Denken Derridas unangemessen hinzustellen. Wäre man etwas boshaft, könnte man sagen, es gibt geradezu einen Wettstreit um die eleganteste Art, sich selbst klein und den Text Derridas groß zu machen. Da wir immer wieder die gleiche Bewegung der Darstellung, Rücknahme der Darstellung, der Begriffsentwicklung und des Ausstreichens des Begriffes finden, können wir annehmen, dass wir es mit einer strukturellen Schwierigkeit und nicht mit einem individuellen Unvermögen des jeweiligen Autors zu tun haben.

Eine der wesentlichen Leistungen Jacques Derridas besteht tatsächlich darin, alles nur Erdenkliche zu tun, die Systematisierung seines Denkens, seine Geschlossenheit, seinen Anfang und sein Ende zu vermeiden. Diese Bemühung ist nicht neu in der Geschichte der abendländischen Philosophie. Gerade Derrida ist diesen Versuchen seiner strategischen Vorgänger in minutiösen Analysen nachgegangen, um schließlich ihr Scheitern festzustellen. Aber – und darin liegt die große Qualität seines Denkens – er analysiert nicht nur das Scheitern der anderen, sondern sein eigenes Scheitern gleich mit, wenn er den Zirkel jedes in der Sprache sich bewegenden, den metaphysischen Charakter der Sprache kritisierenden Denkens beschreibt. Wenn jede Sprache metaphysisch ist, dann ist auch die Sprache selbst, die diesen metaphysischen Charakter der Sprache kritisiert, metaphysisch. Weniger philosophisch ist das ausgedrückt in der Unterscheidung von philosophischem Denken auf der einen Seite und pädagogischen und kommunikativen Anforderungen auf der anderen Seite.

Mittlerweile hat sich eine umfangreiche Erklärungsliteratur etabliert, die, nachdem sie diesen Graben einmal übersprungen hat, nicht schlechter zu verstehen ist als die

Texte derer, die von der metaphysischen Verfassung der Sprache und den daraus entstehenden Problemen für die Kritik der Metaphysik nicht einmal etwas gehört haben.

Das bedeutet jedoch nicht, dass es nun einerlei ist, ob man die Problematik der Metaphysik erwähnt und die nötigen Vorkehrungen gegen Missverständnisse trifft oder nicht. Selbst wenn Derridas Arbeit nicht mehr erreicht hätte, als dass jeder Philosoph in Zukunft an diese Problematik denken und ihr seine Aufmerksamkeit schenken muss, wäre sie ein Fortschritt in der Philosophie und in vielen auf sie Bezug nehmenden Gebieten, weil sie die Aufmerksamkeit für die Konditionierung des Denkens durch die Sprache erhöht und dadurch eine unbewusste Determinante weniger auf das Denken wirken lässt.

Was aber, wenn man diesen pragmatischen Gesichtspunkt nicht gelten lässt und mit der zu einer naiven Moderne gehörenden Vorstellung eines Erkenntnisfortschritts nichts mehr anfangen kann? Wenn man zunehmende Kontrolle nicht nur als Fortschritt sieht, sondern im Sinne der Dialektik der Aufklärung ihre negativen Seiten erkennt? Auch dann, oder gerade dann noch mehr, ist Derridas Arbeit wichtig. Denn konsequent wie kein anderer hat er aus den Erfahrungen unserer Kultur der Aufklärung, des Fortschritts, der Beherrschung, der Kontrolle und ihrer Gegenseite den Schluss gezogen, jeden Begriff, jede Sicherheit und jeden Grund für fragwürdig zu halten und die Fragen, die gestellt werden müssen, auch zu stellen. Und das wiederum ist nichts anderes als das, was Philosophie im besten Verständnis immer schon ausgezeichnet hat.

Die Bedeutung Derridas für die zeitgenössische Kultur

Der philosophische Rang Jacques Derridas ist heute unumstritten. Seine Behandlung und Beantwortung philosophisch tradierter Fragen, seine Vorschläge zur Lösung von

Problemen, die zum Bestand der europäischen Philosophie gehören, sind der vielleicht wichtigste zeitgenössische Beitrag zur Entwicklung unserer philosophischen Kultur. Dies allein reicht aber nicht zur Erklärung, warum ein nachhaltig großes Interesse an der Philosophie Derridas bei Menschen besteht, die sonst kein Interesse an Philosophie haben, weshalb Derrida so stark über die Grenzen seines Faches hinauswirkt.

Natürlich tragen seine Medienpräsenz, seine Beteiligung an öffentlichen Debatten und sein philosophischer Stil dazu bei, dass der französische Philosoph weit über die Grenzen der Philosophie hinaus gelesen und beachtet wird. Aber auch das ist noch keine ausreichende Erklärung, denn gerade in Frankreich haben wir gesehen, dass ebenso medienpräsente, aber philosophisch weniger bedeutende Autoren wieder von der Bildfläche verschwinden oder in andere Medienräume wechseln, wenn der medial initiierte und gesteuerte Hype vorbei ist.

Wenn man Derridas Philosophie der Differenz als Strukturanalyse liest, die Bereiche wie Politik, Ästhetik oder Ethik gleichermaßen entziffert, dann erfasst man die Bedeutung dieses philosophischen Denkens für unsere Gesellschaft und kann das allgemeine Interesse an ihr verstehen. Die über die Philosophie hinausweisende kulturelle und politische Bedeutung der Philosophie Derridas liegt letztlich darin, dass er mit seiner Metaphysikkritik den Kern der zeitgenössischen kulturellen und politischen Umwälzungen angesprochen hat.

Als Derrida 1967 mit seinen ersten Büchern an die Öffentlichkeit trat, war unsere Welt durch den Kalten Krieg geprägt. Die schreckliche Erfahrung des Holocaust und der Zweite Weltkrieg lagen gerade zwanzig Jahre zurück. Totalitäre Ideologien, die das Individuelle einem abstrakten Allgemeinen unterordneten, hatten das Jahrhundert verwüstet. Die Dekolonialisierung Algeriens in der Folge des Algerienkriegs war in Frankreich unmittelbare Vergangenheit. Überall waren Philosophen bemüht, zu verstehen und zu erklären, wie es im aufgeklärten Europa zu Holocaust, Krieg, Massenmord und Vertreibung hatte kommen können.

In Deutschland fanden Adorno und Horkheimer eine Erklärung in der Dialektik der Aufklärung. Nach dem Bemühen der jüngeren Frankfurter Schule um die Rettung marxistischer Theorie als westlicher Marxismus knüpft Derrida mit seiner Kulturkritik eher direkt an die Arbeit Adornos an, der radikaler als seine Nachfolger Holocaust und Faschismus, aber auch die Kulturindustrie, die er im Exil in Amerika kennen gelernt hatte, als Moment der Dialektik der Aufklärung erkannt hatte. Während die jüngere Frankfurter Schule den westlichen Marxismus als Kritische Theorie verteidigte, entwickelte sich in Frankreich ein neuer Ansatz kritischer Theorie, der es schließlich ermöglichte, auch den Marxismus als Teil einer die Abstraktion über das Individuelle setzenden westlichen Kultur zu verstehen, die zu totalitären Politiken führt.

Dieser neue Ansatz war besser in der Lage zu erklären, warum das emanzipatorische Konzept des Marxismus in Russland zu Massenmord und Terror führte und warum auch später in den sozialistischen Ländern die kommunistischen und sozialistischen Parteien ihre Macht nur mit äußerst aufgeblähten Repressionsapparaten, mit Mord, Terror und Verfolgung Andersdenkender aufrechterhalten konnten. Während die Anhänger des westlichen Marxismus unter dem Begriff der Kritischen Theorie diese Entwicklungen als Abweichungen vom »wahren« Marxismus zu erklären versuchten, denen man mit immer neuen Verbesserungen der marxistischen Theorie und immer neuen Versprechungen entgegentrat, lag mit den neuen französischen Theorien eine schlüssige Erklärung für die Komplizenschaft von Marxismus und Terror vor, die zu einer Neuorientierung kritischer Theorie und Politik führen konnte.

Wenn nach der Aufklärung Holocaust in Deutschland und Massenmord in Russland möglich waren, wenn das 20. Jahrhundert durch totalitäre Systeme wie Faschismus und Kommunismus geprägt sein konnten, dann liegt die Frage nahe, ob die europäische Aufklärung ihre angestrebten Ziele tatsächlich erreicht hat. Die schrecklichen Gemeinsamkeiten der Geschichte vor der Aufklärung genauso wie nach der Aufklärung lassen vermuten, dass es trotz Aufklärung Gemeinsamkeiten zwischen vormodernen und aufgeklärten Strukturen gibt.

Die Aufklärung angesichts der Realitäten weiterzuführen, kann nur heißen, das kritisch zu durchleuchten und zu verändern, was uns trotz bisheriger Aufklärung weiter mit dem Voraufklärerischen verbindet. Auf philosophischer Ebene hat sich spätestens seit Nietzsches Kulturkritik die metaphysische Verfassung unseres Denkens, aber damit auch unserer gesellschaftlichen Verhältnisse als das Verbindende gezeigt. Die Kritik der Metaphysik wurde damit aber auch zum durchgängigen Motiv der philosophischen Gesellschaftskritik seit dem 19. Jahrhundert. Karl Marx als Hegelianer entwickelte das letzte emanzipatorisch motivierte Gedankengebäude, das seine metaphysische Verfassung nicht problematisierte. Nach Marx ist emanzipatorisches Denken im Sinne der Aufklärung nur möglich, wenn es seine eigene Befangenheit im System der Metaphysik erkennt und mitdenkt.

Was auf der politischen Ebene die Kritik des Totalitarismus war, ist philosophisch die Kritik der Metaphysik. Im zeitlichen Abstand wird erkennbar, dass die verschiedenen philosophischen Konzepte von Foucault, Deleuze, Lyotard und Derrida bei aller Unabhängigkeit voneinander um ein neues Denken der Differenz kreisten, das philosophisch Alternativen zur Metaphysik und politisch und kulturell Alternativen zu den verschiedenen Formen des Totalitarismus eröffnen sollte. Allerdings war klar, dass es Alternativen im traditionellen Sinne nicht geben konnte.

Denn die Metaphysikkritik der französischen Differenzphilosophie wusste, wie schon Adorno, dass auch das emanzipatorische Projekt der Moderne metaphysisch strukturiert war.

Die Struktur utopischen Denkens ist nicht verschieden von vormodernen oder modernen Strukturen, was sich der Tatsache verdankt, dass die Metaphysik dieser Strukturen an deren Sprachlichkeit festmacht. So ist es möglich zu behaupten, dass die marxistische Utopie strukturell nicht verschieden ist von der Struktur eschatologischen Denkens des Christentums. Denn Utopien verweisen auf ein Jenseits und sind in diesem Sinne metaphysische Konzepte. Auch emanzipatorische Politik, wenn sie nach dem Schema der Utopie funktioniert, ist deshalb metaphysisch.

Während Jean-François Lyotard diese Zusammenhänge mit dem politisch-philosophischen Begriff der Postmoderne analysierte, steht bei Derrida die philosophische Metaphysikkritik im Zentrum, und die politische Bedeutung der Metaphysikkritik als Kritik des Totalitarismus wird erst als Ergänzung in politisch motivierten Texten angesprochen. Beiden Philosophen ist jedoch gemeinsam, dass Metaphysikkritik Sprachkritik sein muss. Während sich Lyotard auf die Sprachkritik Wittgensteins bezieht, ist für Derrida die Semiotik Saussures der Ansatzpunkt seiner metaphysikkritischen sprachphilosophischen Überlegungen.

Derridas Werk – Philosophie oder Literatur?

Jacques Derrida hat mittlerweile ein Werk vorgelegt, das kaum noch zu überblicken ist. Der Beginn seiner Arbeit fällt in die Zeit eines metaphysikkritischen Strukturalismus in den Wissenschaften in Frankreich. Seit seinen philosophischen Anfängen hat Derrida aber das Feld der theoretischen Philosophie und der anderen philosophischen Disziplinen längst überschritten und bewegt sich auf vielen anderen politischen und kulturellen Ebenen, was einen Gesamtüberblick über seine Texte noch einmal erschwert. Neben der Philosophie beschäftigt er sich auch mit Malerei, Literatur, Architektur, Photographie genauso wie mit Politik, Recht und gesellschaftlichen Fragen, freilich nicht ohne die im Feld der Philosophie erarbeiteten Einsichten, Möglichkeiten und Schreibweisen dort zu nutzen.

Die umfangreiche Interpretationsliteratur tut ein Übriges, den Zugang zum Denken des französischen Philosophen zu erschweren. Als wäre das nicht genug, macht Derrida seinen Lesern das Leben zusätzlich durch seine Absicherungsstrategien und seine Schreibweise schwer – beides keine Marotten eines etwas abgehobenen Philosophen, sondern wohlbegründete Strategien, die sich aber als wohlbegründet erst erschließen, wenn man sich schon einen Weg durch den Text-Dschungel gebahnt hat.

Deshalb wird Derrida heute gern in der Tradition einer nicht streng diskursiven Philosophie, ja in einer eher literarischen Tradition gesehen. Mit seinen vielen literaturbezogenen und selbst literarischen Texten trägt er selbst dazu bei, diese Klassifizierung legitim erscheinen zu lassen. Aber auch wenn Derrida von sich sagt, er wäre eigentlich lieber Schriftsteller geworden, so hat er doch sein professionelles Leben als Philosoph verbracht, und es führt kein Weg daran vorbei, sich mit seinen philosophischen Aussagen zu beschäftigen.

Abgesehen davon, dass sich Derridas Argumentationen auf höchstem philosophischen Niveau bewegen, ist seine Philosophie jedoch wissenschaftsbezogener, als man heute wahrnehmen will. Neben der Sprachwissenschaft Saussures ist es die strukturale Ethnologie eines Claude Lévy-Strauss, mit der sich Derrida zu Beginn seiner philosophischen Metaphysikkritik auseinander setzt. Auch die Beschäftigung mit Freud hat es mit einem Denken zu tun, das Wissenschaft zu sein beansprucht.

Bei näherer Betrachtung zeigt sich, dass der hier vermutete Widerspruch in der Tat keiner ist. Man könnte nämlich sagen, dass Derrida eigentlich nur konsequent zwei Linien der philosophischen Metaphysikkritik wieder zusammenführt, die nach Hegel auseinander gelaufen sind.

Spätestens seit Hegel, nach dem letzten großen Systementwurf der europäischen Philosophie also, stand die Kritik der Metaphysik auf dem Programm der europäischen Philosophie. Und seit Hegel war auch klar, dass Metaphysikkritik Sprachkritik sein musste, weil seine Lehre klargemacht hatte, dass es kein Außerhalb der Sprache geben könne, von dem aus sich Sprache kritisieren ließe. Genau dies war das Resultat des Versuches einer Phänomenologie des Geistes als einer Einleitung in das System der Philosophie. Über die drei Stufen der Entwicklung – sinnliche Gewissheit, Wahrnehmung und Verstand – zeigt sich, dass eine Einleitung im Sinne einer Hinführung eines nicht schon immer eine Stufe der Entwicklung des Geistes gewesenen Bewusstseins nicht gelingen kann, weil schon das sinnliche Bewusstsein sprachlich ist und damit kein Außerhalb der Sprache sprachlich behauptet werden kann.[2] Eine Kritik der Metaphysik nach Hegel musste deshalb Sprachkritik sein. Mit Schopenhauer und Nietzsche und später Heidegger entwickelte sich eine Form des metaphysikkritischen Philosophierens, welche die Auflösung der klassischen Form des philosophischen Diskurses und die Hinwendung zur Erprobung literarischer Diskurse als Mittel zur Lösung philosophischer Probleme versuchte.

Die zweite wichtige Linie der Kritik der Philosophie als Metaphysik, die sich im 19. Jahrhundert entwickelte und bis heute die angelsächsische Philosophie beherrscht, war die Verwissenschaftlichung der Philosophie als Kritikstrategie. Freilich endete die Entwicklung dieses Stranges des

2 Siehe Peter Engelmann: Philosophie und Totalitarismus. Zur Kritik dialektischer Diskursivität. Eine Hegellektüre. Wien: Passagen Verlag, 1989.

metaphysikkritischen Denkens in einer Verleugnung des klassischen Problembestandes der Philosophie. Die Philosophie als analytische Sprachphilosophie kann nicht mehr deutlich machen, weshalb sie sich eigentlich noch zur Philosophie rechnen will.

Bei Derrida finden wir beide Traditionslinien der metaphysikkritischen Philosophie nun wieder in einem Werk zusammengeführt. Eine Reduktion auf die eine oder andere Seite seines Werkes bringt es um seine Eigenheit und uns um den Erkenntnisgewinn, der in der Mischung und im Zusammendenken sowohl der wissenschaftlich-diskursiven als auch der literarischen Metaphysikkritik liegt. Man verkürzt Derrida um seine philosophische Leistung, wenn man sein Werk als Literatur liest. Aber auch das philosophische Verständnis seines Werkes bleibt unter dessen Wert, wenn man die literarische Form nicht als philosophisches Erkenntnismittel begreift.

Dekonstruktion statt Methode

Derridas Philosophie ist keine singuläre Erscheinung, weitab von den Hauptströmungen der Philosophie. Er selbst weist bei seinen Lektüren philosophischer Autoren immer wieder darauf hin, dass er nichts anderes tut, als in anderen Texten Fragen aufzugreifen und sie dann neu oder ein wenig anders zu stellen, um so Bedeutungen in den Texten sichtbar zu machen, die bisher verborgen waren. Auf diese Weise entfalten Derridas Texte dann ihre eigenen Begriffswelten nicht als etwas radikal Neues, sondern als etwas, das in den gelesenen Texten verborgen war und nun erst sichtbar wird.

Das Verborgene ist dabei nicht eine im Text enthaltene Bedeutung im Sinne der traditionellen Bedeutungstheorie, die Bedeutungskonstitution als Abbildung eines letztlich transzendentalen Signifikats versteht, sondern ein Sinn, der sich aus einem anderen Begriff des Textes ergibt, der Bedeutungskonstitution als Resultat eines Spiels differentieller Verweisungen begreift. Derrida äußert sich dazu in einem Gespräch, das ich 1987 mit ihm führte, so: »Das, was ich also Text nenne, ist alles, ist praktisch alles. Es ist alles, das heißt, es gibt einen Text, sobald es eine Spur gibt, eine differentielle Verweisung von einer Spur auf die andere. Und diese Verweise bleiben nie stehen. Es gibt keine Grenzen der differentiellen Verweisung einer Spur auf die andere. Eine Spur ist weder eine Anwesenheit noch eine Abwesenheit. Folglich setzt dieser neue Begriff des Textes, der ohne Grenzen ist – ich habe deshalb gesagt, auch als scherzhafte Bemerkung, es gäbe kein Außerhalb des Textes –, folglich setzt dieser neue Begriff des Textes voraus, daß man in keinem Moment etwas außerhalb des Bereiches der differentiellen Verweisungen fixieren kann, das ein Wirkliches, eine Anwesenheit oder eine Abwesenheit wäre, etwas, das nicht es selbst wäre, markiert durch die textuelle différance, durch den Text als différance mit einem ›a‹. Ich habe geglaubt, daß es notwendig wäre, diese Erweiterung, diese strategische Verallgemeinerung des Begriffs des Textes durchzuführen, um der Dekonstruktion ihre Möglichkeit zu geben. Der Text beschränkt sich folglich nicht auf das Geschriebene, auf das, was man Schrift nennt im Gegensatz zur Rede. Die Rede ist ein Text, die Geste ist ein Text, die Realität ist ein Text in diesem neuen Sinne. Es handelt sich also nicht darum, einen Graphozentrismus gegen einen Logozentrismus oder gegen einen Phonozentrismus wiederherzustellen, und auch keinen Textzentrismus. Der Text ist kein Zentrum. Der Text ist diese Offenheit ohne Grenzen der differentiellen Verweisung.«[3]

Während die Hermeneutik die Wissenschaft von der Entschlüsselung einer auf einem transzendentalen Signifi-

3 Peter Engelmann: Jacques Derridas Randgänge der Philosophie. In: Jeff Bernard (Hrsg.): Semiotica Austriaca. Wien: Österreichische Gesellschaft für Semiotik, 1987. S. 107 f.

kat beruhenden Bedeutung ist, ist die von Derrida entwickelte Dekonstruktion die Methode, welche Bedeutungen von Texten erarbeitet, ohne dabei von der Bedeutungskonstitution auf der Basis eines transzendentalen Signifikats auszugehen.[4] Insbesondere ist hier, wie überall bei Derrida, wichtig, dass sowohl der Begriff des Textes als auch der Begriff der Methode und der Dekonstruktion den Einschränkungen unterliegen, die den Unterschied ausmachen zu den traditionellen philosophischen Gegenstandsbegründungen und Begriffen, die der klassischen Vorstellung von Bedeutungskonstitution ungebrochen folgen. Die auf dem zitierten Textbegriff basierende Methode der Dekonstruktion soll nicht nur in der Philosophie die Möglichkeit haben, den totalisierenden Reduktionismus der klassischen Methode so weit wie möglich zu vermeiden, um den Besonderheiten des Gegenstandes und des Kontextes so viel Geltung wie möglich zu verschaffen. Vielmehr kann die Vorstellung einer sich selbst zurücknehmenden, ihre Allgemeingültigkeit selbst bezweifelnden, auf die Berücksichtigung der Besonderheiten des Gegenstandes und des Kontextes ausgerichteten Methode als Kampfansage an die Kultur der Herrschaft der uneingeschränkten und nicht hinterfragbaren allgemeinen Begriffe verstanden werden.

Derridas philosophisches Werk

Die ersten drei Bücher Derridas erschienen 1967 in Paris. Neben der *Grammatologie* waren das *Die Schrift und die Differenz* und *Die Stimme und das Phänomen*.

In seiner Vorbemerkung zur *Grammatologie* nennt Derrida als Aufgabe des ersten Teils, es »sollen in großen Zügen eine theoretische Grundlage entworfen, bestimmte

4 Zu näheren Bestimmungen zum Begriff des Textes, der Dekonstruktion und der Methode vgl. Peter Engelmann (Hrsg.): Postmoderne und Dekonstruktion. Stuttgart: Reclam, 1990. S. 5 ff.

historische Wegmarken gewiesen und eine Reihe von kritischen Begriffen vorgeschlagen werden«. Der zweite, sehr viel längere Teil des Buches soll dann »diese Begriffe an einem Beispiel überprüfen«.[5] Was Derrida hier durchaus traditionell im Stil wissenschaftlicher Arbeiten präsentiert, wird sich später als die systematische Grundlegung des wohl bedeutendsten philosophischen Denkens des ausgehenden 20. und beginnenden 21. Jahrhunderts erweisen.

In der Tat entwickelt insbesondere dieser erste Teil der *Grammatologie*, mit dem Titel »Die Schrift vor dem Buchstaben«, die Grundgedanken der Kritik der philosophischen Tradition als Epoche der Metaphysik. Den hier versammelten Themen und den hier entwickelten kritischen Begriffen werden wir in den weiteren Arbeiten Derridas immer wieder begegnen.

Als Derrida seine philosophische Arbeit beginnt, wird das intellektuelle Leben in Frankreich durch den Strukturalismus geprägt. Die Verwissenschaftlichung der Sprachwissenschaft durch den Genfer Linguisten Ferdinand de Saussure hatte damals für die so genannten Wissenschaften vom Menschen Modellcharakter. Durch seine ethnolinguistische Methodik wirkte insbesondere der Ethnologe Claude Lévy-Strauss weit über das eigene Fach und das wissenschaftliche Milieu hinaus. Während jedoch die Kritik an Lévy-Strauss und dem Strukturalismus, für den er steht, heute eher zeitbezogen erscheint, gehört die Auseinandersetzung mit Saussure zu den tatsächlich grundlegenden Überlegungen seiner Metaphysikkritik.

Denn was Derrida von den anderen metaphysikkritischen Ansätzen seiner Vorgänger in der Philosophie unterscheidet, in deren Traditionslinie er steht, ist sein Rückgriff auf die Erneuerung der Sprachwissenschaft durch Saussure und die Ausarbeitung des Kerngedankens dieser Erneue-

5 Jacques Derrida: Grammatologie. Übers. von Hans-Jörg Rheinberger und Hanns Zischler. Frankfurt a. M.: Suhrkamp, 1974. S. 7.

rung der Sprachwissenschaft zu einer neuen Wissenschaft, der Grammatologie. Wobei Derrida, indem er den Gedanken der Arbitrarität und der Beliebigkeit des Zeichens für die philosophische Metaphysikkritik nutzt, zugleich klarstellt, dass Saussure im Rahmen der Metaphysik verbleibt.

Derrida verknüpft in seiner Kritik der Metaphysik zwei Begriffswelten, die der klassischen Philosophie und die Welt der semiotischen Sprachkritik Saussures. Diese Verbindung wird ihn in die Lage versetzen, die philosophische Kritik der Metaphysik Martin Heideggers wenn schon nicht weiterzubringen, so doch in der Terminologie der Sprachwissenschaft Saussures zu reformulieren und damit in den Wissenschaftskontext der zweiten Hälfte des 20. Jahrhunderts zu übertragen.

Die Beziehung zur Semiotik Saussures gibt der philosophischen Metaphysikkritik eine semiotische Wende, die sich als sehr fruchtbar erweist. Denn aus ihr bezieht Derrida die Begriffe, die seine Metaphysikkritik von der seiner philosophischen Referenzen abhebt und die wenn nicht einen Fortschritt in der Metaphysikkritik, so doch eine von der Tradition verschiedene Beschreibung der Metaphysik und des Zirkels ihrer Kritik ermöglichen.

Metaphysikkritik und Semiotik

Der Genfer Linguist Ferdinand de Saussure hatte sich in seinen Vorlesungen zu Beginn des 20. Jahrhunderts die Aufgabe gestellt, die Sprachwissenschaft neu zu begründen. Das 1916 erstmals in Lausanne erschienene Buch *Grundfragen der Allgemeinen Sprachwissenschaft* ist eine Sammlung von Vorlesungsnachschriften, die Saussures Schüler nach seinem Tod herausgaben. Dieses Verfahren war nötig, nachdem sich im Nachlass Saussures keine ausgearbeiteten Schriften und Vorlesungstexte fanden, welche seine in den Vorlesungen mündlich entwickelten Gedanken zu den Prinzipien und Methoden der Sprachwissenschaft enthielten.

Die bisherigen Formen der Beschäftigung mit Sprache hatten es nicht mit der Sprache selbst zu tun. Für Saussure bestand die Aufgabe daher darin, die Sprache selbst als Gegenstand zu bestimmen, um dann von dort aus mit rein wissenschaftlichen Methoden die Sprache zu erklären. Insbesondere kam es darauf an, eine nicht psychologisierende Erklärung von Bedeutungskonstitution zu finden.

Zunächst konstituiert Saussure in der Einleitung der *Grundfragen der Allgemeinen Sprachwissenschaft* mit dem Begriff der Sprache (*langue*) einen Gegenstand der Sprachwissenschaft, der den Anforderungen wissenschaftlicher Diskursivität an Gegenstandskonstitution genügt.

Saussure setzt der menschlichen Rede (*langage*), die verschiedenen »Gebieten zugehörig, zugleich physisch, psychisch und physiologisch« sei, die Sprache (*langue*) als Gegenstand der Sprachwissenschaft entgegen. Diese Gegenstandskonstitution verdankt sich einem Reduktionsprozess, was Saussure so beschreibt: »Die Sprache dagegen ist ein Ganzes in sich und ein Prinzip der Klassifikation. In dem Augenblick, da wir ihr den ersten Platz unter den Tatsachen der menschlichen Rede einräumen, bringen wir eine natürliche Ordnung in eine Gesamtheit, die keine andere Klassifikation gestattet.«

Dann entwickelt Saussure die Begriffe, welche die Binnenstruktur der *langue* beschreiben und es ermöglichen sollen, das Funktionieren der Sprache, insbesondere die Bedeutungskonstitution zu erklären, ohne auf theologische, philosophische oder psychologische Erklärungsmuster zurückgreifen zu müssen – oder anders gesagt, von einer metaphysischen zu einer wissenschaftlichen Erklärung der Sprache und insbesondere der Bedeutungskonstitution zu kommen. Traditionelle Erklärungen von Bedeutungskonstitution in der Sprache gehen nämlich von einem Signifikat aus, das dem Prozess der Bedeutungskonstitution vorausliegt und von ihm unabhängig ist. Sie beschreiben Bedeutung als Repräsentation dieses dem Prozess der Bedeutungskonstitution vorausliegenden und von ihm unabhängigen Signifikats durch einen seinerseits vom Prozess der Bedeutungskonstitution unabhängigen und im Voraus bestimmten Signifikanten. Die Erklärung von Bedeutung ist demnach nicht Gegenstand der Sprachwissenschaft, sondern der Theologie, der Philosophie oder der Psychologie, je nachdem, wie das Signifikat verstanden wird.

Um die Erklärung von Sprache in der Sprachwissenschaft zu halten und den Rückgriff auf andere Fächer zu vermeiden, siedelt Saussure das Zeichen mit seinen beiden Seiten, dem Signifikat und dem Signifikanten, in dem durch den beschriebenen Reduktionsprozess gewonnenen Bereich der Sprache (*langue*) als Gegenstand der Sprachwissenschaft an.

Die Konstituierung eines Gegenstandes der Sprachwissenschaft und einer dazu gehörenden analytischen Begrifflichkeit gehört zur Ausdifferenzierung der neuzeitlichen Wissenschaft, die immer mehr Bereiche erfasst, die vorher von der Philosophie behandelt wurden. Die Gründung und die Ausdifferenzierung der neuzeitlichen Wissenschaft und ihre Ausdehnung auf die früheren Geisteswissenschaften ist in ihrer Opposition zur Philosophie ein metaphysikkritisches Programm.

Ein philosophisches Denken in der Tradition der Metaphysikkritik kann an dieses Programm anschließen. Zumal sich die Metaphysikkritik im Rahmen der Philosophie – wie die systematische Philosophie selbst – schon zur Sprachphilosophie entwickelt hatte. Spätestens seit Hegels *Phänomenologie des Geistes* ist klar, dass das Problem des Geistes ein Problem der Sprache ist. Folgerichtig entwickelt sich die Kritik der Hegelschen Philosophie etwa bei Schopenhauer und Nietzsche auch als Sprachphilosophie. Spätestens seit Nietzsche wird Metaphysik als eingeschrieben in die Sprache gedacht. Und das bedeutet die Erkenntnis, dass die Sprache selbst auch das Hindernis für die sprachliche Überwindung der Metaphysik ist. Nietzsche sowie die metaphysikkritischen Philosophien nach ihm versuchen deshalb, mit unterschiedlichen Strategien, dem Zirkel der Metaphysikkritik zu entkommen. Die Hinwendung zu poetischer Diskursivität findet hier ihre rationale Erklärung. Sie ist nicht nur poetischen Neigungen zu verdanken, sondern ist eine philosophisch motivierte Strategie, den Zirkel der Metaphysikkritik zu durchbrechen.

Je nachdem, wie man die Sprache analysiert und wie man die metaphysische Prägung der Sprache beschreibt, wird auch die Kritik-Strategie unterschiedlich ausfallen. Die Neubegründung der Sprachwissenschaft durch Saussure und seine semiologische Erklärung von Bedeutungskonstitution radikalisieren die Kritik der Sprache als metaphysisch strukturiert, weil sie im Kern der Bedeutungskonstitution ansetzen.

Strategien, die auf der Ebene der diskursiven Strukturen agieren, um dem Zirkel der Metaphysikkritik zu entgehen, erweisen sich in dieser Perspektive als obsolet, weil sie zu kurz greifen, wenn sie den Kern der Bedeutungskonstitution unberührt lassen. Saussure dagegen setzt bei diesem Kern an und sucht mit seiner differentiellen Erklärung von Bedeutungskonstitution nach einer Möglichkeit, die Sprache als eine nichtmetaphysische Struktur zu begreifen und zu beschreiben.

Saussure betrachtet sowohl Signifikat als auch Signifikanten nicht als dem Prozess der Bedeutungskonstitution vorausliegende und von ihm unabhängige Entitäten, sondern als Einheiten, die sich auf ihrer Ebene differentiell als das bestimmen, was alle anderen Elemente nicht sind. Auf diese Weise versucht er, für die Erklärung von Bedeutung ohne Rückgriff auf ein dem Prozess der Bedeutungskonstitution vorausliegendes und von ihm unabhängiges, also letztlich transzendentales Signifikat auszukommen.

Derrida wird an diese Argumentation anschließen, aber

er muss den Gedanken der Differenz radikalisieren. Denn er wird feststellen, dass auch Saussures Versuch einer nicht metaphysischen Theorie von Bedeutungskonstitution auf halbem Wege stecken bleibt, da er einem phonozentrischen Modell der Sprache verhaftet bleibt und damit der ursprünglichen Verknüpfung von Stimme und Logos.

Die neue Wissenschaft der Grammatologie ist Derridas Versuch, den Saussureschen Gedanken einer nicht metaphysischen Bedeutungskonstitution zum Erfolg zu führen. Denn wenn Bedeutung nicht mehr als Repräsentation eines dem Bedeutungsprozess vorausliegenden und von ihm unabhängigen, also letztlich eines transzendentalen Signifikats gedacht werden müsste, würden sich vielleicht neue Möglichkeiten zeigen, sich im Feld der Metaphysik zu bewegen, wenn sie schon nicht überwunden werden kann.

In der Grammatologie kehrt Derrida das Verhältnis von Schrift und gesprochener Sprache um. Indem er die Schrift als das Ursprüngliche gegenüber der gesprochenen Sprache ansetzt, gewinnt er – vergleichbar der *langue* als dem Gegenstand der Sprachwissenschaft bei Saussure – den Gegenstand der neuen Wissenschaft der Grammatologie, die geeignet sein soll, die Möglichkeit einer nicht mehr metaphysisch strukturierten Sprache zu denken. Die Grammatologie befasst sich mit einer Sprache, die nicht mehr phonozentrisch und damit logozentrisch gedacht werden muss.

In seiner Theorie der Schrift als Grammatologie versucht Derrida, radikaler als auch Saussure, der wegen des Phonozentrismus seiner Sprachtheorie dem Logozentrismus und damit der Metaphysik verhaftet bleibt, Bedeutungskonstitution als Spiel der différance ohne Rückgriff auf ein transzendentales Signifikat zu erklären und so die Möglichkeit einer nicht metaphysisch strukturierten Sprache zu denken.

Der Vorteil, den die Grammatologie als Theorie der Schrift bietet, ist die Ablösung der Bedeutungskonstitution von der gesprochenen Sprache und damit vom Logos und vom Subjekt. Diese Trennung ermöglicht eine eigenständige Theorie von Bedeutungskonstitution, die wegen der Ablösung von Logos und Subjekt nicht mehr metaphysisch ist. In einem weiteren Schritt wird sich die Schrift schließlich als Plattform erweisen, von der aus das System der gesprochenen Sprache als sekundäres System beschrieben und erklärt werden kann, ohne dass die Erklärung von vornherein in der Komplizenschaft der mit der gesprochenen Sprache notwendig verknüpften Metaphysik stecken bleibt.

Der Schauplatz der Philosophie: Grammatologie als theoretische Grundlegung der Philosophie Derridas

In dem Anspruch der Grammatologie Derridas, mit der theoretischen Grundlegung seiner Philosophie eine neue Wissenschaft zu etablieren, schwingt noch ein Pathos mit, das sich durch den Verlauf der Untersuchung als nicht gerechtfertigt erweist. Eine Linie der neuzeitlichen Metaphysikkritik ging ja dahin, der Philosophie Wissenschaft entgegenzusetzen und unser Wissen so von Metaphysik zu befreien. Die theoretische Grundlegung der Metaphysikkritik im Rückgriff auf die Wissenschaft der Semiotik und in deren kritischer Weiterentwicklung zur Grammatologie untergräbt aber in ihrem Fortgang genau dieses Programm. Denn es zeigt sich, dass die Metaphysik nicht ein äußerliches Merkmal bestimmter Formen unseres Wissens ist, sondern eine Prägung unseres Denkens, unseres Wissens, ja unserer Sprache, die im Vorfeld solcher Markierungen geschieht.

Diese Einsicht ist von großer Tragweite. Denn sie radikalisiert unsere Kritik an dem, was wir metaphysisch nennen. Welchen Bereich können wir noch metaphysikfrei nennen, wenn die metaphysische Prägung durch unsere

Sprache erfolgt und nicht erst durch eine bestimmte Art zu sprechen? Welche Form unseres Wissens entgeht der Prägung durch die Metaphysik? Unsere Wissenschaften, die sich als Gegenentwurf zur Metaphysik etablierten, erweisen sich als Teil dieser Metaphysik. Und schlimmer noch, wenn all unsere Sprache metaphysisch ist, ist es auch die Sprache der Kritik dieser metaphysischen Sprache. Es gibt in diesem Sinne kein Außerhalb der Metaphysik. Auch der Begriff der Kritik gehört zum System der Metaphysik.

Im Prozess der theoretischen Grundlegung der neuen Wissenschaft der Grammatologie muss Derrida letztlich auf mehr als auf die Begründung einer neuen Wissenschaft verzichten. Auch wenn sich der Gedanke einer neuen Wissenschaft als einer kritischen Überwindung der Metaphysik im Lauf der theoretischen Grundlegung im ersten Teil der *Grammatologie* als obsolet erweist, ja erweisen muss, kann man das in dieser Untersuchung abgesteckte Feld und die darin erarbeiteten Begriffe als den Schauplatz der Philosophie Jacques Derridas bezeichnen. Der eingangs formulierte Anspruch einer theoretischen Grundlegung und der Gründung einer neuen Wissenschaft wird nicht erst obsolet, sondern er war von Anfang an begleitet von dem Wissen unserer Befangenheit im Zirkel der Metaphysikkritik und stand deshalb unter dem Vorbehalt dieses Wissens. Oder man könnte noch weiter gehen: Diesen Anfang gab es nie.

Ein Text Derridas, der in dem gleichzeitig mit der *Grammatologie* veröffentlichten Buch *Die Schrift und die Differenz* enthalten ist, formuliert den Zirkel der Metaphysikkritik explizit. Mit Bezug auf seine metaphysikkritischen Vorgänger Nietzsche, Freud und Heidegger schreibt Derrida: »Diese destruktiven Diskurse (und alles ihnen Entsprechende) sind aber allesamt in einer Art von Zirkel gefangen. Dieser Zirkel ist einzigartig; er beschreibt die Form des Verhältnisses zwischen der Geschichte der Metaphysik und ihrer Destruktion: es ist sinnlos, auf die

Begriffe der Metaphysik zu verzichten, wenn man die Metaphysik erschüttern will. Wir verfügen über keine Sprache – über keine Syntax und keine Lexik –, die nicht an dieser Geschichte beteiligt wäre. Wir können keinen einzigen destruktiven Satz bilden, der nicht schon der Form, der Logik, den impliziten Erfordernissen dessen sich gefügt hätte, was er gerade in Frage stellen wollte. Nehmen wir ein Beispiel unter vielen: Mit Hilfe des Begriffs des Zeichens erschüttert man die Metaphysik der Präsenz. Von dem Augenblick an jedoch, wo man damit, wie ich es nahe gelegt habe, beweisen will, daß es kein transzendentales oder privilegiertes Signifikat gibt und daß das Feld oder das Spiel des Bezeichnens von nun an keine Grenzen mehr hat, müßte man sogar den Begriff und das Wort des Zeichens zurückweisen. Gerade dazu aber ist man nicht in der Lage. Denn der Ausdruck ›Zeichen‹ wurde seinem Sinn nach stets als Zeichen-von, als auf ein Signifikat hinweisender Signifikant, als von seinem Signifikat unterschiedener Signifikant begriffen und bestimmt. Tilgte man die radikale Differenz zwischen Signifikant und Signifikat, müßte man das Wort für den Signifikanten selbst als einen metaphysischen Begriff aufgeben.«[6]

Was man über das Zeichen sagen könne, so Derrida weiter, ließe sich »auf alle Begriffe und auf alle Sätze der Metaphysik« ausdehnen. Es gäbe jedoch »mehrere Arten, in diesem Zirkel gefangen zu sein«, »mehr oder weniger naiv, mehr oder weniger empirisch, mehr oder weniger systematisch, der Formulierung oder gar der Formalisierung dieses Zirkels mehr oder weniger nahe«. Diese Unterschiede würden »die Vielfalt der destruktiven Diskurse und die Uneinigkeit unter denen, die sie führen, erklären«. »So haben beispielsweise Nietzsche, Freud und Heidegger«, fährt Derrida fort, »mit den überlieferten Begriffen

6 Jacques Derrida: Die Schrift und die Differenz. Übers. von Rodolphe Gasché. Frankfurt a. M.: Suhrkamp, 1976. S. 424.

der Metaphysik gearbeitet. Da diese Begriffe aber keine Elemente, keine Atome sind, denn sie sind in einer Syntax und in einem System eingebunden, beschwört jede Anleihe die gesamte Metaphysik herauf. Infolgedessen können sich die genannten Destrukteure gegenseitig destruieren. Heidegger kann beispielsweise mit ebensoviel Klarheit und Strenge wie Unredlichkeit und Unverständlichkeit Nietzsche zum letzten Metaphysiker, zum letzten ›Platoniker‹ erklären. Dieses Verfahren ließe sich auf Heidegger selbst, auf Freud und einige andere anwenden. Kein anderes Verfahren ist heute so verbreitet wie dieses.«[7]

Es geht bei diesem ausführlichen Zitat nicht um ein Sittenbild der Philosophie, sondern darum, zu zeigen, dass die metaphysikkritische Arbeit Derridas von Anfang an begleitet war von dem Wissen um seine notwendige Erfolglosigkeit im Sinne einer möglichen Überwindung der Metaphysik. Es wäre naiv anzunehmen, dass Derridas klare Einsicht in den Zirkel der Metaphysikkritik nicht das Wissen um seine eigene Befangenheit einschließen würde. So wie Derrida Nietzsche, Freud oder Heidegger dekonstruieren kann und ihnen ihre Befangenheit in der Metaphysik nachweist, wird natürlich auch sein Werk dekonstruiert und es wird der Nachweis geführt werden können über Derridas Befangenheit in der Metaphysik. Mit dem Unterschied allerdings, dass dies weder für Derrida noch für einen aufmerksamen Leser seines Werkes eine Überraschung sein würde, da dieses Wissen seine Arbeit von Anfang an begleitet.

Aus dem hier Gesagten folgt auch, dass es keine Chronologie der philosophischen Entwicklung Derridas im Sinne einer traditionellen philosophischen Theorie oder Wissenschaft geben kann, ein Umstand, der bei der Präsentation einer Auswahl von Texten Derridas bedeutsam ist. Denn alle Bewegungen auf dem Schauplatz der Philo-

7 Ebd. S. 426.

sophie führen ja zu der Erkenntnis, dass im Sinne des Zirkels der Metaphysikkritik kein Fortschritt der Metaphysikkritik erzielt wurde. Immer neue Bewegungen, die Aufrechterhaltung der Bewegung, das ist die Arbeit der Philosophie. Allen Lektüren den Abschluss zu verweigern, das ist die Kunst dieser Philosophie. Eine Textauswahl Derridas kann deshalb auch keinem Fortschrittsprinzip folgen, sondern wird verschiedene Gänge über den Schauplatz der Philosophie anbieten. Ziel ist es wiederum, dabei auch das Wissen um die prinzipielle Unabschließbarkeit eines kritischen Begriffssystems zu erhalten, ein Wissen, das zu den zentralen Einsichten Derridas gehört.

Peter Engelmann

Das Ende des Buches und der Anfang der Schrift

»Sokrates, derjenige, der nicht schreibt.«
Nietzsche

Zweifellos ist das *Problem der Sprache*, was immer man darunter versteht, nie ein Problem unter anderen gewesen. Nie zuvor aber hatte es sich *als solches* in einem derartigen Ausmaß des gesamten Horizontes verschiedenster Untersuchungen und ihrer Intention, Methode und Ideologie nach äußerst heterogener Diskurse bemächtigt. Gerade die Abwertung des Wortes »Sprache«, all das, was – im Kredit, der ihm gewährt wird – die Niederträchtigkeit des Vokabulars bloßstellt, die Versuchung, ohne großen Einsatz zu verführen, die passive Hingabe an die Mode und das avantgardistische Bewußtsein, kurz die Ignoranz: all das legt Zeugnis dafür ab. Die Inflation des Zeichens »Sprache« ist die Inflation des Zeichens selbst, die absolute Inflation, die Inflation selbst. Und doch läßt eine Seite, ein Schatten ihrer selbst sie noch einmal zum Zeichen werden: diese Krise ist zugleich ein Symptom. Gewissermaßen gegen sich selbst gerichtet, zeigt sie an, daß eine historisch-metaphysische Epoche schließlich die Totalität ihres Problemhorizontes als Sprache bestimmen *muß*. Sie muß es nicht allein deshalb, weil alles, was die Begierde dem Spiel der Sprache entreißen wollte, sich von diesem wieder erfaßt sieht, sondern auch deshalb, weil davon zugleich die Sprache selbst in ihrem Leben bedroht wird, aus den Fugen gerissen und entwurzelt zu werden droht, wo ihre Grenzen wegfallen, auf ihre eigene Endlichkeit in gerade dem Augenblick zurückgeworfen wird, wo ihre Grenzen zu weichen scheinen, wo sie ihrer selbst nicht länger gewiß sein kann, gehalten und *eingesäumt* vom unendlichen Signifikat, das über die Sprache hinauszugehen schien.

Mit einer behutsamen Bewegung, deren Notwendigkeit kaum wahrzunehmen ist, beginnt alles, was seit wenigstens zwei Jahrtausenden sich unter dem Namen der Sprache zu versammeln trachtete und damit schließlich auch Erfolg hatte, sich nun in den Namen der Schrift zu verlagern, zumindest darunter sich zusammenfassen zu lassen. Mit einer Notwendigkeit, die kaum wahrzunehmen ist, scheint der Begriff der Schrift zusehends die Extension der Sprache zu überschreiten; er hört auf, eine besondere und abgeleitete, eine Hilfsform der Sprache im allgemeinen (ob als Kommunikation, Relation, Ausdruck, Bezeichnung oder Konstitution von Sinn oder Denken usw. verstanden), die Hülle, das inkonsistente Doppel eines höheren Signifikanten, den *Signifikanten des Signifikanten* zu bezeichnen. Es hat den Anschein, als ob die Schrift die Sprache *begreifen* würde (in allen Bedeutungen dieses Wortes). Nicht daß das Wort »Schrift« aufhörte, den Signifikanten des Signifikanten zu bezeichnen; in einem ungewohnten Licht aber wird deutlich, daß »Signifikant des Signifikanten« nicht länger eine akzidentelle Verdopplung und abgefallene Sekundarität definiert. »Signifikant des Signifikanten« beschreibt im Gegenteil die Bewegung der Sprache – in ihrem Ursprung; aber man ahnt bereits, daß ein Ursprung, dessen Struktur als Signifikant des Signifikanten zu entziffern ist, sich mit seiner eigenen Hervorbringung selbst hinwegrafft und auslöscht. Das Signifikat fungiert darin seit je als ein Signifikant. Die Sekundarität, die man glaubte der Schrift vorbehalten zu können, affiziert jedes Signifikat im allgemeinen, affiziert es immer schon, das heißt, *von Anfang, von Beginn des Spieles an*. Es gibt kein Signifikat, das dem Spiel aufeinander verweisender Signifikanten entkäme, welches die Sprache konstituiert, und sei es nur, um ihm letzten Endes wieder anheimzufallen. Die Heraufkunft der Schrift ist die Heraufkunft des Spiels; heute kommt das Spiel zu sich selbst, indem es die Grenze auslöscht, von der aus man die Zirkulation der Zeichen meinte regeln zu können, indem es alle noch Sicherheit gewährenden Signifikate mit sich reißt, alle vom Spiel noch nicht erfaßten Schlupfwinkel aufstöbert und alle Festen schleift, die bis dahin den Bereich der Sprache kontrolliert hatten. Strenggenommen läuft dies auf die Destruktion des Begriffs »Zeichen« und seiner ganzen Logik hinaus. Nicht zufällig ereignet sich diese *Überbordung* in dem Augenblick, wo die Extension des Begriffs »Sprache« grenzenlos wird. Dieses Überborden und dieses Auslöschen haben, wie wir sehen werden, ein und denselben Sinn, sind ein und dasselbe Phänomen. Alles verhält sich so, als ob der abendländische Begriff der Sprache (in dem, was ihn jenseits seiner Vieldeutigkeit und jenseits des engen und problematischen Gegensatzes zwischen gesprochenem Wort [parole] und Sprache [langue] mit der phonematischen oder glossematischen Produktion, der Sprache, der Stimme, dem Gehör, dem Laut und dem Atem, dem gesprochenen Wort *überhaupt* verbindet) sich heute als Stellvertretung oder als Verstellung einer ersten Schrift[1] enthüllte. Einer Schrift, die viel grundlegender ist als jene, die vor dieser Wende als das »einfache Supplement zum gesprochenen Wort« (Rousseau) galt. In dem Maße, wie die Schrift niemals ein einfaches »Supplement« war, wird es erforderlich, eine neue Logik des »Supplements« zu entwerfen. Diese Forderung wird uns bei der Rousseau-Lektüre leiten.

Ein derartiger Mißbrauch ist nicht etwas historisch Zufälliges, das man bewundern oder bedauern könnte. Über die unabdingbare Notwendigkeit dieser Bewegung ist vor keiner anderen Instanz ein Urteil abzugeben. Hängt doch das Privileg der *phone* nicht von einer Wahl ab, die man hätte vermeiden können. Es entspricht einem Moment der *Ökonomie* (anders gesagt des »Lebens«, der »Geschichte« oder des »Seins als Selbstbezug«). Das System des »Sich-im-Sprechen-Vernehmens« durch die Lautsubstanz hindurch – die *sich* als nicht-äußerlicher, nicht-weltlicher, also nicht-empirischer oder nicht-kontingenter Signifikant *gibt* – mußte während einer ganzen Epoche die Geschichte der Welt beherrschen und hat sogar die Idee der Welt und, ausgehend von der Differenz zwischen dem Weltlichen und dem Nicht-Weltlichen, dem Draußen und dem Drinnen, der Idealität und der Nicht-Idealität, dem Universalen und dem Nicht-Universalen, dem Transzendentalen und dem Empirischen usw.,[2] die Idee des Ursprungs der Welt hervorgebracht.

Mit ungleichem und ziemlich prekärem Erfolg hätte diese Bewegung – als nach ihrem *Telos* – scheinbar danach gestrebt, die Schrift auf eine zweitrangige und instrumentale Funktion einzuengen: Übersetzung eines erfüllten und in seiner ganzen Fülle *präsenten* Wortes (sich selbst, seinem Signifikat und dem anderen präsent, geradezu Bedingung für die Thematik der Präsenz im allgemeinen), Technik im Dienst der Sprache, *Fürsprache* und Interpretation eines ursprünglichen, selbst der Interpretation entzogenen gesprochenen Wortes zu sein.

Technik im Dienst der Sprache: wir berufen uns hier nicht auf ein allgemeines Wesen der Technik, das uns bereits vertraut wäre und uns helfen könnte, den engen und historisch determinierten Begriff der Schrift exemplarisch zu *begreifen*. Wir sind im Gegenteil davon überzeugt, daß eine bestimmte Art der Frage nach dem Sinn und dem Ursprung der Schrift einer bestimmten Art der Frage nach dem Sinn und dem Ursprung der Technik vorangeht oder daß beide zumindest ineinander übergehen. Niemals wird deshalb der Begriff der Technik ohne weiteres den Begriff der Schrift erhellen können.

Es scheint so, als ob das, was man Sprache nennt, in seinem Ursprung und an seinem Ende nur ein Moment, ein wesentlicher, aber determinierter Modus, ein Phänomen, ein Aspekt oder eine Art der Schrift sein könnte; und nur im Verlaufe eines Abenteuers – als dieses Abenteuer selbst – konnte es diese Tatsache vergessen machen, das heißt, *auf eine falsche Spur bringen.* Im ganzen gesehen währte dieses Abenteuer nicht sehr lange. Man könnte sagen, daß es mit der Geschichte eins wird, welche die Technik und die logozentrische Metaphysik seit nahezu drei Jahrtausenden miteinander verbindet, und daß es sich jetzt seiner eigenen *Erschöpfung* nähert, von der wir nur ein Beispiel erwähnen wollen: den Tod der Buchkultur, von dem so viel die Rede ist und der sich vor allem in der konvulsivischen Wucherung der Bibliotheken offenbart. Entgegen allem Augenschein kündigt dieser Tod des Buches zweifellos (und in einer gewissen Weise seit je) bloß einen Tod des gesprochenen Wortes (eines *angeblich* erfüllten gesprochenen Wortes) und eine neue Mutation in der Geschichte der Schrift, in der Geschichte als Schrift an; kündigt ihn über einige Jahrhunderte hinweg an. Diese Distanz ist das Maß, mit dem hier gerechnet werden muß. Zugleich aber darf man die Qualität einer äußerst heterogenen geschichtlichen Dauer nicht außer acht lassen: die Beschleunigung und der qualitative Sinn dieser Beschleunigung sind derart, daß es wohl auch falsch wäre, vorsichtig mit dem Metrum vergangener Rhythmen messen zu wollen. »Tod des gesprochenen Wortes« ist hier zweifellos eine Metapher: ehe man vom Verschwinden sprechen kann, gilt es, an eine neue Situation des gesprochenen Wortes zu denken, an seine untergeordnete Stellung in einer Struktur, in der sie nicht mehr Herr sein wird.

Die Behauptung, der Begriff der Schrift gehe über den der Sprache hinaus und begreife ihn mit ein, setzt selbstverständlich eine bestimmte Definition der Sprache und der Schrift voraus; ohne den Nachweis ihrer Berechtigung würde man der eben angedeuteten inflationären Bewegung nachgeben, die sich nicht zufällig auch des Wortes »Schrift« bemächtigt hat. Tatsächlich pflegte man vor einiger Zeit für Aktion, Bewegung, Denken, Reflexion, Bewußtsein, Unbewußtes, Erfahrung, Affektivität usw. »Sprache« zu sagen; es wäre weniger schwierig, den Verfall dieses Gestus und seiner notwendigen Beweggründe aufzudecken, als seinen Ursprung freizulegen. Heute jedoch neigt man dazu, für all das und vieles andere »Schrift« zu sagen: nicht allein, um die physischen Gesten der piktographischen, der ideographischen oder der Buchstabenschrift zu bezeichnen, sondern auch die Totalität dessen, was sie ermöglicht; dann über den Signifikanten hinaus das Signifikat selbst sowie all das, was Anlaß sein kann für Ein-Schreibung überhaupt, sei sie nun alphabetisch oder nicht, selbst wenn das von ihr in den Raum Ausgestrahlte nicht im Reich der Stimme liegt: Kinematographie, Choreographie, aber auch »Schrift« des Bildes, der Musik, der Skulptur usw. Ebensogut könnte man von einer athletischen Schrift sprechen und, in Anbetracht der Techniken, die heute dieses Gebiet beherrschen, mit noch größerem Recht von einer Schrift des Militärischen oder des Politischen – all das mit dem Ziel, nicht nur das Notationssystem, das diesen Tätigkeiten sekundär zugeordnet ist, sondern auch das Wesen und den Gehalt der Tätigkeiten selber zu beschreiben. Im Hinblick auf die elementarsten Informationsprozesse in der lebenden Zelle spricht auch der Biologe heute von Schrift und *Pro-gramm*. Und endlich wird der ganze, vom kybernetischen *Programm* eingenommene Bereich – ob ihm nun wesensmäßig Grenzen gesetzt sind oder nicht – ein Bereich der Schrift sein. Selbst wenn man annimmt, daß die Theorie der Kybernetik sich aller metaphysischen Begriffe – einschließlich jener der Seele, des Lebens, des Wertes, der Wahl und des Gedächtnisses – begeben kann, die noch bis vor kurzem dazu dienten, die Maschine dem Menschen gegenüberzustellen,[3] so wird sie dennoch am Begriff der Schrift, der Spur, des Gramma oder des Graphems so lange festhalten müssen, bis schließlich auch das, was an ihr selbst noch historisch-metaphysisch ist, entlarvt wird. Noch bevor man es als human (mit allen dem Menschen seit je zugesprochenen Unterscheidungsmerkmalen und dem ganzen System von Bedeutungen, das sie implizieren) oder als a-human bestimmte, wäre *Gramma* – oder *Graphem* – der Name für das Element. Dieses Element wäre kein einfaches: wäre, ob als Mittelpunkt oder unteilbares Atom verstanden, Element der Ur-Synthese im allgemeinen, dessen, was innerhalb des metaphysischen Systems von Gegensätzen zu definieren man sich untersagen müßte, was man folglich nicht einmal *Erfahrung* im allgemeinen, geschweige denn Ursprung des *Sinns* im allgemeinen nennen dürfte.

Diese Situation hat sich seit je angekündigt. Warum aber ist sie im Begriff, sich *als solche* erst *nachträglich* zu erkennen zu geben? Diese Frage würde eine unendliche Analyse erfordern. Greifen wir daher einige Anhaltspunkte heraus, die uns eine Einführung in unser begrenztes Anliegen erlauben. Wir haben bereits die *theoretische* Mathematik erwähnt: ob man ihre Schrift nun als sinnlich wahrnehmbare Graphie versteht (was schon eine Identität und also eine Idealität ihrer Form voraussetzt und so den geläufigen Begriff des »sinnlichen Signifikanten« im Prinzip ad absurdum führt) oder ob man sie als ideale Synthese der Signifikate, ob als auf einer anderen Ebene operierende Schrift oder darüber hinaus und in einem tieferen Sinn als *Übergang* versteht – die mathematische Schrift war nie ganz an eine phonetische Produktion gebunden. Innerhalb der Kulturen mit phonetischer Schrift ist die Mathematik mehr als nur eine Enklave. Auf diesen Umstand weisen alle Schrifthistoriker hin und erinnern gleichzeitig an die Unzulänglichkeiten der alphabetischen Schrift, die für so lange Zeit als die bequemere und die »intelligentere«[4] Schrift galt. Diese Enklave ist auch der Ort, wo die Praxis der wissenschaftlichen Sprache von innen her und immer radikaler das Ideal der phonetischen Schrift und die ganze ihr implizite Metaphysik (*die* Metaphysik) in Frage stellt, das heißt insbesondere die philosophische Idee der *episteme*; ebenso die Idee der *historia*, die trotz der Trennung oder des Gegensatzes, der sie während einer Phase ihres gemeinsamen Vormarsches aufeinander bezogen hat, zutiefst damit verbunden ist. Die Geschichte und das Wissen, *historia* und *episteme* waren schon immer – nicht nur von der Etymologie und der Philosophie her – als Umwege *im Hinblick* auf die Wiederaneignung der Präsenz bestimmt.

Aber jenseits der theoretischen Mathematik vergrößert die Entwicklung der Informations*praktiken* auch die Möglichkeiten dessen, was man »message« nennt, so daß diese nicht mehr die »geschriebene« Übersetzung einer Sprache darstellt, die Übertragung eines Signifikates, das als Gesprochenes vollständig erhalten bleiben könnte. Hinzu kommt die Ausweitung der Phonographie und all jener Mittel, mit deren Hilfe die gesprochene Sprache konserviert und außerhalb der Präsenz des sprechenden Subjektes verfügbar gemacht werden kann. Die mit der Ethnologie und der Geschichte der Schrift gekoppelte Entwicklung lehrt uns also, daß die phonetische Schrift, das Zentrum des großen metaphysischen, wissenschaftlichen, technischen und ökonomischen Abenteuers des Abendlandes, zeitlich und räumlich begrenzt ist. Sie stößt in dem Augenblick an ihre Grenzen, wo sie im Begriff ist, ihr Gesetz auch noch denjenigen kulturellen Bereichen aufzuzwingen, die sich ihr bisher entziehen konnten. Dieses nicht zufällige Zusammentreffen von Kybernetik und »Humanwissenschaften« der Schrift verweist jedoch auf eine noch viel tiefer gehende Erschütterung.

Der Signifikant und die Wahrheit

Die »Rationalität« – aber vielleicht müßte auf dieses Wort aus dem Grunde, der am Ende dieses Satzes sichtbar wird, verzichtet werden –, die eine derart erweiterte und radikalisierte Schrift beherrscht, stammt nicht mehr aus einem Logos. Vielmehr beginnt sie mit der Destruierung und wenn nicht der Zerschlagung, so doch der De-Sedimentierung, der Dekonstruktion aller Bedeutungen, deren Ursprung in der Bedeutung des Logos liegt. Das gilt besonders für die *Wahrheit.* Alle metaphysischen Bestimmungen der Wahrheit, selbst jene, an die uns Heidegger, über die metaphysische Onto-Theologie hinaus, erinnert, sind mehr oder weniger unmittelbar nicht zu trennen von der Instanz eines Logos oder einer von ihm abstammend gedachten Vernunft, wie immer man diesen Logos auch verstehen mag: im vorsokratischen oder im philosophischen Sinne, als unendlichen Verstand Gottes oder im anthropologischen Sinne, im vorhegelschen oder im nachhegelschen Sinne. In diesem Logos war die ursprüngliche und wesentliche Verbindung zur *phone* niemals unterbrochen, was unschwer zu zeigen wäre und was wir zu einem späteren Zeitpunkt auch zu zeigen versuchen wollen. Das Wesen der *phone*, wie es mehr oder weniger implizit bestimmt wurde, stünde unmittelbar dem nahe, was im »Denken« als Logos auf den »Sinn« bezogen ist, ihn erzeugt, empfängt, äußert und »versammelt«. Wenn beispielsweise für Aristoteles »das in der Stimme Verlautende (τὰ ἐν τῇ φωνῇ) Zeichen für die in der Seele hervorgerufenen Zustände (παθήματα τῆς ψυχῆς) und das Geschriebene Zeichen für das in der Stimme Verlautende« ist (*De interpretatione* I,16 a 3), so deshalb, weil die Stimme als Erzeuger der *ersten Zeichen* wesentlich und unmittelbar mit der Seele verwandt ist. Als Erzeuger des ersten Signifikanten ist sie nicht bloß ein Signifikant unter anderen. Sie bezeichnet den »Seelenzustand«, der seinerseits die Dinge in natürlicher Ähnlichkeit widerspiegelt oder reflektiert. Zwischen dem Sein und der Seele, den Dingen und den Affektionen bestünde ein Verhältnis natürlicher Übersetzung oder Bedeutung; zwischen der Seele und dem Logos ein Verhältnis konventioneller Zeichengebung. Die *erste* Konvention, welche ein unmittelbares Verhältnis zur Ordnung der natürlichen und universalen Bedeutung hätte, entstünde als gesprochene Sprache. Die geschriebene Sprache hielte Konventionen fest, die miteinander weitere Konventionen eingingen.

> »Und wie nicht alle dieselben Schriftzeichen haben, so sind auch ihre stimmlichen Verlautbarungen nicht dieselben: worauf diese *Zeichen* freilich *allererst verweisen*, das sind bei allen gleiche Seelenzustände, und ebenso sind die Dinge, denen diese entsprechen, für alle vorweg die gleichen.« (16 a, von mir hervorgehoben, J. D.)

Sind die Affektionen der Seele der natürliche Ausdruck von Dingen, so bilden sie eine Art Universalsprache, die in der Folge dann vernachlässigt werden kann. Aristoteles kann diese Stufe der Transparenz an manchen Stellen unbedenklich außer acht lassen.[5] Jedenfalls ist die Stimme dem Signifikat am nächsten, ob man es nun sehr genau als (gedachten oder gelebten) Sinn oder etwas weniger genau als Ding bestimmt. Jeder Signifikant, zumal der geschriebene, wäre bloßes Derivat, verglichen mit der von der Seele oder dem denkenden Erfassen des Sinns, ja sogar dem Ding selbst untrennbaren Stimme (gleichviel, ob man im Sinne des bereits angedeuteten aristotelischen Gestus oder im Sinne des Gestus mittelalterlicher Theologie verfährt, die die *res* von ihrem *eidos*, von ihrem im Logos oder im unendlichen Verstand Gottes gedachten Sinn aus als geschaffenes Ding bestimmte). Der Signifikant wäre immer schon ein technischer und repräsentierender, wäre nicht sinnbildend. Diese Derivation ist der eigentliche Ursprung des Begriffs des »Signifikanten«. Der Begriff des Zeichens impliziert immer schon die Unterscheidung zwischen Signifikat und Signifikant, selbst wo diese (Saussure zufolge) letzten Endes nichts anderes sind als die zwei Seiten ein und desselben Blattes. Unangetastet bleibt somit ihre Herkunft aus jenem Logozentrismus, der zugleich ein Phonozentrismus ist: absolute Nähe der Stimme zum Sein, der Stimme zum Sinn des Seins, der Stimme zur Idealität des Sinns. Hegel zeigt das in der Idealisierung des Lautes zum Vorschein kommende seltsame Privileg der Hervorbringung des Begriffs und der Selbstpräsenz des Subjektes sehr genau auf.

> »Diese ideelle Bewegung, in welcher sich durch ihr Klingen gleichsam die einfache Subjektivität, die Seele der Körper äußert, faßt das Ohr ebenso theoretisch auf als das Auge Gestalt oder Farbe und läßt dadurch das Innere der Gegenstände für das Innere selbst werden.« (*Ästhetik* III, Einleitung, *Werke*, Bd. 14, Suhrkamp, Frankfurt a. M. 1970, S. 256)
>
> »[...] Das Ohr dagegen vernimmt, ohne sich selber praktisch gegen die Objekte hinauszuwenden, das Resultat jenes inneren Erzitterns des Körpers, durch welches nicht mehr die ruhige materielle Gestalt, sondern die erste ideellere Seelenhaftigkeit zum Vorschein kommt.« (3. Abschnitt, ebd., Bd. 15, S. 134)

Das vom Laut im allgemeinen Gesagte gilt a fortiori für die stimmliche Verlautbarung, die Phonie, durch die das Subjekt vermöge des unauflöslichen Systems des Sich-im-Sprechen-Vernehmens sich selbst affiziert und sich im Element der Idealität auf sich selbst bezieht.

Man ahnt bereits, daß der Phonozentrismus mit der historischen Sinn-Bestimmung des Seins überhaupt als *Präsenz* verschmilzt, im Verein mit all den Unterbestimmungen, die von dieser allgemeinen Form abhängen und darin ihr System und ihren historischen Zusammenhang organisieren (Präsenz des betrachteten Dinges als *eidos*, Präsenz als Substanz/Essenz/Existenz [*ousia*], Präsenz als Punkt [*stigme*] des Jetzt oder des Augenblicks [*nun*], Selbstpräsenz des cogito, Bewußtsein, Subjektivität, gemeinsame Präsenz von und mit dem anderen, Intersubjektivität als intentionales Phänomen des Ego usw.). Der Logozentrismus ginge also mit der Bestimmung des Seins des Seienden als Präsenz einher. Auch im Denken Heideggers fehlt dieser Logozentrismus nicht ganz: er hält es vielleicht noch in der

Epoche der Onto-Theologie, jener Philosophie der Präsenz: eben *der* Philosophie, gefangen. Das könnte bedeuten, daß man aus einer Epoche, deren Abschluß (clôture) umrißhaft sich bereits abzeichnen läßt, doch nicht heraus-zutreten vermag. Die Bewegungen der Zugehörigkeit oder der Nicht-Zugehörigkeit zu einer solchen Epoche sind zu subtil, die damit verbundenen Illusionen zu verführerisch, als daß sich hier eine Entscheidung treffen ließe.

Die Epoche des Logos erniedrigt also die Schrift, die als Vermittlung der Vermittlung und als Herausfallen aus der Innerlichkeit des Sinns gedacht wird. In diese Epoche gehört die Differenz zwischen Signifikat und Signifikant, zumindest aber der befremdende Abstand ihres »Parallelismus« und ihre wie immer verhaltene gegenseitige Äußerlichkeit. Die besagte Zugehörigkeit findet ihre Organisation und Abstufung in einer Geschichte. Die Differenz zwischen Signifikat und Signifikant gehört zutiefst in die Totalität jener großen, von der Geschichte der Metaphysik eingenommenen Epoche; ausdrücklicher und systematischer artikuliert sie sich in der begrenzteren Epoche des christlichen Schöpfungs- und Unendlichkeitsglaubens, der sich die Mittel der griechischen Begrifflichkeit zunutze macht. Die Zusammengehörigkeit ist wesentlich und unauflösbar: man kann die Bequemlichkeit und die »wissenschaftliche Wahrheit« des stoischen und später des mittelalterlichen Gegensatzes zwischen *signans* und *signatum* nicht weiter beanspruchen, ohne daß man auch all seine metaphysisch-theologischen Wurzeln mit übernimmt. An diesen Wurzeln haftet nicht bloß – was schon viel ist – die Unterscheidung zwischen Sinnlichem und Intelligiblem mit ihrem ganzen Einfluß – also *die* Metaphysik in ihrer Totalität. Im allgemeinen wird diese Unterscheidung noch von den umsichtigsten Linguisten und Semiologen als selbstverständlich hingenommen, sogar von denen, die meinen, ihre Arbeit beginne dort wissenschaftlich zu werden, wo die Metaphysik endet. Ein Beispiel:

»Für das moderne strukturalistische Denken steht eindeutig fest, daß die Sprache ein Zeichensystem und die Linguistik integrierender Bestandteil der Wissenschaft von den Zeichen, der *Semiotik* (der *Semiologie* im Sinne Saussures) ist. Die mittelalterliche Definition – aliquid stat pro aliquo –, die in unserer Epoche zu neuem Leben erwachte, hat sich einmal mehr als gültig und fruchtbar erwiesen. So beruht das konstitutive Merkmal eines jeden Zeichens im allgemeinen und des sprachlichen Zeichens im besonderen in seinem doppelten Charakter: jede sprachliche Einheit besteht aus zwei Teilen und enthält zwei Aspekte: einen sinnlichen und einen intelligiblen – einerseits das *signans* (den Signifikanten Saussures), andererseits das *signatum* (das Saussuresche Signifikat). Diese beiden für das sprachliche Zeichen (und das Zeichen im allgemeinen) konstitutiven Elemente bedingen und verlangen einander notwendigerweise.«[6]

An diesen metaphysisch-theologischen Wurzeln haften aber noch viele weitere verborgene Ablagerungen. Gewiß kann die semiologische, genauer die linguistische »Wissenschaft« die Differenz zwischen Signifikant und Signifikat – also die Idee des Zeichens – ohne die Differenz zwischen Sinnlichem und Intelligiblem nicht aufrechterhalten, ohne gleichzeitig den grundlegenderen und tiefer eingebetteten Verweis auf ein Signifikat beizubehalten, das als Intelligibles »bestehen« kann, noch bevor es »hinausfällt« und vertrieben wird in die Äußerlichkeit des sinnlichen Diesseits. Als Ausdruck reiner Intelligibilität verweist es auf einen absoluten Logos, mit dem es unmittelbar zusammengeht. In der mittelalterlichen Theologie war dieser absolute Logos ein unendliches, schöpferisches Subjekt: die intelligible Seite des Zeichens bleibt dem Wort und dem Antlitz Gottes zugewandt.

Es geht keinesfalls darum, diese Begriffe »zurückzuweisen«. Sie sind notwendig, und zumindest heute läßt sich für uns ohne sie nichts mehr denken. Es muß vielmehr die systematische und historische Verbundenheit von Begriffen und Gesten des Denkens evident gemacht werden, die man oft unbedenklich glaubt voneinander trennen zu können. Das Zeichen und die Göttlichkeit sind am gleichen Ort und zur gleichen Stunde geboren. Die Epoche des Zeichens ist ihrem Wesen nach theologisch. Sie wird möglicherweise nie *enden*. Dennoch zeichnet sich ihre historische *Vollendung* (clôture) ab.

Wir können auf diese Begriffe um so weniger verzichten, als wir ihrer bedürfen, um die Erbschaft aufzulassen, zu der auch sie gehören. Mit versteckten, beständig gefährlichen Bewegungen, die immer wieder dem zu verfallen drohen, was sie dekonstruieren möchten, müssen, im Rahmen der Vollendung, die kritischen Begriffe in einem vorsichtigen und minuziösen Diskurs eingebettet werden, müssen die Bedingungen, die Mitte und die Grenzen ihrer Wirksamkeit markiert, muß mit äußerster Sorgfalt ihre Zugehörigkeit zu jener Maschine bezeichnet werden, die mit diesen Begriffen zerlegt werden kann. Zugleich gilt es, die Spalte ausfindig zu machen, durch die, noch unnennbar, durchschimmert, was nach der Vollendung (outre-clôture) kommt. Dem Zeichenbegriff kommt hier exemplarische Bedeutung zu. Wir haben seine Zugehörigkeit zur Metaphysik herausgestellt. Dennoch wissen wir, daß die Thematik des Zeichens seit nahezu einem Jahrhundert den Todeskampf einer Tradition darstellt, die vorgab, den Sinn, die Wahrheit, die Präsenz, das Sein usw. der Bewegung der Bedeutung zu entziehen. Unser bereits angedeutetes Mißtrauen gegenüber der Differenz zwischen Signifikat und Signifikant oder gegenüber der Idee des Zeichens im allgemeinen zwingt uns sogleich zu einer Präzisierung: wir mißtrauen ihm nicht von einer Instanz der anwesenden, dem Zeichen vorgängigen, äußerlichen oder übergeordneten Wahrheit, nicht von dem Ort aus, an dem es die Differenz nicht mehr gibt. Ganz im Gegenteil. Uns beschäftigt das, was im Zeichenbegriff – der außerhalb der Geschichte der Philosophie (der Präsenz) weder existiert noch je funktioniert hat – von dieser Geschichte systematisch und genealogisch bestimmt bleibt. Dies läßt den Begriff und vor allem die Arbeit der Zerlegung, ihren »Stil«, naturgemäß mißverstanden und verkannt bleiben.

Die Exteriorität des Signifikanten ist die Exteriorität der Schrift im allgemeinen. Wir werden zu zeigen versuchen, daß es kein sprachliches Zeichen gibt, das der Schrift vorherginge. Ohne diese Exteriorität bricht selbst die Idee des Zeichens zusammen. Da ihr Zusammenbruch den unserer ganzen Welt und unserer ganzen Sprache bedeutete, da ihre Evidenz und ihr Wert bis zu einem bestimmten Derivationspunkt eine unzerstörbare Festigkeit bewahren, wäre es geradezu lächerlich, aus ihrer Zugehörigkeit zu einer Epoche zu schließen, man müsse »zu etwas anderem übergehen« und sich des Zeichens, sowohl dieses Ausdrucks als auch dieses Begriffs entledigen. Um den hier skizzierten Gestus angemessen zu erfassen, ist ein neues Verständnis der Ausdrücke »Epoche«, »Abschluß einer Epoche« und »historische Genealogie« erforderlich; vor allem müssen sie jeglichem Relativismus entzogen werden.

Es können also innerhalb dieser Epoche die Lektüre und die Schrift, die Produktion oder die Interpretation der Zeichen und der Text im allgemeinen als Zeichengewebe in die Sekundarität verwiesen werden. Ihnen gehen eine Wahrheit und ein Sinn voraus, die bereits durch das Element und im Element des Logos konstituiert sind. Selbst wenn das Ding, der »Referent«, kein unmittelbares Verhältnis zum Logos eines Schöpfergottes besitzt, in dem sein Dasein als gesprochen-gedachter Sinn begann, so bleibt doch in jedem Fall das Signifikat auf den (endlichen oder unendlichen) Logos im allgemeinen unmittelbar und auf den Signifikanten, das heißt, auf die Exteriorität der Schrift, mittelbar bezogen. Wenn es sich dennoch anders zu verhalten scheint, so deshalb, weil sich in das Verhältnis eine metaphorische Vermittlung eingeschlichen und Unmittelbarkeit vorgetäuscht hat: die im *Phaidros* (278 a) der schlechten Schrift (der Schrift im »eigentlichen« und geläufigen Sinne, der »sinnlich wahrnehmbaren«, »räumlichen« Schrift) gegenübergestellte Schrift der Wahrheit in der Seele, das Buch der Natur und, besonders im Mittelalter, die Schrift Gottes – all das, was in diesen Diskursen als *Metapher* fungiert, bekräftigt das Privileg des Logos und begründet den »eigentlichen«, damals der Schrift beigegebenen Sinn – als Zeichen, das einen Signifikanten bezeichnet, der seinerseits eine ewige, in der Nähe eines gegenwärtigen Logos ewig gedachte und ewig gesprochene Wahrheit bezeichnet. Dabei gilt es folgendes Paradoxon zu beachten: die Schrift natürlich und universal, intelligibel und zeitlos zu nennen ist metaphorisch; als Schrift im eigentlichen Sinne wird die sinnlich wahrnehmbare und endliche Schrift bezeichnet; also wird sie von der Kultur, der Technik und dem künstlich Gefertigten her gedacht, ist menschliches Verfahren, List eines zufällig verkörperten Wesens oder einer endlichen Kreatur. Wohl bleibt diese Metapher rätselhaft und verweist darauf, daß der »eigentliche« Sinn der Schrift der einer ersten Metapher ist. Dieser »eigentliche« Sinn kann von jenen, die diesen Diskurs führen, noch nicht gedacht werden. Nicht der eigentliche und der figürliche Sinn sollen vertauscht, sondern der »eigentliche« Sinn der Schrift müßte als die Metaphorizität selbst bestimmt werden.

In *Das Buch als Symbol*, diesem schönen Kapitel aus *Europäische Literatur und Lateinisches Mittelalter*, beschreibt E. R. Curtius die vom *Phaidros* zu Calderon führende Entwicklung, in der, nachdem »die Verhältnisse sich gerade umgekehrt« hatten, das Buch »eine neue, gesteigerte Wertung« gewann (S. 309). Dennoch scheint sich hinter dieser Veränderung, wie bedeutend sie auch sein mag, eine fundamentale Kontinuität zu verbergen. Wie schon bei Platons Schrift der Wahrheit in der Seele haben wir es auch noch im Mittelalter mit einer im metaphorischen Sinne verstandenen, *natürlichen*, ewigen und universalen

Schrift zu tun, mit dem System der bezeichneten Wahrheit, die in ihrer Würde unangetastet bleibt. Wie im *Phaidros* bleibt ihr eine gewissermaßen abgefallene Schrift entgegengesetzt. Zu schreiben wäre eine Geschichte dieser Metapher, die der göttlichen oder natürlichen Schrift immer schon die menschliche und mühevolle, endliche und künstliche Inschrift entgegensetzt. Sie müßte streng in ihre einzelnen, von den hier zusammengetragenen Merkmalen geprägten Phasen aufgegliedert werden, und dabei wäre thematisch der Weg des Buches Gottes (Natur oder Gesetz, in Wahrheit natürliches Gesetz) durch all seine Veränderungen hindurch zu verfolgen.

> Rabbi Eliezer sagt: »Wären alle Meere voller Tinte, alle Teiche mit Schreibrohren bepflanzt, wären Himmel und Erde aus Pergament und übten alle Menschen die Schreibkunst aus – sie vermöchten die Thora nicht auszuschöpfen, die ich studiert habe; wird doch die Thora selbst dadurch nur um so vieles weniger, als das Meer weniger wird, in das eine Federspitze getaucht ward.«[7]

Galilei:

> »Die Natur [...] ist in mathematischer Sprache geschrieben.«

Descartes:

> »[...] um das große Buch der Welt zu lesen [...].«

Cleanthes, im Namen der natürlichen Religion (in den *Dialogen über natürliche Religion* von Hume):

> »Und das Buch der Natur enthält eher ein großes und unauflösliches Rätsel als irgendeine verstehbare Erörterung oder Schlußfolgerung.«

Bonnet:

> »Philosophischer scheint es mir, anzunehmen, daß unsere Erde ein Buch ist, welches das große Wesen jenen Geistern

zu lesen gegeben hat, die uns weit überlegen sind, und an welchem sie die unendlich mannigfaltigen Züge seiner anbetungswürdigen Weisheit von Grund auf studieren.«

G. H. von Schubert:

»Man mag sich fragen, ob diese Bilder- und Hieroglyphensprache, deren sich die höchste Weisheit in all ihren Offenbarungen an die Menschen bedient – die man in jener der Poesie nahestehenden Sprache wiederfindet – und die für unsere gegenwärtige Verfassung dem metaphorischen Ausdruck des Traumes eher ähnelt als der Prosa des Wachens – ob diese Sprache nicht die wahrhafte Sprache der höheren Gefilde ist. Ob wir, wenn wir uns wach wähnen, nicht in tausendjährigen Schlaf versunken sind, zumindest aber in das Echo seiner Träume, worin wir von der Sprache Gottes nur einige losgelöste und dunkle Worte wahrnehmen, so wie etwa ein Schlafender wahrnimmt, was um ihn herum geredet wird.«

Jaspers:

»Die Welt ist die Handschrift einer anderen, niemals völlig lesbaren Welt; allein die Existenz entziffert sie.«

Es ist vor allem auf die grundlegenden Unterschiede im Umgang mit dieser einen Metapher zu achten. Der gewichtigste Einschnitt in der Geschichte dieses Umgangs vollzieht sich in dem Augenblick, wo sich gleichzeitig mit der Naturwissenschaft die Bestimmung der absoluten Präsenz als Selbstpräsenz, als Subjektivität durchsetzt, also zur Zeit der großen Rationalismen des 17. Jahrhunderts. In der Folge wird die Verurteilung der abgefallenen und endlichen Schrift eine andere Form annehmen, aus der wir noch heute leben: jetzt wird die fehlende Selbstpräsenz denunziert. Damit ließe sich auch die exemplarische Rolle des sogenannten »rousseauistischen« Moments erklären, mit dem wir uns später beschäftigen werden. Rousseau wiederholt den platonischen Gestus; doch bezieht er sich dabei auf ein anderes Modell der Präsenz: auf die Selbstpräsenz im Gefühl, im sinnlichen cogito, in das sich gleichzeitig das göttliche Gesetz eingeschrieben findet. Einerseits wird im *Essai sur l'origine des langues* die *repräsentierende*, abgefallene, sekundäre, vereinbarte Schrift, die Schrift im eigentlichen und strengen Sinne verdammt (sie »enerviert« das gesprochene Wort; aus Büchern »die geistigen Fähigkeiten zu beurteilen« heißt, »einen Menschen nach seinem Leichnam malen zu wollen« usw.). Die Schrift im geläufigen Sinn ist toter Buchstabe, sie trägt den Tod in sich. Sie benimmt dem Leben den Atem. Auf der anderen Seite aber wird die Schrift im metaphorischen Sinn, die natürliche, göttliche und lebendige Schrift verehrt; sie kommt an Würde dem Ursprung des Wertes, der Stimme des Gewissens als göttlichem Gesetz, dem Herzen, dem Gefühl usw. gleich.

»Selbst die Bibel, das erhabenste aller Bücher [...] ist nur ein Buch [...]. Nicht auf einigen verstreuten Blättern ist das Gesetz Gottes zu suchen, sondern im Herzen des Menschen, worin seine Hand es zu schreiben geruhte.« (*Lettre à Vernes*)

»Wenn das natürliche Gesetz nur in den menschlichen Verstand eingeschrieben wäre, vermöchte es wohl kaum auch nur eine einzige unserer Handlungen zu lenken. Es ist aber auch mit unauslöschlichen Lettern in das Herz des Menschen eingraviert [...]. Da ruft es ihn [...].« (*L'état de guerre*)

Die natürliche Schrift ist unmittelbar an die Stimme und den Atem gebunden. Ihr Wesen ist nicht grammatologisch, es ist pneumatologisch. Sie ist hieratisch, ganz nahe der heiligen, inneren Stimme der *Profession de foi*, der Stimme, die man, in sich kehrend, vernimmt: die erfüllte und wahrhafte Präsenz des göttlichen Wortes in der Innerlichkeit unseres Gefühls:

»Je mehr ich mich in mich selbst versenke, je mehr ich mich befrage, um so mehr lese ich die Worte, die in meine Seele

> geschrieben sind: Sei gerecht und du wirst glücklich sein [...]. Ich entnehme diese Regeln nicht den Prinzipien einer hohen Philosophie, sondern ich finde sie in der Tiefe meines Herzens, durch die Natur in unauslöschlichen Lettern eingeschrieben.«

Daß die geburtsmäßige Einheit der Stimme und der Schrift *vorschriftlich* ist, darüber wäre viel zu sagen. Das Ur-Wort ist Schrift, weil es ein Gesetz, ein natürliches Gesetz ist. Das anfängliche Wort wird in der Innerlichkeit der Selbstpräsenz als Stimme des anderen und als Gebot vernommen.

Es gibt also eine gute und eine schlechte Schrift: gut und natürlich ist die in das Herz und in die Seele eingeschriebene göttliche Schrift; verdorben und künstlich ist die Technik, die in die Äußerlichkeit des Körpers verbannt ist. Diese Modifikation bewegt sich vollständig im platonischen System: Schrift der Seele, Schrift des Körpers, Schrift des Innen und Schrift des Außen, Schrift des Gewissens und Schrift der Leidenschaften, so wie es auch eine Stimme der Seele und eine Stimme des Körpers gibt: »Das Gewissen ist die Stimme der Seele, die Leidenschaften sind die Stimme des Körpers« (*Profession de foi*). Die »Stimme der Natur«, die »heilige Stimme der Natur« wird eins mit der göttlichen Inschrift und Vorschrift. Ihr hat man sich immer von neuem zuzuwenden, in ihr sich zu besprechen, mit ihren Zeichen Rede und Antwort zu stehen.

> »Es wurde gesagt, die Natur breite ihre ganze Herrlichkeit vor unseren Augen aus, um so den Stoff für unsere Unterhaltungen zu liefern [...].« »Ich habe also all diese Bücher wieder geschlossen. Ein einziges ist vor allen Augen geöffnet, nämlich das der Natur. In diesem großen und erhabenen Buch lerne ich seinem göttlichen Verfasser zu dienen und ihn zu verehren.«

Die gute Schrift ist also immer schon *begriffen*. Begriffen wie das, was eben begriffen sein mußte: innerhalb einer

Natur oder eines natürlichen, erschaffenen oder nicht erschaffenen, vor allem aber ewig gegenwärtig gedachten Gesetzes. Begriffen also innerhalb einer Totalität und eingefaßt in einen Schriftenband oder in ein Buch. Die Idee des Buches ist die Idee einer endlichen oder unendlichen Totalität des Signifikanten; diese Totalität kann eine Totalität nur sein, wenn vor ihr eine schon konstituierte Totalität des Signifikats besteht, die deren Einschreibung und deren Zeichen überwacht und die als ideale von ihr unabhängig ist. Die Idee des Buches, die immer auf eine natürliche Totalität verweist, ist dem Sinn der Schrift zutiefst fremd. Sie schirmt die Theologie und den Logozentrismus enzyklopädisch gegen den sprengenden Einbruch der Schrift ab, gegen ihre aphoristische Energie und, wie wir später sehen werden, gegen die Differenz im allgemeinen. Wenn wir den Text vom Buch abheben, dann wollen wir damit sagen, daß der Untergang des Buches, wie er sich heute in allen Bereichen ankündigt, die Oberfläche des Textes bloßlegt. Diese notwendige Gewalt ist die Antwort auf eine Gewalt, die nicht weniger notwendig war.

Das geschriebene Sein

Die versichernde Evidenz, in der die abendländische Tradition sich organisieren mußte und in der sie noch heute zu leben hat, wäre die folgende: die Ordnung des Signifikats ist mit der Ordnung des Signifikanten niemals gleichzeitig, ist bestenfalls die Kehrseite oder die geringfügig – um einen Atemzug – verschobene Parallele dieser Ordnung. Das Zeichen muß die Einheit einer Heterogenität darstellen, denn das Signifikat (Sinn oder Ding, noëma oder Realität) ist nicht an sich Signifikant, *Spur*; sein Sinn konstituiert sich jedenfalls nicht durch sein Verhältnis zur möglichen Spur. Das formale Wesen des Signifikats ist die *Präsenz*, und das Privileg seiner Nähe zum Logos als *phone* ist das Privileg der Präsenz. Diese Antwort ist nicht zu umgehen, sobald die Frage »Was ist das Zeichen?« gestellt wird, das heißt, sobald man das Zeichen auf das Wesen, das »ti esti« hin befragt. Das »formale Wesen« des Zeichens kann nur von der Präsenz aus bestimmt werden. Man kommt um diese Frage nicht herum, es sei denn, man verwerfe die Form der Frage selbst und nehme den Gedanken auf, daß das Zeichen dieses schlecht benannte Ding ist, das als einziges sich der Grundfrage der Philosophie: »Was ist ...?«[8] entzieht.

Mit der Radikalisierung der Begriffe der *Interpretation*, der *Perspektive*, der *Wertung*, der *Differenz* und aller »empiristischen« oder nicht-philosophischen Motive, die die abendländische Philosophie bis heute nicht zur Ruhe kommen ließen und die nur die eine, allerdings unvermeidliche Schwäche hatten, auf dem Boden der Philosophie gewachsen zu sein, sollte Nietzsche, ohne *einfach* (mit Hegel und wie Heidegger es möchte) *innerhalb* der Metaphysik zu bleiben, entscheidend zur Befreiung des Signifikanten aus seiner Abhängigkeit, seiner Derivation gegenüber dem Logos, dem konnexen Begriff der Wahrheit oder eines wie immer verstandenen ersten Signifikats beigetragen haben. Die Lektüre und damit die Schrift, der Text wären für Nietzsche »ursprüngliche«[9] (wir setzen dieses Wort aus erst später ersichtlichen Gründen in Anführungszeichen) Operationen gegenüber einem Sinn, der nicht allererst zu transkribieren oder zu entdecken, der also nicht bezeichnete Wahrheit im eigentümlichen Element und in der Präsenz eines Logos als *topos noëtos*, göttliches Vernehmen oder apriorisch notwendige Struktur wäre. Will man Nietzsche vor einer Lektüre wie der Heideggerschen bewahren, dann darf man keinesfalls eine weniger naive »Ontologie«, eine profunde, an eine Ur-Wahrheit heranreichende ontologische Intuition, also eine ganze, unter dem Gewand eines empiristischen oder metaphysischen Textes verborgene Fundamentalität restaurieren oder auslegen wollen. Die Virulenz des Denkens Nietzsches könnte nicht schlimmer verkannt werden. *Anzuklagen* ist hingegen die »Naivetät« eines Durchbruchs, der einen Ausgang aus der Metaphysik nur skizzieren, die Metaphysik radikal nur *kritisieren* kann, indem er in einer bestimmten Weise, in einer bestimmten *Text*-Art, einem bestimmten *Text*-Stil Sätze verwendet, die, innerhalb der Philosophie (und das heißt für Nietzsche: schlecht oder überhaupt nicht) gelesen, immer schon »Naivetäten«, unzusammenhängende Zeichen absoluter Zugehörigkeit gewesen sind und bleiben werden. Vielleicht sollte man also Nietzsche der Heideggerschen Lektüre nicht entziehen, sondern ihn ihr ganz anheimgeben und dieser Interpretation ohne Vorbehalt zustimmen. Ihr in *bestimmter Weise* und bis zu dem Punkt zustimmen, wo die Form seines Diskurses, nachdem der Inhalt für die Frage nach dem Sein beinahe verloren war, ihre unbedingte Fremdheit wiederfindet, wo sein Text schließlich eine andere Leseweise erfordert, die seiner Schreibweise viel eher entspricht: Nietzsche hat *das geschrieben*, was er geschrieben hat. Er hat geschrieben, daß die Schrift – und allererst seine eigene – dem Logos und der Wahrheit nicht ursprünglich unterworfen ist, daß diese Unterwerfung im Laufe einer Epoche, deren Sinn wir noch zu dekonstruieren haben, *geworden* ist. In dieser Richtung (aber nur in dieser, denn anders gelesen bleibt die von Nietzsche eingeleitete Zerschlagung dogmatisch und, wie alle Umkehrungen, im Gebäude der Metaphysik gefangen, welches sie gerade niederreißen möchte; zu diesem Punkt und in dieser *Ordnung des Lesens* sind die Ausführungen Heideggers und Finks unwiderlegbar) würde das Heideggersche Denken die Instanz des Logos und der Wahrheit des Seins als »primum signatum« nicht erschüttern, sondern sie im Gegenteil wieder einsetzen. Das »primum signatum« ist Signifikat in einem bestimmten »transzendentalen« Sinn (so wie man im Mittelalter sagte, das Transzendentale – *ens*, *unum*, *verum*, *bo-*

num – sei das »primum cognitum«), den alle Kategorien oder alle determinierten Bedeutungen, jede Lexik und jede Syntax, also jeder sprachliche Signifikant implizieren, der mit keinem von ihnen einfach verschmilzt, über den aber durch jeden von ihnen sich ein Vorverständnis gewinnen läßt, der gegenüber allen epochalen Bestimmungen, die er erst ermöglicht, irreduzibel bleibt; der damit die Geschichte des Logos eröffnet und selber nur durch den Logos ist: das heißt, vor dem Logos und außerhalb des Logos *nichts ist.* Der Logos *des* Seins, »das Denken, gehorsam der Stimme des Seins«,[10] ist die erste und die letzte Quelle des Zeichens, der Differenz zwischen dem *signans* und dem *signatum.* Es muß ein transzendentales Signifikat geben, damit so etwas wie eine absolute und irreduzible Differenz zwischen Signifikat und Signifikant zustande kommt. Es ist kein Zufall, wenn das Denken des Seins als das Denken dieses transzendentalen Signifikates sich vornehmlich in der Stimme kundtut: das heißt in einer Wortsprache. In nächster Nähe zu sich selbst *vernimmt sich* die Stimme – womit zweifellos das Gewissen gemeint ist – als völlige Auslöschung des Signifikanten: sie ist reine Selbstaffektion, die notwendigerweise die Form der Zeit annimmt, die sich außerhalb ihrer selbst, in der Welt oder in der »Realität«, keines zusätzlichen Signifikanten, keiner ihrer eigenen Spontaneität fremden Ausdruckssubstanz bedient. Es ist dies die einzigartige Erfahrung eines Signifikats, das sich zwar spontan aus sich selbst heraus, aber dennoch, als bezeichneter Begriff, im Element der Idealität und der Universalität erzeugt. Der nicht-weltliche Charakter dieser Ausdruckssubstanz ist für diese Idealität konstitutiv. Die Erfahrung, daß der Signifikant in der Stimme erlischt, ist nicht irgendeine beliebige Illusion – denn sie bedingt gerade die Idee der Wahrheit. Wir werden an anderer Stelle zeigen, worin ihr trügerischer Charakter besteht. Dieser Trug (leurre), die Geschichte der Wahrheit, läßt sich nicht so rasch durchschauen. In der Geschlossenheit dieser Erfahrung wird das Wort als elementare und unzerlegbare Einheit des Signifikats und der Stimme, des Begriffs und einer transparenten Ausdruckssubstanz erlebt. In ihrer größten Reinheit – und gleichzeitig in der Bedingung ihrer Möglichkeit – wäre diese Erfahrung als die Erfahrung des »Seins« aufgefaßt. Das Wort »Sein«, zumindest die Wörter, die in den verschiedenen Sprachen den Sinn von Sein bezeichnen, wäre zusammen mit einigen anderen ein »Urwort«[11] [i. Orig. dt.], das transzendentale Wort, das allen anderen Wörtern die Möglichkeit des Wortseins gewährte. Als solches wäre es in jeder Sprache vor-verstanden – damit beginnt *Sein und Zeit* –, und allein dieses Vorverständnis könnte über alle regionalen Ontologien und alle Metaphysik hinaus die Frage nach dem Sinn von Sein überhaupt stellen: mit dieser Frage bricht die Philosophie an (so zum Beispiel im *Sophistes*) und wird von ihr wieder verdeckt; Heidegger wiederholt sie und befragt damit die Geschichte der Metaphysik. Er erinnert immer wieder daran, daß der Sinn von Sein zweifellos nicht im Wort »Sein« und auch nicht im Begriff des Seins liegt. Aber wenn dieser Sinn nichts außerhalb der Sprache, der Wortsprache ist, so ist er, wo nicht an dieses oder jenes Wort, dieses oder jenes Sprachensystem (concesso non dato), so doch an die Möglichkeit des Wortes überhaupt und an seine irreduzible Einfachheit gebunden. Man könnte also annehmen, es bliebe nur noch zwischen zwei Möglichkeiten zu entscheiden: 1. Hat eine moderne Linguistik, das heißt, eine Wissenschaft der Bezeichnung, die die Einheit des Wortes zerschlägt und mit seiner vorgeblichen Irreduzibilität bricht, noch etwas mit »Sprache« zu tun? Heidegger würde dies vermutlich bezweifeln. 2. Ist umgekehrt nicht alles, was derart tiefgründig unter dem Namen des Denkens oder der Frage nach dem Sein bedacht wird, in einer alten Linguistik des Wortes befangen, die man betrieb, ohne es zu wissen? Ohne es zu wissen: denn eine solche Linguistik, sei sie spontan oder systematisch, mußte immer schon die Voraussetzungen der Metaphysik teilen. Beide bewegen sie sich auf demselben Boden.

Es versteht sich von selbst, daß die Alternative so einfach nicht sein kann.

Wenn einerseits die moderne Linguistik insgesamt einer klassischen Begrifflichkeit verhaftet bleibt, wenn sie sich in naiver Weise vor allem des Wortes *Sein* mit all seinen Voraussetzungen bedient, so kann, was in dieser Linguistik die Einheit des Wortes überhaupt dekonstruiert, nicht mehr nach dem Modell der Heideggerschen Fragen, so wie es seit dem Erscheinen von *Sein und Zeit* energisch am Werk ist, als ontische Wissenschaft oder als regionale Ontologie umschrieben werden. Sofern die Frage nach dem Sein untrennbar mit dem Vorverständnis des *Wortes Sein* sich verbindet, ohne sich jedoch damit zu begnügen, kann eine an der Dekonstruktion der konstituierten Einheit dieses Wortes arbeitende Linguistik de facto oder de jure nicht länger erwarten, daß über die Frage nach dem Sein ihr Bereich und die Ordnung ihrer Abhängigkeit definiert werden könnte.

Nicht nur ist ihr Bereich nicht mehr bloß ontisch, sondern es haben auch die Grenzen der ihr entsprechenden Ontologie nichts Regionales mehr an sich. Und läßt sich, was wir hier von der Linguistik sagen, zumindest von einer bestimmten Arbeit, die in ihr und dank ihr geleistet werden kann, nicht von jeder Forschung sagen, *insofern und soweit* es ihr gelingen sollte, die Ontologie und Seinsprivileg stiftenden Begriff-Wörter außer Kraft zu setzen? Die Erweiterung dieses Durchbruchs scheint heute außerhalb der Linguistik noch am ehesten in der psychoanalytischen Forschung erfolgversprechend zu sein.

Diese »Wissenschaften« sind, im streng abgesteckten Raum des Durchbruchs, nicht mehr von den Fragen einer transzendentalen Phänomenologie oder einer Fundamentalontologie *beherrscht*. Folgt man der durch *Sein und Zeit* eingeleiteten Frageordnung und radikalisiert die Fragen der Husserlschen Phänomenologie, so erhebt sich vielleicht der Einwand, dieser Durchbruch gehöre nicht zur Wissenschaft selbst; was auf diese Weise in einem ontischen Bereich oder in einer regionalen Ontologie zu entstehen scheint, gehöre de jure nicht zu diesen und hole bereits die Frage nach dem Sein selbst wieder ein.

Auf der anderen Seite nämlich richtet Heidegger an die Metaphysik die *Frage* nach dem Sein und mit ihr die Frage nach der Wahrheit, dem Sinn und dem Logos. Das unablässige Bedenken dieser Frage verschafft keine Sicherheiten, holt diese vielmehr aus ihrer eigenen Tiefe herauf. Dies ist, da es um den Sinn des Seins geht, viel schwieriger, als man gemeinhin annimmt. Ein solches Bedenken, das hinter alle Seinsbestimmung zurückfragt und die Grundfesten der Onto-Theologie erschüttert, trägt wie die heutige Linguistik dazu bei, die Einheit des Seinssinnes, das heißt in letzter Instanz die Einheit des Wortes zu dislozieren.

In diesem Sinne beschwört Heidegger die »Stimme des Seins« und erinnert an ihre Schweigsamkeit, Stummheit, Lautlosigkeit, Wortlosigkeit und ursprüngliche *A-Phonie* (*die Gewähr der lautlosen Stimme verborgener Quellen* ...) [i. Orig. dt.]. Sich vernimmt die Stimme der Quellen nicht. Zwischen dem ursprünglichen Sinn des Seins und dem Wort, zwischen dem Sinn und der Stimme, zwischen der »Stimme des Seins« und der »*phone*«, zwischen dem »Ruf des Seins« und dem artikulierten Laut besteht ein Bruch, der eine fundamentale Metapher bestätigt und sie zugleich verdächtigt, indem er die metaphorische Verschiebung zuspitzt; dieser Bruch gibt ein gutes Bild von der Ambiguität der Heideggerschen Stellung zur Metaphysik der Präsenz und zum Logozentrismus. Er ist in sie eingeschlossen und übersteigt sie zugleich. Doch ist es unmöglich, ihn zu teilen. Gerade die Bewegung der Transgression hält ihn zuweilen diesseits der Grenze zurück. Wir wollen daran erinnern, daß im Gegensatz zu den weiter oben gemachten Annahmen für Heidegger der Sinn des Seins niemals im einfachen und strengen Sinne ein »Signifikat« ist. Nicht zufällig macht er von diesem Ausdruck keinen Gebrauch: das bedeutet, daß das Sein der Bewegung des Zeichens entgeht, womit etwas behauptet ist, was man entweder als eine Wiederholung der klassischen Tradition oder als Mißtrauen gegenüber einer metaphysischen oder technischen Theorie der Bezeichnung verstehen kann. Andererseits ist der Sinn von Sein buchstäblich weder »primär« noch »fundamental« noch »transzendental« in der scholastischen, Kantischen oder Husserlschen Bedeutung. Die Auflösung des Seins, welches die Kategorien des Seienden »transzendiert«, und die Eröffnung der Fundamentalontologie sind zwar notwendige, jedoch vorläufige Momente. Seit der *Einführung in die Metaphysik* verzichtet Heidegger auf den Entwurf und das Wort der Ontologie.[12] Die notwendige, ursprüngliche und irreduzible Verstellung des Sinns von Sein, seine Verdunkelung gerade im Aufleuchten der Präsenz, dieser Rückzug, ohne den es nicht einmal eine Geschichte des Seins gäbe, die durch und durch *Geschichte* und Geschichte des *Seins* wäre, Heideggers beharrlicher Hinweis, daß das Sein als Geschichte nur durch den Logos entsteht und nichts ist außerhalb des Logos, die Differenz zwischen dem Sein und dem Seienden – all das zeigt an, daß der Bewegung des Signifikanten im Grunde nichts entgeht und daß die Differenz zwischen dem Signifikat und dem Signifikanten in letzter Instanz *nichts ist.* Da der Satz der Transgression durch keinen Diskurs vorbereitet ist, läuft er Gefahr, zur Formulierung der Regression selbst zu werden. Somit gilt es, *durch* die Frage nach dem Sein, so wie Heidegger und nur er allein sie stellt, auf die Onto-Theologie zu und über sie hinaus *zu gehen*, wenn diese befremdende Nicht-Differenz unerbittlich gedacht und richtig bestimmt werden soll. Das »Sein«, so wie es in seinen allgemeinen syntaktischen und lexikologischen Formen innerhalb des Bereichs der abendländischen Linguistik und Philosophie festgehalten wird, ist kein erstes und schlechthin irreduzibles Signifikat, wurzelt immer noch, wenngleich es als entschleiernde und verstellende Kraft ungewöhnlich privilegiert ist, in einem System von Sprachen und in einer determinierten historischen »Signifikanz«. Daran erinnert Heidegger insbesondere, wenn er dazu auffordert, den »Vorrang« der »dritten Person des Singular im Indikativ des Präsens« und des »Infinitiv« zu bedenken. Als Beschränkung des Sinns von Sein auf den Bereich der Präsenz ereignet sich die abendländische Metaphysik als die Herrschaft einer sprachlichen Form.[13] Die Frage nach dem Ursprung dieser Herrschaft läuft nicht auf die Hypostasierung eines transzendentalen Signifikats hinaus, sondern auf die Hinterfragung dessen, was unsere Geschichte konstituiert und die Transzendentalität selbst hervorgebracht hat. Daran will Heidegger erinnern, wenn er in *Zur Seinsfrage* aus dem gleichen Grund das Wort »Sein« nur unter *kreuzweiser Durchstreichung* [i. Orig. dt.] lesen läßt. Dennoch ist diese kreuzweise Durchstreichung kein »bloß negatives Zeichen« (S. 31). Diese Ausstreichung ist vielmehr die letztmögliche Schrift einer Epoche. Unter ihren Strichen verschwindet die Präsenz eines transzendentalen Signifikats und bleibt dennoch lesbar. Verschwindet und bleibt dennoch lesbar, wird destruiert und macht doch den Blick auf die Idee des Zeichens selbst frei. In dem Maße, wie sie die Onto-Theologie, die Metaphysik der Präsenz und den Logozentrismus begrenzt, ist diese letzte auch die erste Schrift.

Zu der Erkenntnis gelangen, daß nicht etwa diesseits, sondern am Horizont der Heideggerschen Wege und noch auf ihnen der Sinn von Sein kein transzendentales oder transepochales Signifikat (auch wenn es innerhalb der Epoche immer verstellt bleibt), sondern je schon in einem eigentlich *unerhörten* Sinn eine determinierte signifikante Spur ist, heißt bestätigen, daß im entscheidenden Begriff der ontisch-ontologischen Differenz *nicht alles in einem Zug zu denken ist.* Seiend und sein, ontisch und ontologisch, »ontisch-ontologisch« wären im Hinblick auf die Differenz in originaler Weise *abgeleitet*; abgeleitet auch in bezug auf das, was wir später die **Differenz* (*différance*) nennen werden.* Dieser ökonomische Begriff bezeichnet die Produktion des Differierens im doppelten Sinne dieses Wortes [différer – aufschieben/(von einander) verschieden sein]. Die ontisch-ontologische Differenz und ihr *Grund* [i. Orig. dt.] in der »Transzendenz des Daseins« (*Vom Wesen des Grundes*, S. 16) wären nicht absolut ursprünglich. Die *Differenz (différance) schlechthin wäre zwar »ursprünglicher«, doch könnte man sie nicht mehr »Ursprung« und auch nicht »Grund« nennen. Denn diese Begriffe gehören wesensmäßig in die Geschichte der Onto-Theologie, das heißt in das System, das als Auslöschung der Differenz fungiert. Diese kann jedoch nur unter der Bedingung sich selbst am nächsten gedacht werden, daß sie zunächst als ontisch-ontologische Differenz bestimmt wird, ehe man diese Bestimmung streicht. Der Weg über die gestrichene Bestimmung und die Notwendigkeit dieses *schriftlichen Kunstgriffs* sind irreduzibel. Auf diesem diskreten und schwierigen Gedanken sollte, durch so viele unbemerkte Vermittlungen hindurch, das ganze Gewicht unserer Frage lasten, einer Frage, die wir vorläufig noch eine *historische* (*historiale*) nennen. Mit ihrer Hilfe werden wir später versuchen können, die *Differenz und die Schrift miteinander in Verbindung zu bringen.

Das Zögern dieses Denkens (in unserem Falle Nietzsches und Heideggers) ist nicht Ausdruck einer »Inkohärenz«: vielmehr eignet ein derartiges Zaudern allen nachhegelschen Versuchen und dem Übergang zwischen zwei Epochen. Die Bewegungen dieser Dekonstruktion rühren nicht von außen an die Strukturen. Sie sind nur möglich und wirksam, können nur etwas ausrichten, indem sie

* »Différance« wird im folgenden, zur Unterscheidung von »différence«, auf diese Weise wiedergegeben: *Differenz. [Anm. d. Übers.]

diese Strukturen bewohnen; sie in *bestimmter Weise* bewohnen, denn man wohnt beständig und um so sicherer, je weniger Zweifel aufkommen. Die Dekonstruktion hat notwendigerweise von innen her zu operieren, sich aller subversiven, strategischen und ökonomischen Mittel der alten Struktur zu bedienen, sich ihrer strukturell zu bedienen, das heißt, ohne Atome und Elemente von ihr absondern zu können. Die Dekonstruktion wird immer auf bestimmte Weise durch ihre eigene Arbeit vorangetrieben. Einer, der dieselbe Arbeit an einer anderen Stelle derselben Behausung begonnen hat, unterläßt es nicht, mit Nachdruck darauf hinzuweisen. Es müßte also möglich sein, die Regeln dieser heute so verbreiteten Arbeit zu formalisieren.

Von diesem Spiel war bereits Hegel in Anspruch genommen. Er hat zweifellos *von einer Seite* die Totalität der Philosophie des Logos *resümiert*. Er hat die Ontologie als absolute Logik bestimmt; bei ihm findet sich versammelt, was das Sein als Präsenz begrenzt; der Präsenz hat er die Eschatologie der Parusie, der bei sich seienden unendlichen Subjektivität zugeschrieben. Aus denselben Gründen mußte er die Schrift erniedrigen und unterordnen. Wenn er die Leibnizsche Charakteristik, den Formalismus des Verstandes und den mathematischen Symbolismus kritisiert, so denunziert er mit der nämlichen Geste das Außersichsein des Logos in der sinnlichen oder intellektuellen Abstraktion. Die Schrift ist jene Selbstvergessenheit, jene Entäußerung, das Gegenteil des verinnerlichenden Gedächtnisses, der *Erinnerung* [i. Orig. dt.], welche die Geschichte des Geistes eröffnet. Im *Phaidros* hieß es: die Schrift ist Mnemotechnik und Vergessenkönnen zugleich. Vor dem Alphabet macht die Hegelsche Kritik der Schrift selbstverständlich halt. Als phonetische Schrift ist das Alphabet eher sklavisch, verächtlich und sekundär (»[...] die Buchstabenschrift [... bezeichnet] *Töne*, welche selbst schon Zeichen sind. Diese besteht daher aus Zeichen der Zeichen«; *Enzyklopädie*, § 459), aber zugleich ist sie die beste Schrift, die Schrift des Geistes: ihr Verschwinden vor der Stimme, womit sie die ideelle Innerlichkeit der lautlichen Signifikanten respektiert, all das, wodurch sie Raum und Sehen sublimiert, macht sie zur Schrift der Geschichte, das heißt zur Schrift des unendlichen Geistes, der in seiner Entwicklung (discours) und in seiner Bildung sich auf sich selbst bezieht:

> »Es folgt noch aus dem Gesagten, daß Lesen- und Schreibenlernen einer Buchstabenschrift für ein nicht genug geschätztes, unendliches Bildungsmittel zu achten ist, indem es den Geist von dem sinnlich Konkreten zu der Aufmerksamkeit auf das Formellere, das tönende Wort und dessen abstrakte Elemente, bringt und den Boden der Innerlichkeit im Subjekte zu begründen und rein zu machen ein Wesentliches tut.« (*Enzyklopädie*, §459)

In diesem Sinne ist sie die *Aufhebung* [i. Orig. dt.] aller anderen Schriften, insbesondere der Hieroglyphenschrift und der Leibnizschen Charakteristik, die vorher mit ein und derselben Geste kritisiert worden waren. (Noch heute ist die *Aufhebung* mehr oder minder implizit der beinahe jede Geschichte der Schrift beherrschende Begriff. Sie ist *der* Begriff der Geschichte und der Teleologie.) Hegel fährt dann auch fort:

> »Die erlangte Gewohnheit tilgt auch später die Eigentümlichkeit der Buchstabenschrift, im Interesse des Sehens als ein Umweg durch die Hörbarkeit zu den Vorstellungen zu erscheinen, und macht sie für uns zur Hieroglyphenschrift, so daß wir beim Gebrauche derselben die Vermittlung der Töne nicht im Bewußtsein vor uns zu haben bedürfen [...].« (Ebd.)

Unter dieser Bedingung macht sich Hegel das Leibnizsche Lob der nicht-phonetischen Schrift zu eigen. Leibniz hatte gesagt, daß die Tauben und die Stummen sich ihrer bedienen könnten. Hegel:

> »Außerdem, daß bei jener Fertigkeit, welche die Buchstabenschrift in Hieroglyphen verwandelt, die durch jene erste Einübung gewonnene Abstraktionsfähigkeit bleibt, ist das hieroglyphische Lesen für sich selbst ein taubes Lesen und ein stummes Schreiben; das Hörbare oder Zeitliche und das Sichtbare oder Räumliche hat zwar jedes seine eigene Grundlage zunächst von gleichem Gelten mit der andern; bei der Buchstabenschrift aber ist nur *eine* Grundlage, und zwar in dem richtigen Verhältnisse, daß die sichtbare Sprache zu der tönenden nur als Zeichen sich verhält; die Intelligenz äußert sich unmittelbar und unbedingt durch Sprechen.« (Ebd.)

Woran übt aber die Schrift selbst, in ihrem nicht-phonetischen Moment, Verrat? Am Leben. Gleichzeitig bedroht sie den Atem, den Geist und die Geschichte als Selbstbezug des Geistes. Sie ist deren Ende, Endlichkeit und Paralyse. Sie benimmt den Atem, macht in der Wiederholung des Buchstabens die geistige Schöpfung steril und beraubt sie im Kommentar oder in der *Exegese* ihrer Bewegung; sie ist auf einen engen Raum beschränkt, ist einer Minderheit vorbehalten und somit das Todes- und Differenzprinzip im Werden des Seins. Was China für Europa, bedeutet sie für die Rede:

> »Nur dem *Statarischen* der chinesischen Geistesbildung ist die hieroglyphische Schriftsprache dieses Volkes angemessen; diese Art von Schriftsprache kann ohnehin nur der Anteil des geringern Teils eines Volkes sein, der sich in ausschließendem Besitze geistiger Kultur hält [...].
>
> Eine hieroglyphische Schriftsprache erforderte eine ebenso statarische Philosophie, als es die Bildung der Chinesen überhaupt ist.« (Ebd.)

Wenn das nicht-phonetische Moment die Geschichte und das Geistesleben als Selbstpräsenz im Atem bedroht, dann deshalb, weil sie die Substantialität, den anderen metaphysischen Namen für die Präsenz, die *Ousia*, bedroht. Dies vor allem in der Form des Substantivs. Die nicht-phonetische Schrift zerbricht den Namen. Sie beschreibt Relationen, nicht Benennungen. Der Name und das Wort, diese Einheiten des Atems und des Begriffs, verschwinden in der reinen Schrift. In dieser Beziehung ist Leibniz ebenso beunruhigend wie der Chinese in Europa:

> »Dieser Umstand der analytischen Bezeichnung der Vorstellungen bei der hieroglyphischen Schrift, welcher Leibniz verführt hat, diese für vorzüglicher zu halten als die Buchstabenschrift, ist es vielmehr, der dem Grundbedürfnisse der Sprache überhaupt, dem Namen, widerspricht [...].
>
> Jede Abweichung in der Analyse brächte eine andere Bildung des Schriftnamens hervor [...].« (Ebd.)

Der Horizont des absoluten Wissens ist das Erlöschen der Schrift im Logos, die Resumtion der Spur in der Parusie, die Wiederaneignung der Differenz, die Vollendung dessen, was wir an anderer Stelle[14] die *Metaphysik des Eigentlichen* genannt haben.

Und doch kann alles, was Hegel in diesem Horizont gedacht hat – das heißt alles außer der Eschatologie –, auch als Überlegung zur Schrift gelesen werden. Hegel ist *auch* der Denker der irreduziblen Differenz. Er hat das Denken als ein Zeichen *produzierendes Gedächtnis* wieder zu Ehren gebracht. Und er hat, wie wir an anderer Stelle zeigen wollen, die wesensmäßige Notwendigkeit der geschriebenen Spur in einem philosophischen, das heißt sokratischen Diskurs, der sich ihrer immer entledigen zu können glaubte, von neuem eingeführt. Hegel ist der letzte Philosoph des Buches und der erste Denker der Schrift.

Anmerkungen

1 An dieser Stelle von einer ersten Schrift zu sprechen, heißt nicht, einer chronologischen Priorität des Faktischen zuzustimmen. Wie man weiß, betonten beispielsweise Metschnaninow, Marr und später Lukotka, daß die Schrift »der phonetischen Sprache vorangeht«. (Diese Schlußfolgerung, die in die erste Ausgabe der Großen Sowjetischen Enzyklopädie übernommen wurde, wurde später jedoch von Stalin widerrufen. Zu dieser Auseinandersetzung vgl. V. Istrine, *Langue et écriture*, in: *Linguistique. Recherches internationales à la lumière du marxisme*, Nr. 7, Mai/Juni 1958, S. 35, 60. Auch in den Thesen P. van Ginnekens hat sie ihren Niederschlag gefunden, vgl. James G. Février, *Histoire de l'écriture*, Paris 1948, Neuausg. 1959, S. 5 f.) Wir werden später zu zeigen versuchen, warum die Terminierungen und Prämissen einer solchen Auseinandersetzung unseren Verdacht erregen.

2 Dieses Problem behandeln wir ausführlicher in: Jacques Derrida, *La voix et le phénomène*, Paris 1967.

3 Norbert Wiener, der völlig auf die »Semantik« verzichtete und den Gegensatz zwischen Belebtem und Unbelebtem für zu grob und zu allgemein hielt, gebrauchte trotz allem zur Kennzeichnung einzelner Maschinenteile Ausdrücke wie »Sinnesorgane«, »Gliedmaßen« usw.

4 Vgl. zum Beispiel *L'écriture et la psychologie des peuples* [EP] (Protokolle eines Kolloquiums), 1963, S. 126, 148, 355. Unter einem anderen Gesichtspunkt vgl. Roman Jakobson, *Essais de linguistique générale*, frz. Übers. S. 116 / dt. Übers. S. 15. [Der Essay, auf den hier verwiesen wird, ist der erste Teil der *Fundamentals of Language* von Roman Jakobson und Morris Halle, Den Haag 1956, deutsch unter dem Titel *Grundlagen der Sprache*, Berlin 1960. Im folgenden werden die Hinweise auf diesen Essay nach der deutschen Übersetzung zitiert. Anm. d. Übers.]

5 Dies weist Pierre Aubenque in *Le problème de l'être chez Aristote* (S. 106 f.) nach. Im Laufe einer bemerkenswerten und vorbildlichen Analyse vermerkt er: »Es ist richtig, daß Aristoteles in anderen Texten das Verhältnis der Sprache zu den Dingen als zeichenhaftes bestimmt: ›Es ist nicht möglich, im Gespräch die Dinge selbst herbeizuschaffen; vielmehr müssen wir uns anstelle der Dinge ihrer Namen als Zeichen bedienen.‹ Die durch den Seelenzustand hergestellte Vermittlung wird hier unterdrückt,

zumindest aber vernachlässigt; die Unterdrückung ist jedoch legitim, da die Dinge den Seelenzuständen, die sich wie diese verhalten, unmittelbar substituiert werden können. Hingegen kann der Name nicht einfach Substitut eines Dinges sein [...]« (S. 107–108).

6 Jakobson, *Essais de linguistique générale*, S. 162. Zu diesem Problem, zur Tradition des Zeichenbegriffs und zur Originalität des Saussureschen Beitrags innerhalb dieser Kontinuität vgl. Edmond Ortigues, *Le discours et le symbole*, Paris 1962, S. 54 f.

7 Zitiert von Emmanuel Lévinas, in: *Difficile liberté*, Paris 1963, S. 44.

8 Dieses Thema haben wir in *La voix et le phénomène* (1967) auszuführen versucht.

9 Dies besagt nicht, daß umgekehrt der Signifikant fundamental oder primär wäre. »Primat« oder »Priorität« des Signifikanten wäre ein unhaltbarer Ausdruck; ihn unlogisch gerade in der Logik zu formulieren, die er mit unbestreitbarer Berechtigung destruieren will, wäre absurd. Rechtmäßig kann der Signifikant dem Signifikat niemals vorangehen, denn damit wäre er nicht mehr Signifikant und der Signifikant »Signifikant« besäße kein einziges mögliches Signifikat mehr. Das Denken, das sich in dieser unmöglichen Formel ankündigt, ohne daß es ihm gelänge, sich darin niederzulassen, muß sich also auf andere Weise ausdrücken; es kann dies zweifellos nur, indem es der Idee des Zeichens selbst, des »Zeichens von« mißtraut, die immer dem verhaftet bleiben wird, was hier in Frage gestellt ist, also Annäherung bleiben wird, wenn es die ganze Begrifflichkeit destruiert, die sich um den Begriff des Zeichens (Signifikant und Signifikat, Ausdruck und Inhalt usw.) anordnet.

10 Nachwort zu: Martin Heidegger, *Was ist Metaphysik*, Frankfurt a. M. [7]1955, S. 50. Die Instanz der Stimme beherrscht auch die Analyse des *Gewissens* in: Martin Heidegger, *Sein und Zeit*, Tübingen [8]1957, S. 267 f.

11 Vgl. »Das Wesen der Sprache« und »Das Wort«, in: Martin Heidegger, *Unterwegs zur Sprache*, Pfullingen 1959.

12 Martin Heidegger, *Einführung in die Metaphysik*, Tübingen 1953, S. 31.

13 *Einführung in die Metaphysik* (1953), S. 80: »Dies alles zeigt in die Richtung dessen, worauf wir bei der ersten Kennzeichnung der griechischen Erfahrung und Auslegung des Seins stießen.

Wenn wir die übliche Deutung des Infinitivs festhalten, dann nimmt das Wort ›sein‹ den Sinn aus der Einheitlichkeit und Bestimmtheit des Horizontes, der das Verständnis leitet. Kurz gesagt: Wir verstehen sonach das Verbalsubstantiv ›Sein‹ aus dem Infinitiv, der seinerseits auf das ›ist‹ und seine dargestellte Mannigfaltigkeit bezogen bleibt. Die bestimmte und einzelne Verbalform ›ist‹, die *dritte Person des Singular im Indikativ des Präsens* hat hier einen Vorrang. Wir verstehen das ›Sein‹ nicht im Hinblick auf das ›du bist‹, ›ihr seid‹, ›ich bin‹ oder ›sie wären‹, die alle doch auch und ebensogut verbale Abwandlungen des ›Seins‹ darstellen wie das ›ist‹. ›Sein‹ gilt uns als Infinitiv des ›ist‹. Umgekehrt verdeutlichen wir uns unwillkürlich, fast als sei anderes nicht möglich, den Infinitiv ›sein‹ vom ›ist‹ her. Demgemäß hat das ›Sein‹ jene angezeigte, an die griechische Fassung des Wesens des Seins erinnernde Bedeutung, eine Bestimmtheit also, die uns nicht irgendwoher zugefallen ist, sondern unser geschichtliches Dasein von alters her beherrscht. Mit einem Schlage wird so unser Suchen nach der Bestimmtheit der Wortbedeutung ›Sein‹ ausdrücklich zu dem, was es ist, zu einer Besinnung auf die Herkunft unserer *verborgenen Geschichte.*« Hier wäre eigentlich die ganze Analyse zu zitieren, die mit dem Vorhergehenden abschließt.

14 »La parole soufflée«, in: Jacques Derrida, *L'écriture et la différence*, Paris 1967; dt.: »Die souffliert Rede«, in: *Die Schrift und die Differenz*, übers. von Rodolphe Gasché, Frankfurt a. M. 1972.

Signatur Ereignis Kontext

> »Der Einfachheit zuliebe beschränken wir uns weiterhin auf *gesprochene* Äußerungen.«
> Austin, *How to do things with Words*
> (dt. Bearbeitung von Eike von Savigny, S. 130)

Ist es denn sicher, daß dem Wort *Kommunikation* [*communication*][1] ein einzelner, eindeutiger, streng beherrschbarer und übermittelbarer: kommunizierbarer Begriff entspricht? Einer seltsamen Diskursfigur [*figure de discours*] zufolge muß man sich doch zunächst fragen, ob das Wort oder der Signifikant *»communication«* einen bestimmten Inhalt, einen identifizierbaren Sinn, einen beschreibbaren Wert mitteilt [*communique*[2]]. Aber schon um diese Frage zu artikulieren und vorzubringen, war es nötig, auf den Sinn des Wortes *Kommunikation* vorzugreifen: Ich mußte im voraus die Kommunikation als das Vehikel, den Transport oder den Durchgangsort eines *Sinns* oder eines *einzigen* Sinns bestimmen. Wenn Kommunikation mehrere Bedeutungen [*sens*] hätte und wenn eine solche Pluralität sich nicht reduzieren ließe, wäre es nicht gerechtfertigt, auf Anhieb *die* Kommunikation als die Übermittlung eines *Sinns* zu definieren, wenn wir überhaupt in der Lage wären, uns über jedes dieser Wörter (Übermittlung, Sinn und so weiter) zu verständigen. Nun eröffnet aber das Wort *Kommunikation*, das wir zunächst als Wort nicht vernachlässigen und als polysemisches Wort nicht einengen dürfen, ein semantisches Feld, welches gerade eben nicht auf die Semantik, auf die Semiotik, und noch weniger auf die Linguistik beschränkt ist. Zum semantischen Feld des Wortes *Kommunikation* gehört, daß es auch nicht-semantische Bewegungen bezeichnet. Ein zumindest provisorischer Rückgriff auf die gewöhnliche Sprache [*langage ordinaire*] und auf die Mehrdeutigkeiten der natürlichen Sprache [*langue* *naturelle*] lehrt uns, daß man beispielsweise *eine Bewegung kommunizieren* kann oder daß eine Erschütterung, ein Schock, eine Verschiebung einer *Kraft* kommuniziert – das heißt fortgepflanzt, übertragen – werden kann. Man sagt auch, daß verschiedene oder voneinander entfernte Orte durch diesen Durchgang oder jene Öffnung miteinander kommunizieren können. Was hier also passiert, was übermittelt, kommuniziert wird, sind nicht Sinn- oder Bedeutungsphänomene [*phénomènes de sens ou de signification*]. In diesem Fall hat man es weder mit einem semantischen oder begrifflichen Inhalt noch mit einem semiotischen Vorgang zu tun, und schon gar nicht mit einem sprachlichen Austausch.

Dennoch werden wir nicht sagen, daß dieser nicht-semiotische Sinn des Wortes *Kommunikation*, wie er in der gewöhnlichen Sprache [*langage ordinaire*], in einer oder in den sogenannten natürlichen Sprachen [*langues*], am Werk ist, den *eigentlichen* [*propre*] oder *ursprünglichen* [*primitif*] Sinn bildet und daß daher der semantische, semiotische oder sprachliche Sinn einer Ableitung, Erweiterung oder Reduktion entspricht, einer metaphorischen Verschiebung. Wir werden nicht sagen, wie man versucht sein könnte, daß die semio-linguistische Kommunikation sich *more metaphorico* »Kommunikation« betitelt, weil sie, in Analogie zur »physischen« oder »wirklichen« Kommunikation, etwas den Durchgang erlaubt, transportiert, übermittelt, zu etwas den Zugang eröffnet.

Das werden wir nicht sagen:

1) weil der Wert des *eigentlichen Sinns* problematischer denn je erscheint,

2) weil der Wert der Verschiebung, des Transports und so weiter eben gerade für den Begriff der Metapher konstitutiv ist, durch den man vorgäbe, die semantische Verschiebung zu verstehen, die sich von der Kommunikation als nicht semio-linguistischem Phänomen zur Kommunikation als semio-linguistischem Phänomen vollzieht.

(Ich merke hier in Klammern an, daß es sich bei dieser Mitteilung [*communication*] bereits um das Problem der Polysemie und der Kommunikation, der Dissemination – die ich der Polysemie entgegensetzen werde – und der Kommunikation handelt. In Kürze wird sich ein gewisser Schriftbegriff einschalten müssen, um sich selbst und vielleicht auch die Problematik umzuformen.)

Daß das Feld der Mehrdeutigkeiten des Wortes »Kommunikation« sich massiv durch die Grenzen reduzieren läßt, die man *Kontext* nennt, scheint sich von selbst zu verstehen (und ich kündige in Klammern auch noch an, daß es sich in dieser Mitteilung [*communication*] hier um das Kontextproblem und um die Frage handeln wird, festzustellen, wie es um die Schrift bezüglich des Kontextes im allgemeinen steht). Bei einem *Kolloquium* über *Philosophie* in *französischer Sprache* [*langue*] zum Beispiel scheint ein konventioneller Kontext, der von einer Art implizitem Konsensus erzeugt wird, aber strukturell vage bleibt, vorzuschreiben, daß man »Mitteilungen« [*communications*] über die Kommunikation vorlegt, Mitteilungen [*communications*] in diskursiver Form, kolloquiale, mündliche Mitteilungen [*communications*], die dazu bestimmt sind, verstanden zu werden und Dialoge im Horizont einer Verständlichkeit und einer Wahrheit des Sinns in Gang zu setzen oder fortzuführen, so daß schließlich zu Recht eine allgemeine Übereinstimmung hergestellt werden kann. Diese Mitteilungen [*communications*] sollten im Element einer bestimmten »natürlichen« Sprache [*langue*], die man Französisch nennt und gewisse sehr spezielle Verwendungen des Wortes *Kommunikation* vorschreibt, gemacht werden. Vor allem sollte der Gegenstand dieser Mitteilungen [*communications*] vorrangig oder vorzugsweise im Umfeld der Kommunikation als *Diskurs* oder jedenfalls als Bedeutung [*signification*] gestaltet sein. Ohne alle Implikationen und die ganze Struktur eines »Ereignisses« wie diesem hier auszuschöpfen, das eine sehr lange, vorhergehende Analyse verdienen würde, scheint die eben erwähnte Anforderung offenkundig; und, falls man daran zweifeln sollte, müßte man nur unser Programm konsultieren, um sich dessen zu vergewissern.

Aber sind denn die Anforderungen eines Kontextes jemals absolut bestimmbar? Dies ist im Grunde die allgemeinste Frage, die ich auszuarbeiten versuchen möchte. Gibt es einen strengen und wissenschaftlichen *Kontext*begriff? Verbergen sich in der Auffassung von Kontext nicht hinter einer gewissen Verwirrung sehr bestimmte philosophische Voraussetzungen [*pré-suppositions*]? Ich möchte, um es gleich möglichst kurz zu sagen, zeigen, warum ein Kontext niemals absolut bestimmbar ist oder vielmehr, inwiefern seine Bestimmung niemals gesichert oder gesättigt ist. Diese strukturelle Ungesättigtheit hätte eine doppelte Wirkung:

1) das theoretische Ungenügen des *geläufigen Kontextbegriffs* (sprachlich oder nicht sprachlich), wie er in zahlreichen Forschungsgebieten anerkannt wird, mit all den Begriffen, mit denen er systematisch verbunden wird, deutlich zu machen;

2) eine gewisse Verallgemeinerung und eine gewisse Verschiebung des Schriftbegriffs notwendig zu machen. Dieser wäre von nun an nicht mehr in der Kategorie der Kommunikation mit einbegriffen, zumindest wenn man sie im eingeschränkten Sinn als Sinnübermittlung versteht. Umgekehrt werden im allgemeinen Feld der so definierten Schrift die Wirkungen der semantischen Kommunikation als besondere, sekundäre, eingeschriebene, supplementäre Wirkungen bestimmt werden können.

Schrift und Telekommunikation

Wenn man die Auffassung von Schrift in ihrer gängigen Bedeutung [*acception*] übernimmt – was vor allem nicht unschuldig, ursprünglich oder natürlich [*primitive*] heißen soll –, muß man sie wohl als ein *Kommunikationsmittel* sehen. Man muß in ihr sogar ein mächtiges Kommunikationsmittel erkennen, welches das Feld der mündlichen oder gestischen Kommunikation sehr weit, wenn nicht unendlich, *ausdehnt.* Das ist gewissermaßen eine banale Evidenz, man kann sich leicht darauf einigen. Ich werde nicht all die *Arten* dieser Ausdehnung in Zeit und Raum beschreiben. Ich werde mich jedoch bei diesem Wert der *Ausdehnung* aufhalten, auf die ich soeben rekurrierte. Zu sagen, daß die Schrift das Feld und die Fähigkeiten einer sprechenden oder gestischen Kommunikation ausdehnt, bedeutet das nicht, eine Art *homogenen* Raum der Kommunikation vorauszusetzen? Die Reichweite der Stimme oder der Geste würde dort sicherlich auf eine faktische Grenze stoßen, eine empirische Schranke in der Form von Raum und Zeit; und die Schrift würde in derselben Zeit, in demselben Raum die Grenzen erweitern und *dasselbe Feld* einer sehr großen Reichweite öffnen. Der Sinn, der Inhalt der semantischen Botschaft würde durch unterschiedliche *Mittel*, technisch stärkere Vermittlungen, über eine sehr viel größere Entfernung hinweg übertragen, *kommuniziert* werden, jedoch in einem zutiefst kontinuierlichen und sich selbst gleichen Umfeld, in einem homogenen Element, durch welches die Einheit, die Integrität des Sinns nicht wesentlich in Mitleidenschaft gezogen würde. Jede Beeinträchtigung wäre hier akzidentell.

Das System dieser Interpretation (welches auch in gewisser Weise *das* System der Interpretation oder jedenfalls einer gesamten Interpretation der Hermeneutik ist), obwohl es geläufig oder soweit wie eben der gesunde Menschenverstand geläufig ist, ist in der gesamten Geschichte der Philosophie *repräsentiert* worden. Es ist sogar, wie ich behaupte, im Grunde die eigentlich philosophische Interpretation der Schrift. Ich werde nur ein Beispiel dafür erwähnen, glaube aber nicht, daß man in der ganzen Geschichte der Philosophie als solcher ein einziges Gegenbeispiel finden kann, eine einzige Analyse, die jener wesentlich widerspricht, die Condillac, in enger Anlehnung an Warburton, in seinem *Versuch über den Ursprung der menschlichen Erkenntnisse*[3] vorlegt. Ich habe dieses Beispiel gewählt, weil eine *explizite* Reflexion über den Ursprung und die Funktion des Geschriebenen (diese Ausdrücklichkeit findet man nicht in jeder Philosophie, und man müßte nach den Bedingungen ihres Hervortretens oder ihrer Verdunkelung fragen) hier in einem philosophischen Diskurs angestellt wird, der in diesem Fall wie alle Philosophie die Einfachheit des Ursprungs, die Kontinuität jeder Ableitung, jeder Produktion und Analyse und die Homogenität aller Ordnungen voraussetzt. Die Analogie ist ein Hauptbegriff im Denken Condillacs. Ich habe dieses Beispiel auch gewählt, weil die Analyse, die den Ursprung und die Funktion der Schrift »zurückverfolgt«, gewissermaßen unkritisch *unter die Autorität der Kategorie der Kommunikation*[4] gestellt ist. Wenn die Menschen schreiben, so 1. weil sie etwas zu kommunizieren haben; 2. weil das, was sie zu kommunizieren haben, ihr »Denken«, ihre »Ideen«, ihre Vorstellungen [*représentations*] sind. Das vorstellende Denken [*la pensée représentative*] geht der Kommunikation voran und leitet die Kommunikation, die die »Idee« und den bezeichneten Inhalt transportiert; 3. weil die Menschen *schon* in der Lage sind, zu kommunizieren und sich gegenseitig ihre Gedanken mitzuteilen, wenn sie auf kontinuierliche Art und Weise das Kommunikationsmittel erfinden, das die Schrift ist. Hier eine Passage des Kapitels 13 des zweiten Teils (»Über die Sprache [*langage*] und über die Methode«), erste Sektion (»Über den Ursprung und das Fortschreiten der Sprache«) [Die Schrift ist demzufolge eine Modalität der Sprache [*langage*] und markiert einen kontinuierlichen Fortschritt in einer ihrem Wesen nach sprachlichen Kommunikation], Kapitel 13, »Über die Schrift«: »Nachdem die Menschen in der Lage waren, einander ihre Gedanken durch Laute mitzuteilen [*communiquer*], empfanden sie die Notwendigkeit, sich neue Zeichen [*signes*] auszudenken, um sie fortbestehen zu lassen und sie *abwesenden* Personen *zur Kenntnis* zu bringen.«[5] (Ich hebe diesen Wert der *Abwesenheit* hervor, die, bei neuerlicher Befragung, einen gewissen Bruch in der Homogenität des Systems herbeiführen könnte.) Sobald die Menschen bereits in der Lage sind, »ihre Gedanken mitzuteilen« und dies durch Laute zu tun (was nach Condillac eine zweite Etappe darstellt, in der die artikulierte Sprache [*langage articulé*] die Sprache der Gebärden [*langage d'action*[6]] »supplementiert«, was das einzige und grundlegende Prinzip jeder Sprache [*langage*] darstellt), folgen die Geburt und der Fortschritt der Schrift einer direkten, einfachen und kontinuierlichen Linie. Die Geschichte der Schrift wird sich nach einem Gesetz mechanischer Ökonomie richten: soviel Raum und Zeit wie nur irgend möglich durch die bequemste Abkürzung gewinnen; sie wird niemals die geringste Wirkung auf die Struktur und den Inhalt des Sinns (der Ideen) ausüben, die sie transportieren muß. Derselbe Inhalt, zuvor durch Gesten und Laute mitgeteilt [*communiqué*], wird von da an durch die Schrift übermittelt und nacheinander durch unterschiedliche Notationsmodi, von der Bilderschrift über die hieroglyphische Schrift der Ägypter und die ideographische Schrift der Chinesen bis zur alphabetischen Schrift. Condillac fährt fort:

> Die Imagination stellte ihnen nun die *gleichen* Bilder vor, die sie bereits durch Handlungen und Worte ausgedrückt hatten und die die Sprache [*langage*] von Anfang an figürlich und metaphorisch gestaltet hatten. Es war daher *das natürlichste Mittel*, die Bilder der Dinge zu zeichnen. Um *die Idee* von einem Menschen oder von einem Pferd *auszudrücken*, stellte man die Gestalt des einen oder des anderen dar, und der erste Versuch einer Schrift war nur einfache Malerei. (Hervorhebungen von mir, J. D.)[7]

Der repräsentative Charakter der schriftlichen Kommunikation – die Schrift als Bild, Reproduktion, Imitation ihres Inhalts – wird der gleichbleibende Zug aller künftigen Fortschritte sein. Der Begriff der *Repräsentation* ist hier nicht von jenen der *Kommunikation* und des *Ausdrucks* zu trennen, die ich in Condillacs Text hervorgehoben habe. Die Repräsentation wird zwar komplizierter, wird zusätzliche Relais und Abstufungen erhalten, sie wird zur Repräsentation der Repräsentation in der hieroglyphischen, ideographischen, dann phonetisch-alphabetischen Schrift werden, aber die repräsentative Struktur, die den ersten Grad der expressiven Kommunikation kennzeichnet, der Zusammenhang Idee/Zeichen [*signe*], wird niemals aufgehoben oder umgewandelt werden. Als Condillac die Geschichte der Schriftarten und ihre kontinuierliche Ableitung aus einer gemeinsamen Wurzel beschreibt, die niemals verschoben wird und die eine Art Gemeinschaft analogischer Teilnahme aller Schriften herbeiführt, schließt er folgendermaßen (es ist, wie fast das ganze Kapitel, praktisch ein Zitat von Warburton):

> Dies ist die Geschichte der Schrift im allgemeinen, die vom Zustand der Malerei bis zu dem des Buchstabens in einer *einfachen Stufenfolge* verläuft; denn die Buchstaben stellen *die letzten Schritte* dar, welche nach den chinesischen Zeichen [*marque*] noch zu tun sind, welche einerseits an der Art der ägyptischen Hieroglyphen und andererseits an den Buchstaben teilhaben, genauso wie die Hieroglyphen an den mexikanischen Malereien und an den chinesischen Schriftzeichen teilhatten. Diese Schriftzeichen sind unserer Schrift so verwandt, daß ein Alphabet *einfach* die verwirrende Anzahl *vermindert* und deren *knappe Kurzfassung* darstellt.[8]

Nachdem wir dieses Motiv einer ökonomischen, *homogenen und mechanischen* Reduktion hervorgehoben haben, kehren wir nun zu dieser Auffassung von *Abwesenheit* zurück, die ich im Text von Condillac ebenfalls kennzeichnete. Wie ist sie dort bestimmt?

1) Sie ist zunächst die Abwesenheit des Empfängers. Man schreibt, um Abwesenden etwas mitzuteilen. Die Abwesenheit des Senders, des Empfängers, vom Zeichen [*marque*], das er hinterläßt, das sich von ihm ablöst und über seine Gegenwart hinaus und jenseits der gegenwärtigen Aktualität seines Sagen-Wollens, ja sogar über sein Leben selbst hinaus weiterwirkt, diese Abwesenheit, die dennoch zur Struktur jeder Schrift – und, wie ich weiter unten hinzufügen werde, jeder Sprache [*langage*] im allgemeinen – gehört, diese Abwesenheit wird von Condillac nicht untersucht.

2) Die Abwesenheit, von der Condillac spricht, ist in der klassischsten Art und Weise als fortgesetzte Modifikation und fortschreitende Entkräftung der Anwesenheit bestimmt. Die Repräsentation *supplementiert* in der Regel die Anwesenheit. Indem sie aber alle Momente der Erfahrung, soweit sie mit der Zeichengebung zu tun hat, verknüpft (»Supplementieren« [»*suppléer*«] ist einer der entscheidendsten und häufigsten operativen Begriffe, die Condillac im *Essai* einsetzt),[9] wird dieser Vorgang der Supplementierung [*supplémentation*] nicht als Unterbrechung der Anwesenheit, sondern als fortgesetzte, homogene Wiederherstellung und Modifikation der Anwesenheit in der Repräsentation dargestellt.

Ich kann hier nicht alle Voraussetzungen dieses Begriffs der Abwesenheit als Modifikation der Anwesenheit in der Philosophie Condillacs und andernorts analysieren. Halten wir an dieser Stelle nur fest, daß er auch einen weiteren ebenso entscheidenden operativen Begriff des *Essai* bestimmt (ich stelle hier aus Konvention und Bequemlichkeit *operativ* und *thematisch* einander gegenüber): *vorzeichnen* [*tracer*] und *nachzeichnen* [*retracer*]. Ebenso wie der Begriff der ergänzenden Stellvertretung [*suppléance*] könnte der Begriff der Spur [*trace*] anders bestimmt werden, als

Condillac es tut. Vorzeichnen [*tracer*] heißt nach Condillac »ausdrücken«, »repräsentieren«, »erinnern«, »vergegenwärtigen« (»Der Notwendigkeit, unsere Gedanken auf diese Weise vorzuzeichnen [*tracer*], verdankt wahrscheinlich die Malerei ihren Ursprung, und diese Notwendigkeit hat zweifellos dazu beigetragen, die Sprache der Gebärden [*langage d'action*] zu bewahren, die sich am leichtesten malen ließ«, »Über die Schrift«, *Essai*, frz. S. 128).[10] Das Zeichen [*signe*] entsteht gleichzeitig mit der Einbildungskraft und dem Gedächtnis, in dem Moment, da es durch die Abwesenheit des Gegenstandes von der gegenwärtigen Wahrnehmung erforderlich wird (»Wie wir gesehen haben, besteht das Gedächtnis allein in der Fähigkeit, uns die Zeichen [*signes*] unserer Ideen oder ihrer Umstände, welche sie begleiteten, in Erinnerung zu rufen. Und diese Fähigkeit tritt nur in Aktion, insoweit durch die *Analogie der Zeichen* [*signes*] [Hervorhebung von mir, J. D.: Dieser Analogiebegriff, der die gesamte Systematik Condillacs durchzieht, sorgt allgemein für alle Kontinuitäten und im besonderen für jene zwischen Anwesenheit und Abwesenheit], die wir gewählt haben, und durch die Ordnung, die wir unter unseren Ideen hergestellt haben, die Gegenstände, welche wir nachzeichnen [*retracer*] wollen, auf einige unserer gegenwärtigen Bedürfnisse zurückzuführen sind«, erster Teil, Sektion 2, Kapitel 4, § 39).[11] Dies gilt für alle Arten von Zeichen [*signes*], die Condillac unterscheidet (arbiträre, akzidentelle und sogar natürliche, eine Unterscheidung, die Condillac in seinen Briefen an Cramer nuanciert und in gewissen Punkten in Frage stellt). Die philosophische Operation, die Condillac auch »Nachzeichnen« [*retracer*] nennt, besteht darin, auf dem Weg der Analyse und fortgesetzten Zerlegung die Bewegung der genetischen Herleitung zurückzuverfolgen, die von der einfachen Empfindung und der gegenwärtigen Wahrnehmung zum komplexen Aufbau der Repräsentation führt: von der ursprünglichen Anwesenheit zur Sprache [*langue*] formalster Kalküle.

Es ließe sich leicht zeigen, daß diese Art der Analyse der schriftlichen Zeichengebung in ihrem Prinzip weder ihren Anfang noch ihr Ende bei Condillac nimmt. Wenn man nun behauptet, diese Analyse sei »ideologisch«, so geschieht dies zunächst nicht, um deren Auffassungen »wissenschaftliche« Begriffe entgegenzusetzen oder um auf den oftmals dogmatischen – man könnte auch sagen »ideologischen« – Gebrauch dieses Wortes »Ideologie« zu verweisen, dessen Möglichkeit und Geschichte heute so selten hinterfragt werden. Wenn ich die Auffassungen Condillacschen Typs als ideologisch definiere, so darum, weil sie vor dem Hintergrund einer umfassenden, mächtigen und systematischen philosophischen Tradition, die von der Evidenz der *Idee* (*eidos, idea*) beherrscht wird, das Reflexionsfeld der französischen »Ideologen« abstecken, die im Fahrwasser Condillacs eine Theorie des Zeichens [*signe*] als Repräsentation der Idee, die selbst wiederum die wahrgenommene Sache repräsentiert, ausarbeiten. Die Kommunikation transportiert demnach eine Repräsentation als idealen Inhalt (was man den Sinn nennen wird); und die Schrift ist eine Art dieser allgemeinen Kommunikation. Eine Art: eine Kommunikation, die eine relative Spezifität innerhalb einer Gattung mit sich bringt.

Wenn wir uns jetzt fragen, was in dieser Analyse das wesentliche Prädikat dieser *spezifischen Differenz* ist, so stoßen wir wieder auf die *Abwesenheit.*

Ich stelle hier folgende zwei Behauptungen oder Hypothesen auf:

1) Da jedes Zeichen [*signe*], sowohl in der »Sprache der Gebärden« [»*langage d'action*«] als auch in der artikulierten Sprache [*langage*] (sogar vor dem Auftreten der Schrift im klassischen Sinn), eine gewisse (zu bestimmende) Abwesenheit voraussetzt, muß die Abwesenheit, will man dem geschriebenen Zeichen [*signe*] eine wie auch immer geartete Spezifität zusprechen, zur Eigentümlichkeit des Bereiches der Schrift gehören;

2) sollte sich nun zufällig herausstellen, daß das Prädikat, das somit als charakteristisch für die der Schrift eigene Abwesenheit anerkannt wird, auf jede Art von Zeichen [*signe*] und Kommunikation zutrifft, würde sich daraus eine allgemeine Verschiebung ergeben: Die Schrift wäre nicht mehr eine Art der Kommunikation, und alle Begriffe, unter deren Allgemeinheit die Schrift subsumiert wurde (der Begriff selbst als Sinn, Idee oder Erfassen des Sinns und der Idee, der Begriff der Kommunikation, des Zeichens [*signe*] und so weiter), würden sich als unkritisch erweisen, als schlecht gebildet oder vielmehr dazu bestimmt, die Autorität und die Stärke eines gewissen historischen Diskurses zu sichern.

Versuchen wir also, indem wir weiterhin von diesem klassischen Diskurs ausgehen, diese Abwesenheit zu charakterisieren, die auf spezifische Weise in das Funktionieren der Schrift einzugreifen scheint.

Ein geschriebenes Zeichen [*signe*] wird in Abwesenheit des Empfängers vorgebracht. Wie kann man diese Abwesenheit näher bestimmen? Man könnte sagen, daß in dem Augenblick, in dem ich schreibe, der Empfänger im Feld meiner gegenwärtigen Wahrnehmung nicht anwesend sein muß. Aber ist denn diese Abwesenheit nicht nur eine entfernte Anwesenheit, eine aufgeschobene oder – in der einen oder anderen Form – in ihrer Repräsentation idealisierte Anwesenheit? Es scheint nicht so, oder zumindest müssen diese Distanz, dieser Abstand, diese Verzögerung, diese *différance*[12] zu einer bestimmten Absolutheit der Abwesenheit gebracht werden können, damit die Struktur der Schrift, vorausgesetzt die Schrift existiert, sich konstituiert. An diesem Punkt kann die *différance* als Schrift keine (ontologische) Modifikation der Anwesenheit mehr (sein), meine »schriftliche Kommunikation« muß, wenn Sie so wollen, lesbar bleiben, trotz des völligen Verschwindens jedes Empfängers, der im allgemeinen bestimmt wird, damit sie ihre Funktion als Schrift, das heißt ihre Lesbarkeit erfüllt. Sie muß wiederholbar – iterierbar – sein in absoluter Abwesenheit des Empfängers oder der Gesamtheit der empirisch bestimmbaren Empfänger. Diese Iterabilität (*iter*, nochmals, kommt von *itara*, *anders* im Sanskrit, und alles Folgende kann als Ausbeutung dieser Logik gelesen werden, die die Wiederholung mit der Andersheit verknüpft) strukturiert das Zeichen [*marque*] der Schrift selbst, übrigens ganz gleich, um welchen Schrifttypus es sich auch handeln mag (den piktographischen, hieroglyphischen, ideographischen, phonetischen oder alphabetischen, um sich dieser alten Kategorien zu bedienen). Eine Schrift, die nicht über den Tod des Empfängers hinaus strukturell lesbar – iterierbar – wäre, wäre keine Schrift. Obwohl dies, wie es scheint, offenkundig ist, möchte ich es nicht als solches gelten lassen und werde den letzten Einwand prüfen, den man gegen diese Behauptung erheben könnte. Stellen wir uns eine Schrift vor, deren Code so idiomatisch wäre, daß nur zwei »Subjekte« ihn als Geheimschrift eingeführt und gekannt hätten. Wird man auch nach dem Tod des Empfängers, ja sogar der beiden Partner, sagen, daß das von einem der beiden hinterlassene Zeichen [*marque*] immer noch eine Schrift sei? Ja, insofern es in seiner Identität als Zeichen [*marque*] durch einen Code geregelt – wäre er auch unbekannt und nicht sprachlich –, durch seine Iterabilität auch in Abwesenheit von diesem oder jenem, im Grenzfall also von jeglichem empirisch bestimmten »Subjekt« konstituiert ist. Dies impliziert, daß es keinen Code gibt – Organon der Iterabilität –, der strukturell geheim wäre. Die Möglichkeit, die Zeichen [*marques*] zu wiederholen und damit zu identifizieren, ist in jedem Code impliziert, macht aus ihm ein kommunizierbares, übermittelbares, entzifferbares Raster, das für einen Dritten, also für jeden möglichen Benützer überhaupt, iterierbar ist. Jede Schrift muß daher, um das zu sein, was sie ist, in radikaler Abwesenheit jedes empirisch bestimmten Empfängers überhaupt funktionieren können.

Und diese Abwesenheit ist nicht eine fortgesetzte Modifikation der Anwesenheit, es ist ein Bruch der Anwesenheit, der »Tod« oder die Möglichkeit des »Todes« des Empfängers, eingeschrieben in die Struktur des Zeichens [*marque*] (en passant bemerkt, ist an diesem Punkt notwendigerweise der Wert oder die »Wirkung« der Transzendentalität mit der so analysierten Möglichkeit der Schrift und des »Todes« verbunden). Eine vielleicht paradoxe Konsequenz meines jetzigen Rekurses auf Iteration und Code: letztendlich die Durchschlagung der Autorität des Codes als geschlossenes Regelsystem; gleichzeitig die radikale Zerstörung jedes Kontextes als Protokoll des Codes. Wir werden gleich darauf zurückkommen.

Was für den Empfänger gilt, gilt aus denselben Gründen auch für den Sender oder Produzenten. Schreiben ist das Produzieren eines Zeichens [*marque*], das eine Art Maschine darstellt, die ihrerseits produktiv ist und die durch mein zukünftiges Verschwinden prinzipiell nicht daran gehindert werden wird, zu funktionieren und sich lesen und umschreiben zu lassen. »Mein zukünftiges Verschwinden« sage ich, um diese Behauptung unmittelbarer einsichtig zu machen. Ich muß ganz einfach mein Verschwinden sagen können, meine Nicht-Anwesenheit im allgemeinen, und beispielsweise die Nicht-Anwesenheit meines Sagen-Wollens, meiner Bedeutungsintention [*intention-de-signification*], meines Dies-Mitteilen-Wollens [*vouloir-communiquer-ceci*] beim Aussenden oder Produzieren des Zeichens [*marque*]. Damit ein Schriftstück ein Schriftstück ist, muß es fortfahren zu »handeln« und selbst dann lesbar sein, wenn der sogenannte Autor des Schriftstücks nicht mehr für das, was er geschrieben und anscheinend unterschrieben hat, einsteht, sei er nun vorläufig abwesend, sei er tot oder sei es, daß er das scheinbar »in seinem Namen« Geschriebene ganz allgemein nicht mit seiner absolut aktuellen und anwesenden Intention oder Aufmerksamkeit, mit der Fülle seines Sagen-Wollens unterstützt. Hier könnte man die soeben skizzierte Analyse von seiten des Empfängers wiederholen. Die Situation des Schreibers und des Unterzeichners ist, was das Schriftstück betrifft, genau die gleiche wie die des Lesers. Dieses wesentliche Abgleiten, das sich der Schrift als iterativer Struktur verdankt, die von jeder absoluten Verantwortung, vom *Bewußtsein* als Autorität letzter Instanz abgeschnitten ist, verwaist und seit ihrer Geburt vom Beistand des Vaters getrennt ist, genau das wurde von Platon im *Phaidros* verurteilt. Wenn, wie ich glaube, Platons Geste die philosophische Bewegung schlechthin ist, so kann man daran ermessen, was hier auf dem Spiel steht.

Bevor ich die unvermeidlichen Konsequenzen dieser Kerneigenschaften jeder Schrift präzisiere (nämlich: 1. der Bruch mit dem Horizont der Kommunikation als Kommunikation von Bewußtheiten oder Anwesenheiten und als sprachlicher oder semantischer Transport des Sagen-Wollens; 2. das Ablösen jeder Schrift vom semantischen oder hermeneutischen Horizont, der sich zumindest als Sinnhorizont durch die Schrift sprengen läßt; 3. die Notwendigkeit, den Begriff der Polysemie von jenem, den ich andernorts *Dissemination* genannt habe und der auch der Begriff der Schrift ist, in gewisser Weise *abzusetzen*; 4. die Entwertung oder Begrenztheit des Begriffs von – »wirklichem« oder »sprachlichem« – Kontext, dessen theoretische Bestimmung oder empirische Sättigung durch die Schrift in aller Strenge unmöglich oder unzureichend wird), möchte ich zeigen, daß die Züge, die man im eng definierten klassischen Schriftbegriff erkennen kann, verallgemeinerbar sind. Sie würden nicht nur für alle Ordnungen von »Zeichen« [*signes*] und für alle Sprachen [*langages*] im allgemeinen gelten, sondern sogar über die semio-linguistische Kommunikation hinaus, für das ganze Feld dessen, was die Philosophie Erfahrung, sogar Seinserfahrung nennen würde, gelten: die besagte »Anwesenheit« [»*présence*«].

Was sind wirklich die wesentlichen Prädikate für eine minimale Bestimmung des klassischen Schriftbegriffs?

1) Ein geschriebenes Zeichen [*signe*] ist im geläufigen Sinne des Wortes ein bleibendes Zeichen [*marque*], das sich in der Anwesenheit seiner Einschreibung nicht erschöpft und das zu einer Iteration Anlaß geben kann, in Abwesenheit des empirisch bestimmten Subjektes, das es in einem gegebenen Kontext gesendet oder produziert hat, und über seine Anwesenheit hinaus. Daher unterscheidet man, zumindest traditionellerweise, die »geschriebene Kommunikation« von der »gesprochenen Kommunikation«.

2) Gleichzeitig enthält ein geschriebenes Zeichen [*signe*] eine Kraft zum Bruch mit seinem Kontext, das heißt mit der Gesamtheit der Anwesenheiten, die den Moment seiner Einschreibung organisieren. Diese Kraft zum Bruch ist nicht ein zufälliges Prädikat, sondern die Struktur des Geschriebenen selbst. Wenn es sich um den sogenannten »realen« Kontext handelt, ist das, was ich eben behauptete, nur allzu offensichtlich. Zu diesem vorgeblich realen Kontext gehören eine gewisse »Gegenwart« der Einschreibung, die Anwesenheit des Schreibers bei dem, was er geschrieben hat, die ganze Umgebung und sein Erfahrungshorizont und vor allem die Intention, das Sagen-Wollen, die zu einem gegebenen Augenblick seine Einschreibung beseelt. Es gehört zum Zeichen [*signe*], juridisch lesbar zu sein, selbst wenn der Augenblick seiner Produktion unwiederbringlich verloren ist und selbst wenn ich nicht weiß, was sein mutmaßlicher Autor-Schreiber bewußt und absichtlich sagen wollte, als er es schrieb, das heißt es seinem wesentlichen Abgleiten überließ. Wenn es sich nun um den semiotischen und internen Kontext handelt, so ist die Kraft zum Bruch keineswegs geringer: Aufgrund seiner wesensmäßigen Iterabilität kann man ein schriftliches Syntagma immer aus der Verkettung, in der es gefaßt oder gegeben ist, herausnehmen, ohne daß es dabei alle Möglich-

keiten des Funktionierens und genau genommen alle Möglichkeiten der »Kommunikation« verliert. Man kann ihm eventuell andere zuerkennen, indem man es in andere Ketten einschreibt oder es ihnen *aufpfropft*. Kein Kontext kann es abschließen. Noch irgendein Code, wobei der Code hier gleichzeitig die Möglichkeit und die Unmöglichkeit der Schrift, ihrer wesensmäßigen Iterabilität (Wiederholung, Andersheit) ist.

3) Diese Kraft zum Bruch verdankt sich der Verräumlichung, die das geschriebene Zeichen [*signe*] konstituiert: einer Verräumlichung, die es von den anderen Elementen der internen kontextuellen Kette trennt (die stets offene Möglichkeit, es herauszulösen oder aufzupfropfen), aber auch von allen anderen Formen eines gegenwärtigen (vergangenen oder zukünftigen in der modifizierten Form der vergangenen oder zukünftigen Gegenwart) subjektiven oder objektiven Referenten. Diese Verräumlichung ist nicht die einfache Negativität einer Lücke, sondern das Auftauchen des Zeichens [*marque*]. Sie bleibt aber nicht, als Arbeit des Negativen im Dienste des Sinns, des lebenden Begriffs, des *telos*, *aufhebbar* und reduzibel in der *Aufhebung** einer Dialektik.

Bleiben diese drei Prädikate mit dem ganzen System, das zu ihnen gehört, der »schriftlichen« Kommunikation, im engen Wortsinn, vorbehalten, wie man oft annimmt? Findet man sie nicht in jeder Sprache [*langage*] wieder, zum Beispiel in der gesprochenen Sprache [*langage*] und letztlich in der Totalität der »Erfahrung«, sofern sie nicht von diesem Feld des Zeichens [*marque*] getrennt ist, das heißt vom Raster der Löschung und der Differenz, von Einheiten der Iterabilität, Einheiten, die von ihrem internen oder externen Kontext und auch von sich selbst ablösbar sind, da die Iterabilität selbst, die ihre Identität konstituiert, ihnen niemals erlaubt, gegenüber sich selbst eine Identitätseinheit zu sein?

Betrachten wir ein beliebiges Element der gesprochenen

Sprache [*langage*], eine kleine oder große Einheit. Erste Bedingung seines Funktionierens: seine Lokalisierung hinsichtlich eines bestimmten Codes; aber ich ziehe es vor, hier den Begriff des Codes, der mir unsicher erscheint, nicht zu sehr zu beanspruchen; sagen wir, daß eine gewisse Selbstidentität dieses Elements (Zeichen [*marque*], Zeichen [*signe*] und so weiter) seine Erkennung und Wiederholung erlauben muß. Durch empirische Variationen des Tonfalls, der Stimme und so weiter, eines gewissen Akzents vielleicht, muß man die Identität einer, sagen wir, signifikanten Form wiedererkennen können. Warum ist diese Identität paradoxerweise die Spaltung oder Ablösung von sich selbst, die aus diesem Lautzeichen ein Graphem machen wird? Weil nämlich diese Einheit der signifikanten Form nur durch ihre Iterabilität konstituiert wird, durch die Möglichkeit, in Abwesenheit nicht nur ihres »Referenten«, was sich von selbst versteht, wiederholt zu werden, sondern auch in Abwesenheit eines bestimmten Signifikats oder der aktuellen Bedeutungsintention [*intention de signification*], wie jeder anwesenden Kommunikationsintention. Diese strukturelle Möglichkeit, des Referenten oder des Signifikats (und somit der Kommunikation und ihres Kontextes) beraubt zu werden, macht, wie mir scheint, jedes Zeichen [*marque*], auch ein mündliches, ganz allgemein zu einem Graphem, das heißt, wie wir gesehen haben, zur nicht-anwesenden *restance*[13] eines differentiellen Zeichens [*marque différentielle*], das von seiner vorgeblichen »Produktion« oder seinem Ursprung abgeschnitten ist. Und ich werde dieses Gesetz sogar auf jede »Erfahrung« im allgemeinen ausdehnen, gesetzt, es gibt keine Erfahrung *reiner* Gegenwart, sondern nur Ketten differentieller Zeichen [*marques*].

Verbleiben wir ein wenig an diesem Punkt und kommen wir auf die Abwesenheit des Referenten und sogar des bezeichneten Sinns, folglich der korrelativen Bedeutungsintention, zurück. Die Abwesenheit des Referenten ist eine heute ohne weiteres zugestandene Möglichkeit. Diese Möglichkeit ist nicht nur eine empirische Eventualität. Sie konstruiert das Zeichen [*marque*]; und die eventuelle Anwesenheit des Referenten in dem Augenblick, in dem er bezeichnet [*désigné*] wird, ändert nichts an der Struktur eines Zeichens [*marque*], die impliziert, daß es ohne ihn auskommen kann. Husserl hat diese Möglichkeit in den *Logischen Untersuchungen* in aller Strenge untersucht. Diese ist eine doppelte:

1) Eine Aussage, deren Objekt nicht unmöglich, sondern nur möglich ist, kann sehr gut vorgebracht und vernommen werden, ohne daß ihr realer Gegenstand (ihr Referent) anwesend ist, sei es für den, der die Aussage produziert, oder für den, der sie empfängt. Wenn ich aus dem Fenster schaue und sage: »Der Himmel ist blau«, wird diese Aussage verständlich (sagen wir vorläufig, wenn Sie so wollen, kommunizierbar) sein, auch wenn der Gesprächspartner den Himmel nicht sehen kann; und auch wenn ich ihn selbst nicht sehe, wenn ich ihn schlecht sehe, wenn ich mich täusche oder wenn ich meinen Gesprächspartner täuschen will. Nicht daß es immer so wäre; aber es gehört zur Möglichkeitsstruktur dieser Aussage, als leere Referenz oder als von ihrem Referenten abgeschnittene Referenz gebildet zu sein und funktionieren zu können. Ohne diese Möglichkeit, die auch die generelle, generierbare und generalisierende Iterabilität jedes Zeichens ist, gäbe es keine Aussage.

2) Die Abwesenheit des Signifikats. Auch sie wird von Husserl analysiert. Er hält sie immer für möglich, auch wenn er, gemäß der Axiologie und der Teleologie, die seine Analyse beherrschen, diese Möglichkeit für untergeordnet, gefährlich oder »kritisch« hält: Sie eröffnet das Phänomen der *Krise* des Sinns. Diese Abwesenheit des Sinns läßt sich in drei Stufen darlegen:

A) Ich kann Symbole handhaben, ohne sie aktiv und aktuell mit Aufmerksamkeit und Bedeutungsintention [*in-*

tention de signification] zu beseelen (Krise des mathematischen Symbolismus, laut Husserl). Husserl besteht auf der Tatsache, daß dies das Zeichen [*signe*] nicht am Funktionieren hindert. Die Krise oder Leere des mathematischen Sinns beschränkt den technischen Fortschritt nicht (die Intervention der Schrift ist hier entscheidend, wie Husserl selbst in *Der Ursprung der Geometrie* anmerkt).

B) Gewisse Aussagen können einen Sinn haben, während sie einer *objektiven* Bedeutung [*signification*] beraubt sind. »Der Kreis ist quadratisch« ist ein sinnvoller Satz. Er hat genügend Sinn, daß ich ihn als falsch oder widersprüchlich beurteilen kann – (*widersinnig** und *nicht sinnlos** sagt Husserl). Ich stelle dieses Beispiel in die Kategorie der Abwesenheit des Signifikats, obwohl diese Dreiteilung Signifikant/Signifikat/Referent nicht geeignet ist, der Husserlschen Analyse Rechnung zu tragen. »Quadratischer Kreis« markiert zwar die Abwesenheit des Referenten, auch die Abwesenheit eines gewissen Signifikats, aber nicht die Abwesenheit von Sinn. In diesen beiden Fällen ist die Krise des Sinns (Nicht-Anwesenheit im allgemeinen, Abwesenheit als Abwesenheit des Referenten – der Wahrnehmung – oder des Sinns – der aktuellen Bedeutungsintention [*intention de signification*]) immer verknüpft mit der wesensmäßigen Möglichkeit der Schrift; und diese Krise ist kein Zufall, keine faktische und empirische Anomalie der gesprochenen Sprache [*langage*], sie ist auch deren positive Möglichkeit und »innere« Struktur unter einem bestimmten Äußeren [*dehors*].

C) Schließlich gibt es das, was Husserl *Sinnlosigkeit** oder Ungrammatikalität nennt. Zum Beispiel »Das Grün ist oder« oder »Abrakadabra«. In diesen Fällen gibt es Husserls Meinung nach keine Sprache [*langage*] mehr, zumindest keine »logische« Sprache [*langage*], keine Sprache [*langage*] der Erkenntnis, so wie Husserl sie auf teleologische Weise versteht, keine Sprache [*langage*] mehr, die auf die Möglichkeit der Intuition von Objekten abgestimmt ist, die leibhaftig gegeben und in *Wahrheit* bezeichnet sind. Wir stehen hier vor einer entscheidenden Schwierigkeit. Bevor ich mich hier aufhalte, merke ich einen Punkt an, der unsere Debatte über die Kommunikation berührt, nämlich daß das vorrangige Interesse der Husserlschen Analyse, auf die ich mich hier beziehe (indem ich sie eben bis zu einem gewissen Punkt aus ihrem Kontext oder ihrem teleologischen und metaphysischen Horizont herausnehme, ein Verfahren, bei dem wir uns fragen müssen, wie und warum es immer möglich ist), in dem Versuch – und wie mir scheint, gelungenen Versuch – besteht, die Analyse des Zeichens [*signe*] oder des Ausdrucks* als bezeichnendes Zeichen [*signe signifiant*], als bedeutsames Zeichen* von jedem Kommunikationsphänomen[14] streng zu trennen.

Nehmen wir nun den Fall der ungrammatischen *Sinnlosigkeit** wieder auf. Das, was Husserl in den *Logischen Untersuchungen* interessiert, ist das System der Regeln einer universellen Grammatik, nicht von einem sprachlichen, sondern von einem logischen und epistemologischen Gesichtspunkt aus gesehen. In einer wichtigen Anmerkung der zweiten Auflage[15] präzisiert er, daß es sich hier seiner Ansicht nach um eine rein *logische* Grammatik handelt, das heißt, um die universellen Möglichkeitsbedingungen einer Formenlehre von Bedeutungen [*significations*] in ihrem Erkenntnisbezug auf einen möglichen Gegenstand, nicht um eine unter einem psychologischen und linguistischen Gesichtspunkt betrachtete reine Grammatik im *allgemeinen*. Daher ist nur in einem Kontext, der von einem Willen zum Wissen bestimmt ist, von einer epistemischen Intention, von einem bewußten Bezug auf den Gegenstand als Gegenstand der Erkenntnis »das Grün ist oder« unannehmbar. Da aber »das Grün ist oder« oder »Abrakadabra« ihren Kontext nicht selbst herstellen, spricht nichts dagegen, daß sie in einem anderen Kontext als signifikantes Zeichen [*marque*] (oder Anzeichen, würde Husserl sagen) funktionieren. Nicht nur wenn »das Grün ist oder« durch die Übersetzung vom Deutschen ins Französische zufällig mit Grammatikalität aufgeladen werden könnte, indem oder [*ou*], wenn man es hört, zu wo [*où*] wird: »Wo [*où*] ist das Grün [*vert*] (des Rasens: das Grün ist wo?) hingekommen?« »Wo ist das Glas [*verre*] hingeraten, aus dem ich Ihnen zu trinken geben wollte?« Aber sogar »le vert est ou« (*the green is either*) bedeutet [*signifie*] immer noch: *Beispiel für Ungrammatikalität*. Auf dieser Möglichkeit möchte ich bestehen: Möglichkeit des Herausnehmens und des zitathaften Aufpfropfens, die zur Struktur jedes gesprochenen oder geschriebenen Zeichens [*marque*] gehört und die noch vor und außerhalb jeglichen Horizonts semiolinguistischer Kommunikation jedes Zeichen [*marque*] als Schrift konstituiert; als Schrift, das heißt als Möglichkeit eines Funktionierens, das an einem gewissen Punkt von seinem »ursprünglichen« Sagen-Wollen und seiner Zugehörigkeit zu einem sättigbaren und zwingenden Kontext getrennt wurde. Jedes Zeichen [*signe*], sprachlich oder nicht, gesprochen oder geschrieben (im geläufigen Sinn dieser Opposition), als kleine oder große Einheit, kann *zitiert* – in Anführungszeichen gesetzt – werden; von dort aus kann es mit jedem gegebenen Kontext brechen und auf absolut nicht sättigbare Weise unendlich viele neue Kontexte zeugen. Das heißt nicht, daß das Zeichen [*marque*] außerhalb eines Kontexts gilt, sondern ganz im Gegenteil, daß es nur Kontexte ohne absolutes Verankerungszentrum gibt. Diese Zitathaftigkeit, diese Verdoppelung oder Doppelheit, diese Iterabilität des Zeichens [*marque*] ist kein Zufall und keine Anomalie, sondern ist genau das (Normale/Anormale), ohne das ein Zeichen [*marque*] nicht einmal mehr auf sogenannt »normale« Weise funktionieren könnte. Was wäre ein Zeichen [*marque*], das nicht zitiert werden könnte? Und dessen Ursprung nicht unterwegs verlorengehen könnte?

Die Parasiten. Iter, *von der Schrift: daß sie vielleicht nicht existiert*

Ich schlage vor, auf diese Frage nun etwas näher einzugehen, indem wir uns auf die Problematik des *Performativs* stützen – allerdings, um auch durch sie hindurchzugehen. Sie interessiert uns hier in mehrfacher Hinsicht.

1) Zunächst scheint Austin durch den Nachdruck, den er auf die Analyse der Perlokution und vor allem der Illokution legt, die Sprechakte [*actes de discours*] nur als Kommunikationsakte zu betrachten. Darauf verweist auch sein französischer Herausgeber, der Austin zitiert: »Indem Austin die *konstative* Äußerung [*énonciation*] (das heißt die klassische ›Feststellung‹, meist wie eine wahre oder falsche ›Beschreibung‹ von Tatsachen behandelt) mit der *performativen* Äußerung (aus dem Englischen: *performative*, das heißt jener, die es uns gestattet, etwas durch das Wort selbst zu *machen*) vergleicht, gelangt Austin dazu, *jede* Äußerung, die diesen Namen verdient (das heißt zu *kommunizieren* bestimmt ist – was beispielsweise Fluch-Reflexe ausschließen würde), zunächst und vor allem als einen *Sprechakt* zu betrachten, der in der *gesamten* Situation produziert wird, in der sich die Gesprächspartner befinden (*How to do things With Words*, S. 147, *Zur Theorie der Sprechakte*, S. 162)« (G. Lane, Einleitung zur französischen Übersetzung, auf die ich [Derrida] mich im folgenden beziehen werde, Paris: Seuil, 1970, S. 19).

2) Diese Kommunikationskategorie ist verhältnismäßig originell. Austins Auffassung von Illokution und Perlokution bezeichnet nicht den Transport oder den Übergang eines Sinninhalts, sondern gewissermaßen die Kommunikation einer ursprünglichen (in einer *allgemeinen Handlungstheorie* zu definierenden) Bewegung, einen Vorgang und die Erzeugung einer Wirkung. Mitteilen [*communiquer*] hieße im Falle des Performativs, wenn so etwas in aller Strenge und Reinheit existiert (ich begebe mich vorerst

auf die Ebene dieser Hypothese und auf diese Stufe der Analyse), eine Kraft durch einen Impuls eines Zeichens [*marque*] zu kommunizieren.

3) Im Unterschied zur klassischen Feststellung, der konstativen Aussage [*énoncé*], liegt beim Performativ sein Referent (aber hier paßt dieses Wort zweifelsohne nicht, und das ist das Interessante der Entdeckung) nicht außerhalb oder vor ihm oder ihm gegenüber. Es beschreibt nicht etwas, das außerhalb oder vor der Sprache [*langage*] existiert. Es produziert oder transformiert eine Situation, es wirkt [*opère*]; und wenn man sagen kann, daß eine konstative Aussage ebenfalls etwas bewirkt [*effectue*] und eine Situation immer transformiert, so kann man doch nicht sagen, daß dies ihre interne Struktur, ihre manifeste Funktion oder Bestimmung ausmacht wie im Fall des Performativs.

4) Austin mußte die Analyse des Performativs der Autorität des *Wahrheitswertes*, der Opposition wahr/falsch,[16] zumindest in ihrer klassischen Form, entziehen und sie mitunter durch den Wert der Kraft, des Kraftunterschiedes (*illocutionary* oder *perlocutionary force*) ersetzen. (Das ist es, was mir in diesem durchaus nietzscheanischen Denken auf Nietzsche hinzudeuten scheint; er selbst hat sich oft zu einer gewissen Verwandtschaft mit einer Art des englischen Denkens bekannt.)

Zumindest aus diesen vier Gründen könnte es scheinen, daß Austin den Kommunikationsbegriff als rein semiotischen, sprachlichen oder symbolischen Begriff gesprengt hat. Der Performativ ist eine »Kommunikation«, die sich nicht wesensmäßig darauf beschränkt, einen semantischen Inhalt zu transportieren, der bereits durch ein Anvisieren der Wahrheit (der *Enthüllung* dessen, was in seinem Sein ist, oder der *Entsprechung* zwischen einer judikativen Aussage und der Sache selbst) gebildet und überwacht wird.

Und dennoch – das möchte ich zumindest jetzt anzudeuten versuchen – scheinen mir sämtliche Schwierigkeiten, denen Austin in seiner geduldigen, offenen, aporetischen, in ständiger Verwandlung begriffenen Analyse begegnet, die oft im Erkennen ihrer Sackgassen fruchtbarer ist als in ihren Standpunkten, eine gemeinsame Wurzel zu haben. Nämlich folgende: Austin hat nicht berücksichtigt, was in der Struktur der *Lokution* (daher vor jeder illokutionären oder perlokutionären Bestimmung) bereits dieses System von Prädikaten in sich birgt, die ich *allgemein graphematisch* nenne, und bringt somit alle späteren Oppositionen, deren Stichhaltigkeit, Reinheit und Strenge Austin vergeblich festzulegen suchte, durcheinander.

Um dies zu zeigen, muß ich als bekannt und selbstverständlich erachten, daß Austins Analysen ständig einen Wert von *Kontext* verlangen, ja sogar einen juridisch oder teleologisch erschöpfend determinierbaren Kontext; und die lange Liste der Mißerfolge (*infelicities*) verschiedener Art, die das Ereignis des Performativs beeinflussen können, führt immer auf ein Element dessen zurück, was Austin den totalen Kontext nennt.[17] Eines dieser wesentlichen Elemente – und nicht nur eines unter anderen – bleibt klassischerweise das Bewußtsein, die bewußte Anwesenheit der Intention des sprechenden Subjektes in der Totalität seines lokutionären Aktes. Dadurch wird die performative Kommunikation wieder Kommunikation eines intentionalen Sinns,[18] selbst wenn dieser Sinn keinen Referenten in der Form eines Dinges oder einer vorherigen oder äußeren Sachlage besitzt. Diese bewußte Anwesenheit der Sprechenden oder Empfangenden, die am Vollzug eines Performativs teilhaben, ihre bewußte und intentionale Anwesenheit während des gesamten Vorgangs impliziert teleologisch, daß der präsenten Totalisierung kein *Rest* entgeht. Kein Rest, weder in der Definition der erforderlichen Konventionen noch im internen und sprachlichen Kontext, noch in der grammatischen Form, noch in der semantischen Bestimmung der verwendeten Wörter; keine irreduzible Polysemie, das heißt keine dem Horizont der Einheit des Sinns entgehende »Dissemination«. Ich zitiere aus den ersten beiden Vorlesungen von *How to do things with Words*:

> Ganz allgemein gesagt, ist es immer nötig, daß die *Umstände*, unter denen die Worte geäußert werden, in bestimmter Hinsicht oder in mehreren Hinsichten *passen*, und es ist sehr häufig nötig, daß der Sprecher oder andere Personen *zusätzlich* gewisse *weitere* Handlungen vollziehen – seien es nun »physische« oder »geistige« Handlungen oder einfach die, gewisse andere Worte zu äußern. Wenn ich ein Schiff taufen will, ist es zum Beispiel wesentlich, daß ich dazu bestimmt bin. Wenn ich (christlich) heiraten will, ist es wesentlich, daß ich nicht bereits mit einer noch lebenden Frau verheiratet bin, die geistig gesund und nicht von mir geschieden ist; und so weiter. Damit eine Wette abgeschlossen wird, ist es ganz allgemein nötig, daß jemand die Wette annimmt (und dazu muß er etwas tun, etwa sagen: »Die Wette gilt«). Und ich mache wohl kaum ein Geschenk, wenn ich *sage*: »Ich schenke es dir«, es aber nie übergebe. So weit, so gut.[19]

In der *Zweiten Vorlesung* untersucht Austin, nachdem er, wie er es regelmäßig tut, das grammatische Kriterium beiseite geschoben hat, die Möglichkeit und den Ursprung der Mißerfolge oder des »Mißlingens« der performativen Äußerung. Er definiert dann die sechs unerläßlichen, wenn nicht hinreichenden Bedingungen des Gelingens. Durch die in dieser Definition vorkommenden Werte von »Konventionalität«, von »Korrektheit« und »Vollständigkeit« hindurch stoßen wir notwendigerweise wieder auf jene des erschöpfend definierbaren Kontexts, des freien und der Totalität des Vorgangs präsenten Bewußtseins, des absolut vollen und seiner selbst mächtigen Sagen-Wollens: teleologische Jurisdiktion eines Gesamtfeldes, dessen Organisationszentrum die *Intention* bleibt.[20] Austins Vorgangsweise ist ziemlich bemerkenswert und typisch für diese philosophische Tradition, mit der er so wenig gemein haben möchte. Sie besteht darin, anzuerkennen, daß die Möglichkeit des Negativen (hier der *infelicities*) zwar eine strukturelle Möglichkeit ist und daß das Mißlingen ein unabdingbares Risiko der untersuchten Vorgänge darstellt; dann, in einer fast *unmittelbar gleichzeitigen* Geste, im Namen einer Art idealer Regulierung, wird dieses Risiko als zufälliges, äußerliches Risiko ausgeklammert, das uns nichts über das untersuchte Sprachphänomen lehrt. Das ist umso seltsamer, strenggenommen unhaltbar, als Austin mit Ironie den »Fetisch« der Opposition *value/fact* anprangert.

So erkennt Austin bezüglich der Konventionalität, ohne die es keinen Performativ gibt, beispielsweise an, daß alle konventionellen Akte dem Mißlingen *ausgesetzt* sind:

> Eines scheint zunächst klar: Zwar haben wir uns vom Verunglücken von Handlungen, die mindestens teilweise aus dem *Äußern von Worten* bestehen, fesseln lassen (oder auch nicht); aber das Verunglücken ist eine Krankheit, der *alle* Handlungen ausgesetzt sind, die in allgemein üblichen Formen oder zeremoniell ablaufen müssen, also alle *konventionalen Handlungen*. Freilich kann nicht *jedes* Ritual in *allen* genannten Formen verunglücken (das kann übrigens auch nicht jede performative Äußerung).[21]

Abgesehen von all den Fragen, die diese historisch so sedimentierte Auffassung von »Konvention« aufwirft, muß hier folgendes angemerkt werden:

1) daß Austin an genau diesem Punkt nur die Konventionalität zu betrachten scheint, die den *Umstand* der Aussage, ihre kontextuelle Umgebung, bildet und nicht eine gewisse Konventionalität die dem innewohnt, was die Lokution selbst konstituiert, all das, was man kurz unter dem problematischen Titel der »Arbitrarität des Zeichens« zusammenfassen wird; was die Schwierigkeit erhöht und radikalisiert. Der »Ritus« ist keine Eventualität, sondern als Iterabilität ein struktureller Wesenszug jedes Zeichens [*marque*];

2) daß der Wert des Risikos oder der Möglichkeit des Mißlingens, obwohl er – wie Austin zugibt – die Gesamtheit der konventionellen Akte *a priori* beeinflussen kann, nicht als wesentliches Prädikat oder als *Gesetz* geprüft wird. Austin fragt sich nicht, welche Konsequenzen sich aus der Tatsache ergeben, daß ein Mögliches – ein mögliches Risiko – *immer* möglich und gewissermaßen immer eine notwendige Möglichkeit ist. Und ob, erkennt man einmal die notwendige Möglichkeit des Mißlingens an, dieses noch ein Zufall ist. Was ist ein Gelingen, wenn die Möglichkeit des Mißlingens weiterhin seine Struktur konstituiert?

Die Opposition Erfolg/Mißlingen der Illokution oder Perlokution scheint daher hier sehr unzureichend und weit hergeholt zu sein. Sie setzt eine allgemeine und systematische Ausarbeitung der Lokutionsstruktur voraus, die diesen unaufhörlichen Wechsel von Wesen und Zufall vermeiden würde. Allerdings ist es sehr bezeichnend, daß Austin diese »allgemeine Theorie« zweimal, nämlich in der *Zweiten Vorlesung*, zurückweist oder zumindest aufschiebt [*diffère*]. Die erste Ausschließung lasse ich beiseite (»Ich will auf die Frage hier nicht allgemein eingehen;[22] nur so viel: In vielen solchen Fällen sagen wir, die Handlung sei ›nichtig‹ (oder auf Grund von Zwang oder unerlaubter Einflußnahme anfechtbar) und so weiter. Ich glaube, daß eine sehr allgemeine Theorie [auf höchster Ebene[23]] beides zusammenfassen könnte: sowohl das, was wir Mißlingen nannten, *als auch* diese besonderen ›Mißerfolge‹, durch die Handlungen schiefgehen können (insbesondere auch Handlungen, zu denen eine performative Äußerung gehört). Wir lassen diese anderen Arten aber beiseite. Dabei müssen wir im Auge behalten, daß solche Elemente ständig eintreten können und *in der Tat stets eintreten*[24]. Man würde bei ihnen gewöhnlich von ›Entschuldigungsgründen‹ reden oder von ›Tatsachen, die die Verantwortlichkeit des Täters ausschließen oder mindern‹ [usw.[25]]« [*Theorie der Sprechakte*, S. 43, Hervorhebungen von mir, J. D.]). Der zweite Akt dieser Ausschließung betrifft direkter unsere Ausführungen. Es geht eben um die Möglichkeit jeder performativen Äußerung (und *a priori* jeder anderen), »zitiert« zu werden. Nun schließt Austin diese Eventualität (und die allgemeine Theorie, die ihr Rechnung tragen würde) mit einer Art von lateraler, lateralisierender, jedoch um so bezeichnenderer Hartnäckigkeit aus. Er besteht auf der Tatsache, daß diese Möglichkeit *abnormal*, *parasitär* bleibt. Daß sie eine Art Entkräftigung, ja sogar Agonie der Sprache [*langage*] darstellt, die man nachdrücklich fernzuhalten oder von der man sich entschieden abzuwenden hat. Und der Begriff des »Gewöhnlichen«, der »gewöhnlichen Sprache« [»*langage ordinaire*«] also, auf den er dann zurückgreift, ist durch diese Ausschließung deutlich gekennzeichnet. Er wird dabei um so problematischer, und bevor dies zu zeigen sein wird, ist es zweifellos besser, einfach einen Absatz dieser *Zweiten Vorlesung* zu lesen:

> II. Zweitens sind unsere Performative als *Äußerungen* [*auch*[26]] gewissen anderen Übeln ausgesetzt, die *alle* Äußerungen befallen können. Und auch sie schließen wir für unsere Untersuchung in voller Absicht aus, obwohl eine umfassendere Theorie sie einschließen könnte. Ich meine zum Beispiel folgendes: In einer *ganz besonderen Weise* sind performative Äußerungen hohl oder nichtig, wenn sie von einem Schauspieler auf der Bühne gesprochen werden oder wenn sie in einem Gedicht vorkommen oder wenn jemand sie zu sich selbst sagt. Jede Äußerung kann diesen Szenenwechsel [*sea-change*] aufgrund besonderer Umstände in gleicher Weise erleben. Es ist klar, daß die Sprache [*langage*] unter solchen Umständen nicht *ernst* [Hervorhebung von mir, J. D.] gebraucht wird, und zwar wird der gewöhnliche Gebrauch *parasitär* ausgenutzt – ein Parasitismus, dessen Untersuchung in das Gebiet der *Verkümmerung* der Sprache [*langage*] gehört. All das *schließen* wir aus unserer Betrachtung *aus*. Ganz gleich, ob unsere per-

> formativen Äußerungen glücken oder nicht, sie sollen immer unter normalen Umständen getan sein. (*Theorie der Sprechakte*, S. 43 f.)

Austin schließt mit allem, was er *sea-change* nennt, das »Unernste«, die »Parasitierung«, die »Verkümmerung«, das »Nicht-Gewöhnliche« (zusammen mit der ganzen allgemeinen Theorie, die, sofern sie all dem Rechnung trägt, nicht mehr von diesen Oppositionen beherrscht wäre) aus, also das, was er dennoch als eine für jede Äußerung offenstehende Möglichkeit anerkennt. Auch die Schrift wurde von der philosophischen Tradition immer wie ein »Parasit« behandelt, und dieser Vergleich ist ganz und gar nicht gewagt.

Daher stelle ich die folgende Frage: Ist diese allgemeine Möglichkeit gezwungenermaßen die eines Mißerfolgs oder einer Falle, in die die Sprache [*langage*] *fallen* oder sich wie in einem außer oder vor ihr gelegenen Abgrund verlieren kann? Was hat es mit dieser *Parasitierung* auf sich? Mit anderen Worten, *umgibt* die Allgemeinheit des von Austin zugegebenen Risikos die Sprache [*langage*] wie eine Art *Graben*, oder äußerer Ort des Verderbens, den die Rede [*la locution*] nie verlassen, den sie aber meiden könnte, wenn sie nur zuhause, bei sich und in sich, im Schutz ihres Wesens oder ihres *telos* bliebe? Oder ist dieses Risiko ganz im Gegenteil ihre interne und positive Möglichkeitsbedingung? Dieses Außen ihr Innen? Die Kraft selbst und das Gesetz ihres Auftauchens? Was würde in diesem Fall eine »gewöhnliche« Sprache [*langage »ordinaire«*] bedeuten, die über das Ausschließen eben des Gesetzes der Sprache [*langage*] selbst definiert wäre? Gibt nicht Austin, indem er die allgemeine Theorie dieser strukturellen Parasitierung ausschließt und doch beansprucht, die Fakten und Ereignisse der gewöhnlichen Sprache [*langage*] zu beschreiben, eine teleologische und ethische Bestimmung als gewöhnlich aus (Eindeutigkeit der Aussage – von welcher er an anderer Stelle eingesteht, daß sie philosophisches »Ideal« bleibt (*Theorie der Sprechakte*, S. 93) – Selbstpräsenz eines totalen Kontextes, Transparenz der Intentionen, Anwesenheit des Sagen-Wollens [*présence du vouloire-dire*] in der absolut einzigartigen Eindeutigkeit eines *speech act* und so weiter)?

Denn ist nicht schließlich das, was von Austin als Anomalie, Ausnahme, »unernst«[27] ausgeschlossen wird, nämlich das *Zitat* (auf der Bühne, in einem Gedicht oder im Selbstgespräch), die bestimmte Modifikation einer allgemeinen Zitathaftigkeit – vielmehr einer allgemeinen Iterabilität – ohne die es nicht einmal einen »gelungenen« Performativ gäbe? Solcherart – eine paradoxe, aber unvermeidliche Konsequenz –, daß ein gelungener Performativ gezwungenermaßen ein »unreiner« Performativ ist, um das Wort aufzugreifen, das Austin weiter unten vorbringen wird, wenn er erkennen wird, daß es keinen »reinen« Performativ gibt.[28]

Ich gehe jetzt die Dinge von der Seite der positiven Möglichkeit und nicht mehr nur vom Mißerfolg an: Wäre eine performative Aussage möglich, wenn kein Zitat als Double die reine Einmaligkeit des Ereignisses spaltete, von sich selbst trennte? Ich stelle die Frage in dieser Form, um einem Einwand zuvorzukommen. Man könnte mir tatsächlich sagen: Allein aufgrund des Vorkommens des Mißerfolgs des Performativs können Sie nicht beanspruchen, der graphematisch genannten Struktur der Rede [*locution*] Rechnung zu tragen, so real diese Mißerfolge auch sein mögen und so wirkungsvoll oder allgemein ihre Möglichkeit auch sein mag. Sie können nicht in Abrede stellen, daß es auch Performative gibt, die gelingen, und dem muß auch Rechnung getragen werden: Man eröffnet Sitzungen, Paul Ricœur hat das gestern getan, man sagt »Ich stelle eine Frage«, man wettet, man fordert heraus, man läßt Schiffe vom Stapel laufen und man verheiratet sich sogar manchmal. Solche Ereignisse sind, so scheint es, vorgekommen. Und hätte nur ein einziges von ihnen ein einziges Mal stattgefunden, so müßte man dem dennoch Rechnung tragen können.

Ich werde sagen: »vielleicht«. Man muß sich hier zunächst darüber verständigen, was es mit dem »Vorkommen« oder der Ereignishaftigkeit eines Ereignisses auf sich hat, das in seinem angeblich gegenwärtigen und einmaligen Auftauchen die Intervention einer Aussage voraussetzt, die in sich selbst nur eine wiederholende oder zitathafte oder vielmehr, da diese zwei letzten Wörter Anlaß zur Verwirrung geben, iterierbare Struktur haben kann. Ich komme daher auf diesen Punkt zurück, der mir grundlegend erscheint und der jetzt den Status des Ereignisses im allgemeinen betrifft, des Ereignisses des Sprechens oder durch das Sprechen, der befremdlichen Logik, die von ihm vorausgesetzt wird und die oft unbemerkt bleibt.

Könnte eine performative Aussage gelingen, wenn ihre Formulierung nicht eine »codierte« oder iterierbare Aussage wiederholen würde, mit anderen Worten, wenn die Formel, die ich ausspreche, um eine Sitzung zu eröffnen, ein Schiff oder eine Ehe vom Stapel laufen zu lassen, nicht als einem iterierbaren Muster *konform* identifizierbar wäre, wenn sie also nicht in gewisser Weise als »Zitat« identifiziert werden könnte? Nicht daß die Zitathaftigkeit hier von derselben Art wäre wie in einem Theaterstück, einer philosophischen Bezugnahme oder einer Gedichtrezitation. Deshalb gibt es eine relative Spezifizität, wie Austin sagt, eine »relative Reinheit« von Performativen. Aber diese relative Reinheit erhebt sich nicht *gegen* die Zitathaftigkeit oder die Iterabilität, sondern gegen andere Arten von Iteration innerhalb einer allgemeinen Iterabilität, die in die vorgeblich strenge Reinheit jedes Ereignisses von Diskurs oder *speech act* einbricht. Es gilt also nicht so sehr, das Zitat oder die Iteration der Nicht-Iteration eines Ereignisses entgegenzusetzen, als vielmehr eine differentielle Typologie von Iterationsformen zu konstruieren, unter der Voraussetzung, daß dieses Vorhaben durchführbar sei und einem erschöpfenden Programm stattgeben könne, eine Frage, die ich auf später verschiebe. Die Kategorie der Intention wird in dieser Typologie nicht verschwinden, sie wird ihren Platz haben, wird aber von diesem Platz aus nicht mehr die ganze Szene und das ganze System der Äußerung steuern können. Vor allem wird man es dann mit verschiedenen Arten iterierbarer Zeichen [*marques*] oder Zeichenketten zu tun haben und nicht mit einer Opposition von zitathafter Aussage einerseits und singulärer und originaler Ereignis-Aussage andererseits. Die erste Konsequenz davon wird die folgende sein: Wenn diese Iterationsstruktur gegeben ist, wird die Intention, die die Äußerung beseelt, niemals sich selbst und ihrem Inhalt durch und durch präsent sein. Die Iteration, die sie *a priori* strukturiert, bringt eine wesentliche Dehiszenz[29] und einen wesentlichen Bruch in sie hinein. Das »Unernste« und die *oratio obliqua* können von der »gewöhnlichen« Sprache [*langage*] nicht mehr ausgeschlossen werden, wie es Austin wünschte. Und wenn man vorgibt, daß die gewöhnliche Sprache [*langage*] oder die gewöhnliche sprachliche Gegebenheit die Zitathaftigkeit oder die allgemeine Iterabilität ausschließen, bedeutet das dann nicht, daß das in Frage stehende »Gewöhnliche«, die Sache und die Auffassung davon, ein verlockendes Trugbild enthalten, das teleologische Trugbild des Bewußtseins nämlich, dessen Motivationen, dessen unzerstörbare Notwendigkeit und systematische Auswirkungen noch zu analysieren wären? Vor allem verbietet diese wesensmäßige Abwesenheit der Intention in der Aktualität der Aussage, diese strukturelle Unbewußtheit, wenn Sie so wollen, jede Sättigung des Kontextes. Damit sich ein Kontext, in dem von Austin geforderten Sinn, erschöpfend bestimmen läßt, müßte zumindest die bewußte Intention sich selbst und den anderen vollkommen gegenwärtig und aktuell transparent sein, da sie ein bestimmender Brennpunkt des Kontextes ist. Der

Begriff oder die Forderung des »Kontextes« scheint also hier an derselben theoretischen und eigennützigen [*intéressé*] Ungewißheit zu leiden wie der Begriff des »Gewöhnlichen«, an denselben metaphysischen Ursprüngen: dem ethischen und teleologischen Diskurs des Bewußtseins. Eine Lektüre der Konnotationen, diesmal des Textes von Austin, würde die Lektüre der Beschreibungen bestätigen; das Prinzip habe ich soeben angedeutet.

Die *différance*, die irreduzible Abwesenheit der Intention oder der Unterstützung in der performativen Aussage, in der »ereignishaftesten« Aussage, die es gibt, berechtigt mich unter Berücksichtigung der eben erwähnten Prädikate, die allgemeine graphematische Struktur jeder »Kommunikation« zu behaupten. Ich werde daraus vor allem nicht den Schluß ziehen, daß es keine relative Spezifizität der Wirkungen des Bewußtseins gibt, der Wirkungen der Rede (im Gegensatz zur Schrift im traditionellen Sinn), daß es gar keine Wirkung des Performativs gibt, keine Wirkung der gewöhnlichen Sprache [*langage*], keine Wirkung der Anwesenheit und des diskursiven Ereignisses (*speech act*). Nur schließen diese Wirkungen nicht das aus, was man ihnen im allgemeinen Punkt für Punkt entgegensetzt, sondern sie setzen es auf unsymmetrische Weise als den allgemeinen Raum ihrer Möglichkeit voraus.

Signaturen

Dieser allgemeine Raum ist zunächst die Verräumlichung als Durchschlagung [*disruption*] der Anwesenheit im Zeichen [*marque*], was ich hier die Schrift nenne. Daß sich alle Schwierigkeiten, auf die Austin stieß, an dem Punkt kreuzen, an dem gleichzeitig von Anwesenheit und von Schrift die Rede ist, würde ich in jener Passage der *Fünften Vorlesung* angedeutet sehen, wo die geteilte Instanz der *Unterschrift* [*seing*] auftaucht.

Ist es ein Zufall, daß Austin daraufhin anmerken muß: »(Ich muß noch einmal betonen, daß wir hier ins Schwimmen geraten. Es ist erheiternd, den festen Boden unserer Vorurteile wanken zu spüren; aber es rächt sich.)« (*Theorie der Sprechakte*, S. 81)? Kurz davor war eine »Sackgasse« aufgetaucht, jene, in der man »auf unserer Suche nach einem *einfachen*, *einheitlichen* Kriterium auf Grund der Syntax oder des Vokabulars«[30] zur Unterscheidung zwischen performativer und konstativer Aussage landet. (Ich muß sagen, daß es diese Kritik am Linguistizismus und an der Autorität des Codes ist, eine Kritik, die von einer Sprachanalyse aus geführt wird, die mich an Austins Unterfangen am meisten interessiert und am meisten überzeugt hat.) Austin versucht nun, mit nicht-sprachlichen Gründen die Vorliebe zu rechtfertigen, die er bisher in seiner Analyse der Performative für Formen der ersten Person, den Indikativ Präsens und die aktive Form an den Tag gelegt hat. Die Rechtfertigung in letzter Instanz lautet, daß damit auf das, was Austin die *Quelle* der Äußerung nennt, Bezug genommen wird. Diese Auffassung von *Quelle* – deren Brisanz so offensichtlich ist – taucht in der Folge häufig wieder auf und dominiert die gesamte Phase der Analyse, die wir untersuchen. Nun steht aber für Austin nicht nur außer Zweifel, daß die Quelle einer mündlichen Aussage in der ersten Person Präsens Indikativ (im Aktiv) in der Äußerung und in der Aussage *anwesend* sei (ich habe zu erklären versucht, warum wir Gründe haben, nicht daran zu glauben), er bezweifelt auch nicht, daß das Äquivalent dieser Verbindung zur Quelle bei geschriebenen Äußerungen in der *Signatur* schlichtweg offensichtlich und gesichert sei:

> Wo die sprachliche Formulierung der Äußerung auf den Sprecher und damit den Handelnden *nicht* mit Hilfe des Pronomens »ich« (oder mit seinem Eigennamen) hinweist, da wird diese Beziehung durch eines der beiden folgenden Mittel hergestellt:

> (a) In mündlichen Äußerungen *dadurch, daß er der Sprecher ist* – wir können das den Äußerungs-*Ursprung*[31] nennen, der in jedem Koordinatensystem benutzt wird, welches festlegt, worüber mündliche Äußerungen gehen;
>
> (b) in schriftlichen Äußerungen (»Inschriften«) *dadurch, daß er unterzeichnet.* (Tun muß man das natürlich deshalb, weil schriftliche Äußerungen nicht so an ihren Ursprung gebunden sind wie mündliche.) (*Theorie der Sprechakte*, S. 80.)

Eine analoge Funktion erkennt Austin in offiziellen Schreiben der Formel »hiermit«[32] zu.

Versuchen wir, die Signatur, ihre Beziehung zur Anwesenheit und zur Quelle aus diesem Blickwinkel zu analysieren. Ich betrachte es von nun an als Implikation dieser Analyse, daß alle aufgestellten Prädikate auch für diese mündliche »Signatur« gelten, die die Anwesenheit des »Autors«, als »Person, die Äußerungen vorbringt« und als »Quelle«, bei der Produktion der Aussage ist beziehungsweise zu sein behauptet.

Eine geschriebene Signatur impliziert *per definitionem* die aktuelle oder empirische Nicht-Anwesenheit des Unterzeichners. Aber, wird man sagen, sie kennzeichnet – und bewahrt auch sein Anwesend-Gewesen-Sein in einem vergangenen Jetzt [*maintenant*], welches ein zukünftiges Jetzt bleiben wird, also in einem Jetzt im allgemeinen, in der transzendentalen Form der Jetztheit/Bewahrung [*maintenance*]. Diese allgemeine Jetztheit/Bewahrung wird in der immer offensichtlichen und immer einmaligen Punktualität der Unterschriftsform gewissermaßen eingeschrieben, aufgespießt. Darin liegt die rätselhafte Originalität aller Paraphen. Damit die Anbindung an die Quelle hergestellt wird, muß daher die absolute Einmaligkeit eines Unterzeichnungsereignisses und einer Unterschriftsform festgehalten werden: die reine Reproduzierbarkeit eines reinen Ereignisses.

Gibt es so etwas? Kommt die absolute Einmaligkeit eines Unterzeichnungsereignisses jemals vor? Gibt es Signaturen?

Ja sicher, tagtäglich. Die Wirkungen der Signatur sind die alltäglichste Sache der Welt. Aber die Möglichkeitsbedingung dieser Wirkungen ist gleichzeitig, wieder einmal, die Bedingung ihrer Unmöglichkeit, der Unmöglichkeit ihrer strengen Reinheit. Um zu funktionieren, das heißt um lesbar zu sein, muß eine Signatur eine wiederholbare, iterierbare, imitierbare Form haben; sie muß sich von der gegenwärtigen und einmaligen Intention ihrer Produktion loslösen können. Ihre Selbigkeit [*mêmeté*] ist es, die, indem sie ihre Identität und Einmaligkeit verändert, das Siegel spaltet. Ich habe bereits vorhin auf das Prinzip dieser Analyse hingewiesen.

Um diese sehr *trockene* [*sec*[33]] Darlegung abzuschließen:

1) als Schrift ist die Kommunikation, wenn man darauf Wert legt, dieses Wort zu behalten, nicht das Beförderungsmittel des Sinns, der Austausch der Intentionen und des Sagen-Wollens, der Diskurs und die »Kommunikation der Bewußtseine«. Wir wohnen nicht einem Ende der Schrift bei, das, der ideologischen Darstellung McLuhans zufolge, eine Durchsichtigkeit oder Unmittelbarkeit von sozialen Verhältnissen wiederherstellen würde; sondern vielmehr der immer mächtigeren historischen Entfaltung einer allgemeinen Schrift, deren System der Rede [*parole*], des Bewußtseins, des Sinns, der Gegenwart, der Wahrheit und so weiter nur eine Wirkung wäre und als solche analysiert werden muß. Es ist diese in Frage gestellte Wirkung, die ich andernorts Logozentrismus genannt habe;

2) der semantische Horizont, der üblicherweise die Auffassung von Kommunikation beherrscht, wird überschritten oder gesprengt durch die Intervention der Schrift, das heißt einer *Dissemination*, die sich nicht auf eine *Polysemie* reduziert. Die Schrift liest sich, sie gibt »in letzter Instanz« keinen Anlaß zu einer hermeneutischen Entzifferung, zur Entschlüsselung eines Sinns oder einer Wahrheit;

3) trotz der allgemeinen Verschiebung des klassischen »philosophischen«, westlichen und so weiter Schriftbegriffs erscheint es notwendig, provisorisch und strategisch *den alten Namen* beizubehalten. Dies impliziert die ganze Logik der *Paläonymie*, die ich hier nicht entwickeln kann.[34] Sehr schematisch: Eine Gegenüberstellung metaphysischer Begriffe (zum Beispiel Rede/Schrift, Anwesenheit/Abwesenheit und so weiter) ist niemals das Gegenüber zweier Termini, sondern eine Hierarchie und die Ordnung einer Subordination. Die Dekonstruktion kann sich nicht auf eine Neutralisierung beschränken oder unmittelbar dazu übergehen: Sie muß durch eine doppelte Geste, eine doppelte Wissenschaft, eine doppelte Schrift eine *Umkehrung* der klassischen Gegensätze *und* eine allgemeine *Verschiebung* des Systems in die Praxis umsetzen. Nur unter dieser Bedingung wird sich die Dekonstruktion die Mittel verschaffen, um auf dem Feld der Gegensätze, das sie kritisiert und das auch ein Feld nicht-diskursiver Kräfte ist, *zu intervenieren*. Jeder Begriff gehört andererseits einer systematischen Kette an und konstituiert selbst ein System von Prädikaten. Es gibt keinen metaphysischen Begriff an sich. Es gibt eine – metaphysische oder nicht-metaphysische – Arbeit an Begriffssystemen. Die Dekonstruktion besteht nicht darin, von einem Begriff zum anderen überzugehen, sondern eine begriffliche Ordnung ebenso wie die nichtbegriffliche Ordnung, an die sie geknüpft ist, umzukehren und zu verschieben. Die Schrift als klassischer Begriff umfaßt beispielsweise Prädikate, die von Kräften und nach Notwendigkeiten, die zu analysieren sind, untergeordnet, ausgeschlossen oder einbehalten wurden. Es sind diese Prädikate (ich habe einige in Erinnerung gerufen), deren Kraft der Generalität, Generalisierung und Generativität befreit wird und auf einen »neuen« Schriftbegriff aufgepfropft wird, der auch dem entspricht, was sich der alten Kräfteorganisation immer *widersetzt* [*résisté*] hat, was immer den *Rest* bildete, nicht auf die dominierende Kraft (die

logozentrische Kraft, um es kurz zu sagen) reduziert werden konnte. Diesem neuen Begriff den alten Namen der Schrift zu überlassen heißt, die Struktur der Pfropfung zu bewahren, den Übergang und das Festhalten, die für eine wirksame *Intervention* auf dem konstituierten historischen Feld unerläßlich sind. Das heißt allem, was sich bei den Vorgängen der Dekonstruktion abspielt, die Chance und die Kraft, die Macht der *Kommunikation* zu geben.

Aber man wird verstanden haben, was sich von selbst versteht, vor allem bei einem philosophischen Kolloquium: als disseminierender Vorgang, von der Anwesenheit (des Seins) gemäß all ihren Modifikationen abgerückt, kommuniziert die Schrift, wenn es sie gibt, vielleicht, existiert aber nicht, gewiß. Oder gerade noch, hiermit, in Form der unwahrscheinlichsten Signatur.

(*Anmerkung:* Der – geschriebene – Text dieser – mündlichen – Mitteilung [*communication*] mußte vor der Tagung an die *Association des sociétés de philosophie de langue française* geschickt werden. Eine solche Sendung mußte daher unterschrieben sein. Was ich gemacht habe und hier nachmache. Wo? Da. J. D.)

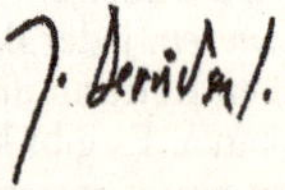

J. Derrida

Anmerkungen

* Ein Sternchen bedeutet durchgehend: im Original deutsch.

1 In eckige Klammern gesetzte französische Bezeichnungen in Kursivschrift geben den im Originaltext verwendeten Ausdruck wieder. Durch Schrägstrich getrennte Ausdrücke geben eine Doppelbedeutung des frz. Begriffes wieder. [Anm. d. Übers.]

2 *communiquer* = mitteilen, übertragen. [Anm. d. Übers.]

3 Étienne Bonnot de Condillac, *Essai sur l'origine des connoissances humaines*, Amsterdam 1746, dt.: Leipzig 1780 (übers. von Michael Hissmann) und ebd. 1977 (übers. von Ulrich Ricken).

4 Die Rousseausche Theorie der Sprache [*langage*] und der Schrift wird ebenfalls unter dem allgemeinen Titel der *Kommunikation* abgehandelt (»Verschiedene Mittel unsere Gedanken zu kommunizieren«, Überschrift des ersten Kapitels des *Essai sur l'origine des langues*).

5 *Essai über den Ursprung der menschlichen Erkenntnis*, übers. von Ulrich Ricken, Leipzig 1977, S. 259 [Übersetzung verändert], im folgenden: *Essai.*

6 *langage d'action* bezieht sich auf eine Textstelle im *Essai*, hier auf S. 22 zitiert, siehe Anm. 10. [Anm. d. Übers.]

7 *Essai*, S. 259/260 [Übersetzung verändert].

8 Vgl. ebd., S. 262.

9 Die Sprache [*langage*] *supplementiert* das Handeln oder die Wahrnehmung, die artikulierte Sprache [*langage*] *supplementiert* die Sprache [*langage*] der Gebärden, die Schrift *supplementiert* die artikulierte Sprache [*langage*], und so weiter.

10 *Essai*, S. 260 [Übersetzung verändert].

11 Ebd., S. 96/97 [Übersetzung verändert].

12 »Das Auf-/Verschieben«; der im folgenden immer kursiv gesetzte Neologismus betont in Abhebung zur Französischen »différence« (»Differenz«) den aktiven/schöpferischen Aspekt. Vgl. Jacques Derrida, »Die différance«, in: *Randgänge der Philosophie*, Wien ^{2}1999, S. 31–56. [Anm. d. Übers.] [Siehe auch vorl. Ausg. S. 110–149.]

13 »Veränderndes Zurückbleiben«; der im folgenden immer kursiv gesetzte Neologismus (einfache Anführungszeichen geben eine Kursivierung im Original wieder) betont in Anlehnung an den Begriff der »différance« den aktiven/schöpferischen Aspekt. Vgl. Anm. 12. [Anm. d. Übers.]

14 »Bisher haben wir die Ausdrücke in der kommunikativen Funktion betrachtet. Sie beruht wesentlich darauf, daß die Ausdrücke als Anzeichen wirken. Aber auch in dem sich im Verkehr nicht mitteilenden Seelenleben ist den Ausdrükken eine große Rolle beschieden. Es ist klar, daß die veränderte Funktion nicht das trifft, was die Ausdrücke zu Ausdrücken macht. Sie haben nach wie vor ihre *Bedeutung** und dieselben *Bedeutungen** wie in der Wechselrede« (*Logische Untersuchungen*, Bd. 2, Teil 1,I, Kap. 1, § 8). Was ich hier vorbringe, impliziert meine diesbezügliche Interpretation des Husserlschen Verfahrens. Ich erlaube mir also, auf

Die Stimme und das Phänomen (Frankfurt a.M. 1979) zu verweisen.

15 »In der ersten Auflage sagte ich ›reine Grammatik‹, ein Name, der als Analogon zu Kants ›reiner Naturwissenschaft‹ gedacht und ausdrücklich bezeichnet war. Sofern aber keineswegs behauptet werden kann, daß die reine Formenlehre der *Bedeutungen** das gesamte allgemein-grammatische Apriori umspanne – beispielsweise gehört ja zu den grammatisch so einflußreichen Verhältnissen der Wechselverständigung psychischer Subjekte ein eigenes Apriori – so verdient die Rede von einem *reinlogisch Grammatischen* den Vorzug« (*Logische Untersuchungen*, Bd.2, Teil 1,IV, Anm. 1).

16 »... zwei Fetische zu zerschlagen (deren Mißhandlung ich zugegebenermaßen sehr zugetan bin), nämlich: 1) den Wahr/Falsch-Fetisch und 2) den Wert/Tatsache-Fetisch« [»... to play Old Harry with two fetishes which I admit to an inclination to play Old Harry with, viz. (1) the true/false fetish, (2) the value/fact fetish«]. (John L. Austin, *How to do things with Words*, Cambridge, Mass., 1962, 1975, S.151, im folgenden: *How to do*; dt.: *Zur Theorie der Sprechakte* (How to do things with Words), dt. Bearbeitung von Eike von Savigny, Stuttgart 1998, S.168, im folgenden: *Theorie der Sprechakte*; frz.: *Quand dire, c'est faire* (How to do things with Words), Paris 1970, im folgenden: *Quand dire*).

17 *Quand dire*, z.B. S.113, 151, Einleitung S.15, 16, 19, 20, 25, 26; vgl. *Theorie der Sprechakte*, S.167, 117/118.

18 Was Austin dazu zwingt, manchmal wieder das Kriterium der Wahrheit in die Beschreibung der Performative einzuführen. Siehe *Quand dire*, z. B. S. 73 und S. 107 [vgl. *Theorie der Sprechakte*, S.63 und S.109/110].

19 *Quand dire*, S.43; *Theorie der Sprechakte*, S.31.

20 *Quand dire*, S.48–50; *Theorie der Sprechakte*, S.36–39.

21 *Quand dire*, S.52; *Theorie der Sprechakte*, S.41 [Hervorhebungen von Austin].

22 Im Original heißt es: »I am not going into the general doctrine here«, *How to do*, S.21; *Theorie der Sprechakte*, S.43. [Anm. d. Übers.]

23 Fehlt in der dt. Übersetzung, »some very general high-level doctrine«, *How to do*, ebd. [Anm. d. Übers.]

24 »do constantly obtrude into«, ebd. [Anm. d. Übers.]

25 Fehlt in der dt. Übersetzung. [Anm. d. Übers.]

26 Fehlt in der dt. Übersetzung. [Anm. d. Übers.]

27 Der sehr suspekte Wert des »Unernsten« ist ein sehr häufiger Rekurs (vgl. z. B. *Quand dire*, S. 116, 130; *Theorie der Sprechakte*, S. 121, 138). Er steht in wesentlichem Zusammenhang mit dem, was Austin an anderer Stelle über die *oratio obliqua* (*Quand dire*, S. 92; *Theorie der Sprechakte*, S. 91) oder den *Mimen* sagt.

28 Unter diesem Gesichtspunkt läßt sich die von Austin anerkannte (*Quand dire*, S. 89; *Theorie der Sprechakte*, S. 88) Tatsache untersuchen, daß »*derselbe* Satz bei verschiedenen Sprechgelegenheiten in *beiderlei* Weise benutzt wird: performativ und konstativ. Unser Unternehmen scheint also von Anfang an aussichtslos zu sein, wenn wir Äußerungen so belassen wollen, wie sie stehen, und davon ausgehend nach einem Kriterium suchen«. Das ist die graphematische Wurzel der Zitathaftigkeit (Iterabilität), die diese Verlegenheit hervorruft und bewirkt, »daß es wahrscheinlich sogar unmöglich wäre, wie Austin behauptet, ein umfassendes Verzeichnis aller Kriterien aufzustellen« (ebd.)

29 *Dehiszenz*, botanisch … Streufruchtigkeit, Springfruchtigkeit. [Anm. d. Übers.]

30 *Theorie der Sprechakte*, S. 80. Im Original: »This reduces us to an impasse over any *single simple* criterion of grammar or vocabulary« (*How to do*, S. 59). [Anm. d. Übers.]

31 Im englischen Original: *utterance-origin*; in der frz. Übersetzung: *la source de l'énonciation*, also wörtlich: »die Quelle der Äußerung«, *Theorie der Sprechakte*, S. 81. [Anm. d. Übers.]

32 *Theorie der Sprechakte*, S. 81; engl.: *hereby*; frz.: *par les présentes* (wörtlich »durch diese gegenwärtigen [Buchstaben]«, d. h. »durch dieses vorliegende Schreiben«, »hiermit«). [Anm. d. Übers.]

33 »sec« (frz.: trocken, jäh, unvermittelt, barsch, heftig) ist auch das Akronym des Titels des vorliegenden Textes (Signature Événement Contexte). – Der Satz »*Pour conclure ce propos très ›sec‹*« ließe sich also auch mit »Um diese Darlegung sehr *jäh* abzuschließen« übersetzen. [Anm. d. Übers.]

34 Vgl. Jacques Derrida, *Dissemination*, übers. von Hans-Dieter Gondek, Wien 1995, und *Positionen*: Gespräche mit Henri Ronse, Julia Kristeva, Jean-Louis Houdebine, Guy Scarpetta / Jacques Derrida, Graz/Wien 1986.

Die différance[1]

Ich werde also von einem Buchstaben sprechen.

Von dem ersten, wenn man dem Alphabet und den meisten Spekulationen, die darüber gewagt wurden, glauben darf.

Ich werde also von dem Buchstaben *a* sprechen, von jenem ersten Buchstaben, den hier und da in die Schreibung des Wortes *différence* einzuführen notwendig scheinen konnte; und dies im Verlauf einer Schrift über die Schrift, auch einer Schrift in der Schrift, deren verschiedene Bahnen in sehr bestimmten Punkten alle über eine Art groben orthographischen Fehler verlaufen, diesen Verstoß gegen eine Orthodoxie, die eine Schrift regelt, gegen das Gesetz, welches das Geschriebene regelt und es in die Grenzen seiner Schicklichkeit einschließt. Man wird diesen Verstoß gegen die Orthographie immer verwischen oder ihn, de facto oder de jure, reduzieren können und je nach den Fällen, die sich immer analysieren lassen, hier jedoch auf dasselbe hinauslaufen, für schwerwiegend, unschicklich, ja sogar, geht man einmal von der größten Unbefangenheit aus, für amüsant halten. Versucht man also, einen solchen Verstoß stillschweigend zu übergehen, so läßt sich das dareingesetzte Interesse im voraus als eines erkennen, das durch die stumme Ironie, die unhörbare Verschobenheit dieser Vertauschung von Buchstaben vorgezeichnet ist. Immer wird man so tun können, als mache dies keinen Unterschied aus. Ich muß jetzt schon sagen, daß meine Rede heute weniger darauf hinaus will, diesen stummen Verstoß gegen die Orthographie zu rechtfertigen, weniger noch, ihn zu entschuldigen, als vielmehr das Spiel einer gewissen Nachdrücklichkeit zu verschärfen.

Man wird mich wiederum entschuldigen müssen, wenn ich mich zumindest implizit auf diesen oder jenen Text beziehe, dessen Veröffentlichung ich wagte. Denn ich möchte gerade, obwohl es im Prinzip wie im Grenzfalle, aus wesentlichen Rechtsgründen, unmöglich ist, versuchen, die verschiedenen Richtungen, in denen ich das, was vorläufig das Wort oder der Begriff der *différance* heißen soll, aber, wie wir sehen werden, *à la lettre* weder ein Wort noch ein Begriff ist, in seiner Neuschreibung benutzen konnte oder vielmehr mußte, zu einem *Bündel* zusammenzufassen. Ich lege hier aus zwei Gründen Wert auf das Wort *Bündel*: einerseits handelt es sich nicht darum (was ich ebenfalls hätte tun können), eine Geschichte zu beschreiben, von ihren Entwicklungsphasen zu berichten, Text für Text, Kontext für Kontext, und jedesmal zu zeigen, welche Ökonomie zu dieser graphischen Unregelmäßigkeit hat nötigen können; wohl aber um das *allgemeine System dieser Ökonomie*. Andererseits scheint das Wort *Bündel* das geeignetste zu sein, um zu verdeutlichen, daß die vorgeschlagene Zusammenfassung den Charakter eines Einflechtens, eines Webens, eines Überkreuzens hat, welches die unterschiedlichen Fäden und die unterschiedlichen Linien des Sinns – oder die Kraftlinien – wieder auseinanderlaufen läßt, als sei sie bereit, andere hineinzuknüpfen.

Ich erinnere also ganz präliminarisch daran, daß dieser unauffällige graphische Eingriff, der nicht etwa um des Ärgernisses des Lesers oder des Grammatikers willen unternommen wurde, im schriftlichen Prozeß einer Frage über die Schrift kalkuliert wurde. Nun aber trifft es sich, gleichsam faktisch, daß dieser graphische Unterschied (das *a* an der Stelle des *e*), dieser ausgeprägte Unterschied zwischen zwei anscheinend vokalischen Schreibweisen, zwischen zwei Vokalen, rein graphisch bleibt: er läßt sich schreiben oder lesen, aber er läßt sich nicht vernehmen. Er läßt sich nicht vernehmen, und wir werden sehen, worin er gleichfalls die Ebene des Verstandes übersteigt. Durch eine stumme Markierung, durch ein schweigendes Denkmal, ich werde sogar sagen, durch eine Pyramide, macht er sich bemerkbar, womit ich nicht nur an die Gestalt des Buchstabens denke, als Majuskel gedruckt, sondern auch an jenen Text aus der *Enzyklopädie* von Hegel, wo der Körper des Zeichens mit der ägyptischen Pyramide verglichen wird. Das *a* der *différance* ist also nicht vernehmbar, es bleibt stumm, verschwiegen und diskret, wie ein Grabmal: *oikesis.* Kennzeichnen wir damit im voraus jenen Ort, Familiensitz und Grabstätte des Eigenen, an dem die *Ökonomie des Todes* in der *différance* sich produziert. Kann man nur die Inschrift entziffern, verweist dieser Stein fast auf den Tod des Dynasten.

Ein Grabmal, das sich nicht einmal zum Ertönen bringen läßt. Denn ich kann Sie durch meine Rede, mein derzeit an die *Société française de philosophie* gerichtetes Sprechen, in dem Augenblick, in dem ich davon spreche, nicht wissen lassen, von welcher *différence* ich rede. Ich kann von dieser graphischen *différence* nur sprechen, indem ich mich sehr gewunden über eine Schrift äußere und jedesmal genau angebe, ob ich auf die *différence* mit *e* oder auf die *différance* mit *a* verweise. Das vereinfacht die Dinge heute nicht gerade und wird uns sehr zu schaffen machen, Ihnen und mir, zumindest wenn wir uns verstehen wollen. Auf jeden Fall werden die mündlichen Präzisierungen, die ich angebe – wenn ich sage »mit *e*« oder »mit *a*« – unumgänglich auf einen geschriebenen Text verweisen, der meine Rede überwacht, den ich vor mir halte, den ich vorlesen und auf den ich Ihre Hände und Augen zu lenken suche. Wir werden nicht umhin können, mit einem geschriebenen Text vorzugehen, eine Regelung für die Unregelmäßigkeit darin zu finden, und darauf kommt es mir zunächst an.

Zweifellos kann dieses pyramidale Schweigen der graphischen *différence* zwischen dem *e* und dem *a* nur innerhalb des Systems der phonetischen Schrift und innerhalb einer Sprache oder einer Grammatik funktionieren, die seinsgeschichtlich mit der phonetischen Schrift sowie mit der ganzen von ihr untrennbaren Kultur verbunden ist. Aber ich meine eben dies – jenes Schweigen, welches nur innerhalb einer sogenannten phonetischen Schrift funktioniert – signalisiert oder erinnert treffend daran, daß es entgegen einem weitverbreiteten Vorurteil keine phonetische Schrift im reinen und strengen Sinne gibt. Die sogenannte phonetische Schrift kann prinzipiell und von Rechts wegen und nicht allein auf Grund einer technischen oder empirischen Unzulänglichkeit nur funktionieren, wenn sie nichtlautliche »Zeichen« (Interpunktion, Zwischenraum und so weiter) in sich aufnimmt, die sich, wie man rasch gewahr wird, untersucht man ihre Struktur und ihre Notwendigkeit, mit dem Zeichenbegriff kaum vereinbaren lassen. Vielmehr, das Spiel der Differenz als Bedingung der Möglichkeit des Funktionierens eines jeden Zeichens, woran Saussure nur zu erinnern brauchte, dieses Spiel ist selbst stumm. Unhörbar ist die Differenz zwischen zwei Phonemen, die allein ihr Sein und Wirken als solche ermöglicht. Das Unhörbare eröffnet die zwei präsenten Phoneme, so wie sie sich präsentieren, dem Vernehmen. Gibt es also keine rein phonetische Schrift, so weil es keine rein phonetische *phone* gibt. Die Differenz, welche die Phoneme aufstellt und sie, in jedem Sinne des Wortes, vernehmbar macht, bleibt an sich unhörbar.

Man wird einwenden, daß die graphische Differenz aus denselben Gründen in der Nacht versinkt und nie die Fülle eines empirisch erfaßbaren Ausdrucks erreicht, daß sie vielmehr eine unsichtbare Beziehung ausspannt, den Bezug einer nicht erscheinenden Verbindung zwischen zwei Spektakeln. Gewiß. Wenn jedoch unter diesem Gesichtspunkt der ausgeprägte Unterschied in der *»différ( )nce«* zwischen dem *e* und dem *a* sich dem Blick und dem Gehör entzieht, legt dies wohl auf treffende Art nahe, daß man sich hier auf eine Ordnung verweisen lassen muß, die nicht mehr der Sinnlichkeit angehört. Aber auch nicht der Intelligibilität, einer Idealität, die nicht zufällig an die Objektivität des *theorein* oder des Verstandes gebunden wäre; es wird also auf eine Ordnung verwiesen, die jener für die Philosophie grundlegenden Opposition zwischen dem Sensiblen und dem Intelligiblen widersteht. Die Ordnung, die dieser Opposition widersteht, und ihr widersteht, weil sie sie trägt, kündigt sich in einer Bewegung der *différance* (mit *a*) zwischen zwei *différences* oder zwischen zwei Buchstaben an, einer *différance*, die weder der Stimme noch der Schrift im gewöhnlichen Sinne angehört und sich als der seltsame Raum, der uns hier eine Stunde lang vereinen wird, *zwischen* Sprechen und Schrift durchhält, auch jenseits der beruhigenden Vertrautheit, die uns dieser und jenem verbindet und uns manchmal in der Illusion bestärkt, sie seien zwei.

Wie fange ich es an, von dem *a* der *différance* zu sprechen? Selbstverständlich kann sie nicht *exponiert* werden. Man kann immer nur das exponieren, was in einem bestimmten Augenblick *anwesend*, offenbar werden kann, was sich zeigen kann, sich als ein Gegenwärtiges präsentieren kann, ein in seiner Wahrheit gegenwärtig Seiendes, in der Wahrheit eines Anwesenden oder des Anwesens des Anwesenden. Wenn aber die *différance* das ~~ist~~ (ich streiche auch das »~~ist~~« durch), was die Gegenwärtigung des gegenwärtig Seienden ermöglicht, so gegenwärtigt sie sich nie als solche. Sie gibt sich nie dem Gegenwärtigen hin. Niemandem. Indem sie sich zurückhält und nie exponiert, übersteigt sie genau in diesem Punkt und geregelterweise die Ebene der Wahrheit, ohne sich indessen, wie etwas, wie ein mysteriöses Seiendes, im Dunkel eines Nicht-Wissens oder in einem Loch zu verbergen, dessen Ränder bestimmbar wären (zum Beispiel in einer Topologie der Kastration). In jeder Exposition wäre sie dazu exponiert, als Verschwinden zu verschwinden. Sie liefe Gefahr zu erscheinen: zu verschwinden.

So daß die Umwege, die Perioden, die Syntax, auf die ich häufig werde rekurrieren müssen, denen der negativen Theologie manchmal zum Verwechseln ähnlich sehen. Es war bereits zu vermerken, *daß* die *différance nicht ist*, nicht existiert, kein gegenwärtig Seiendes (*on*) ist, was dies auch immer sei; und wir müssen ebenfalls alles vermerken, *was* sie *nicht ist*, das heißt *alles*; und daß sie folglich weder Existenz noch Wesen hat. Sie gehört in keine Kategorie des Seienden, sei es anwesend oder abwesend. Und doch ist, was derart mit *différance* bezeichnet wird, nicht theologisch, nicht einmal im negativsten Sinne der negativen Theologie, welche bekanntlich stets eifrig darum bemüht war, über die endlichen Kategorien von Wesen und Existenz, das heißt von Gegenwart, hinaus, eine Supraessentialität herauszustellen und daran zu erinnern, daß Gott das Prädikat der Existenz nur verweigert wird, um ihm einen Modus höheren, unbegreiflichen, unaussprechlichen Seins zuzuerkennen. Hier geht es nicht um eine solche Bewegung, und dies wird sich zunehmend bestätigen. Nicht nur läßt sich die *différance* auf keine ontologische oder theologische – onto-theologische – Wiederaneignung zurückführen, sondern, indem sie selbst den Raum eröffnet, in dem die Onto-Theologie – die Philosophie – ihr System und ihre Geschichte produziert, umfaßt sie diese, schreibt sie ein und übersteigt sie unwiederbringlich.

Aus demselben Grunde weiß ich nicht, auf welchem Wege *anzufangen*, um das Bündel oder die Linienführung der *différance* zu zeichnen. Denn was hier gerade in Frage steht, ist die Forderung nach einem rechten Anfang, einem absoluten Ausgangspunkt, einer prinzipiellen Verantwortung. Die Problematik der Schrift wird mit der Infragestellung des Wertes der *arche* eröffnet. Was ich hier vortrage, wird sich also nicht einfach wie eine philosophische Rede entwickeln, die nach einem Prinzip, nach Postulaten, Axiomen oder Definitionen verfährt und sich entlang der diskursiven Linearität einer Ordnung von Begründungen verschiebt. Alles in der Zeichnung der *différance* ist strategisch und kühn. Strategisch, weil keine transzendente und außerhalb des Feldes der Schrift gegenwärtige Wahrheit die Totalität des Feldes theologisch beherrschen kann.

Kühn, weil diese Strategie keine einfache Strategie in jenem Sinne ist, in dem man sagt, die Strategie lenke die Taktik nach einem Endzweck, einem Telos oder dem Motiv einer Beherrschung, einer Herrschaft und einer endgültigen Wiederaneignung der Bewegung oder des Feldes. Eine Strategie schließlich ohne Finalität; man könnte dies blinde Taktik nennen, empirisches Umherirren, wenn der Wert des Empirismus selbst nicht seinen ganzen Sinn aus der Opposition zur philosophischen Verantwortlichkeit bezöge. Gibt es ein Umherirren beim Zeichnen der *différance*, so folgt es der Linie des philosophisch-logischen Diskurses ebensowenig wie der ihres symmetrischen und zugehörigen Gegenteils, des empirisch-logischen Diskurses. Der Begriff *Spiel* hält sich jenseits dieser Opposition, er kündigt in der Nachtwache vor der Philosophie und jenseits von ihr die Einheit des Zufalls und der Notwendigkeit an in einem Kalkül ohne Ende.

Daher lassen wir uns, entschlossener einer Spielregel folgend, wenn Sie so wollen, unsere Rede auf sie selbst beziehend, durch das Thema der Strategie oder des Stratagems in den Gedanken der *différance* einführen. Durch diese bloß strategische Rechtfertigung möchte ich betonen, daß die Wirksamkeit der Thematik der *différance* sehr wohl eines Tages aufgehoben werden kann, sich von selbst, wenn nicht in ihre Ersetzung, so zumindest in Verkettung mit dem schicken muß, was sie in Wirklichkeit nie beherrscht hat. Weshalb sie abermals nicht theologisch ist.

Ich würde zunächst sagen, daß die *différance*, die weder ein Wort noch ein Begriff ist, mir strategisch am besten geeignet schien, das Irreduzibelste unserer »Epoche« zu denken, wenn nicht zu beherrschen – das Denken mag hier das sein, was sich in einem bestimmten notwendigen Verhältnis zu den strukturellen Grenzen der Herrschaft ansiedelt. Ich gehe also, strategisch, von dem Ort und dem Zeitpunkt aus, wo »wir« sind, obgleich mein erster Schritt in letzter Instanz nicht zu rechtfertigen ist und wir, immer von der *différance* und ihrer »Geschichte« her, zu erfahren suchen können, wer und wo »wir« sind und was die Grenzen einer »Epoche« sein könnten.

Obgleich *»différance«* weder ein Wort noch ein Begriff ist, wollen wir eine vorläufige und approximative semantische Analyse versuchen, die uns bei dem, was auf dem Spiel steht, leiten wird.

Es ist bekannt, daß das Verb *»différer«* (lateinisch *differre*) zwei Bedeutungen hat, die anscheinend sehr verschieden sind; im *Littré* zum Beispiel sind sie Gegenstand zweier getrennter Artikel. In diesem Sinne ist das lateinische *differre* nicht die einfache Übersetzung des griechischen *diapherein*, und dies wird für uns nicht folgenlos bleiben, da es unser Thema an eine besondere Sprache bindet, die als weniger philosophisch, weniger original philosophisch als die andere gilt. Denn die Verteilung des Sinns im griechischen *diapherein* umfaßt eine der beiden Bedeutungen des lateinischen *differre* nicht, nämlich die Tätigkeit, etwas auf später zu verschieben, sich von der Zeit und den Kräften bei einer Operation Rechenschaft abzulegen, die Rechnung aufzumachen, die ökonomischen Kalkül, Umweg, Aufschub, Verzögerung, Reserve, Repräsentation impliziert, alles Begriffe, die ich hier in einem Wort zusammenfasse, das ich nie benutzt habe, das man jedoch in diese Kette einfügen könnte: die *Temporisation. Différer* in diesem Sinne heißt temporisieren, heißt bewußt oder unbewußt auf die zeitliche und verzögernde Vermittlung eines Umweges rekurrieren, welcher die Ausführung oder Erfüllung des »Wunsches« oder »Willens« suspendiert und sie ebenfalls auf eine Art verwirklicht, die ihre Wirkung aufhebt oder temperiert. Und wir werden – später – sehen, inwiefern diese Temporisation auch Temporalisation und Verräumlichung ist, Zeit-Werden des Raumes und Raum-Werden der Zeit; »originäre Konstitution« von Zeit und Raum würde die Metaphysik oder die transzendentale

Phänomenologie in jener Sprache sagen, die hier kritisiert und verschoben wird.

Die andere Bedeutung von *différer* ist die eher gewöhnliche und identifizierbare: nicht identisch sein, anders sein, erkennbar sein und so weiter. Handelt es sich um *différen(t)(d)s*[2], ein Wort, das man also schreiben kann, wie man will, mit *t* oder *d* am Ende, Andersheit von Unähnlichem oder Andersheit von Allergie und Polemik, so ist erforderlich, daß zwischen den verschiedenen Elementen aktiv, dynamisch und mit beharrlicher Wiederholung, Intervall, Distanz, *Verräumlichung* entstehen.

Nun hat aber das Wort *différence* (mit *e*) weder auf das *différer* als Temporisation noch auf das *différend* als *polemos* jemals verweisen können. Diesen Sinnverlust müßte das Wort *différance* (mit *a*) – ökonomisch – kompensieren. Es verweist zugleich auf die ganze Konfiguration dieser Bedeutungen, ist in unmittelbarer und irreduzibler Weise polysemisch, und dies ist für die Ökonomie des Diskurses, den ich zu halten suche, nicht gleichgültig. Es verweist nicht darauf, wenn es wie selbstverständlich jede Bedeutung durch einen Diskurs oder einen erklärenden Kontext unterstützt wird, sondern gleichsam schon durch sich selbst, zumindest eher als jedes andere Wort, da das *a* unmittelbar vom Partizip Präsens (*différant*) herstammt und uns der Aktivität des *différer* näherbringt, bevor sie noch eine in *différent* oder in *différence* (mit *e*) konstituierte Wirkung produziert hat. Nach den Forderungen einer klassischen Begrifflichkeit würde man sagen, daß »*différance*« die konstituierende, produzierende und originäre Kausalität bezeichnet, den Prozeß von Spaltung und Teilung, dessen konstituierte Produkte oder Wirkungen die *différents* oder die *différences* wären. Während wir uns indes dem infinitiven und aktiven Kern des *différer* nähern, neutralisiert »*différance*« (mit *a*) das, was der Infinitiv als einfach aktiv kennzeichnet, ebenso wie »*mouvance*« (Beweglichkeit) nicht die einfache Tatsache des Bewegens, des sich Bewegens, oder des Bewegt-werdens bezeichnet. Die Resonanz [*résonance*] ist nicht mehr der Akt des Ertönens [*résonner*]. Es ist zu bedenken, daß im Französischen die Endung auf *ance* unentschieden *zwischen* dem Aktiv und dem Passiv verharrt. Und wir werden sehen, warum, was sich durch »*différance*« bezeichnen läßt, weder einfach aktiv noch passiv ist, sondern eher eine mediale Form ankündigt oder in Erinnerung ruft, eine Operation zum Ausdruck bringt, die keine Operation ist, die weder als Erleiden noch als Tätigkeit eines Subjektes, bezogen auf ein Objekt, weder von einem Handelnden noch von einem Leidenden aus, weder von diesen Termini ausgehend noch im Hinblick auf sie sich denken läßt. Nun hat aber wohl die Philosophie mit der Aufteilung der medialen Form, einer gewissen Nicht-Transitivität, in Tätigkeitsform und Leideform eingesetzt und sich in dieser Repression konstituiert.

Différance als Temporisation, *différance* als Verräumlichung. Wie geht das zusammen?

Gehen wir, da wir uns schon darin eingerichtet haben, von der Problematik des Zeichens und der Schrift aus. Das Zeichen, so sagt man gewöhnlich, setzt sich an die Stelle der Sache selbst, der gegenwärtigen Sache, wobei »Sache« hier sowohl für die Bedeutung als auch für den Referenten gilt. Das Zeichen stellt das Gegenwärtige in seiner Abwesenheit dar. Es nimmt dessen Stelle ein. Wenn wir die Sache, sagen wir das Gegenwärtige, das gegenwärtig Seiende, nicht fassen oder zeigen können, wenn das Gegenwärtige nicht anwesend ist, bezeichnen wir, gehen wir über den Umweg des Zeichens. Wir empfangen oder senden Zeichen. Wir geben Zeichen. Das Zeichen wäre also die aufgeschobene [*différée*] Gegenwart. Ob es sich um mündliche oder schriftliche Zeichen, um Währungszeichen, um Wahldelegation oder politische Repräsentation handelt, schiebt die Zirkulation der Zeichen den Moment auf [*diffère*], in dem wir der Sache selbst begegnen könnten, uns ihrer bemächtigen, sie verbrauchen oder sie verausgaben, sie berühren, sie sehen, eine gegenwärtige Anschauung von ihr haben könnten. Was ich hier beschreibe, um die Signifikation mit ihren offenkundigen Merkmalen als *différance* der Temporisation zu definieren, ist die klassisch anerkannte Struktur des Zeichens: sie setzt voraus, daß das Zeichen, welches die Präsenz aufschiebt [*différant*], nur von der Präsenz, die es aufschiebt, *ausgehend* und *im Hinblick* auf die aufgeschobene Präsenz, nach deren Wiederaneignung man strebt, gedacht werden kann. Gemäß einer solchen klassischen Semiologie ist das Ersetzen der Sache selbst durch das Zeichen zugleich *sekundär* und *vorläufig:* sekundär nach einer ursprünglichen und verlorenen Präsenz, aus der sich das Zeichen abgeleitet hat; vorläufig zu jener endgültigen und fehlenden Präsenz, angesichts derer das Zeichen sich in einer vermittelnden Bewegung befände.

Versucht man, diesen sekundären vorläufigen Charakter des Substituts in Frage zu stellen, so wird zweifellos sichtbar, wie eine originäre *différance* sich ankündigt, aber sie läßt sich insofern weder ursprünglich noch endgültig nennen, als die Werte Ursprung, Arche, Telos, *eschaton* und so weiter immer auf die Präsenz: *ousia*, Parusie und so weiter hingewiesen haben. Den sekundären und vorläufigen Charakter des Zeichens in Frage zu stellen, ihm eine »ursprüngliche« *différance* entgegenzusetzen, hätte also zur Folge:

1. daß man die *différance* nicht mehr unter dem Begriff des »Zeichens« erfassen könnte, der stets Repräsentation einer Präsenz bedeutet und sich in einem (Denk- oder Sprach-)System konstituiert hat, welches von der Präsenz her und im Hinblick auf sie geregelt wird;

2. daß man somit die Autorität der Anwesenheit oder ihres einfachen symmetrischen Gegenteils, der Abwesenheit oder des Fehlens, in Frage stellt. Erfragt wird somit die Grenze, die uns immer schon gezwungen hat, die uns

stets zwingt – uns, die Bewohner einer Sprache und eines Denksystems – den Sinn von Sein überhaupt als Anwesenheit oder Abwesenheit in den Kategorien des Seienden oder der Seiendheit [*ousia*] zu gestalten. Offenkundig ist die Frage, auf die wir damit zurückkommen, von Heideggerschem Typus, und die *différance* scheint uns auf die ontisch-ontologische Differenz zurückzuführen. Man erlaube mir diesen Verweis aufzuschieben. Ich merke nur an, daß zwischen der Differenz als Temporisation-Temporalisation, die sich nicht mehr im Horizont des Anwesenden denken läßt, und dem, was Heidegger in *Sein und Zeit* über die Zeitigung als transzendentalen Horizont der Seinsfrage sagt, welche von der traditionellen und metaphysischen Beherrschung durch das Anwesende oder das Jetzt befreit werden muß, eine enge Verbindung besteht, selbst wenn sie nicht erschöpfend und irreduzibel notwendig ist.

Bleiben wir jedoch zunächst bei der semiologischen Problematik, um zu sehen, wie sich dort die *différance* als Temporisation und die *différance* als Verräumlichung verbinden. Die meisten semiologischen oder linguistischen Untersuchungen, die heute das Feld des Denkens beherrschen und, sei es wegen ihrer eigenen Ergebnisse oder wegen ihrer Funktion, als regulatives Modell überall anerkannt werden, verweisen genealogisch, zu Recht oder Unrecht, auf Saussure als gemeinsamen Lehrer. Nun ist es aber Saussure, der die *Beliebigkeit des Zeichens* und seinen *differentiellen Charakter* zum Prinzip der allgemeinen Semiologie besonders der Linguistik erhoben hat. Und bekanntlich sind die zwei Motive – Beliebigkeit und Differentialität – in seinen Augen untrennbar. Beliebigkeit kann es nur geben, weil das System der Zeichen durch Differenzen konstituiert wird, nicht durch die Fülle von Termini. Die Elemente des Bedeutens funktionieren nicht durch die kompakte Kraft von Kernpunkten, sondern durch das Netz von Oppositionen, die sie voneinander unterscheiden und aufeinander beziehen. »*Beliebigkeit* und *Verschie-*

denheit«, sagt Saussure, »sind zwei korrelative Eigenschaften.«[3]

Dieses Prinzip der Differenz berührt, als Bedingung der Signifikation, die *Totalität des Zeichens*, das heißt, die Seite des Signifié und die des Signifiant zugleich. Die Seite des Signifié ist die Vorstellung, die ideale Bedeutung; und das Signifiant, das, was Saussure »Bild«, »psychischen Abdruck« eines materiellen, physikalischen, zum Beispiel lautlichen Phänomens nennt. Wir wollen hier nicht auf alle Probleme dieser Definitionen eingehen. Zitieren wir Saussure nur in dem Punkt, der uns interessiert:

> Wenn beim Wert die Seite der Bedeutung einzig und allein durch seine Beziehungen und Verschiedenheiten mit andern Gliedern der Sprache gebildet wird, so kann man dasselbe von seiner materiellen Seite sagen [...]. Alles Vorausgehende läuft darauf hinaus, *daß es in der Sprache nur Verschiedenheiten gibt*. Mehr noch: eine Verschiedenheit setzt im allgemeinen positive Einzelglieder voraus, zwischen denen sie besteht; in der Sprache aber gibt es nur Verschiedenheiten *ohne positive Einzelglieder*. Ob man Bezeichnetes oder Bezeichnendes nimmt, die Sprache enthält weder Vorstellung noch Laute, die gegenüber dem sprachlichen System präexistent wären, sondern nur begriffliche und lautliche Verschiedenheiten, die sich aus dem System ergeben. Was ein Zeichen an Vorstellung oder Lautmaterial enthält, ist weniger wichtig als das, was in Gestalt der andern Zeichen um dieses herum gelagert ist.[4]

Die erste Folgerung wäre, daß die bezeichnete Vorstellung, der Begriff, nie an sich gegenwärtig ist, in hinreichender Präsenz, die nur auf sich selbst verwiese. Jeder Begriff ist seinem Gesetz nach in eine Kette oder in ein System eingeschrieben, worin er durch das systematische Spiel von Differenzen auf den anderen, auf die anderen Begriffe verweist. Ein solches Spiel, die *différance*, ist nicht einfach ein Begriff, sondern die Möglichkeit der Begrifflichkeit, des Begriffsprozesses und -systems überhaupt. Aus dem gleichen Grunde ist die *différance*, die kein Begriff ist, auch kein einfaches Wort, das sich als ruhige und gegenwärtige, auf sich selbst verweisende Einheit eines Begriffs und eines Lautes vergegenwärtigen läßt. Wir werden später sehen, wie es um das Wort überhaupt bestellt ist.

Die *différence*, von der Saussure spricht, ist also selbst weder ein Begriff noch ein Wort unter anderen. Man kann dies a fortiori von der *différance* behaupten. Und dies führt uns dazu, die Beziehung zwischen beiden zu verdeutlichen.

In einer Sprache, im *System* der Sprache, gibt es nur Differenzen. Folglich kann taxinomisch eine systematische, statistische und klassifikatorische Bestandsaufnahme gemacht werden. Aber einerseits *spielen* diese Differenzen: im Sprachsystem [*langue*], im Sprechakt [*parole*] und im Austausch zwischen Sprachsystem und Sprechakt. Andererseits sind diese Differenzen selbst wiederum *Effekte*. Sie sind nicht in fertigem Zustand vom Himmel gefallen; sie sind ebensowenig in einen *topos noetos* eingeschrieben noch in der Wachstafel des Gehirns vorgezeichnet. Brächte das Wort »Geschichte« nicht an sich das Motiv einer endgültigen Unterdrückung der Differenz mit sich, so könnte man sagen, daß nur die Differenzen seit Anbeginn des Spiels durch und durch »historisch« sein können.

Was sich *différance* schreibt, wäre also jene Spielbewegung, welche diese Differenzen, diese Effekte der Differenz, durch das »produziert«, was nicht einfach Tätigkeit ist. Die *différance*, die diese Differenzen hervorbringt, geht ihnen nicht etwa in einer einfachen und an sich unmodifizierten, indifferenten Gegenwart voraus. Die *différance* ist der nicht-volle, nicht-einfache Ursprung der Differenzen. Folglich kommt ihr der Name »Ursprung« nicht mehr zu.

Da das Sprachsystem, das bei Saussure eine Klassifikation ist, nicht vom Himmel gefallen ist, wurden die Differenzen produziert, sind sie produzierte Effekte, deren Ursache nicht ein Subjekt oder eine Substanz, eine Sache im allgemeinen, ein irgendwo gegenwärtiges und selbst dem Spiel der *différance* entweichendes Seiendes ist. Wenn eine solche Präsenz im Begriff von Ursache im allgemeinen in herkömmlicher Weise impliziert wäre, müßte man von einem Effekt ohne Ursache sprechen, so daß man bald überhaupt nicht mehr von einem Effekt spräche. Ich habe auf die Absicht, aus der Geschlossenheit dieses Schemas hinauszukommen, mittels der »Spur« hinzuweisen versucht, die ebensowenig Effekt ist, wie sie eine Ursache hat, die jedoch für sich allein außerhalb des Textes nicht zur notwendigen Überschreitung hinreicht.

Da es keine Präsenz vor und außerhalb der semiologischen Differenz gibt, läßt sich, was Saussure über das Sprachsystem schreibt, auf das Zeichen im allgemeinen ausdehnen:

> Die Sprache ist erforderlich, damit das Sprechen verständlich sei und alle seine Effekte produziere. Das Sprechen aber ist erforderlich, damit die Sprache sich bilde; historisch betrachtet, ist das Sprechen das zuerst gegebene Faktum.[5]

Behalten wir zumindest das Schema, wenn nicht den Inhalt der von Saussure formulierten Forderung bei, so bezeichnen wir mit *différance* jene Bewegung, durch die sich die Sprache oder jeder Code, jedes Verweisungssystem im allgemeinen »historisch« als Gewebe von Differenzen konstituiert. »Sich konstitutiert«, »sich produziert«, »sich schafft«, »Bewegung«, »historisch« und so weiter müssen jenseits der Sprache der Metaphysik, in der sie mit allen Implikationen befangen sind, verstanden werden. Es wäre zu zeigen, warum die Produktions-Begriffe ebenso wie die der Konstitution und der Geschichte unter diesem Gesichtspunkt immer noch mit dem verschworen sind, was hier in Frage steht, doch das würde heute zu weit führen – auf die Theorie der Repräsentation des »Kreises« zu, in dem wir eingeschlossen zu sein scheinen –, und ich benutze sie hier, wie viele andere Begriffe, nur aus Gründen strategischer Bequemlichkeit und um die Dekonstruktion ihres Systems an dem gegenwärtig entscheidenden Punkt anzusetzen. Jedenfalls macht der Kreis, in dem wir befangen zu sein scheinen, verstehen, daß die *différance*, wie sie hier geschrieben ist, nicht mehr statisch denn genetisch, nicht mehr struktural denn historisch ist. Oder nicht weniger. Es hieße nicht lesen, vor allem das nicht lesen, was hier gegen die orthographische Ethik verstößt, wollte man auf der Grundlage der ältesten metaphysischen Opposition etwas dagegen einwenden, indem man etwa irgendeinen generativen Gesichtspunkt einem strukturalistisch-taxinomischen Gesichtspunkt entgegensetzt oder umgekehrt. Für die *différance* haben, was zweifellos dem Denken mißbehagt und die Bequemlichkeit verunziert, diese Oppositionen nicht die mindeste Pertinenz.

Betrachtet man die Kette, in der die »*différance*« sich, je nach dem Erfordernis des Kontextes, einer gewissen Anzahl von nicht synonymen Substitutionen unterwirft, warum dann auf die »Reserve«, auf die »Urschrift«, auf die »Urspur«, auf die »Verräumlichung«, ja sogar auf das »Supplement« oder das »*pharmakon*«, bald auf Hymen, auf Marge-Marke-Mark-Marsch [*marge-marque-marche*] und so weiter zurückgreifen?

Gehen wir weiter. Die *différance* bewirkt, daß die Bewegung des Bedeutens nur möglich ist, wenn jedes sogenannte »gegenwärtige« Element, das auf der Szene der Anwesenheit erscheint, sich auf etwas anderes als sich selbst bezieht, während es das Merkmal [*marque*] des vergangenen Elementes an sich behält und sich bereits durch das Merkmal seiner Beziehung zu einem zukünftigen Element aushöhlen läßt, wobei die Spur sich weniger auf die sogenannte Zukunft bezieht als auf die sogenannte Vergangenheit und die sogenannte Gegenwart durch eben diese Beziehung zu dem, was es nicht ist: absolut nicht ist, nicht einmal eine Vergangenheit oder eine Zukunft als modifizierte Gegenwart, konstituiert. Ein Intervall muß es von dem trennen, was es nicht ist, damit es es selbst sei, aber dieses Intervall, das es als Gegenwart konstituiert, muß gleichzeitig die Gegenwart in sich selbst trennen und so mit der Gegenwart alles scheiden, was man von ihr her denken kann, das heißt, in unserer metaphysischen Sprache, jedes Seiende, besonders die Substanz oder das Subjekt. Dieses dynamisch sich konstituierende, sich teilende Intervall ist es, was man *Verräumlichung* nennen kann, Raum-Werden der Zeit oder Zeit-Werden des Raumes (*Temporisation*). Und ich schlage vor, diese Konstitution der Gegenwart, als »originäre«, und in irreduzibler Weise nicht-einfache, also, stricto sensu, nicht-originäre Synthese von Merkmalen [*marques*], von Spuren von Retentionen und Protentionen (um hier, analogisch und provisorisch, eine phänomenologische und transzendentale Sprache zu reproduzieren, die sich bald als inadäquat erweisen wird), Urschrift, Urspur zu nennen. Diese (ist) (zugleich) Verräumlichung (und) Temporisation.

Hätte man nicht diese (aktive) Bewegung der (Produktion der) *différance* ohne Ursprung, ganz einfach und ohne Neuschreibung, *Differenzierung* nennen können? Neben anderen Mißverständnissen könnte ein solches Wort den Gedanken an irgendeine organische, originäre und homogene Einheit nahelegen, die es unter Umständen dazu bringt, sich zu entzweien, die Differenz als Ereignis zu empfangen. Vor allem würde es, da von dem Verb *differenzieren* abgeleitet, die ökonomische Bedeutung des Umweges, des temporisierenden Aufschubes, des *»différer«* zunichte machen. Die folgende Randbemerkung verdanke ich der neuerlichen Lektüre eines Textes, den Koyré 1934, in der *Revue d'histoire et de philosophie religieuse*, dem Thema »Hegel in Jena« widmete (in seinen *Études d'histoire de la pensée philosophique* wieder abgedruckt). Darin führt Koyré auf deutsch lange Zitate aus der *Jenenser Logik* an und schlägt eine Übersetzung vor. Nun stößt er in

Hegels Text zweimal auf den Ausdruck *differente Beziehung*. Dieses Wort mit lateinischer Wurzel [*different*] ist im Deutschen und auch, wie ich glaube, bei Hegel selten, der eher *verschieden*, *ungleich* sagt, und die *différence Unterschied*, die qualitative Varietät *Verschiedenheit* nennt. In der *Jenenser Logik* verwendet er das Wort *different*, wo es gerade um Zeit und Gegenwart geht. Bevor wir zu einer aufschlußreichen Bemerkung Koyrés kommen, hier einige Sätze Hegels, die er anführt:

> Das Unendliche in dieser Einfachheit ist, als Moment gegen das Sichselbstgleiche, das Negative, und in seinen Momenten, indem es sich an sich selbst die Totalität darstellt, das Ausschließende, Punkt oder Grenze überhaupt, aber in diesem seinem Negieren sich unmittelbar auf das andere beziehend und sich selbst negierend. Die Grenze oder der Moment der *Gegenwart*, das absolute Dieses der Zeit oder das Jetzt, ist absolut negativ einfach, absolut alle Vielheit aus sich ausschließend und darum absolut bestimmt, nicht ein sich in sich ausdehnendes Ganzes oder Quantum, das auch eine unbestimmte Seite an sich hätte, ein Verschiedenes, das an ihm gleichgültig [*indifférent*] oder äußerlich sich aufeinander bezöge, sondern es ist absolut differente Beziehung des Einfachen [*un rapport absolument différent du simple*].[6]

Und Koyré präzisiert: »*Rapport différent*: *differente Beziehung*. Man könnte sagen: differenzierende Beziehung.« Und auf der folgenden Seite ein weiterer Text Hegels: »Diese Beziehung ist Gegenwart, als eine differente Beziehung. [*Ce rapport est (le) présent comme rapport différent.*]« Eine weitere Bemerkung Koyrés: »Der Terminus *different* wird hier in einem aktiven Sinne verstanden.«

Hier »*différant*« oder »*différance*« (mit *a*) zu schreiben, könnte bereits den Nutzen haben, die Übersetzung von Hegel in diesem besonderen Punkt, der absolut entscheidend für seinen Diskurs ist, ohne weitere Anmerkung oder

Präzisierung zu ermöglichen. Und die Übersetzung wäre, was sie immer sein muß: Transformation einer Sprache durch eine andere. Natürlich glaube ich, daß das Wort »*différance*« auch anders angebracht werden kann: zunächst weil es nicht nur die Aktivität der »originären« Differenzen markiert, sondern auch den temporisierenden Umweg des »*différer*«; vor allem weil es trotz der tiefgreifenden Beziehungen zwischen der so geschriebenen *différance* und dem Hegelschen Diskurs, wie er gelesen werden muß, in einem gewissen Punkt mit diesem nicht etwa brechen kann, da dies weder sinnvoll noch möglich wäre, sondern an ihm eine Verschiebung zu vollziehen vermag, die zugleich winzig klein und radikal ist und von deren Raum ich in der Kürze hier nicht sprechen kann, den ich aber an anderer Stelle zu bestimmen suche.

Die Differenzen werden also von der *différance* »produziert« – aufgeschoben [*différées*]. Wer oder *was* unterscheidet / schiebt auf [*diffère*]? Mit anderen Worten, was ist die *différance*? Mit dieser Frage erreichen wir einen anderen Ort und eine andere Quelle der Problematik.

Was unterscheidet / schiebt auf [*diffère*]? Wer unterscheidet / schiebt auf [*diffère*]? Was ist die *différance*?

Würden wir diese Fragen beantworten, ohne sie vorher als Fragen zu untersuchen, sie umzuwenden und ihre Form zu verdächtigen bis hin zum scheinbar Natürlichsten und Notwendigsten an ihnen, so fielen wir hinter das zurück, was wir bereits entwickelt haben. Denn wenn wir die Form der Frage ihrem Sinn und ihrer Syntax nach akzeptieren (»was ist«, »wer ist«, »wer ist es, der ...«), hieße das, die *différance* sei abgeleitet, hinzugekommen, werde von dem Punkt eines gegenwärtig Seienden aus gemeistert und beherrscht, wobei dieses irgendetwas, eine Form, ein Zustand, eine Macht in der Welt sein kann, denen man allerlei Namen geben kann, ein *Etwas* oder ein gegenwärtig Seiendes als *Subjekt*, ein *Wer*. Besonders in diesem letzteren Fall würde man implizit zugeben, daß dieses gegenwärtig Seiende, zum Beispiel ein sich selbst gegenwärtig Seiendes, als Bewußtsein, es so weit bringen könnte, zu unterscheiden / aufzuschieben [*différer*]: sei es, die Erfüllung eines »Wunsches« oder eines »Bedürfnisses« zu verzögern oder aufzuschieben, sei es, sich von sich selbst zu unterscheiden. In keinem dieser Fälle jedoch wäre ein solches gegenwärtig Seiendes durch diese *différance* »konstituiert«.

Beziehen wir uns noch einmal auf die semiologische Differenz: woran hat uns Saussure vor allem erinnert? Daß »das Sprachsystem [das also nur aus Differenzen besteht] nicht eine Funktion des sprechenden Subjekts ist«. Dies impliziert, daß das Subjekt (Selbstidentität oder eventuell Bewußtsein der Selbstidentität, Selbstbewußtsein) in das Sprachsystem eingeschrieben eine »Funktion« des Sprachsystems ist, nur zum *sprechenden* Subjekt wird, wenn es sein Sprechen, selbst in der sogenannten »Schöpfung«, selbst in der sogenannten »Überschreitung«, an das Vorschriftssystem der Sprache als System von Differenzen oder zumindest an das allgemeine Gesetz der *différance* angleicht, indem es sich nach dem Prinzip der Sprache [*langue*] richtet, von der Saussure sagt, sie sei »die menschliche Rede [*langage*] abzüglich des Sprechens [*parole*]«.[7] »Die Sprache ist erforderlich, damit das Sprechen verständlich sei [...].«[8]

Wenn wir als Hypothese den Gegensatz zwischen Sprechen und Sprache für absolut streng halten, ist die *différance* nicht nur das Spiel von Verschiedenheiten in der Sprache, sondern die Beziehung des Sprechens zur Sprache, der Umweg, den ich gehen muß, um zu sprechen, das schweigende Unterpfand, das ich geben muß und das auch für die allgemeine Semiologie gilt, indem es alle Beziehungen des Gebrauchs zum Schema der Botschaft, zum Code regelt. (Ich habe an anderer Stelle nahezulegen versucht, daß diese *différance* in der Sprache und in der Beziehung des Sprechens zur Sprache jene traditionelle Trennung untersagt, welche Saussure in einer anderen Schicht seines

Diskurses zwischen dem Sprechen und der Schrift markieren wollte. Da die Praxis der Sprache oder des Codes ein Spiel von Formen ohne festgelegte und unwandelbare Substanz, in der Praxis dieses Spiels ebenfalls eine Retention und eine Protention von Verschiedenheiten, eine Verräumlichung und eine Temporisation, ein Spiel von Spuren voraussetzt, muß dies eine Schrift *avant la lettre* sein, eine Urschrift ohne anwesenden Ursprung, ohne *arche*. Daher die Streichung der *arche* und die Transformation der allgemeinen Semiologie in Grammatologie, die eine kritische Arbeit an allem unternimmt, was in der Semiologie bis hin zu ihrem Stammbegriff – dem Zeichen – an metaphysischen Voraussetzungen festhielt, die mit dem Motiv der *différance* unvereinbar sind.)

Man kann von einem Einwand versucht werden: gewiß – das Subjekt wird nur *sprechend*, wenn es Umgang mit dem System von linguistischen Verschiedenheiten hat; das Subjekt wird nur *bedeutend* (generell durch Sprechen oder andere Zeichen), wenn es sich in das System von Differenzen einschreibt. In diesem Sinne wäre das sprechende oder bedeutende Subjekt ohne das Spiel der linguistischen oder semiologischen *différance* sich selbst, als Sprechendem oder Bedeutendem, nicht gegenwärtig. Aber kann man sich nicht eine Gegenwart und Selbst-Gegenwart des Subjekts vor seinem Sprechen oder seinem Zeichen, eine Selbst-Gegenwart des Subjekts in einem schweigenden und intuitiven Bewußtsein denken?

Eine solche Frage setzt voraus, daß vor dem Zeichen und außer ihm unter Ausschluß jeglicher Spur und jeglicher *différance* so etwas wie Bewußtsein möglich ist. Und daß Bewußtsein, noch bevor es seine Zeichen über Raum und Welt verstreut, sich in seiner Anwesenheit zu fassen vermag. Doch was ist Bewußtsein? Was bedeutet »Bewußtsein«? Meist gerade in der Form des »Meinens« läßt es sich, mit allen seinen Modifikationen, nur als Selbst-Gegenwart, als Selbst-Wahrnehmung der Gegenwart denken. Und was für das Bewußtsein gilt, gilt hier für die sogenannte subjektive Existenz überhaupt. Wie die Kategorie des Subjekts ohne Bezug auf die Gegenwart als *hypokeimenon* oder als *ousia* und so weiter nicht gedacht werden kann und niemals gedacht werden konnte, ebenso hat das Subjekt als Bewußtsein sich nie anders denn als Selbst-Gegenwart ankündigen können. Das dem Bewußtsein zuerkannte Privileg bedeutet also das der Gegenwart zuerkannte; und selbst wenn man so eingehend wie Husserl die transzendentale Temporalität des Bewußtseins beschreibt, ist es doch die »lebendige Gegenwart«, der die Fähigkeit zur Synthese und zum unaufhörlichen Sammeln der Spuren eingeräumt wird.

Dieses Privileg ist der Äther der Metaphysik, das Element unseres Denkens, sofern es in der Sprache der Metaphysik befangen ist. Man kann eine solche Schließung nur dadurch entgrenzen, daß man heute jenen Wert von Gegenwart erschüttert, den Heidegger als onto-theologische Bestimmung des Seins aufgezeigt hat, und um solcherart durch seine Infragestellung, deren Status vollkommen einmalig sein muß, jenen Wert von Gegenwart zu erschüttern, nehmen wir das absolute Privileg ins Verhör, das die Gegenwart in jener Form oder jener Epoche überhaupt genießt, die das Bewußtsein als Meinen in der Selbst-Gegenwart ist.

Es kommt also dazu, daß die Gegenwart – und besonders das Bewußtsein, das Beisichsein des Bewußtseins – nicht mehr als die absolute Matrixform des Seins, sondern als eine »Bestimmung« und ein »Effekt« gesetzt wird. Bestimmung oder Effekt innerhalb eines Systems, das nicht dasjenige der Gegenwart, sondern das der *différance* ist und die Opposition von Tätigkeit und Passivität ebensowenig zuläßt wie die von Ursache und Wirkung oder von Unbestimmtheit und Bestimmtheit und so weiter, so daß man weiterhin, um das Bewußtsein als einen Effekt oder eine Bestimmung zu bezeichnen, aus strategischen Gründen, die mehr oder weniger luzide erwogen und systematisch kalkuliert werden können, nach dem Wortschatz dessen, was man gerade abgrenzt – ent-grenzt –, verfährt.

Bevor Heidegger diesen Gestus so radikal und ausdrücklich einsetzte, läßt er sich auch bei Nietzsche und Freud nachweisen, die bekanntlich beide, bisweilen auf sehr ähnliche Weise, das Bewußtsein in seiner gesicherten Selbstgewißheit in Frage stellten. Bemerkenswert ist, daß sie beide vom Motiv der *différance* ausgingen.

Es erscheint fast namentlich in ihren Texten, an jenen Stellen, wo alles im Spiel ist. Ich kann hier nicht näher darauf eingehen; ich erinnere nur daran, daß für Nietzsche »die große Haupttätigkeit« unbewußt ist und daß das Bewußtsein der Effekt von Kräften ist, deren Wesen, deren Wege und Weisen nicht seine eigenen sind. Doch ist die Kraft selbst nie gegenwärtig: sie ist nur ein Spiel von Differenzen und Quantitäten. Ohne Differenz zwischen den Kräften gäbe es gar keine Kraft; und hier zählt die Quantitätsdifferenz mehr als das Maß der Quantität, als die absolute Größe selbst:

> *Folglich ist die Quantität nicht von der Quantitäts-Differenz selbst zu trennen.* Die Quantitäts-Differenz bildet die Essenz der Kraft, das Verhältnis der Kraft auf Kraft. Von zwei gleichen Kräften zu träumen, selbst wenn man ihnen gegensätzliche Bedeutungen zubilligen wollte, stellt einen nur ungefähren und groben Traum dar, einen statistischen Traum, in den das Lebendige stürzt, der allerdings von der Chemie aufgelöst wird.[9]

Ist nicht das ganze Denken Nietzsches eine Kritik der Philosophie als aktiver Indifferenz der Differenz gegenüber, als System von a-diaphoristischer Reduktion oder Repression? Das schließt nicht aus, daß nach derselben Logik, nach der Logik selbst, die Philosophie *in* und *von* der *différance* lebt und blind ist gegen das *Gleiche*, das nicht identisch ist. Das Gleiche ist gerade die *différance* (mit *a*) als aufgeschobener und doppeldeutiger Übergang von einem Differenten zum anderen. Man könnte auf diese Weise alle Gegensatzpaare wieder aufgreifen, auf denen die Philosophie aufbaut und von denen unser Diskurs lebt, um an ihnen nicht etwa das Erlöschen des Gegensatzes zu sehen, sondern eine Notwendigkeit, die sich so ankündigt, daß einer der Termini als *différance* des anderen erscheint, als der andere in der Ökonomie des Gleichen unterschieden/aufgeschoben [*différé*], das Intelligible als von dem Sinnlichen sich unterscheidend [*différant*], als aufgeschobenes Sinnliches [*différé*]; der Begriff als unterschiedene/aufgeschobene – unterscheidende/aufschiebende Intuition [*différée – différante*]; die Kultur als unterschiedene/aufgeschobene – unterscheidende/aufschiebende Natur [*différée – différante*]; jedes Andere der Physis – techne, nomos, thesis, Gesellschaft, Freiheit, Geschichte, Geist und so weiter – als aufgeschobene Physis [*différée*] oder als unterscheidende Physis [*différante*]. *Physis in différance.* (Hier zeichnet sich der Ort einer Neuinterpretation der Mimesis in ihrem vorgeblichen Gegensatz zur Physis ab.) Von der Entfaltung dieses Gleichen als *différance* her kündigt sich die Gleichheit der Verschiedenheit und der Wiederholung in der ewigen Wiederkunft an. Themen, die man bei Nietzsche mit der Symptomatologie in Verbindung bringen kann, die stets den Umweg oder die List einer in ihrer *différance* verstellten Instanz diagnostiziert; oder wiederum mit der gesamten Thematik der aktiven Interpretation, welche die Enthüllung der Wahrheit als Darstellung der Sache selbst in ihrer Anwesenheit und so weiter durch unaufhörliches Dechiffrieren ersetzt. Eine Chiffre ohne Wahrheit oder zumindest ein System von Chiffren, das nicht durch den Wert von Wahrheit beherrscht wird, der darin nur zur eingeschriebenen, umschriebenen Funktion wird.

Diese »aktive«, in Bewegung begriffene Zwietracht verschiedener Kräfte und Kräftedifferenzen, die Nietzsche dem System der metaphysischen Grammatik überall dort entgegensetzt, wo sie Kultur, Philosophie und Wissenschaft beherrscht, können wir mithin *différance* nennen.

Es ist historisch bezeichnend, daß diese Diaphoristik als Kräfteenergetik oder -ökonomik, die sich nach der Infragestellung des Primats von Gegenwart als Bewußtsein richtet, ebenfalls das Hauptmotiv von Freuds Denken ist: eine andere Diaphoristik, insgesamt eine Theorie der Chiffre (oder der Spur) und zugleich eine Energetik. Die Infragestellung der Autorität des Bewußtseins ist stets differential.

Die zwei anscheinend verschiedenen Bedeutungen von *différance* verbinden sich in der Freudschen Theorie: das *différer* als Unterscheidbarkeit, Unterscheidung, Abweichung, Diastema, *Verräumlichung*, und das *différer* als Umweg, Aufschub, Reserve, *Temporisation*.

1. Die Begriffe von *Spur*, *Bahnung* und Bahnungskräften sind seit dem *Entwurf* von dem Begriff der Differenz nicht zu trennen. Man kann den Ursprung des Gedächtnisses und des psychischen Lebens als Gedächtnis überhaupt (bewußt oder unbewußt) nur beschreiben, wenn man dem Unterschied zwischen den Bahnungen Rechnung trägt. Freud sagt es. Ohne Differenz gibt es keine Bahnung und ohne Spur keine Differenz.

2. Alle Unterschiede in der Produktion der unbewußten Spuren und in der Niederschrift können ebenfalls als Momente der *différance* im Sinne der Aufsparung interpretiert werden. Nach einem Schema, das Freuds Denken stets geleitet hat, wird die Bewegung der Spur als ein Streben des Lebens beschrieben, sich dadurch zu schützen, daß es die gefährliche Besetzung *aufschiebt*, einen Vorrat bildet. Und alle Begriffsgegensätze, die das Freudsche Denken prägen, beziehen *sämtliche* Begriffe als Momente eines Umweges in der Ökonomie der *différance* aufeinander. Der eine ist nur der aufgeschobene andere [*différé*], der eine vom anderen verschieden [*différant*]. Der eine ist der

andere in *différance*, der eine ist die *différance* des anderen. So wird jeder scheinbar strenge und irreduzible *Gegensatz* (zum Beispiel des Sekundären und Primären), an dieser oder jener Stelle, für »theoretische Fiktion« erklärt. So ist zum Beispiel (ein solches Beispiel überragt alles, kommuniziert mit allem) der Unterschied zwischen Lustprinzip und Realitätsprinzip nur die *différance* als Umweg (*Aufschieben*, *Aufschub*). In *Jenseits des Lustprinzips* schreibt Freud:

> Unter dem Einflusse der Selbsterhaltungstriebe des Ichs wird das Lustprinzip vom Realitätsprinzip abgelöst, welches, ohne die Absicht endlicher Lustgewinnung aufzugeben, doch den Aufschub der Befriedigung, den Verzicht auf mancherlei Möglichkeiten einer solchen und die zeitweilige Duldung der Unlust auf dem langen Umwege zur Lust fordert und durchsetzt.[10]

Wir rühren hier an den Punkt tiefer Dunkelheit, an das Rätsel der *différance* selber, an das, was ihren Begriff durch eine sonderbare Teilung gerade entzweit. Man darf nicht voreilig entscheiden. Wie läßt sich die *différance* als ökonomischer Umweg, der, in dem Element des Gleichen, stets die durch (bewußtes oder unbewußtes) Kalkül aufgeschobene Lust oder Gegenwart wiederzuerlangen sucht, und zugleich als Beziehung zu unmöglicher Gegenwart als rückhaltlose Verausgabung, als nicht wiedergutzumachender Verlust von Gegenwart, irreversibler Verschleiß von Energie, selbst als Todestrieb und Beziehung zum ganz Anderen, unter scheinbarer Ausschaltung jeglicher Ökonomie, denken? Es ist evident – ist die Evidenz selbst, daß man das Ökonomische und das Nicht-Ökonomische, das Gleiche und das ganz Andere und so weiter nicht *zusammen* denken kann. Wenn die *différance* dieses Undenkbare ist, darf man sie nicht vorschnell zur Evidenz in dem philosophischen Element jener Evidenz erheben, die ihr Trügerisches und Unlogisches mit der Unfehlbarkeit des Kalküls, den wir gut kennen, da wir gerade seinen Platz, seine Notwendigkeit, seine Funktion in der Struktur der *différance* erkannt haben, bald aufgelöst hätte. Was in der Philosophie dabei wieder auf seine Kosten käme, ist im System der *différance*, wie es hier kalkuliert ist, schon eingerechnet. Ich habe an anderer Stelle, in einer Bataille-Lektüre, anzudeuten versucht, wie sich sowohl rigoros als auch in einem neuen Sinne »wissenschaftlich« die »beschränkte Ökonomie«, die an der rückhaltlosen Verausgabung, dem Tod, der Gefahr des Un-Sinns und so weiter gar nicht teilnimmt, auf eine »allgemeine Ökonomie« beziehen ließe, die der Rückhaltlosigkeit Rechnung trägt, die Rückhaltlosigkeit zurückbehält. Eine Beziehung zwischen einer *différance*, die wieder auf ihre Kosten kommt, und einer, die eben nicht wieder auf ihre Kosten kommt, das *Setzen* der reinen Gegenwart, ohne Verlust, die mit derjenigen des absoluten Verlustes, des Todes, verschmilzt. Durch solches Aufeinanderbeziehen von restringierter Ökonomie und allgemeiner Ökonomie verschiebt man das Projekt der Philosophie selbst in ihrer privilegierten Gestalt als Hegelianismus und schreibt es neu ein. Man gewöhnt die *Aufhebung* – *la relève* – daran, sich anders zu schreiben. Vielleicht ganz einfach, sich zu schreiben. Oder besser, ihres Vollzugs als Schrift Rechnung zu tragen.

Denn der ökonomische Charakter der *différance* impliziert keineswegs, die aufgeschobene Gegenwart lasse sich immer wieder finden, es handele sich nur um eine Besetzung, die vorläufig und ohne Verlust die Vergegenwärtigung der Gegenwart, die Wahrnehmung des Gewinns oder den Gewinn der Wahrnehmung verzögere. Entgegen der metaphysischen dialektischen »Hegelschen« Interpretation der ökonomischen Bewegung der *différance* muß man hier ein Spiel zulassen, in dem, wer verliert, gewinnt, und in dem man mit jedem Zug gewinnt und verliert. Wenn die abgewendete Vorstellung endgültig und unerbittlich verweigert ist, bleibt nicht etwa eine gewisse Gegenwart verborgen oder abwesend; sondern die *différance* bezieht uns auf das, was, auch wenn wir es notwendig nicht wahrhaben wollen, die Alternative von Gegenwart und Abwesenheit überschreitet. Eine bestimmte Andersheit – Freud gibt ihr den metaphysischen Namen des Unbewußten – wird von jedem Prozeß der Vergegenwärtigung, der sie aufruft, sich in Person zu zeigen, unterschlagen. In diesem Kontext, unter diesem Namen ist das Unbewußte bekanntlich keine versteckte virtuelle potentielle Gegenwart für sich. Es schiebt sich auf / unterscheidet sich [*se diffère*], das soll zweifellos heißen, es webt sich aus Differenzen und entsendet Repräsentanten; aber es besteht keine Möglichkeit, daß der Vertretene »selbst« irgendwo »existiert«, gegenwärtig ist, und noch weniger, daß er bewußt wird. In diesem Sinne ist entgegen den Termini einer alten Debatte, die sich auf alle schon immer von ihr beanspruchten metaphysischen Besetzungen stützt, das »Unbewußte« weder ein »Ding« noch ein anderes, noch ein virtuelles oder verkapptes Bewußtsein. Diese radikale Andersheit im Verhältnis zu jeder möglichen Gegenwart äußert sich in irreduziblen Effekten des Nachher, der Nachträglichkeit. Und um sie zu beschreiben, um die Spuren der »unbewußten« Spuren zu lesen (es gibt keine »bewußte« Spur), ist die Sprache der Anwesenheit oder der Abwesenheit, der metaphysische Diskurs der Phänomenologie inadäquat. (Aber der »Phänomenologe« ist nicht der einzige, der sie spricht.)

Die Struktur der *Nachträglichkeit* verbietet es, die Temporalisation (Temporisation) einfach zu einer dialektischen Komplikation der lebendigen Gegenwart zu machen, als originärer und unaufhörlicher, ständig auf sich selbst zurückgeführter, in sich selbst zusammengefaßter, zusammenfassender Synthese von retentionalen und protentionalen Spuren. Bei der Andersheit des »Unbewußten« haben wir es nicht mit Horizonten von modifizierten – vergangenen oder ankommenden – Gegenwarten zu tun, sondern mit einer »Vergangenheit«, die nie anweste und nie anwesen wird, deren »An-kunft« nie die *Produktion* oder Reproduktion in der Form der Anwesenheit sein wird. Der Begriff der Spur ist also mit dem der Retention, des Vergehens dessen, was gegenwärtig war, inkommensurabel. Man kann die Spur – und also die *diffé-rance* – nicht von der Gegenwart oder vom Anwesen des Anwesenden her denken.

Eine Vergangenheit, die nie gegenwärtig war, mit dieser Formel hat Emmanuel Lévinas, auf ganz anderen Wegen als denen der Psychoanalyse, die Spur und das Rätsel der absoluten Andersheit: des Anderen qualifiziert. Insofern zumindest impliziert der Gedanke der *différance* die von Lévinas vorgenommene Kritik der klassischen Ontologie. Und der Begriff der Spur wie jener der *différance* gestaltet durch diese verschiedenen und unterschiedenen Spuren hindurch, im Sinne von Nietzsche, Freud und Lévinas (diese »Autorennamen« sind hier nur Indizien) das Geflecht, welches unsere »Epoche« als Abgrenzung der Ontologie (der Anwesenheit) zusammenfaßt und durchzieht.

Das heißt, des Seienden oder der Seiendheit. Überall ist es die Herrschaft des Seienden, die von der *différance* sollizitiert wird, in dem Sinne wie *sollicitare* im Altlatein die Bedeutung hat, etwas als Ganzes zu erschüttern, insgesamt ins Schwanken zu bringen. Mit dem Gedanken der *différance* wird die Bestimmung des Seins als Anwesenheit oder als Seiendheit erfragt. Eine solche Frage könnte hier nicht aufkommen und verständlich sein, ohne daß irgendwo der Unterschied des Seins zum Seienden sich auftäte. Erste Konsequenz: die *différance* ist nicht. Sie ist kein gegenwärtig Seiendes, so hervorragend einmalig, grundsätzlich oder transzendent man es wünschen mag. Sie beherrscht nichts, waltet über nichts, übt nirgends eine Autorität aus. Sie kündigt sich durch keine Majuskel an. Nicht nur gibt es kein Reich der *différance*, sondern diese stiftet zur Subversion eines jeden Reiches an. So wird sie offensichtlich bedrohlich, und all das muß sie unvermeidlich fürchten, was in uns das Reich, die vergangene oder künftige Gegenwart eines Reiches wünscht. Und immer läßt sich ihr im Wahn, sie erhöhe sich durch eine Majuskel, im Namen eines Reiches der Vorwurf machen, sie wolle herrschen.

Siedelt sich deswegen die *différance* im Spielraum der ontisch-ontologischen Differenz an, wie diese, wie in dieser die »Epoche« durch die unumgehbare Heideggersche Meditation »hindurch« gedacht wird?

Es gibt keine einfache Antwort auf eine solche Frage.

Auf einer Seite ihrer selbst ist die *différance* gewiß nur die geschichtliche und epochale *Entfaltung* des Seins oder der ontologischen Differenz. Das *a* der *différance* markiert die Bewegung dieser Entfaltung.

Ist nicht dennoch das Denken des *Sinns* oder der *Wahrheit* des Seins, die Bestimmung der *différance* als ontisch-ontologische Differenz, die im Horizont der Frage des Seins gedachte Differenz, immer noch ein intra-metaphysischer Effekt der *différance*? Die Entfaltung der *différance* ist vielleicht nicht nur die Wahrheit des Seins oder des Epochalen des Seins. Vielleicht muß man versuchen, jenen unerhörten Gedanken, jene lautlose Spurenzeichnung zu denken: daß die Geschichte des Seins, dessen Gedanke den griechischabendländischen Logos einleitet, selbst nur, wie sie sich durch die ontologische Differenz hindurch produziert, eine Epoche des *diapherein* ist. Demnach könnte man sie nicht einmal mehr »Epoche« nennen, gehört doch der Begriff des Epochalen in die Geschichte als Geschichte des Seins. Da das Sein immer nur »Sinn« gehabt hat, immer nur als im Seienden Verborgenes gedacht oder gesagt wurde, (ist) die *différance* auf eine gewisse und äußerst sonderbare Weise »älter« als die ontologische Differenz oder als die Wahrheit des Seins. Nun erst kann man sie Spiel der Spur nennen. Einer Spur, die nicht mehr zum Horizont des Seins gehört, sondern deren Spiel den Sinn des Seins trägt und säumt: das Spiel der Spur oder der *différance*, die keinen Sinn hat und die nicht ist. Die nicht angehört. Keine Jetztheit, keine Tiefe für dieses bodenlose Schachbrett, auf dem das Sein ins Spiel gebracht ist.

Vielleicht verliert sich das Herakliteische Spiel des *en diapheron eauto*, des von sich selbst unterscheidenden Einen im Streit mit sich, selbst auf diese Weise bereits wie eine Spur in der Bestimmung des *diapherein* als ontologische Differenz.

Es bleibt zweifellos eine schwierige Aufgabe, die ontologische Differenz, deren Verlautbarung fast ungehört verblieb, zu denken. Sich jenseits unseres Logos auf eine *différance* vorzubereiten, die um so gewaltsamer ist, als sie sich noch nicht wie Epochalität des Seins und ontologische Differenz einordnen läßt, heißt weder, daß man sich davon dispensiert, durch die Wahrheit des Seins hindurchzugehen, noch auch deren unablässige Notwendigkeit zu »kritisieren«, zu »bestreiten«, zu verleugnen. Man muß im Gegenteil bei der Schwierigkeit dieses Durchgangs verweilen, ihn in der rigorosen Lektüre der Metaphysik, wo immer sie den abendländischen Diskurs normiert, und nicht nur in den Texten der »Philosophiegeschichte« wiederholen. Man muß dabei in aller Strenge die Spur dessen, was die Wahrheit des Seins überschreitet, erscheinen/verschwinden lassen. Die Spur (dessen), die das nie sich vergegenwärtigen kann, die Spur, die selbst nie auftreten, erscheinen und sich als solche in ihrem Phänomen offenbaren kann. Die Spur jenseits all dessen, was die Fundamentalontologie und die Phänomenologie in der Tiefe verbindet. Als stets differierende stellt die Spur sich nie als solche dar. Sie erlischt, wenn sie auftritt, wird stimmlos, wenn sie ertönt, wie das *a*, wenn es sich schreibt, seine Pyramide in die *différance* einschreibt.

Man kann die ankündigende und reservierte Spur dieser Bewegung stets im metaphysischen Diskurs und vor allem im zeitgenössischen Diskurs nachweisen, welcher in den

Ansätzen, denen unser Interesse soeben galt (Nietzsche, Freud, Lévinas), die Schließung der Ontologie ausspricht. Besonders im Heideggerschen Text.

Er fordert uns auf, nach dem Wesen des Anwesenden, dem Anwesen des Anwesenden zu fragen.

Was ist das Anwesende? Was heißt es, das Anwesende in seinem Anwesen zu denken?

Betrachten wir zum Beispiel den Text mit dem Titel *Der Spruch des Anaximander* von 1946. Dort erinnert Heidegger daran, daß die Seinsvergessenheit den Unterschied zwischen dem Sein und dem Seienden vergißt:

> Aber die Sache des Seins ist es, das Sein *des* Seienden zu sein. Die sprachliche Form dieses rätselhaft vieldeutigen Genitivs nennt eine Genesis, eine Herkunft des Anwesenden aus dem Anwesen. Doch mit dem Wesen beider bleibt das Wesen dieser Herkunft verborgen. Nicht nur dies, sondern sogar schon die Beziehung zwischen Anwesen und Anwesendem bleibt ungedacht. Von früh an scheint es, als sei das Anwesen und das Anwesende je etwas für sich. Unversehens wird das Anwesen selbst zu einem Anwesenden [...]. Das Wesen des Anwesens und mit ihm der Unterschied des Anwesens zum Anwesenden bleibt vergessen. *Die Seinsvergessenheit ist die Vergessenheit des Unterschiedes des Seins zum Seienden.*[11]

Indem er an den Unterschied des Seins zum Seienden (die ontologische Differenz) als Unterschied des Anwesens zum Anwesenden erinnert, stellt Heidegger eine Behauptung, ein Ensemble von Behauptungen auf, die es hier nicht voreilig zu »kritisieren«, sondern vielmehr ihrem Provokationsvermögen zurückzuerstatten gilt.

Verfahren wir also behutsam. Was Heidegger deutlich machen will, ist dies: der Unterschied des Seins zum Seienden, das Vergessene der Metaphysik, ist verschwunden, ohne eine Spur zu hinterlassen. Selbst die Spur des Unterschiedes ist untergegangen. Wenn wir zugeben, daß die *différance* (selbst) anders als die Abwesenheit und die Anwesenheit (ist), wenn sie *Spuren* zeichnet, so wäre hier, was die Vergessenheit des Unterschiedes (des Seins zum Seienden) betrifft, von einem Verschwinden der Spur der Spur zu sprechen. Dies scheint allerdings jene Passage aus *Der Spruch des Anaximander* zu implizieren:

> Die Vergessenheit des Seins gehört in das durch sie selbst verhüllte Wesen des Seins. Sie gehört so wesentlich in das Geschick des Seins, daß die Frühe dieses Geschickes als die Enthüllung des Anwesenden in seinem Anwesen beginnt. Das sagt: Die Geschichte des Seins beginnt mit der Seinsvergessenheit, damit, daß das Sein mit seinem Wesen mit dem Unterschied zum Seienden an sich hält. Der Unterschied entfällt. Er bleibt vergessen. Erst das Unterschiedene, das Anwesende und das Anwesen, entbirgt sich, aber nicht *als* das Unterschiedene. Vielmehr wird auch die frühe Spur des Unterschiedes dadurch ausgelöscht, daß das Anwesen wie ein Anwesendes erscheint und seine Herkunft in einem höchsten Anwesenden findet.[12]

Da die Spur kein Anwesen ist, sondern das Simulacrum eines Anwesens, das sich auflöst, verschiebt, verweist, eigentlich nicht stattfindet, gehört das Erlöschen zu ihrer Struktur. Nicht nur jenes Erlöschen, dem sie stets muß unterliegen können, sonst wäre sie nicht Spur, sondern unzerstörbare und monumentale Substanz, vielmehr jenes Erlöschen, welches sie von Anfang an als Spur konstituiert, als Ortsveränderung einführt und in ihrem Erscheinen verschwinden, in ihrer Position aus sich hinausgehen läßt. Das Erlöschen der frühen Spur des Unterschiedes ist also »dasselbe« wie das Zeichen ihrer Spur im metaphysischen Text. Dieser muß das Merkmal [*marque*] des Verlorenen oder Zurückbehaltenen, des beiseite Gelegten, bewahrt haben können. Paradox an einer solchen Struktur ist, in der Sprache der Metaphysik, jene Umkehrung des metaphysischen Begriffs, die den folgenden Effekt produziert: das Anwesende wird zum Zeichen des Zeichens, zur Spur der Spur. Es ist nicht mehr das, worauf jede Verweisung in letzter Instanz verweist. Es wird zu einer Funktion in einer verallgemeinerten Verweisungsstruktur. Es ist Spur und Spur des Erlöschens der Spur.

Der Text der Metaphysik ist damit *erfaßt*. Immer noch lesbar; und immer noch zu lesen. Er wird von seiner Grenze nicht umgeben, sondern durchzogen, in seinem Inneren von der vielfachen Furche seines Randes markiert. Er stellt das Monument und das Trugbild der Spur *zugleich* vor die zugleich gezeichnete und ausgelöschte, zugleich lebendige und tote Spur, wie immer schon davon lebend, daß sie auch in ihrer bewahrten Inschrift das Leben vortäuscht. Eine Pyramide. Kein überschreitbarer Markstein, doch steinig, auf einer Mauer anders zu entziffern, ein Text ohne Stimme.

Man denkt das Wahrnehmbare und das Nichtwahrnehmbare der Spur dann ohne Widerspruch, zumindest ohne einem solchen Widerspruch irgendeine Triftigkeit beizumessen. Die »frühe Spur« der Differenz verliert sich unwiederbringlich in Unsichtbarkeit, und dennoch wird ihr Verlust selbst geborgen, bewahrt, gewahrt, verzögert. In einem Text. In Gestalt des Anwesens. Des Eigentums. Das selbst nur ein Effekt der Schrift ist.

Nachdem er das Erlöschen der frühen Spur gesagt hat, kann Heidegger im Widerspruch ohne Widerspruch die Prägung der Spur verzeichnen, gegenzeichnen. Ein wenig weiter:

> Der Unterschied des Seins zum Seienden kann jedoch nur dann als ein vergessener in eine Erfahrung kommen, wenn er sich schon mit dem Anwesen des Anwesenden enthüllt und so eine Spur geprägt hat, die in der Sprache, zu der das Sein kommt, gewahrt bleibt.

Noch weiter unten, in einer Betrachtung über das Wort *to chreon* von Anaximander, das hier mit »Brauch« übersetzt wird, schreibt Heidegger:

> Der Brauch läßt, Fug und Ruch verfügend, in die Weile los und überläßt das Anwesende je seiner Weile. Damit ist es aber auch in die ständige Gefahr eingelassen, daß es sich aus dem weilenden Verharren in das bloße Beharren verhärtet. So bleibt der Brauch in sich zugleich die Aushändigung des Anwesens in den Un-Fug. Der Brauch fügt das Un-.[13]

Und in dem Moment, da Heidegger den *Brauch* als *Spur* erkennt, stellt sich die Frage: kann man und inwiefern kann man diese Spur und das Un- der *différance* als *Wesen des Seins* denken? Verweist das Un- der *différance* uns nicht über die Geschichte des Seins hinaus, auch über unsere Sprache und über alles in ihr Benennbare? Ruft es nicht, in der Sprache des Seins, die notwendig gewaltsame Transformation jener Sprache durch eine völlig andere Sprache hervor?

Präzisieren wir diese Frage. Und um dabei die »Spur« aufzubringen (und wer hat geglaubt, man sei jemals nach anderem auf der Jagd als nach Spuren, die es aufzuspüren gilt?), lesen wir noch folgende Passage:

> Die Übersetzung von *to chreon* durch »der Brauch« ist nicht aus einer etymologisch-lexikalischen Überlegung entstanden. Die Wahl des Wortes Brauch entstammt einem voraufgehenden *Über*setzen des Denkens, das den Unterschied im Wesen des Seins zu denken versucht, in den geschicklichen Beginn der Seinsvergessenheit. Das Wort »der Brauch« ist in der Erfahrung der Seinsvergessenheit dem Denken diktiert. Was im Wort »der Brauch« eigentlich zu denken bleibt, davon nennt vermutlich *to chreon* eine Spur, die im Geschick des Seins, das sich weltgeschichtlich als die abendländische Metaphysik entfaltet, alsbald verschwindet.[14]

Wie läßt sich das Draußen eines Textes denken? Mehr oder minder als *sein eigener* Rand? Zum Beispiel das andere des Textes der abendländischen Metaphysik? Gewiß, die »Spur, die im Geschick des Seins, das sich weltgeschichtlich als die abendländische Metaphysik entfaltet, alsbald verschwindet«, entrinnt allen Bestimmungen, allen Namen, die sie im metaphysischen Text erhalten könnte. In diesen Namen verbirgt und versteckt sie sich. In ihnen kommt sie nicht als die Spur »selbst« zum Vorschein. Weil sie nie selbst *als solche* zum Vorschein kommen kann. Und so sagt Heidegger, daß der Unterschied nicht *als solcher* zum Vorschein kommen kann: »Lichtung des Unterschiedes kann deshalb nicht bedeuten, daß der Unterschied als der Unterschied erscheint.« Es gibt kein Wesen der *différance*, sie (ist) das, was sich in dem *als solches* ihres Namens oder ihres Erscheinens nicht aneignen lassen kann, sondern was überdies die Autorität des *als solches*, überhaupt des Anwesens der Sache selbst in ihrem Wesen bedroht. Besitzt es in dem Maße kein eigenes Wesen,[15] so ist impliziert, daß das Spiel der Schrift, sofern dieses die *différance* einbezieht, weder Sein noch Wahrheit besitzt.

Für uns bleibt die *différance* ein metaphysischer Name, und alle Namen, die sie in unserer Sprache erhält, sind immer noch qua Namen metaphysisch. Insbesondere wenn sie die Bestimmung der *différance* als Unterschied des Anwesens zum Anwesenden aussprechen, doch auch dann schon, wenn sie ihre Bestimmung als Unterschied des Seins zum Seienden bezeichnen.

Eine solche *différance*, »älter« noch als das Sein, hat keinen Namen in unserer Sprache. Aber wir »wissen bereits«, daß sie nicht nur vorläufig unnennbar ist, weil unsere Sprache diesen Namen noch nicht gefunden oder empfangen hätte oder weil er in einer anderen Sprache, außerhalb des begrenzten Systems der unseren, gesucht werden müßte. Denn es gibt keinen *Namen* dafür, selbst nicht den der *différance*, die kein Name, die keine reine nominale Einheit ist und sich unaufhörlich in eine Kette von differierenden Substitutionen auflöst.

»Dafür gibt es keinen Namen«: diesen Satz in seiner ganzen *Plattheit* lesen. Dieses Unbenennbare ist kein unaussprechliches Wesen, dem kein Name nahekommen könnte: Gott zum Beispiel. Dieses Unbenennbare ist jenes Spiel, das nominale Effekte bewirkt, verhältnismäßig einheitliche oder atomare Strukturen, die man Namen, Ketten von Namenssubstitutionen nennt und in denen zum Beispiel der nominale Effekt »*différance*« selbst *herbeigeführt*, wiedereingeschrieben wird, als blinder Einstieg oder blinder Ausgang immer noch Teil des Spieles, Funktion des Systems ist.

Wir wissen, wir wußten, wenn es sich hier einfach um Wissen handelte: daß es ein einzigartiges Wort, einen Ober-Namen nie gegeben hat, nie geben wird. Deshalb ist der Gedanke des Buchstabens *a* der *différance* keine erste Bestimmung und auch keine prophetische Ankündigung einer bevorstehenden und noch unerhörten Benennung. Dieses »Wort« hat nichts Kerygmatisches mehr, wenn man nur seine Kleinschreibung [*émajusculation*] wahrnimmt. Den Namen des Namens in Frage stellen.

Es wird keinen einzigartigen Namen geben, und sei es der Name des Seins. Und das muß ohne *Nostalgie* gedacht werden, will sagen, jenseits des Mythos von reiner Mutter- oder Vatersprache, von der verlorenen Heimat des Denkens. Das muß im Gegenteil *bejaht* werden, wie Nietzsche die Bejahung ins Spiel bringt, als Lachen und als Tanz.

Nach solchem Lachen und solchem Tanz, nach solcher jeglicher Dialektik fremden Bejahung, kommt jene andere Seite der Nostalgie in die Frage, die ich die Heideggersche *Hoffnung* nenne. Ich leugne nicht, daß dieses Wort hier Anstoß erregen kann. Dennoch wage ich es, ohne irgendwelche Implikationen auszuschließen, und ich beziehe es auf das, was *Der Spruch des Anaximander* mir von der Metaphysik beizubehalten scheint: die Suche nach dem eigentlichen Wort und dem einzigartigen Namen. Wenn er über »das frühe Wort des Seins«, *to chreon*, spricht, schreibt Heidegger:

> Die im Wesen des Anwesens selbst waltende Beziehung zum Anwesenden ist eine einzige. Sie bleibt schlechthin unvergleichbar mit jeder anderen Beziehung. Sie gehört zur Einzigkeit des Seins selbst. So müßte denn die Sprache, um das Wesende des Seins zu nennen, ein einziges, das einzige Wort finden. Daran läßt sich ermessen, wie gewagt jedes denkende Wort ist, das dem Sein zugesprochen wird. Gleichwohl ist dieses Gewagte nichts Unmögliches, denn das Sein spricht überall und stets durch alle Sprachen hindurch.[16]

Das ist die Frage: die Vereinigung von Sprechen und Sein in dem einzigen Wort, in dem schließlich eigentlichen Namen. Das ist die Frage, die sich in die ausgespielte Bejahung der *différance* einschreibt. Sie trifft (auf) jedes Glied dieses Satzes [»L'étre / parle / partout et toujours / à travers / toute / langue.«]: »Das Sein / spricht / überall und stets / durch / alle / Sprachen / hindurch.«

Anmerkungen

1 Erstmals vorgetragen am 27. Januar 1968 vor der *Société française de philosophie* und zugleich in dem *Bulletin de la Société française de philosophie* (Juli–September 1968) veröffentlicht, sowie in *Theorie d'ensemble* (coll. Tel Quel), Paris 1968. Übers. von Eva Pfaffenberger-Brückner.

2 *différend*: Meinungsverschiedenheit, Zwist, Streit. [Anm. d. Übers.]

3 Ferdinand de Saussure, *Cours de linguistique générale*, Genf 1916; dt.: *Grundfragen der allgemeinen Sprachwissenschaft*, übers. von Herman Lommel, Berlin/Leipzig 1931, S. 141. [Anm. d. Übers.]

4 Ebd., S. 140, 143. [Anm. d. Übers.]

5 Ebd., S. 22. [Anm. d. Übers.]

6 Siehe G. W. F. Hegel, *Jenenser Logik, Metaphysik und Naturphilosophie*, hrsg. von Georg Lasson, (Nachdr.) Hamburg 1967, S. 203. [Anm. d. Übers.]

7 Saussure, *Grundfragen der allgemeinen Sprachwissenschaft*, S. 91. [Anm. d. Übers.]

8 Ebd., S. 22. [Anm. d. Übers.]

9 Gilles Deleuze, *Nietzsche et la philosophie*, Paris 1962; dt.: *Nietzsche und die Philosophie*, Frankfurt a. M. 1985, S. 49.

10 Sigmund Freud, *Gesammelte Werke*, Bd. 13, Frankfurt a. M. [9]1987, S. 6. [Anm. d. Übers.]

11 Martin Heidegger, *Holzwege*, Frankfurt a. M. 1950, S. 335 f. [Anm. d. Übers.]

12 Ebd., S. 336. [Anm. d. Übers.]

13 Ebd., S. 339 f. [Anm. d. Übers.]

14 Ebd., S. 340. [Anm. d. Übers.]

15 Die *différance* ist keine »Art« der Gattung *ontologische Differenz*. Wenn »die Gabe von Anwesen [...] Eigentum des Ereignens ist« (*Zeit* und *Sein*, in: Martin Heidegger, *Zur Sache des Denkens*, Tübingen 1969, S. 22), ist die *différance* kein Eignungsprozeß in irgendeinem Sinne. Sie ist weder dessen Setzung (Aneignung) noch dessen Negation (Enteignung), sondern das andere. Demnach wäre sie – aber wir markieren hier nur die Notwendigkeit eines zukünftigen Weges –, wie es scheint, ebensowenig wie das Sein eine Art der Gattung Ereignis. Heidegger: »Dann gehört das Sein in das Ereignen. Aus diesem empfangen das Geben und dessen Gabe ihre Bestimmung. Dann wäre das Sein eine Art des Ereignisses und nicht das Ereignis eine Art des Seins. Die Zuflucht in eine solche Umkehrung wäre zu billig. Sie denkt am Sachverhalt vorbei. Ereignis ist nicht der umgreifende Oberbegriff, unter den sich Sein und Zeit einordnen ließen. Logische Ordnungsbeziehungen sagen hier nichts. Denn, indem wir dem Sein selbst nachdenken und seinem Eigenen folgen, erweist es sich als die durch das Reichen von Zeit gewährte Gabe des Geschicks von Anwesenheit. Die Gabe von Anwesen ist Eigentum des Ereignens.«

Ohne die verschobene Neueinschreibung dieser Kette (Sein, -eignung, Anwesen usw.) wird man nie auf eine strenge und irreversible Weise die Beziehungen zwischen der – allgemeinen oder fundamentalen – Onto-Logik und dem, was sie als regionale Ontologie oder besondere Wissenschaft beherrscht oder sich unterordnet, umwandeln: zum Beispiel die politische Ökonomie, die Psychoanalyse, die Semiolinguistik, die Rhetorik, in denen der Wert von *Eigentum* mehr als anderswo eine irreduzible Rolle spielt, aber ebenso die spiritualistische oder die materialistische Metaphysik. [...] Selbstverständlich wird eine solche Neueinschreibung nie in einem philosophischen oder theoretischen Diskurs enthalten sein, noch überhaupt in einem Diskurs oder einem Schriftstück: allein auf dem Schauplatz dessen, was ich an anderer Stelle den allgemeinen Text genannt habe (1972).

16 Heidegger, *Holzwege*, S. 337 f. [Anm. d. Übers.]

Der Schacht und die Pyramide[1]

Einführung in die Hegelsche Semiologie

1. Da der reale Unterschied* den Extremen angehört, so ist diese Mitte nur die abstrakte Neutralität, die reale Möglichkeit derselben, – gleichsam das *theoretische Element* der Existenz von den chemischen Objekten, ihres Prozesses und seines Resultats; – im Körperlichen hat das *Wasser* die Funktion des Mediums; im Geistigen, insofern in ihm das Analogon eines solchen Verhältnisses stattfindet, ist das *Zeichen* überhaupt und näher* die *Sprache** dafür anzusehen.[2]
Was soll man hier unter Mitte verstehen? Unter semiologischem Medium? Und was genauerhin (*näher**) unter linguistischem Medium – handle es sich nun, wenn von *Sprache** die Rede ist, um das Sprachsystem [*langue*] oder um die Sprache [*langage*]? Wir werden uns hier für die Differenz dieser Verengung interessieren, um in ihr im weiteren Verlauf wohl eine bloße Verengung der Differenz zu entdecken: ein anderer Name für das Medium des Geistes.

2. In der *Enzyklopädie* (§ 458) bedauert Hegel, daß man gewöhnlich »das *Zeichen* und die *Sprache* irgendwo als *Anhang* in der Psychologie oder auch in der Logik [einschiebt], ohne daß an ihre Notwendigkeit und Zusammenhang in dem Systeme der Tätigkeit der Intelligenz gedacht würde«. Das hieße also, allem Anschein zum Trotz, daß der Platz der Semiologie im Zentrum und nicht am Rande oder im Appendix der Hegelschen *Logik* war; was uns ermächtigt, diese Einführung in Hegels Theorie des Zeichens in ein Seminar einzuschreiben, das seiner *Logik* gewidmet ist. Ein deshalb im voraus zu erbringender Nachweis, weil wir, anstatt in der *Logik* zu verweilen – in den Büchern, die diesen Titel tragen –, vor allem auf Umwegen vorgehen wer-

den, indem wir Texten folgen, die sich besser zur Erbringung des Nachweises der architektonischen Notwendigkeit dieser Beziehung zwischen Logik und Semiologie eignen. Da auf einige dieser Texte schon Jean Hyppolite in *Logique et existence* eingegangen ist, werden wir implizit permanent auf dieses Buch – und insbesondere auf das Kapitel *Sens et sensible* – Bezug nehmen.

Indem die Metaphysik das Sein als Präsenz bestimmte (als Präsenz in Gestalt des Objektes oder als Selbstrepräsenz von der spezifischen Art des Bewußtseins), konnte sie das *Zeichen* nur als einen *Übergang* behandeln. Eine solche Behandlung wurde sogar ein untrennbarer Teil ihrer selbst. Und sie hat den Begriff des Zeichens nicht etwa nachträglich affiziert – sie hat ihn konstituiert.

Als ein Ort des Übergangs, als Brücke zwischen zwei Momenten der vollen Präsenz funktioniert das Zeichen demnach nur als der *provisorische* Verweis einer Präsenz auf eine andere. Die Brücke kann gehoben – *aufgehoben* – werden. Der Prozeß des Zeichens [*signe*] hat eine Geschichte, die *Bedeutung* [*signification*] ist sogar die *(in-)begriffene* Geschichte: zwischen einer originären Präsenz und ihrer zirkulären Wiederaneignung in einer finalen Präsenz. Die Selbstpräsenz des absoluten Wissens und das Bewußtsein des Beisichseins im Logos, im absoluten Begriff, werden nur für die Zeit eines Umwegs, die Zeit eines Zeichens von sich selbst abgelenkt. Die Zeit des Zeichens ist dann eben die Zeit des Verweises. Es bedeutet Selbstpräsenz, es verweist die Präsenz auf sich selbst, es organisiert den Kreislauf seines Vorrats. Seit jeher wird die Bewegung der verlorenen Präsenz schon den Prozeß ihrer Wiederaneignung eingeleitet haben.

In den Grenzen dieses Kontinuums kommt es zu Brüchen, Diskontinuitäten verursachen regelmäßig Risse in der Theorie des Zeichens und führen zu ihrer Reorganisation. Sie schreiben ihre Begriffe in neuartige Konfigurationen ein, deren spezifische Eigenart man nicht verkennen darf. Solcherweise in andere Systeme versetzt, sind die Begriffe sicher nicht mehr dieselben; und es wäre mehr als albern, wollte man die Differenzen dieser Umstrukturierungen zum Verschwinden bringen, um nur das glatte, homogene, ahistorische Gewebe eines Komplexes unveränderlicher und angeblich »originärer« Charakteristika zutage treten zu lassen. Aber wäre es umgekehrt nicht ebenso albern, zwar nicht den Ursprung, aber lange Sequenzen und mächtige Systeme unbeachtet zu lassen, Ketten von Prädikaten zu übergehen (da man aus zu großer Nähe, also auch aus zu großer Entfernung sieht), die sich, indem sie zwar nicht beständig, jedoch sehr umfassend sind, durch vielfältige Bruch-Ereignisse nicht ohne weiteres verschieben oder unterbrechen lassen, wie faszinierend und spektakulär diese Ereignisse auch auf den ersten Blick, der sich mit der Kette nicht abfinden will, scheinen mögen? Solange die großen Amplituden dieser Kette nicht zum Vorschein gebracht sind, kann man weder die sekundären Mutationen oder die Ordnung der Transformationen streng bestimmen noch Rechenschaft über den Rekurs auf *ein und dasselbe Wort* ablegen, das sowohl einen transformierten als auch – in gewissen Grenzen – einen aus einem vorhergehenden Bereich gerissenen Begriff bezeichnet (außer man betrachtet die Ordnung des Sprachsystems, der Wörter und des Signifikanten im allgemeinen als ein nebensächliches System, als das kontingente Attribut eines bezeichneten Begriffes, der seine autonome Geschichte, seine eigenen Verschiebungen haben könnte – und dies unabhängig von der mündlichen Tradition, von einem gewissen semiologischen Kontinuum oder von umfassenderen Sequenzen des Signifikanten; eine solche Haltung hätte ihren Ursprung auch in einer – und zwar in der allerkonventionellsten – Philosophie der Beziehungen von Sinn und Zeichen). Um die Verschiebungen der Orte begrifflicher Einschiebungen *wirksam* zu markieren, ist es notwendig, die systematischen Ketten der Bewegung, ihren Generalitäten und spezifischen Perioden, ihren Abweichungen der Ungleichförmigkeit, ihrer Entwicklung den komplexen Figuren, ihrer Inklusionen, Implikationen, Exklusionen und so weiter entsprechend zur Artikulation zu bringen. Was etwas völlig anderes ist, als zum Ursprung eines Begriffs oder zu seinem Urgrund zurückzuführen, als ob dergleichen überhaupt existieren würde, als ob diese inaugurierende und imaginäre Grenze nicht den beruhigenden Mythos eines transzendentalen Signifikats wiedererweckte, diese Archäologie, die noch keine Spur und keine Differenz kennt.

In dieser abgeschlossenen, aber relativ langen Sequenz, die man als Metaphysik bezeichnet, konnte das Zeichen also das Objekt einer *Theorie* werden, es konnte für etwas gehalten, als etwas oder auf der Grundlage von etwas betrachtet werden, und zwar auf der Grundlage dessen, was sich in der Intuition offenbart – also das Anwesende: eine Theorie des Zeichens *auf der Grundlage* des Anwesenden, aber auch und zur selben Zeit *im Hinblick* auf das Anwesende, im Hinblick auf Präsenz. Das Im-Blick-Sein steht nämlich für eine gewisse theoretische Autorität des Blickes ebenso wie für die auf Finalität ausgerichtete Instanz, das *Telos* der Wiederaneignung, die Ausrichtung der Theorie im Lichte der Parusie. Und damit, als Logik auch für die Ausrichtung an der unsichtbaren Idealität eines Logos, der sich sprechen-hört, aus nächster Nähe, in der Einheit von Begriff und Bewußtsein.

Das System, nach dem diese Koordinierung vor sich geht, beabsichtigen wir hier zu analysieren. Der Zwang, den es ausübt, ist von sehr allgemeiner und weitreichender Art. Dieser Zwang greift als konstitutiver Faktor in die gesamte Geschichte der Metaphysik und allgemein in all das ein, was man mittels des metaphysischen Geschichtsbegriffs zu beherrschen glaubte. Man sagt oft, der Hegelianismus stelle die Vollendung der Metaphysik, ihr Ende und ihre höchste Verwirklichung dar. Es steht also zu erwarten, daß er diesem Zwang die systematischste und machtvollste Form verleihen und ihn damit bis an seine eigene Grenze vorantreiben wird.

Semiologie und Psychologie

Ein erster Hinweis auf all dies würde sich aus einer architektonischen Lektüre ergeben. In der Tat räumt Hegel der Semiologie im System der Wissenschaft einen genau umschriebenen Platz ein.

In der *Enzyklopädie der philosophischen Wissenschaften* fällt die Theorie des Zeichens in die Zuständigkeit der »Philosophie des Geistes«, des dritten Teils des Werkes, dem die »Wissenschaft der Logik« (die »kleine Logik«) und die »Naturphilosophie« vorausgehen.

Worin gründet diese Einteilung? Ihr Sinn findet sich am Ende der Einleitung zusammengefaßt (§ 18):

> Wie von einer Philosophie nicht eine vorläufige, allgemeine Vorstellung gegeben werden kann, denn nur das *Ganze* der Wissenschaft ist die Darstellung der Idee, so kann auch ihre *Einteilung* nur erst aus dieser begriffen werden; sie ist wie diese, aus der sie zu nehmen ist, etwas Antizipiertes. Die Idee aber erweist sich als das schlechthin mit sich identische Denken und dies zugleich als die Tätigkeit, sich selbst, um für sich zu sein, sich gegenüberzustellen und in diesem Anderen nur bei sich selbst zu sein. So zerfällt die Wissenschaft in die drei Teile:
>
> 1. *Die Logik, die Wissenschaft der Idee an und für sich.*
> 2. *Die Naturphilosophie als die Wissenschaft der Idee in ihrem Anderssein.*
> 3. *Die Philosophie des Geistes als der Idee, die aus ihrem Anderssein in sich zurückkehrt.*

Dieses Schema ist natürlich das einer lebendigen Bewegung; und Hegel präzisiert, daß eine solche Einleitung sich nicht rechtfertigen ließe, wenn sie diese drei Momente, deren Differenzen nicht hypostasiert werden dürften, auseinandernehmen und nebeneinanderstellen würde.

Die Theorie des Zeichens gehört zum dritten Moment, zum dritten Teil, zur Philosophie des Geistes. Sie gehört zur Wissenschaft jenes Moments, in dem die Idee – nachdem sie, wenn man so sagen kann, die Besinnung verloren hatte, nachdem sie in der Natur, in ihrem Anderssein des Bewußtseins und des Selbstgefühls verlustig gegangen war – in sich selbst zurückkehrt. Das Zeichen wird also eine Instanz oder eine essentielle Struktur dieser Rückkehr der Idee zur Selbstpräsenz sein. Wenn der Geist das Beisichsein der Idee ist, kann man dem Zeichen schon die erste, die allerallgemeinste Bestimmung zuerkennen: Das Zeichen ist eine Form oder eine Bewegung des Selbstbezugs der Idee im Element des Geistes, ein Modus des Beisichseins des Absoluten.

Wir wollen unseren Blickwinkel enger fassen und die Theorie des Zeichens in der Philosophie des Geistes genauer lokalisieren. Die Philosophie des Geistes gliedert sich selbst in drei Teile auf, die den drei Bewegungen der Entwicklung des Geistes korrespondieren:

1. Der subjektive Geist: der Selbstbezug des Geistes und die nur ideale Totalität der Idee. Das Beisichsein in der Form der bloß inneren Freiheit.

2. Der objektive Geist als zu produzierende und in der Form der Realität – nicht nur der Idealität – produzierte Welt. Die Freiheit wird hier zur vorhandenen Notwendigkeit.

3. Der absolute Geist: *an sich* und *für sich* seiende Einheit der Objektivität des Geistes und seiner Idealität oder seines Begriffs. Die sich ewig produzierende Einheit, der Geist in seiner absoluten Wahrheit – der *absolute Geist* (§ 385). Die ersten beiden Momente sind also *endliche* und

vorübergehende Bestimmungen des Geistes. Nun fällt der Diskurs über das Zeichen in die Zuständigkeit der Wissenschaft von einer dieser endlichen Bestimmungen: des subjektiven Geistes. Erinnert man daran, daß nach Hegel »das Endliche *nicht ist*, d.i. nicht das Wahre, sondern schlechthin nur ein *Übergehen* und *Übersichhinausgehen* ist« (§ 386), so erscheint das Zeichen durchaus als ein Modus oder eine Bestimmung des subjektiven und endlichen Geistes, aufgefaßt als Vermittlung oder Übersichhinausgehen –, als ein Übergang innerhalb des Übergehens, ein Übergang des Übergehens. Aber dieses Aussichhinausgehen ist der obligate Weg einer Rückkehr zu sich selbst. Es wird unter der Autorität und in der Form der Dialektik gedacht, gemäß der Bewegung des Wahren, überwacht von den Begriffen der *Aufhebung** und der Negativität. »Dieses Endliche der bisherigen Sphären ist die Dialektik, sein Vergehen durch ein *Anderes* und in einem Anderen zu haben« (ebd., § 386).

Wir wollen den Platz dieser Semiologie genauer definieren. Der subjektive Geist ist:

1. *an sich oder unmittelbar*: dies ist die *Seele* oder der *Naturgeist*, Objekt der *Anthropologie*, die den Menschen in der Natur studiert;
2. *für sich oder vermittelt*, als identische Reflexion in sich und in Anderes, der Geist *im Verhältnis* oder *Besonderung*, das *Bewußtsein*, Objekt der *Phänomenologie des Geistes*;
3. *der sich selbst in sich selbst bestimmende Geist*, als *Subjekt* für sich, Objekt der *Psychologie* (§ 387).

Nun ist die Semiologie ein Kapitel der Psychologie, der Wissenschaft des sich an sich als Subjekt für sich bestimmenden Geistes. Vermerken wir immerhin, ohne uns hier damit aufhalten zu können, daß die Semiologie als ein Teil der Wissenschaft des Subjektes für sich dennoch nicht zur Wissenschaft vom Bewußtsein, also zur Phänomenologie gehört.

Diese Topik, die die Semiologie in eine nicht-natürliche Wissenschaft von der Seele einschreibt, eben gerade in eine Psychologie, bringt zumindest mit diesem Zug – keinerlei Verwirrung in eine lange traditionelle Sequenz. Sie führt uns nicht nur zu den zahlreichen semiologischen Versuchen des Mittelalters oder des 18. Jahrhunderts zurück, die sämtliche, direkt oder mittelbar, Psychologie sind, sondern auch zu Aristoteles. Aristoteles ist das von Hegel für seine Philosophie des Geistes – und gerade für seine Psychologie – in Anspruch genommene Modell:

> Die Bücher des *Aristoteles* über die Seele mit seinen Abhandlungen über besondere Seiten und Zustände derselben sind deswegen noch immer das vorzüglichste oder einzige Werk von spekulativem Interesse über diesen Gegenstand. Der wesentliche Zweck einer Philosophie des Geistes kann nur der sein, den Begriff in die Erkenntnis des Geistes wieder einzuführen, damit auch den Sinn jener Aristotelischen Bücher wieder aufzuschließen. (§ 378)

Aristoteles war es gerade, der seine Interpretation der Stimme in einer Abhandlung *Peri Psyches* (dies wird für uns gleich von Bedeutung sein) ausgeführt und der in *Peri Hermenias* die Zeichen, die Symbole, das Sprechen und die Schrift, ausgehend von den *pathemata tes psyches*, den Zuständen, Affektionen oder Leidenschaften der Seele, definiert hatte. Es sei an die wohlbekannte Eröffnung von *Peri Hermenias* erinnert:

> Es sind also die Laute, zu denen die Stimme gebildet wird [*ta en te phone*], Zeichen der in der Seele hervorgerufenen Vorstellungen, und die Schrift ist wieder ein Zeichen der Laute. Und wie nicht alle dieselbe Schrift haben, so sind auch die Laute nicht bei allen dieselben. Was aber durch beide an erster Stelle angezeigt wird [wofür beide an erster Stelle die Zeichen sind: *semia protos*], die einfachen seelischen Vorstellungen, sind bei allen Menschen dieselben [was es ermöglicht, daraus eben gerade die Wissenschaft zu

> entwickeln], und ebenso sind es die Dinge, deren Abbilder die Vorstellungen sind. Doch hiervon haben wir, da es eine andere Disziplin angeht, in den Büchern von der Seele gehandelt.[3]

Die traditionelle Wiederholung der Geste, mit der man die Semiologie in die Abhängigkeit einer Psychologie bringt, beschränkt sich nicht auf die Vorgeschichte des Hegelianismus. Auch das, was sich oft als Überwindung des Hegelianismus und manchmal als metaphysikfreie Wissenschaft ausgibt, hält sich noch an sie.

Denn der, den man als Begründer des ersten großen Projektes einer allgemeinen und wissenschaftlichen Semiologie, dieses Modells so vieler moderner Wissenschaften und Humanwissenschaften, betrachtet, wird dieser im strengen Sinne metaphysischen Notwendigkeit, die – von Aristoteles bis Hegel – eine ganze Verkettung von Diskursen beherrscht, nicht Einhalt gebieten. Zumindest zweimal unterstellt Saussure in seinen *Grundfragen der allgemeinen Sprachwissenschaft*[4] sein Vorhaben einer allgemeinen Semiologie der Gerichtsbarkeit der Psychologie:

> Im Grunde ist in der Sprache alles psychologisch, einschließlich ihrer materiellen und mechanischen Äußerungen, wie die Veränderungen der Laute; und ist die Sprachwissenschaft, da sie der Sozialpsychologie so wertvolle Tatsachen bietet, nicht ein Bestandteil von dieser? [...] Man kann sich also vorstellen *eine Wissenschaft, welche das Leben der Zeichen im Rahmen des sozialen Lebens untersucht*; diese würde einen Teil der Sozialpsychologie bilden und infolgedessen einen Teil der allgemeinen Psychologie; wir werden sie *Semeologie* (von griechisch *semeion*, »Zeichen«) nennen. Sie würde uns lehren, worin die Zeichen bestehen und welche Gesetze sie regieren. Da sie noch nicht existiert, kann man nicht sagen, was sie sein wird. Aber sie hat Anspruch darauf, zu bestehen; ihre Stellung ist von vornherein bestimmt. Die Sprachwissenschaft ist nur ein Teil dieser allgemeinen Wissenschaft, die Gesetze, welche die Semeologie

> entdecken wird, werden auf die Sprachwissenschaft anwendbar sein, und diese letztere wird auf diese Weise zu einem ganz bestimmten Gebiet in der Gesamtheit der menschlichen Verhältnisse gehören. Sache der Psychologen ist es, die genaue Stellung der Semeologie zu bestimmen.

Hier sei eine Bemerkung vorausgeschickt: Es ist bezeichnend, daß ein und derselbe Linguist und Glossematist, Hjelmslev – bei der Anerkennung der Bedeutung des Saussureschen Erbes –, *zugleich* das der Psychologie zuerkannte Primat und das der sonoren oder phonischen »Substanz des Ausdrucks« eingeräumte Privileg als unkritische Voraussetzung in Frage gestellt hat. Dieses Primat und dieses Privileg gehen, wie wir beweisen werden, auch in der spekulativen Semiologie Hegels Hand in Hand.

In dieser wird das Zeichen gemäß der Struktur und der Bewegung der *Aufhebung** verstanden, durch die sich der Geist – indem er sich über die Natur erhebt, in der er sich verborgen hatte, indem er die Natur beseitigt und zurückhält in einem, indem er sie in sich selbst sublimiert – als innere Freiheit realisiert und sich somit sich selbst für sich selbst, *als solcher*, darstellt. Als Wissenschaft dieses »als solcher« betrachtet »die *Psychologie* deshalb die Vermögen oder allgemeinen Tätigkeitsweisen des *Geistes als solchen*, Anschauen, Vorstellen, Erinnern usf., Begierden usf. [...]« (§ 440). Wie im *Peri Psyches* (432 a, b) wird auch bei Hegel wiederholt jede wirkliche Trennung der »Vermögen der Seele« (§ 445) zurückgewiesen. Anstatt die psychischen Vermögen und Strukturen ihrem Wesen nach zu trennen, wären also ihre Vermittlungen, Artikulationen und Nahtstellen zu bestimmen, die die Einheit einer organisierten und gerichteten Bewegung konstituieren. Nun ist es bemerkenswert, daß die Theorie des Zeichens, die im wesentlichen in einer Interpretation des Sprechens und der Schrift besteht, in zwei sehr langen *Anmerkungen* – viel länger als die Paragraphen, denen sie angefügt sind – in dem Unterkapitel mit dem Titel *Die Einbildungskraft* enthalten ist (§§ 455–480).

Die Semiologie ist also ein Teil der Theorie der Einbildungskraft und, genauer gesagt – wie wir im einzelnen darlegen werden –, einer Phantasiologie oder einer Phantastik.

Was ist Einbildungskraft?

Die Vorstellung* ist erinnerte* Anschauung. Sie ist das *Eigene* der Intelligenz*, das darin besteht, die sinnliche Unmittelbarkeit zu verinnerlichen, um »*sich in sich selbst anschauend zu setzen*«. Da die sinnliche Unmittelbarkeit einseitig subjektiv bleibt, muß die Bewegung der Intelligenz diese Innerlichkeit *aufheben** und bewahren, um »in ihrer *eigenen Äußerlichkeit in sich zu sein*« (§ 451). In dieser Bewegung der Vorstellung *erinnert sich* die Intelligenz an sich selbst, indem sie objektiv wird. Die *Erinnerung** ist hier also entscheidend. Durch sie wird der Inhalt der sinnlichen Anschauung zum Bild, befreit sich von der Unmittelbarkeit und der Vereinzelung, um den Übergang zur Begrifflichkeit zu ermöglichen. Das Bild, das auf diese Weise erinnert* wird, ist nicht mehr *da*, nicht mehr existierend und vorhanden, sondern verwahrt an einem unbewußten Ort, bewußtlos aufbewahrt*. Die Intelligenz hortet diese Bilder in der Tiefe eines dunklen Schlupfwinkels als Vorrat wie das Wasser in einem nächtlichen* oder bewußtlosen Schacht* – oder vielmehr wie eine wertvolle Ader in der Tiefe des Bergwerks. »Die Intelligenz ist aber nicht nur das Bewußtsein und das Dasein, sondern als solche das Subjekt und das *Ansich* ihrer Bestimmungen; in ihr erinnert*, ist das Bild, nicht mehr existierend, *bewußtlos aufbewahrt.*« (§ 453.)

Von diesem nächtlichen Schacht, dessen Todesstille von der verhaltenen Kraft all der Stimmen erfüllt ist, die er in sich hortet, führt ein Weg, den wir nachgehen werden, zu jener aus der ägyptischen Wüste mitgebrachten Pyramide, die sich bald über dem nüchternen und abstrakten Gewebe des Hegelschen Textes erheben und für die Statur und das Statut des Zeichens stehen wird. Die natürliche Quelle und die historische Konstruktion bewahren hier beide, wenn auch auf verschiedene Weise, Stillschweigen. Daß dieser Weg in Entsprechung zu der von der Onto-Theologie zurückgelegten Strecke wieder zirkulär verläuft und die Pyramide neuerlich zum Schacht wird, der sie wohl immer gewesen ist – dieses Rätsel stellt sich. Wir werden uns fragen, ob es nicht selbst – wie eine Wahrheit, die am Grunde eines Schachts einsam ihre Stimme erhebt – gehoben oder wie eine nicht nachprüfbare Inschrift, die auf der Stirnseite eines Monuments zurückgeblieben ist, entziffert werden muß.

Im Besitze dieses Schachts, dieses Vorrats*, kann die Intelligenz demnach aus ihm schöpfen, ist sie imstande, ihr Eigentum* zutage zu fördern, es zu produzieren, »äußern zu können und für dessen Existenz in ihr nicht mehr der äußeren Anschauung zu bedürfen«. »Diese Synthese des innerlichen Bildes mit dem erinnerten Dasein ist die eigentliche Vorstellung, indem das Innere nun auch an ihm die Bestimmung hat, vor die Intelligenz gestellt werden zu können, in ihr Dasein zu haben.« (§ 454.) Das Bild gehört nicht mehr der »einfachen Nacht« an.[5]

Diesen ersten Prozeß nennt Hegel die *»reproduktive Einbildungskraft«*. Das »Hervorgehen« der Bilder ist hier »aus der eigenen Innerlichkeit des Ich«, unter deren Macht sie von nun an stehen. Indem sie auf diese Weise über den Vorrat von Bildern verfügt, verfährt die Intelligenz subsumtiv und findet sich selbst reproduziert, erinnert, verinnerlicht. Auf der Grundlage dieser idealisierenden Herrschaft produziert sie sich als Phantasie, symbolisierende, allegorisierende oder dichtende* Einbildungskraft. Aber diese Einbildungskraft ist nur reproduktiv, da alle diese Gebilde* Synthesen auf der Grundlage eines intuitiv, rezeptiv, passiv von außen aufgenommenen Gegebenen bleiben, wie es sich in einem zufälligen Zusammentreffen bietet. Der Arbeit dieser Einbildungskraft liegt ein in der Anschauung gefundener* oder gegebener* Inhalt zugrunde. Diese Einbildungskraft produziert, imaginiert also nichts, sie formt nicht ihre eigenen *Gebilde**. Auf offensichtlich paradoxe Weise bleibt diese *Einbildungskraft**, gerade insofern sie nicht ihre eigenen *Gebilde** formt, insofern sie den Inhalt dessen, was sie zu formen scheint, von außen erhält und nicht *sponte sua* ein Ding, eine Existenz produziert, noch in sich selbst eingeschlossen. Die Selbstidentität der Intelligenz hat sich wiedergefunden, aber in der subjektiven Einseitigkeit, der Passivität des Eindrucks.

Diese Grenze wird in der *produktiven* Einbildungskraft fallen: die Selbstanschauung, die unmittelbare Beziehung auf sich selbst, wie sie sich in der reproduktiven Einbildungskraft ausbildete, wird dann ein *Seiendes*; sie äußert sich, sie produziert sich in der Welt als ein Ding. Dieses einzigartige Ding ist das *Zeichen*; es wird von einer phantastischen Produktion, von einer (das) Zeichen machenden Phantasie* hervorgebracht, indem diese, wie immer, über ihr Ansich hinausgeht.

> Die Intelligenz ist in der Phantasie zur Selbstanschauung in ihr soweit vollendet, als ihr aus ihr selbst genommener Gehalt bildliche Existenz hat. Dies Gebilde ihres Selbstanschauens ist subjektiv; das Moment des *Seienden* fehlt noch. Aber in dessen Einheit des inneren Gehalts und des Stoffes ist die Intelligenz ebenso zur identischen Beziehung auf sich als Unmittelbarkeit *an sich* zurückgekehrt. Wie sie als Vernunft davon ausgeht, sich das in sich gefundene Unmittelbare anzueignen (§445, vgl. §445 Anm.), d.i. es als *Allgemeines* zu bestimmen, so ist ihr Tun als Vernunft (§438) von dem nunmehrigen Punkte aus [dies,] das in ihr zur konkreten Selbstanschauung Vollendete als *Seiendes* zu bestimmen, das heißt sich selbst zum Sein, zur Sache zu machen. In dieser Bestimmung tätig, ist sie sich äußernd, Anschauung produzierend, – γγ) *Zeichen machende Phantasie.* (§457)

Halten wir zunächst fest, daß die schöpferischste Produktion des Zeichens sich hier auf eine bloße Äußerung, das heißt auf einen *Ausdruck*, auf eine Veräußerlichung eines inneren Gehaltes beschränkt, mit all dem, was man aus diesem sehr konventionellen Motiv folgern kann. Und doch bewirkt diese phantastische Produktion umgekehrt nichts Geringeres als die *Produktion von Anschauung*. Diese Behauptung könnte skandalös oder unverständlich erscheinen. Sie impliziert tatsächlich die spontane Schöpfung dessen, was erscheint, durch gerade das, was auf diese Weise das Erscheinende wahrnehmen und aufnehmen kann. Aber wenn dieses Motiv (die Einheit von Begriff und Anschauung, von Spontaneität und Rezeptivität und so weiter) das Hegelsche Motiv schlechthin ist, so enthält es dieses Mal keinerlei implizite Kritik an Kant. Was kein Zufall ist und dem gesamten System der Beziehungen zwischen Hegel und Kant entspricht. In der Tat geht es hier um die Einbildungskraft, also um die Instanz, in der alle von Hegel regelmäßig kritisierten Kantischen Oppositionen durcheinandergeraten oder sich annullieren. Wir sind hier in jener Zone – deuten wir sie mit dem Titel der *Kritik der Urteilskraft* an –, in der die Debatte mit Kant am meisten einer Auseinandersetzung und am wenigsten einem Bruch gleicht. Doch stellen wir hier die Entwicklung und die Verschiebung auch aus Bequemlichkeit zueinander in Opposition. Man müßte auch dieses Begriffspaar einer neuerlichen Betrachtung unterziehen.

Jedenfalls bleibt bestehen, daß der produktiven Einbildungskraft – Grundbegriff der Hegelschen *Ästhetik* – eine Stellung und ein Statut zukommen, die analog sind zu Stellung und Statut der transzendentalen Einbildungskraft bei Kant. Weil auch diese eine Art natürlicher Kunst ist: »eine verborgene Kunst der menschlichen Seele«, eine »produktive Einbildungskraft«,[6] wie auch Kant sagt. Aber vor allem, weil der transzendentale Schematismus der Einbildungskraft als Vermittlung zwischen Sinnlichkeit und

Verstand, als »ein Drittes«, das mit der Kategorie wie mit dem Phänomen homogen ist, die widersprüchlichen Prädikate der rezeptiven Passivität und der produktiven Spontaneität aufweist. Und schließlich ist die Bewegung der transzendentalen Einbildungskraft die Bewegung der Temporalisation[7]: auch Hegel erkennt einen essentiellen Zusammenhang zwischen der Zeichen produzierenden Einbildungskraft und der Zeit. Wir werden uns bald die Frage stellen, *was* und wie die Zeit *bedeutet*, worin sie für den Prozeß der Bedeutung konstitutiv ist.

Produktion *und* Anschauung – im Begriff des Zeichens werden sich also alle zueinander gegensätzlichen Merkmale überschneiden. Alle Gegensätze von Begriffen laufen hier zusammen, finden sich hier vereinigt, drängen sich hier ein. Alle Gegensätze scheinen sich hier aufzulösen, aber zur gleichen Zeit scheint das, was sich unter dem Namen des Zeichens ankündigt, auf keinen der formalen Gegensätze von Begriffen zurückführbar oder von ihm betroffen: indem es *zugleich* das Innere und das Äußere, das Spontane und das Rezeptive, das Intelligible und das Sinnliche, das Identische und das Andere und so weiter ist, ist das Zeichen nichts von all dem, *weder* dies *noch* jenes und so weiter.

Ist dieser Widerspruch die Dialektizität selbst? Ist die Dialektik die Auflösung des Zeichens im Horizont des Nicht-Zeichens, der Präsenz jenseits des Zeichens? Ist es so, daß die Frage nach dem Zeichen schnell in die Frage »Was ist Dialektik?« oder, besser noch, in die Frage »Können die Dialektik und das Zeichen in der Form des Was ist? befragt werden?« überläuft?

Decken wir diesen Horizont wieder zu, um unseren Text dort aufzugreifen, wo wir ihn belassen haben.

Sogleich nachdem er die *Zeichen machende Phantasie* genannt hat, legt Hegel diese phantastische Einheit der Gegensätze dar, die sich in der Semiopoetik konstituiert. Diese ist ein *Mittelpunkt**: gleichzeitig ein zentraler Punkt, gegen den alle Kraftlinien der Gegensätze konvergieren, ein medialer Punkt – medial im Sinne des Elements, des Mediums –, und schließlich der mittlere Punkt, der Punkt, in dem die Gegensätze ineinander übergehen. »Die Phantasie ist der *Mittelpunkt**, in welchem das Allgemeine und das Sein, das Eigene und das Gefundensein, das Innere und das Äußere vollkommen in eins geschaffen sind.« (§ 457.)

Mit diesen Charakteristika versehen, könnte das Zeichen sein Aktionsfeld ad infinitum ausdehnen. Hegel beschränkt jedoch seine Reichweite, indem er es sofort in die Bewegung und Struktur einer übergreifenden Dialektik einbezieht. Das Moment des Zeichens ist ein vorläufiges, es steht unter Vorbehalt. Die ihm gesetzte Grenze ist die des abstrakten *Formalismus*. Das semiotische Moment bleibt in dem Maße formal, als der Gehalt und die Wahrheit des Sinns ihm entgehen, in dem Maße, als es diesen untergeordnet ist, als es ihnen vorausgeht und äußerlich bleibt. Für sich genommen ist das Zeichen nur *im Hinblick* auf die Wahrheit haltbar.

> Für solche Vereinigungen des Eigenen oder Inneren des Geistes und des *Anschaulichen* werden die Gebilde der Phantasie allenthalben anerkannt; ihr weiter bestimmter Inhalt gehört anderen Gebieten an. Hier ist diese innere Werkstätte nur nach jenen abstrakten Momenten zu fassen. – Als die Tätigkeit dieser Einigung ist die Phantasie Vernunft, aber die *formelle* Vernunft nur, insofern der *Gehalt* der Phantasie als solcher gleichgültig ist, die Vernunft aber als solche auch den Inhalt zur Wahrheit bestimmt. (Ebd., § 457)

Hier muß zunächst nachdrücklich auf den Fortschritt einer Semiologie hingewiesen werden, die trotz der Grenze, die dem besagten Formalismus des Zeichens gesetzt wird, dieses nicht länger als ein Abfalls- oder empirisches Zufallsprodukt behandelt. Es wird vielmehr wie die Einbildungskraft zu einem wenn auch noch so abstrakten Moment der Entwicklung der Rationalität im Hinblick auf die Wahrheit. Es gehört, wie wir später sehen werden, zur Arbeit des Negativen.

Wenn dies nun gebührend hervorgehoben ist, muß man sich nichtsdestoweniger die Frage stellen, warum die Wahrheit (die Präsenz des Seienden hier in der Form der adäquaten Selbstpräsenz) als Abwesenheit im Zeichen angekündigt wird. Warum hängt der metaphysische Wahrheitsbegriff mit einem Zeichenbegriff zusammen und warum mit einem Zeichenbegriff, der als das Fehlen von Wahrheit bestimmt ist? Und warum schließlich – wenn man den Hegelianismus als das letzte Aufgebot der Metaphysik betrachtet – bestimmt diese notwendigerweise das Zeichen als Fortschritt im Hinblick auf die Wahrheit? *Im Hinblick* [*en vue de*]: in seiner Bestimmung ausgehend von der Wahrheit gedacht, auf die es hinsteuert, aber auch *im Hinblick* auf die Wahrheit, wie man im Vorgang der Navigation sagt, um die Distanz, die Abweichung und den Rest anzugeben; *im Hinblick* zuletzt noch als Mittel der Manifestation hinsichtlich der Wahrheit. Das Licht, die Leuchtkraft des Erscheinens, die das Sehen ermöglicht, ist die gemeinsame Quelle der *phantasia* und des *phainestai.*

Warum steht es um die Beziehung zwischen Zeichen und Wahrheit so und nicht anders?

Dieses »Warum« kann nicht mehr als ein »Was bedeutet das?« verstanden werden. Und noch weniger als ein »Was ist hiermit gemeint?« [»*Qu'est-ce que cela veut dire?*«]. Die so gestellten Fragen wären naiv in der Voraussetzung oder Vorwegnahme ihrer Antwort formuliert. Wir erreichen hier eine Grenze, an der die Frage »Was bedeutet die Bedeutung?«, »Was meint das Meinen?« jede Relevanz verliert. Dann muß die Frage in einem Punkt und in der Form gestellt werden, da die Bedeutung nichts mehr bedeutet und das Meinen nichts mehr meint – nicht daß sie im Inneren ihres Systems, also der Metaphysik, absurd wären, sondern weil wir gerade mittels dieser Frage den äußeren Rand ihrer Umschließung [*clôture*] erreicht haben werden, gesetzt den Fall, daß eine solche Operation einfach und ohne weiteres innerhalb unserer Sprache möglich ist; und gesetzt den Fall, daß wir eine klare Vorstellung davon haben, was das Innere eines Systems und Sprache ist. »Warum?« steht hier also nicht für eine Frage, die auf »Im Hinblick auf« (Zu welchem Zweck?), auf das *telos* oder *eschaton* dieser Bewegung der Bedeutung abzielt; noch für eine Frage nach einem Ursprung, für ein »Warum?« als ein »Aus welchem Grund?«, »Auf welcher Grundlage?« und so weiter. »*Warum?*« ist folglich der noch metaphysische Name der hier unterbreiteten Frage über das metaphysische System, welches das Zeichen an den Begriff, an die Wahrheit, an die Präsenz, an die Archäologie, an die Teleologie und so weiter bindet.

Die Hegelsche Semiologie

Das Zeichen verbindet eine »selbständige Vorstellung« und eine »Anschauung«, mit anderen Worten, einen Begriff (ein Signifikat) und die sinnliche Wahrnehmung (eines Signifikanten). Aber Hegel muß sogleich eine Art Abweichung, eine *Dislokation* feststellen, die, gerade indem sie die »Anschauung« disloziert, den Raum und das Spiel der Bedeutung eröffnet. In der signifikanten Einheit, im Zusammenwachsen von Vorstellung und Anschauung, handelt es sich nicht mehr nur einfach um die Beziehung zweier unabhängiger Größen. Die Anschauung ist hier schon nicht mehr eine Anschauung wie die anderen. Sicher ist in ihr wie in jeder Anschauung ein Seiendes gegeben; ein Ding repräsentiert sich und wird in seiner reinen Präsenz aufgenommen. Zum Beispiel, sagt Hegel, die Farbe der Kokarde. Sie ist da, unmittelbar sichtbar, unbezweifelbar. Aber diese Präsenz wird, insofern sie sich mit der *Vor-*

*stellung** verbindet, zur Repräsentation, zur Repräsentation (im Sinne von Repräsentant) einer Repräsentation (im allgemeineren Sinne einer begrifflichen Idealität). An die Stelle von etwas anderem gesetzt, wird sie *etwas anderes vorstellend**: hier entfalten und konzentrieren das *Vorstellen** und das *Repräsentieren* mit einem Schlag alle ihre möglichen Bedeutungen.

Was repräsentiert diese seltsame »Anschauung«? Und das Signifikat, das sich dergestalt der Anschauung präsentiert: wovon ist es der Signifikant? Was ist sein repräsentierter Gehalt oder sein Signifikat?

Hegel definiert es natürlich als eine Idealität im Gegensatz zur Stofflichkeit des in der Anschauung gegebenen Signifikanten. Diese Idealität ist die einer *Bedeutung**. Ein Wort, das man gewöhnlich mit »*signification*« ins Französische übersetzt. Ich habe, als ich an anderer Stelle auf die *Logischen Untersuchungen* eingegangen bin, versucht, »Bedeutung« als den Inhalt eines *Meinens* [*vouloir-dire*] zu interpretieren, und ich möchte hier zeigen, daß eine solche Interpretation auch im Falle des Hegelschen Textes schlüssig ist. Eine intrinsische und essentielle metaphysische Notwendigkeit regelt eine solche Ausdehnung.

Hegel verleiht dem Gehalt dieses Meinens [*vouloir-dire*], dieser *Bedeutung**, den Namen und die Würde einer *Seele**. Einer in einem Körper deponierten Seele, versteht sich – im Körper des Signifikanten in der sinnlichen Leiblichkeit der Anschauung. Das Zeichen, die Einheit des bezeichneten Körpers und der bezeichneten Idealität, wird zu einer Art Inkarnation. Die Opposition von Seele und Körper und, analog dazu, die des Sinnlichen und des Intelligiblen konditionieren also die Differenz zwischen dem Signifikat und dem Signifikanten, zwischen der signifikanten Intention (bedeuten*), die eine bewegende belebende Tätigkeit einschließt, und dem inerten Körper des Signifikanten. Dasselbe wird bei Saussure zutreffen; und auch bei Husserl, für den der Zeichenkörper von der Bedeutungsintention belebt wird, so wie ein Körper* sich vom *Geist** bewohnen läßt und dadurch ein Leib* wird. Husserl sagt vom lebendigen Wort, es sei eine *geistige Leiblichkeit**.

Hegel wußte, daß dieser dem Signifikanten eigene, belebte Körper auch ein *Grab* war. Die Verbindung *soma/sema* ist auch in dieser Semiologie am Werk, was nicht zu verwundern ist.[8] Das Grab ist das Leben des Körpers als Zeichen des Todes, der Körper als das Andere der Seele, der belebten Psyche, des lebendigen Atems. Aber das Grab schützt, bewahrt, thesauriert auch das Leben, indem es anzeigt, daß dieses anderswo weitergeht. Die Familiengruft: *oikesis*. Sie sanktioniert das Verschwinden des Lebens, indem sie sein hartnäckiges Fortdauern bezeugt. Sie bietet ihm also auch Schutz vor dem Tod. Sie *warnt* die Seele vor dem möglichen Tod, sie warnt vor dem Tod der Seele und sie ver-warnt den Tod, dem sie die Existenz der Seele ankündigt, sie wendet den (Blick des Menschen vom) Tod ab. Diese doppelte Funktion der Warnung gehört zum Grabmal. Der Zeichenkörper wird so zum Monument, in dem die Seele eingeschlossen, behütet, bewahrt, in ihrem Zustand erhalten, präsent, bezeichnet wäre. Im Inneren dieses Monuments erhält sich die Seele am Leben, aber sie benötigt das Monument nur in dem Maße, als sie sich in ihrer lebendigen Beziehung zu ihrem eigenen Körper – dem Tod – aussetzt. Es war durchaus notwendig, daß zuerst der Tod sein Werk verrichtete – die *Phänomenologie des Geistes* beschreibt das Werk des Todes –, damit ein Monument das Leben der Seele festhalten und schützen konnte, indem es dieses Leben bedeutet.

Das Zeichen – Monument-des-Lebens-im-Tod, Monument-des-Todes-im-Leben, die Grabstätte eines lebendigen Atems oder der einbalsamierte Leib, das hoch Aufstrebende, das in seiner Tiefe die Hegemonie der Seele aufrechterhält, der harte Text mit Inschriften bedeckter Steine – ist die *Pyramide*.

Hegel verwendet das Wort *Pyramide* also, um das Zeichen zu designieren. Die Pyramide wird zum Semaphor des Zeichens, zum Signifikanten der Bedeutung. Dies hat seine Wichtigkeit, insbesondere was die ägyptische Konnotation betrifft: etwas später wird die ägyptische Hieroglyphe als Beispiel für all das herhalten, was sich der Bewegung der Dialektik der Geschichte, dem Logos widersetzt. Liegt hier etwa ein Widerspruch vor?

Wohnen wir zuerst der Errichtung der Pyramide bei.

> In dieser von der Intelligenz ausgehenden Einheit selbständiger Vorstellung und einer *Anschauung* ist die Materie der letzteren zunächst wohl ein Aufgenommenes, etwas Unmittelbares oder Gegebenes (zum Beispiel die Farbe der Kokarde und dergleichen). Die *Anschauung* gilt aber in dieser Identität nicht als positiv und sich selbst, sondern *etwas anderes* vorstellend. (§ 458)

Er habe also dieses eine Mal etwas wie eine Anschauung der Abwesenheit oder, genauer gesagt, das Anvisieren einer Abwesenheit durch eine erfüllte Anschauung hindurch.

> Sie ist ein Bild, das eine *selbständige* Vorstellung der Intelligenz als Seele in sich empfangen hat [empfangen, aufgenommen, ähnlich gewissermaßen, wie eine Frau empfangen würde, indem sie aufnimmt; und was hier empfangen – konzipiert – wird, ist ein Begriff], seine Bedeutung. Diese Anschauung ist das *Zeichen*. (Ebd., § 458)

Nun folgt eine dieser zwei *Anmerkungen*, die die ganze Theorie des Zeichens enthalten (was Hegel nicht daran hindern wird, etwas später diejenigen zu kritisieren, die der Semiologie nur den Platz und die Wichtigkeit eines Anhanges einräumen). »Das Zeichen ist irgendeine unmittelbare Anschauung, die einen ganz anderen Inhalt vorstellt, als den sie für sich hat.« (§ 458.) *Vorstellen**, das man im allgemeinen mit *»représenter«* ins Französische übersetzt, entweder in der allergewagtesten Bedeutung der intellektuellen oder psychischen Repräsentation oder in der Bedeutung der in den Vordergrund gestellten, in den Blick gefaßten Objektrepräsentation, bezeichnet hier auch den in der Repräsentation gegangenen Umweg, den Rekurs auf das, was repräsentiert, was an die Stelle des anderen tritt, als Vertreter des anderen und Verweis auf das andere. Eine Anschauung ist hier ermächtigt, in ihrem eigenen Inhalt einen *ganz anderen* Inhalt zu repräsentieren.

> Das Zeichen ist irgendeine unmittelbare Anschauung, die einen ganz anderen Inhalt vorstellt, als den sie für sich hat; – die *Pyramide*, in welche eine fremde Seele versetzt [*versetzen** bedeutet auch: (*im Leihhaus*) *versetzen**] und aufbewahrt [in die Obhut, in Aufbewahrung gegeben] ist. (§458)

Diese Einführung der Pyramide hat einige essentielle Charakteristika des Zeichens festgelegt.

Zuallererst das, was man – ohne mißbräuchliche oder anachronistische Verwendung des Wortes – die *Arbitrarität* des Zeichens nennen kann, das Fehlen jeder natürlichen Beziehung der Ähnlichkeit, der Partizipation oder der Analogie zwischen dem Signifikat und dem Signifikanten, das heißt hier, zwischen der Repräsentation (*Bedeutung**) und der Anschauung, oder ferner auch zwischen dem Repräsentierten und dem Repräsentierenden der Repräsentation durch Zeichen. Diese Heterogenität, die Bedingung für die Arbitrarität des Zeichens, wird von Hegel zweimal betont.

1. Die in der Pyramide aufbewahrte Seele ist *fremd*: Wenn sie als eine Immigrantin in die Pyramide transplantiert, in ihr angesiedelt wird, so deshalb, weil sie nicht aus dem Stein des Signifikanten besteht; weder in ihrem Ursprung noch in ihrer Bestimmung gehört sie zum Stoff der Gegebenheit der Anschauung. Diese Heterogenität geht auf die Irreduzibilität der Seele und des Körpers zurück, des Intelligiblen und des Sinnlichen, des Begriffs oder der

bezeichneten Idealität einerseits, des Zeichenkörpers andererseits, das heißt die Irreduzibilität von – in je verschiedener Bedeutung – zwei *Vorstellungen**.

2. Aus diesem Grund stellt die unmittelbare Anschauung des Signifikanten *einen ganz anderen Inhalt** vor, als den sie für sich hält, einen ganz anderen als den, dessen volle Präsenz einzig auf sie selbst verweist.

Diese Beziehung der absoluten Andersheit unterscheidet das *Zeichen* vom *Symbol.* Zwischen dem Symbol und dem Symbolisierten ist die Kontinuität einer mimetischen oder analogen Partizipation immer erkennbar.

> Das *Zeichen* ist vom *Symbol* verschieden, einer Anschauung, deren *eigene* Bestimmtheit ihrem Wesen und Begriffe nach mehr oder weniger der Inhalt ist, den sie als Symbol ausdrückt; beim Zeichen als solchem hingegen geht der eigene Inhalt der Anschauung und der, dessen Zeichen sie ist, einander nichts an. (§ 458)

Dieses Motiv der Arbitrarität des Zeichens und diese Unterscheidung zwischen dem Zeichen und dem Symbol werden in der Einleitung des der »symbolischen Kunstform« gewidmeten Abschnitts der *Ästhetik* ausführlich erläutert. Hegel zeigt hier die *»ganz willkürliche Verknüpfung«** auf, die für das Zeichen selbst und par excellence für das linguistische Zeichen konstitutiv ist.

> Anders ist es daher bei einem Zeichen, welches ein *Symbol* sein soll. Der Löwe zum Beispiel wird als ein Symbol der Großmut, der Fuchs als Symbol der List, der Kreis als Symbol der Ewigkeit, das Dreieck als Symbol der Dreieinigkeit genommen. Der Löwe nun aber, der Fuchs besitzen für sich die Eigenschaften selbst, deren Bedeutung sie ausdrücken sollen. Ebenso zeigt der Kreis nicht das Unbedingte oder willkürlich Begrenzte einer geraden oder anderen nicht in sich zurückkehrenden Linie, welches gleichfalls irgendeinem beschränkten Zeitabschnitte zukommt; und das Dreieck hat als ein *Ganzes* dieselbe *Anzahl* von Seiten und Win-

> keln, als sich an der Idee Gottes ergeben, wenn die Bestimmungen, welche die Religion in Gott auffaßt, dem *Zählen* unterworfen werden. In diesen Arten des Symbols daher haben die sinnlichen vorhandenen Existenzen schon in ihrem eigenen Dasein diejenige Bedeutung, zu deren Darstellung und Ausdruck sie verwendet werden; und das Symbol, in diesem weiteren Sinne genommen, ist deshalb kein bloßes gleichgültiges Zeichen, sondern ein Zeichen, welches in seiner Äußerlichkeit zugleich den Inhalt der Vorstellung in sich selbst befaßt, die es erscheinen macht. Zugleich aber soll es nicht sich selbst als dies konkrete einzelne Ding, sondern in sich nur eben jene allgemeine Qualität der Bedeutung vor das Bewußtsein bringen. (Bd. 13, S. 395)

In dem darauffolgenden, mit »Die unbewußte Symbolik« überschriebenen Kapitel wird der Pyramide – diesmal, wenn man so sagen kann, der Pyramide im eigentlichen Sinne – eine Ausführung gewidmet. Wenn die ägyptische Pyramide in der *Enzyklopädie* das Symbol oder Zeichen des Zeichens ist, so wird sie in der *Ästhetik* für sich untersucht, das heißt schon als Symbol. Die Ägypter sind in der Konzeption der Beziehungen zwischen dem Natürlichen und dem Geistigen weiter gegangen als die Hindus, sie haben die Unsterblichkeit der Seele, die Unabhängigkeit des Geistes, die Form seiner Dauer über den natürlichen Tod hinaus gedacht. Dies zeigt sich in ihren Bestattungsgebräuchen.

> Die Unsterblichkeit der Seele liegt der Freiheit des Geistes ganz nahe, indem das Ich sich erfaßt als der Natürlichkeit des Daseins entnommen und auf sich beruhend; dies Sichwissen aber ist das Prinzip der Freiheit. Nun ist zwar nicht zu sagen, die Ägypter seien vollständig zum Begriff des freien Geistes durchgedrungen, und an unsere Art, die Unsterblichkeit zu fassen, müssen wir bei diesem Glauben der Ägypter nicht denken; aber sie hatten doch bereits die Anschauung, das vom Leben Abgeschiedene seiner Existenz nach sowohl äußerlich als in ihrer Vorstellung festzu-

> halten [...]. Fragen wir weiter nach einer *symbolischen* Kunstgestalt für diese Vorstellung, so haben wir dieselbe in Hauptgebilden der ägyptischen Baukunst zu suchen. Wir haben hier eine gedoppelte Architektur vor uns, eine überirdische und unterirdische: Labyrinthe unter dem Boden, prächtige, weitläufige Exkavationen, halbe Stunden lange Gänge, Gemächer, mit Hieroglyphen bedeckt, alles aufs sorgfältigste ausgearbeitet; dann darüber hingebaut jene erstaunenswerten Konstruktionen, zu denen hauptsächlich die *Pyramiden* zu zählen sind.

Nach einer ersten Beschreibung stellt Hegel das heraus, was in seinen Augen als das Wesen der Pyramide zu gelten hat; man vergleiche diesen Text mit dem der *Enzyklopädie*:

> In dieser Weise stellen uns die Pyramiden das einfache Bild der symbolischen Kunst selber vor Augen; sie sind ungeheure Kristalle, welche *ein* Inneres in sich bergen und es als eine durch die Kunst produzierte Außengestalt so umschließen, daß sich ergibt, sie seien für dies der bloßen Natürlichkeit abgeschiedene Innere und nur in Beziehung auf dasselbe da. Aber dies Reich des Todes und des Unsichtbaren, das hier die Bedeutung ausmacht, hat nur die *eine*, und zwar formelle Seite, welche zum wahrhaften Kunstgehalt gehört, nämlich dem unmittelbaren Dasein entrückt zu sein, und ist so zunächst nur der Hades, noch nicht eine Lebendigkeit, die, wenn auch dem Sinnlichen als solchem enthoben, dennoch ebenso zugleich in sich daseiend und dadurch in sich freier und lebendiger Geist ist. – Deshalb bleibt die Gestalt für solch ein Inneres eine dem bestimmten Inhalt desselben ebensosehr noch ganz äußere *Form** und Umhüllung. Solch eine äußere Umgebung, in der ein Inneres verborgen ruht, sind die Pyramiden. (Bd. 13, S. 458 ff.)

Die geforderte Diskontinuität zwischen dem Signifikat und dem Signifikanten steht im Einklang mit der systematischen Notwendigkeit, die die Semiologie in eine Psychologie einschließt. Man wird sich in der Tat in Erinnerung rufen, daß die Psychologie im Sinne Hegels die Wissenschaft des sich an sich als Subjekt für sich bestimmenden Geistes ist. In diesem Moment »hat (der Geist) jetzt nur dies zu tun, diesen Begriff seiner Freiheit zu realisieren« (§ 440, »Psychologie« der *Enzyklopädie*). Aus diesem Grund war es weiter oben unerläßlich, den architektonischen Zusammenhang zwischen der Psychologie und der Semiologie sichtbar zu machen. Der Sinn des Arbiträren wird nun klarer: die Produktion von arbiträren Zeichen offenbart die Freiheit des Geistes. Und in der Produktion des Zeichens wird mehr Freiheit manifest als in der des Symbols. Der Geist ist in ihr unabhängiger und sich selbst näher. Durch das Symbol hingegen findet er sich ein wenig mehr in die Natur verbannt. »Als bezeichnend beweist daher die Intelligenz eine freiere Willkür und Herrschaft im Gebrauch der Anschauung denn als symbolisierend.« (§ 458.)[9]

In Übereinstimmung mit dem Schema dieser Teleologie befördert die semiotische Instanz – gerade eben als abstrakte Rationalität definiert – auch die Manifestation der Freiheit. Hieraus erfolgt ihre bedeutsame Stellung in der Entwicklung der Psychologie und der Logik. Hegel markiert diese Stellung in einer Zwischenbemerkung inmitten jener Anmerkung, die als langer Anhang dem kurzen Paragraphen beigefügt ist, der die Definition des Zeichens gibt. Die Pyramide war in diesem Raum und im Rahmen dieses Exkurses aufgetaucht:

> Gewöhnlich wird das *Zeichen* und die *Sprache* irgendwo als Anhang in der Psychologie oder auch in der Logik eingeschoben, ohne daß an ihre Notwendigkeit und Zusammenhang in dem Systeme der Tätigkeit der Intelligenz gedacht würde. Die wahrhafte Stelle des Zeichens ist die aufgezeigte [...]. (Ebd., § 458)

Die Aktivität, die darin besteht, den anschaulichen (räumlichen und zeitlichen) Inhalt zu beleben, ihm eine »Seele«, eine »Bedeutung« einzuhauchen, bringt das Zeichen durch *Erinnerung**, Gedächtnis und Verinnerlichung, hervor. Dieser Beziehung zwischen einer Bewegung der idealisierenden Verinnerlichung und dem Prozeß der Temporalisierung werden wir jetzt unser Interesse zuwenden. In der Produktion der Zeichen stellen das Gedächtnis und die Einbildungskraft, das heißt hier also die Zeit, dieselbe Verinnerlichung des Geistes dar, der sich in der reinen Selbstanschauung und somit in seiner Freiheit auf sich selbst bezieht und diese Selbstanschauung zur äußeren Existenz bringt.

Was zu zwei Bemerkungen veranlaßt:

1. Die Zeichentheorie tritt in der *Enzyklopädie* im Kapitel über die Einbildungskraft, unmittelbar vor dem Kapitel über das Gedächtnis, in Erscheinung. In der *Philosophischen Propädeutik* wird derselbe semiologische Inhalt unter der Rubrik des Gedächtnisses eingeschrieben.[10]

2. Das Gedächtnis – Produktion der Zeichen – ist auch das Denken selbst. In einer Bemerkung, die den Übergang zwischen dem Kapitel, das dem *Gedächtnis*, und jenem, das dem Denken gewidmet ist, herstellt, erinnert Hegel daran, daß »schon unsere Sprache [...] dem *Gedächtnis*, von dem es zum Vorurteil geworden ist, verächtlich zu sprechen, die hohe Stellung der unmittelbaren Verwandtschaft mit dem Gedanken [gibt]« (§ 464).

Aufheben[11] – *was Sprechen bedeutet*

Der Standort dieser Semiologie ist umschrieben. Ihren Inhalt erschöpfend zu behandeln, ist hier nicht möglich. Wir wollen lediglich eine erste Probe wagen und im Wege einer Inhaltsanalyse das von der Architektur beschriebene Motiv zu verifizieren suchen. Auf diese Weise wollen wir uns die Frage stellen, was diese Semiologie bedeutet, was sie besagt. Indem wir der Frage diese Form geben, unterwerfen wir uns auch schon dem inneren Schematismus dieser Metaphysik des Zeichens, die nicht nur »besagen« [*veut-dire*] und »bedeuten« will, sondern die sich in ihrer Essenz als eine von vornherein auf das *telos* des Sprechens ausgerichtete Theorie des *Bedeutens** [*vouloir-dire*] darstellt. Wie später bei Saussure ist die gesprochene Sprache hier das »Modell« [»*patron*«] des Zeichens und die Linguistik das Modell einer Semiologie, von der sie nichtsdestoweniger ein Teil bleibt.

Der Kern der These ist schnell dargelegt: das Privileg oder die Vortrefflichkeit des linguistischen – das heißt phonischen – Systems gegenüber jedem anderen semiotischen System. Es handelt sich also um das Privileg des Sprechens gegenüber der Schrift – und der phonetischen Schrift gegenüber jedem anderen System der Einschreibung, im besonderen gegenüber der hieroglyphischen oder ideographischen, aber auch gegenüber der mathematischen Schrift, gegenüber allen formalen Symbolen, den Algebren, Pasigraphien und sonstigen Projekten vom Leibnizschen Typus, gegenüber all dem, was, wie Leibniz sagte, nicht »auf die Stimme – oder auf das Wort [*vox*] – Bezug zu nehmen« braucht.

So formuliert ist die These bekannt. Wir wollen sie hier nicht in Erinnerung rufen, sondern vielmehr durch ihre Umgestaltung, durch die Rekonstitution ihrer Konfiguration aufzeigen, inwiefern die der Stimme verliehene Autorität in einem grundlegenden Zusammenhang mit dem ganzen Hegelschen System steht, mit seiner Archäologie, seiner Teleologie, seiner Eschatologie, mit dem Willen zur Parusie und mit allen Grundbegriffen der spekulativen Dialektik, besonders denen der Negativität und der *Aufhebung**.

Der Prozeß des Zeichens ist eine *Aufhebung**.

Die Anschauung, als unmittelbar zunächst ein Gegebenes und Räumliches, erhält, insofern sie zu einem Zeichen ge-

> braucht wird, die wesentliche Bestimmung, nur als *aufgehobene** [das heißt, gleichzeitig auf eine höhere Stufe gehoben (*elevé*) und beseitigt, sagen wir von nun an *aufgehoben* (*relevé*) – in dem Sinne, in dem man in einem in eine höhere Position *gehoben* (*elevé*) und seiner Position *enthoben* (*relevé de*), durch eine Art Beförderung von dem, was nachfolgt und die *Relève*[12] antritt (*prendre la relève*), ersetzt werden kann. In diesem Sinn ist das Zeichen die *Relève* der sinnlich-räumlichen Anschauung] zu sein. Die Intelligenz ist diese ihre Negativität. (§ 459)

Die Macht, die durch das Negieren der sinnlichen Räumlichkeit der Anschauung ein Zeichen produziert, heißt also Intelligenz. Sie ist die Aufhebung der räumlichen Anschauung. Nun ist, wie Hegel anderweitig zeigt,[13] die Aufhebung* des Raumes die Zeit. Die Zeit ist die Wahrheit dessen, was sie in einer Bewegung der Aufhebung negiert – den Raum. Die Wahrheit oder die teleologische Essenz des Zeichens als Aufhebung der sinnlich-räumlichen Anschauung wird hier das Zeichen als Zeit sein, das Zeichen im Element der Temporalisation. Die Fortsetzung des Paragraphen bestätigt dies: »Die Intelligenz ist diese ihre Negativität; so ist die wahrhaftere Gestalt der Anschauung, die ein Zeichen ist, ein Dasein in der Zeit« (ebd., § 459).

Das *Dasein in der Zeit**, diese Formel für einen Modus der Anschauung, muß im Zusammenhang mit jener anderen Formel gedacht werden, die die Zeit das *Dasein** des Begriffes nennt.

Warum ist das Dasein in der Zeit die *wahrhaftere* Gestalt der Anschauung, wie sie im Zeichen aufgehoben werden kann? Weil die Zeit die Aufhebung – das heißt in Hegelschen Ausdrücken die Wahrheit, das Wesen als Gewesenheit – des Raumes ist. Die Zeit, das ist der wahre essentielle, gewesene Raum, wie er gedacht, das heißt aufgehoben wurde. *Das, was der Raum bedeutet haben wird, ist die Zeit.*

Im Hinblick auf das Zeichen folgt daraus, daß der Inhalt

der sinnlichen Anschauung (der Signifikant) vor der *Bedeutung**, vor der bezeichneten Idealität zurücktreten, sich verflüchtigen muß, indem er sich doch bewahrt und sie bewahrt; und einzig in der Zeit – oder eher *wie* die Zeit selbst – kann diese Aufhebung Durchlaß finden, sich vollziehen.

Welche der signifikanten Substanzen (das, was die Glossematisten die »Substanz des Ausdrucks« nennen) ist nun am besten geeignet, sich wie die Zeit selbst zu vollziehen? Es ist der *Ton*, der seiner Natürlichkeit entbundene, aus ihr aufgehobene und an die Beziehung-auf-sich des Geistes, der Psyche als sich selbst affizierendes Subjekt für sich gebundene, der *beseelte*, der phonische Ton, die Stimme (*Ton**).

Hegel zieht sofort und auf rigorose Weise diese Konsequenz:

> So ist die wahrhaftere Gestalt der Anschauung, die ein Zeichen ist, ein Dasein in der *Zeit*, – ein Verschwinden des Daseins, indem es ist, und nach seiner weiteren äußerlichen, psychischen Bestimmtheit ein von der Intelligenz aus ihrer (anthropologischen) eigenen Natürlichkeit hervorgehendes *Gesetztsein**, – der *Ton*, die erfüllte Äußerung der sich kundgebenden Innerlichkeit. (Ebd., § 459)

Einerseits vereinigt die Stimme die anthropologische Natürlichkeit des natürlichen Tons mit der psychisch-semiotischen Idealität, sie ist also die Gelenkstelle der Philosophie des Geistes und der Naturphilosophie; und in der Philosophie des Geistes hängen in ihrem Begriff die Anthropologie und die Psychologie zusammen. Zwischen diesen beiden Wissenschaften schreibt sich, wie wir wissen, die Phänomenologie des Geistes oder die Wissenschaft von der Erfahrung des Bewußtseins ein.

Andererseits ist diese phonische Beziehung zwischen dem Sinnlichen und dem Intelligiblen, dem Realen und dem Idealen und so weiter hier als Beziehung der Expressivität zwischen einem Inneren und einem Äußeren bestimmt. Die Tonsprache, das Sprechen, trägt das Innere nach außen, läßt es jedoch dort nicht einfach – etwa wie eine Schrift – zurück. Indem sie das Innere gerade im Akt des Äußerns in sich zurückhält, ist sie par excellence das, was der inneren Repräsentation die Existenz, das Dasein* verleiht und die Existenz des Begriffs (des Signifikats) begründet. Aber insofern sie das in der sinnlich-räumlichen Anschauung gegebene *Dasein** verinnerlicht und temporalisiert, erhöht die Sprache damit auch die Existenz selbst, hebt sie in ihrer Wahrheit auf und bewirkt dadurch eine Art Aufstieg im Dasein [*promotion de présence*]. Sie läßt die sinnliche Existenz zur Existenz der Vorstellung, zur intellektuellen Existenz, zur Existenz des Begriffs übergehen. Einen solchen Übergang stellt nun das Moment der Artikulation, das den phonischen Ton in die menschliche Stimme und das Geräusch in Sprache verwandelt, gerade dar:

> Der für die bestimmten Vorstellungen sich weiter artikulierende Ton*, die Rede* und ihr System, die *Sprache**, gibt den Empfindungen, Anschauungen, Vorstellungen ein zweites, höheres als ihr unmittelbares Dasein, überhaupt eine Existenz, die *im Reiche des Vorstellens** gilt. (Ebd., §459)

In der Textpassage, die uns hier beschäftigt, interessiert Hegel die Sprache »nur nach der eigentümlichen Bestimmtheit als das Produkt der Intelligenz, ihre Vorstellungen in einem äußerlichen Element zu manifestieren«. Er schreitet, wenn man so sagen kann, nicht zur Untersuchung der Sprache selbst. Er hat die Ordnung der allgemeinen Semiologie, ihren Platz in der Psychologie und danach den Ort der Linguistik im Inneren einer Semiologie definiert, als deren teleologisches Modell sie nichtsdestoweniger erscheint. Die *Enzyklopädie* läßt es bei dieser Systematik oder Architektonik bewenden. Sie füllt das Feld, dessen Grenzen sie markiert und dessen Topographie sie angibt, nicht aus. Die Grundzüge einer Linguistik sind aber aufgezeigt. So wird sich diese zum Beispiel der Unterscheidung zwischen dem formalen (grammatischen) und materialen (lexikologischen) Element unterwerfen müssen. Eine solche Analyse löst den Diskurs über die Linguistik auf, zersetzt ihn zwischen seinem *Vorher* und seinem *Nachher.*

Die Lexikologie, die Wissenschaft vom Material der Sprache, verweist uns in der Tat auf eine *schon* – und zwar vor der Psychologie – behandelte Disziplin: die Anthropologie. Und in der Anthropologie auf die Psychophysiologie. Denn bevor sie sich als solche gibt, kündigt sich die Idealität in der Natur an, verbirgt sich der Geist außerhalb seiner selbst in der Materie der sinnlichen Wahrnehmung; und er verfährt dabei spezifischen Modi, Abstufungen, einem Werden, einer Hierarchie gemäß. Im Rahmen dieser Teleologie muß der hier entscheidende Begriff der *physischen Idealität* verstanden werden. Die Idealität im allgemeinen ist in Hegelschen Worten die »*Negation* des Reellen, dieses aber zugleich aufbewahrt, virtualiter erhalten, ob es gleich nicht existiert« (§ 403). Da das Zeichen die Negativität ist, welche die sinnliche Anschauung in die Idealität der Sprache aufhebt, muß es sich in und von einer den Sinnen gegebenen Materie abheben, die sich dafür gewissermaßen anbietet, indem sie der Arbeit der Idealisierung mit einer prädisponierten Widerstandslosigkeit entgegenkommt.[14] Die idealisierende und aufhebende Negativität, die im Zeichen tätig ist, hat immer schon begonnen, die Materie der sinnlichen Wahrnehmung insgesamt zu affizieren. Aber indem diese differenziert ist, gliedert sie sich entsprechend ihrer Potenz an Idealität in die Hierarchie ihrer Typen und Regionen auf. Daraus resultiert neben anderen Konsequenzen, daß man den Begriff der physischen Idealität als eine Art teleologische Antizipation betrachten oder, umgekehrt, im Begriff und im Wert der Idealität im allgemeinen eine »Metapher« erkennen kann. Eine solche Verschiebung – die das Resümee des ganzen von der Metaphysik zurückgelegten Weges ist – würde auch die »Geschichte« einer gewissen Organisierung der Funktionen wiederholen, die die Philosophie als »Sinne« bezeichnet hat. Die Äquivalenz dieser beiden Lesarten ist auch ein Effekt des Hegelschen Zirkels: die sensualistische oder materialistische Reduktion und die idealistische Teleologie folgen, in der einander entgegengesetzten Richtung, derselben Linie. Jener nämlich, die wir bequemlichkeitshalber und provisorisch gerade »Metapher« genannt haben.

Das, was Hegel also als physische Idealität bezeichnet, teilt sich in zwei Regionen der Sensibilität auf: die Lichtsensibilität und die Tonsensibilität. Sie werden in der *Enzyklopädie* und in der *Ästhetik* analysiert.

Ob es sich nun um Licht oder um Ton handelt: die semiologische Analyse der signifikanten Materialien verweist uns von der Psychologie auf die Anthropologie (Psychophysiologie) und – in letzter Instanz – auf die Physik.[15] Die Richtung ist hier die entgegengesetzte zu jener der Teleologie und zur Bewegung der Negativität, dergemäß die Idee sich selbst als Geist wieder aneignet, indem sie die (sich aus der) Natur aufhebt, ihr Anderssein, in dem sie sich negiert, verloren und zugleich doch angekündigt hatte. Nun wird am Beginn der »Physik« das Licht als erste – wenn auch noch abstrakte und leere – Manifestation gesetzt, als undifferenzierte Identität der ersten qualitativ bestimmten Materie. Durch das Licht, das neutrale und abstrakte Element des Erscheinens, das reine Medium jeglicher Phänomenalität, bezieht sich die Natur zuerst auf sich selbst. Im Licht manifestiert sich die Natur, wird sichtbar, läßt sich sehen und sieht sich selbst. In dieser ersten reflexiven Artikulation ist die Eröffnung der Idealität und die Eröffnung der Subjektivität, der Beziehung-auf-sich der Natur eins. Das Licht ist »die reine Beziehung auf sich, die erste Idealität, das erste Selbst der Natur [...]. Im

Licht beginnt die Natur zum erstenmal subjektiv zu werden« (Bd. 15, S. 31).

In Entsprechung dazu ist der Gesichtssinn ein *ideeller* Sinn per definitionem und, wie sein Name darauf hindeutet, ideeller als der Tast- oder der Geschmackssinn. Man kann auch sagen, daß der Gesichtssinn der Theorie *seinen Sinn gibt*. Er setzt das Begehren außer Kraft, läßt die Dinge bestehen, schiebt ihren Verbrauch auf oder verbietet ihn.[16] Das Sichtbare, erklärt uns Hegel, hat mit dem Zeichen gemeinsam, daß es nicht verzehrbar ist.

Ist der Gesichtssinn aber ideell, *so ist es der Gehörsinn noch mehr*. Dieser hebt den Gesichtssinn auf. Trotz der Idealität des Lichts und des Blicks verharren die vom Auge wahrgenommenen Objekte – zum Beispiel die Werke der bildenden Kunst – jenseits der Wahrnehmung in ihrer sinnlichen äußerlichen eigensinnigen Existenz; sie widerstehen der *Aufhebung**, lassen sich als solche durch die zeitliche Innerlichkeit nicht gänzlich aufheben. Sie bremsen die Arbeit der Dialektik. Dies gilt für die Werke der bildenden Kunst, und es wird, wie sich vermuten läßt, auch für die Schrift als solche zutreffen. Nicht mehr jedoch für die Musik und das Sprechen. Für das Gehör, den sublimsten der Sinne, gilt, daß es

> wie das Gesicht nicht den praktischen, sondern den *theoretischen* Sinnen zugehört und selbst noch ideeller ist als das Gesicht. Denn die ruhige, begierdelose Beschauung von Kunstwerken läßt zwar die Gegenstände, ohne sie irgend vernichten zu wollen, für sich, wie sie da sind, ruhig bestehen, aber das, was sie auffaßt, ist nicht das in sich selbst Ideellgesetzte, sondern im Gegenteil das in seiner sinnlichen Existenz Erhaltene. Das Ohr dagegen vernimmt, ohne sich selber praktisch gegen die Objekte hinauszuwenden, das Resultat jenes inneren Erzitterns des Körpers, durch welches nicht mehr die ruhige materielle Gestalt, sondern die erste ideellere Seelenhaftigkeit zum Vorschein kommt. Da nun ferner die Negativität, in die das schwingende Material

> hier eingeht, einerseits ein Aufheben des räumlichen Zustandes ist, das selbst wieder durch die Reaktion des Körpers aufgehoben wird, so ist die Äußerung dieser zwiefachen Negation, der Ton, eine Äußerlichkeit, welche sich in ihrem Entstehen durch ihr Dasein selbst wieder vernichtet und an sich selbst verschwindet. Durch diese gedoppelte Negation der Äußerlichkeit, welche im Prinzipe des Tons liegt, entspricht derselbe der inneren Subjektivität, indem das Klingen, das an und für sich schon etwas Ideelleres ist als die für sich real bestehende Körperlichkeit, auch diese ideellere Existenz aufgibt und dadurch eine dem Innerlichen gemäße Äußerungsweise wird. (Bd. 15, S. 134 f.)[17]

Wir werden ständig auf diesen Begriff der Vibration, des Erzitterns*, des schwingenden Zitterns* verwiesen. In der »Naturphilosophie« steht er im Mittelpunkt der Physik des Klanges*; er bezeichnet dort immer den – durch die Operation der Negativität bewirkten – Übergang vom Raum zur Zeit, von der Materialität – über die »abstrakte Materialität«* – zum Ideellen.[18] Dieser teleologische Begriff des Klanges als eine Bewegung der Idealisierung, eine *Aufhebung** der natürlichen Äußerlichkeit, Aufhebung des Sichtbaren im Hörbaren, ist im Verein mit der ganzen Naturphilosophie die grundlegende Voraussetzung der Hegelschen Interpretation der Sprache, insbesondere des als materiell bezeichneten Teils des Sprachsystems der Lexikologie. Diese Voraussetzung führt zur Ausbildung eines spezifischen Systems, das sowohl das Verhältnis der Hegelschen Naturphilosophie zur Physik seiner Zeit und zur Totalität der Hegelschen Teleologie als auch ihr Ineinandergreifen mit dem allgemeineren System und der umfassenderen Kette des Logozentrismus gestaltet.

Wenn die Lexikologie uns zur Physik zurückführte, so lenkt uns die Grammatik (das formale Element des Diskurses) im voraus auf das Studium des Verstandes und seiner Artikulation in Kategorien. Die *Enzyklopädie* geht später tatsächlich darauf ein.

> Das *Formelle* der Sprache aber ist das Werk des Verstandes, der seine Kategorien in sie einbildet; dieser logische Instinkt bringt das Grammatische derselben hervor. Das Studium von ursprünglich gebliebenen Sprachen, die man in neueren Zeiten erst gründlich kennenzulernen angefangen hat, hat hierüber gezeigt, daß sie eine sehr ins Einzelne ausgebildete Grammatik enthalten und Unterschiede ausdrücken, die in Sprachen gebildeterer Völker mangeln oder verwischt worden sind; es scheint, daß die Sprache der gebildetsten Völker die unvollkommenere Grammatik, und dieselbe Sprache bei einem ungebildeteren Zustande ihres Volkes eine vollkommenere als bei dem höher gebildeten hat. Vgl. Herrn W. v. *Humboldt*, Über den Dualis [Berlin 1828] I,10,11. (§ 459, vgl. auch *Die Vernunft in der Geschichte*, Bd. 12, S. 85 und 92 f.)

Diese aufhebende, geistige und ideale Vorzüglichkeit der Phonie hat zur Folge, daß jede Raumsprache – und allgemein jede Verräumlichung – *minderwertig* und *äußerlich* bleibt. Die Schrift kann – je nachdem, wie umfänglich wir sie konzipieren – als ein Beispiel oder als der Begriff dieser Verräumlichung betrachtet werden. In beiden Fällen wird sie auf dieselbe Weise behandelt. Im linguistischen Teil der Semiologie kann Hegel die Geste setzen, von der er abgeraten hatte, als es um die allgemeine Semiologie gegangen war: er verweist die Frage der Schrift in den Status einer Nebenfrage, die als Anhang, als Exkurs oder – in einer bestimmten Bedeutung dieses Wortes – als Supplement abgehandelt wird.[19] Dies war bekanntlich die Geste Platons, Rousseaus, und dies wird, um nur die spezifischen Knotenpunkte eines Prozesses und eines Systems anzuführen, die Geste Saussures sein. Nachdem er die Tonsprache* explizit als die ursprünglichere* Sprache definiert hat, schreibt Hegel:

> [Hier] kann auch der *Schriftsprache*, jedoch hier nur im Vorbeigehen, erwähnt werden; sie ist bloß eine weitere Fortbildung im *besonderen* Gebiete der Sprache, welche

> eine äußerlich praktische Tätigkeit zu Hilfe nimmt. Die Schriftsprache geht zum Felde des unmittelbaren räumlichen Anschauens fort, in welchem sie die Zeichen (§ 454) nimmt und hervorbringt. (§ 459)[20]

Es ist nicht möglich, hier alle Konsequenzen einer solchen Interpretation des Supplements der Schrift, ihrer originellen Stellung in der Hegelschen Logik und ihrer Verknüpfung mit der ganzen überlieferten und systematischen Kette der Metaphysik zur Darstellung zu bringen. Wir wollen lediglich schematisch und programmatisch die Thesen intitulieren, die zu überprüfen wären.

A. Die teleologische Hierarchie der Schriften

Den Gipfel dieser Hierarchie nimmt die phonetische Schrift vom Typ des Alphabets ein: »Die Buchstabenschrift ist an und für sich die intelligentere« (§ 459). Insofern sie die Stimme – das heißt die Idealisierung, die Bewegung des sich auf seine eigene Innerlichkeit beziehenden und sichsprechen-hörenden Geistes – respektiert, übersetzt oder transkribiert, ist die phonetische Schrift das der Geschichte am meisten gemäße Element der Kultur, jenes, das am offensten ist für die unendliche Entwicklung der Tradition. Dies gilt zumindest für das Prinzip ihres Funktionierens.

> Es folgt noch aus dem Gesagten, daß Lesen- und Schreibenlernen einer Buchstabenschrift für ein nicht genug geschätztes, unendliches Bildungsmittel zu achten ist, indem es den Geist von dem sinnlich Konkreten zu der Aufmerksamkeit auf das Formellere, das tönende Wort und dessen abstrakte Elemente, bringt und den Boden der Innerlichkeit im Subjekte zu begründen und rein zu machen ein Wesentliches tut. (§ 459)

Die Geschichte – die nach Hegel immer Geistesgeschichte ist –, die Entwicklung des Begriffs als Logos, die onto-theologische Entfaltung der Parusie und so weiter werden durch die Buchstabenschrift nicht gehemmt. Im Gegenteil: Indem sie ihre eigene Verräumlichung besser auslöscht als jede andere relevante Schrift, bleibt sie die höchste und aufhebendste Vermittlung. Eine solche teleologische Beurteilung der Buchstabenschrift konstituiert ein System und zieht strukturell die zwei folgenden Konsequenzen nach sich:

a) Jenseits des *Faktes* der alphabetischen Schrift appelliert Hegel hier an ein teleologisches Ideal. Tatsächlich gibt es ja, wie Hegel zwar en passant, aber unmißverständlich einräumt, keine rein phonetische Schrift und kann sie auch nicht geben. Das alphabetische System, wie wir es anwenden, ist nicht und kann nicht rein phonetisch sein. Eine Schrift kann sich niemals durch und durch von der Stimme ausfüllen und in Erstarrung versetzen lassen. Die nichtphonetischen Funktionen, die – wenn man so sagen kann – operativen Pausen der alphabetischen Schrift sind keine bloß faktischen Akzidenzien oder Abfallprodukte, die zu reduzieren Hoffnung bestünde (Interpunktion, Ziffer, Verräumlichung). Der *Fakt*, von dem wir gesprochen haben, ist nicht nur ein empirischer Fakt, sondern in ihm exemplifiziert sich ein grundlegendes Gesetz, das der Erfüllung eines teleologischen Ideals irreduzible Grenzen setzt. Tatsächlich räumt Hegel dies in einer Parenthese, die er recht schnell wieder schließt und die wir hervorheben müssen, ein:

> Leibniz hat sich durch seinen Verstand verführen lassen, eine vollständige Schriftsprache, auf hieroglyphische Weise gebildet, *was wohl partiell auch bei Buchstabenschrift* (*wie in unseren Zeichen der Zahlen, der Planeten, der chemischen Stoffe* u. dgl.) stattfindet, als eine allgemeine Schriftsprache für den Verkehr der Völker und insbesondere der Gelehrten für sehr wünschenswert zu halten. (§ 459)

b) Die in allen diesen Urteilen vorausgesetzte Linguistik ist eine *Linguistik des Wortes* und im besonderen des

Nomens. Das Wort – und dieses Wort par excellence, das das Nomen mit seinem Kategorem ist – funktioniert in ihr als dieses einfache und irreduzible, vollwertige Element, das in der Stimme die Einheit von Ton und Sinn trägt. Dank seiner kann man sowohl auf das Bild als auch auf die sinnliche Existenz verzichten. »Es ist im Namen, daß wir *denken.*« (§ 462.) Nun wissen wir heute aber, daß das Wort nicht mehr mit der linguistischen Würde bekleidet ist, die man ihm fast immer zugestanden hatte. Es stellt eine relative, empirisch zwischen größeren oder kleineren Einheiten herausgelöste Einheit dar.[21] Das irreduzible Privileg des Nomens ist die grundlegende Voraussetzung der Hegelschen Sprachphilosophie.

> Die Buchstabenschrift ist an und für sich die intelligentere; in ihr ist das *Wort*, die der Intelligenz eigentümliche würdigste Art der Äußerung ihrer Vorstellungen, zum Bewußtsein gebracht, zum Gegenstande der Reflexion gemacht [...]. Die Buchstabenschrift behält damit auch den Vorteil der Tonsprache, daß in ihr wie in dieser die Vorstellungen eigentliche Namen haben; der Name ist das einfache Zeichen für die eigentliche, d. i. einfache, nicht in ihre Bestimmungen aufgelöste und aus ihnen zusammengesetzte Vorstellung. Die Hieroglyphensprache entsteht nicht aus der unmittelbaren Analyse der sinnlichen Zeichen wie die Buchstabenschrift, sondern aus der voranzugehenden Analyse der Vorstellungen, woraus dann leicht der Gedanke gefaßt wird, daß alle Vorstellungen auf ihre Elemente, auf die einfachen logischen Bestimmungen zurückgeführt werden könnten, so daß aus den hierfür gewählten Elementarzeichen (wie bei den chinesischen *Kua* der einfache gerade und der in zwei Teile gebrochene Strich) durch ihre Zusammensetzung die Hieroglyphensprache erzeugt würde. Dieser Umstand der analytischen Bezeichnung der Vorstellungen bei der hieroglyphischen Schrift, welcher *Leibniz* verführt hat, diese für vorzüglicher zu halten als die Buchstabenschrift, ist es vielmehr,

> der dem Grundbedürfnisse der Sprache überhaupt, dem Namen, widerspricht [...]. (§ 459, vgl. auch die drei folgenden Paragraphen)

B. Die Kritik der Pasigraphie: Die Prosa des Verstandes

Die Entwürfe einer universellen Schrift von nicht-phonetischem Typ scheinen von den fälschlichen Ansprüchen und den Unzulänglichkeiten aller von Hegel angeprangerten Formalismen gezeichnet. Hegels Anklage richtet sich gerade gegen die Risiken der Dislokation des Wortes und des Nomens. Der Hauptangeklagte ist natürlich Leibniz, sein Intellekt und seine Naivität, seine spekulative Naivität, die ihn dazu drängt, auf den Intellekt zu vertrauen, was hier also heißt: auf den formalisierenden und todbringenden Verstand. Aber von Leibniz, vor dem Mathematizismus, der die Entwürfe einer allgemeinen Charakteristik inspiriert, wendet sich Hegel gegen das, was er als die großen historischen Modelle ansicht.

a) *Thot* – Das *ägyptische Modell* zuerst. Hegel wirft ihm vor allem vor, zu »symbolisch« zu bleiben, in der präzisen Bedeutung, die wir dem Symbol weiter oben zuerkannt haben. Obwohl die Hieroglyphen Elemente einer phonetischen Schrift und somit arbiträre Zeichen enthalten (Hegel bezieht sich im Hinblick darauf auf die Entdeckungen Champollions[22]), bleiben sie zu eng an die sinnliche Repräsentation des Dinges gebunden. Ihre Naturhaftigkeit hält den Geist zurück, überfüllt ihn, zwingt ihn zu einer mechanischen Gedächtnisanstrengung, führt ihn in die Irre einer unendlichen Polysemie. Ein schlechtes Modell für die Wissenschaft und die Philosophie:

> Die *hieroglyphische* Sprache ist eine Bezeichnung der Gegenstände, die keine Beziehung auf ihr ertönendes Zeichen hat. Einer allgemeinen philosophischen Schriftsprache, wo-

> von mehrere den Gedanken gefaßt haben, steht die unbestimmbar große Menge von Zeichen entgegen, die nötig wäre, besonders zu erfinden und zu lernen.[23]

Naturhaftigkeit der Hieroglyphen, das Faktum, daß der Geist sich in ihnen nur partiell manifestiert oder vielmehr sprechen-gehört hat, all dies kommt sehr deutlich in einer gewissen Abwesenheit der Stimme, insbesondere in den von der ägyptischen Kultur privilegierten Kunstformen zum Ausdruck. Hegel schreibt im Kapitel über die *unbewußte Symbolik*:

> In einem ähnlichen Sinne ist auch die Hieroglyphenschrift der Ägypter zum großen Teil symbolisch, indem sie entweder die Bedeutungen durch Abbildungen wirklicher Gegenstände kenntlich zu machen sucht, die nicht sich selbst, sondern eine damit verwandte Allgemeinheit darstellen, oder häufiger noch in dem sogenannten phonetischen Elemente dieser Schrift die einzelnen Buchstaben durch Aufzeichnung eines Gegenstandes andeutet, dessen Anfangsbuchstabe in sprachlicher Beziehung denselben Laut hat, welcher ausgedrückt werden soll. (Bd. 13, S. 461)

Aber darauf das Beispiel jener Kolosse erwähnt, von denen die Legende erzählt, daß sie unter der Einwirkung des Taus und der ersten Sonnenstrahlen Töne von sich gaben, glaubt Hegel in dieser Legende ein Anzeichen dafür sehen zu können, daß der Geist sich hier erst zu befreien und als solcher zu erkennen beginnt:

> Als *Symbol* aber ist diesen Kolossen die Bedeutung zu geben, daß sie die geistige Seele nicht frei in sich selber haben und zur Belebung daher, statt sie aus dem Innern entnehmen zu können, welches Maß und Schönheit in sich trägt, von außen des Lichts bedürfen, das erst den Ton der Seele aus ihnen herauslockt. Die menschliche Stimme dagegen tönt aus der eigenen Empfindung und dem eigenen Geiste ohne äußeren Anstoß, wie die Höhe der Kunst überhaupt darin besteht, das Innere sich aus sich selber gestalten zu

> lassen. Das Innere aber der menschlichen Gestalt ist in Ägypten noch stumm und in seiner Beseelung nur das natürliche Moment berücksichtigt. (Bd. 13, S. 462)[24]

Die Naturhaftigkeit des hieroglyphischen Symbols ist die Voraussetzung für seine Polysemie. Einer Polysemie, die in Hegels Augen nicht den Wert der geregelten Ambivalenz gewisser von Natur aus spekulativer Wörter der deutschen Sprache hat. Hier beruht die obskure Unbeständigkeit der Bedeutung darauf, daß der Geist nicht unmißverständlich und in Freiheit zu sich zurückgekehrt ist. Die Natur hat sich zwar zu beleben, sich auf sich selbst zu beziehen und sich selbst zu erforschen begonnen, sie hat genügend bewegende Kraft, um mit sich selbst Zeichen geben und symbolisieren zu können. Aber der Geist findet, erkennt sich in ihr noch nicht. Die Materialität des »Signifikanten« funktioniert, so hat man den Eindruck, auf sich allein gestellt als »unbewußte Symbolik«:

> Durch jene Wechselsymbolik nun ist das Symbol in Ägypten zugleich ein Ganzes von Symbolen, so daß, was einmal als *Bedeutung** auftritt, auch wieder als Symbol eines verwandten Gebietes benutzt wird. Diese vieldeutige Verknüpfung des Symbolischen, das Bedeutung und Gestalt durcheinanderschlingt, Mannigfaches in der Tat anzeigt oder darauf anspielt und dadurch der inneren Subjektivität schon zuläuft, welche allein sich nach vielen Richtungen hinzuwenden vermag, ist der Vorzug dieser Gebilde, obgleich die Erklärung derselben der Vieldeutigkeit wegen allerdings erschwert wird. (Bd. 13, S. 464)

Diese Polysemie ist so essentiell, sie gehört so notwendig zur Struktur der Hieroglyphe, daß die Schwierigkeit der Dechiffrierung nicht durch unsere Situation und unser Späterkommen bedingt ist. Diese Polysemie mußte, präzisiert Hegel, der Lektüre der Ägypter selbst Schranken setzen. Der Übergang von Ägypten zu Griechenland ist demzufolge die Dechiffrierung, die Dekonstituierung der Hieroglyphe, ihrer spezifisch symbolischen Struktur, wie sie selbst in der Gestalt der Sphinx ihren symbolischen Ausdruck findet. Griechenland, das ist die Antwort des Ödipus, die Hegel als den Diskurs und die Operation des Bewußtseins selbst interpretiert:

> Die Werke der ägyptischen Kunst in ihrer geheimnisvollen Symbolik sind deshalb Rätsel, das objektive Rätsel selbst. Als Symbol für diese eigentliche Bedeutung des ägyptischen Geistes können wir die *Sphinx* bezeichnen. Sie ist das Symbol gleichsam des Symbolischen selber [...]. In diesem Sinne ist es, daß die Sphinx in dem griechischen Mythos, den wir selber wieder symbolisch deuten können, als das Rätsel aufgebende Ungeheuer erscheint.

Durch seine Antwort zerstört Ödipus die Sphinx. Diese (J.D.)

> stellte die bekannte rätselhafte Frage: Wer ist es, der morgens auf vier Beinen geht, mittags auf zweien und abends auf dreien? Ödipus fand das einfache Entzifferungswort, daß es der Mensch sei, und stürzte die Sphinx vom Felsen. Die Enträtselung des Symbols liegt in der anundfürsichseienden Bedeutung, dem Geist, wie die berühmte griechische Aufschrift dem Menschen zuruft: Erkenne dich selbst! Das Licht des Bewußtseins ist die Klarheit, welche ihren konkreten Inhalt hell durch die ihm selbst angehörige gemäße Gestalt hindurchscheinen läßt und in ihrem Dasein nur sich selber offenbar macht. (Bd. 13, S. 465 f.)

Die Lösung des Rätsels, das Wort des Ödipus, der Diskurs des Bewußtseins, der *Mensch* zerstört, vertreibt oder stürzt die Petroglyphe. Der Gestalt der Sphinx – der im steinernen Zeichen schlafenden Animalität des Geistes, Vermittlung zwischen der Materie und dem Menschen, Duplizität des Übergangs – korrespondiert die Figur des Thot, des Gottes der Schrift. Der Rang, den Hegel diesem Halbgott zuweist (als sekundärer, dem Gott des Denkens unterstellter Gott, tierischer Diener des großen Gottes,

Tier des Menschen, Mensch des Gottes und so weiter), greift in keinem Punkt störend in die Inszenierung des *Phaidros* ein. Auch hier müssen die systematischen Ketten wieder in ihrer differenzierten Amplitude artikuliert und muß die Frage gestellt werden, warum Hegel an dieser Stelle die ägyptischen Mythemata wie Platon liest:

> Als ein wichtiges Moment des Osiris ist der *Anubis* (*Thot*), der ägyptische Hermes, herauszuheben. In der menschlichen Tätigkeit und Erfindung und in der gesetzlichen Ordnung erhält das Geistige als solches eine Existenz und wird in dieser selbst bestimmten und beschränkten Weise Gegenstand des Bewußtseins. Es ist dies das Geistige nicht als eine unendliche, freie Herrschaft der Natur, sondern als ein Besonderes neben den Naturgewalten und ein Besonderes auch nach seinem Inhalte. So haben die Ägypter auch Götter gehabt als geistige Tätigkeiten und Wirksamkeiten, aber diese teils selbst beschränkt ihrem Inhalte nach, teils angeschaut in natürlichen Symbolen. – Als Seite der göttlichen Geistigkeit ist der ägyptische Hermes berühmt. Nach Jamblich haben die ägyptischen Priester allen ihren Erfindungen von alters her den Namen Hermes vorgesetzt; daher hat Eratosthenes sein Buch, welches von der gesamten ägyptischen Wissenschaft handelte, *Hermes* betitelt. Anubis wird Freund und Begleiter Osiris genannt. Ihm wird die Erfindung der Schrift, dann der Wissenschaft überhaupt, der Grammatik, Astronomie, Meßkunst, Musik, Medizin zugeschrieben; er hat zuerst den Tag in zwölf Stunden eingeteilt; er ist ferner der erste Gesetzgeber, der erste Lehrer der Religionsgebräuche und Heiligtümer, der Gymnastik und Orchestik; er hat den Ölbaum entdeckt. Aber ungeachtet aller dieser geistigen Attribute ist diese Gottheit etwas ganz anderes als der Gott des Gedankens: es sind nur die besonderen menschlichen Künste und Erfindungen in ihr zusammengefaßt; ferner ist dieser Gott wieder ganz mit Naturexistenz verbunden und in Natursymbole herabgezogen. (Bd. 12, S. 259 f.)

b) *Die Schildkröte* – Hegel erfaßt das *chinesische Modell* der Schrift in einem Kreis. Um diesen zu beschreiben, wollen wir einfach drei Postulate aneinanderreihen. Sie bezeichnen die drei Prädikate, zwischen denen sich die chinesische Schrift notwendigerweise im Kreise dreht: *Immobilismus* (oder Langsamkeit), *Äußerlichkeit* (oder Oberflächlichkeit), *Naturhaftigkeit* (oder Animalität). Dies alles ist auf dem Panzer einer Schildkröte eingeschrieben. Drei Zitate:

1. *Der Immobilismus*:

> Mit dem Reiche China hat die Geschichte zu beginnen, denn es ist das älteste, soweit die Geschichte Nachricht gibt, und zwar ist sein Prinzip von solcher Substantialität, daß es zugleich das älteste und das neueste für dieses Reich ist. Früh schon sehen wir China zu dem Zustande heranwachsen, in welchem es sich heute befindet; denn da der Gegensatz von objektivem Sein und subjektiver Daranbewegung noch fehlt, so ist jede Veränderlichkeit ausgeschlossen, und das Statarische, das ewig wiedererscheint, ersetzt das, was wir das Geschichtliche nennen würden. (Bd. 12, S. 147.)

2. *Die Äußerlichkeit*: Sie folgt unmittelbar aus dem Vorhergehenden und *schließt* aus der Geschichte *aus*, was doch gerade als ihr *Beginn* definiert wird und was mehr als sonstwo in sich selbst den Geschichtsschreiber hervorgebracht hat:

> China und Indien liegen gleichsam noch außer der Weltgeschichte, als die Voraussetzung der Momente, deren Zusammenschließung erst ihr lebendiger Fortgang wird. Die Einheit von Substantialität und subjektiver Freiheit ist so ohne Unterschied und Gegensatz beider Seiten, daß eben dadurch die Substanz nicht vermag, zur Reflexion in sich, zur Subjektivität zu gelangen. Das Substantielle, das als Sittliches erscheint, herrscht somit nicht als Gesinnung des Subjekts, sondern als Despotie des Oberhauptes. Kein Volk

hat eine so bestimmt zusammenhängende Zahl von Geschichtsschreibern wie das chinesische. (Ebd.)

Und indem die Geschichte in die Geschichte der Philosophie übergeht:

> Das Orientalische ist so aus der Geschichte der Philosophie auszuschließen; im ganzen aber will ich doch davon einige Notizen geben, besonders über das Indische und Chinesische. Ich habe dies sonst übergangen; denn man ist erst seit einiger Zeit in den Stand gesetzt, darüber zu urteilen [...]. Die eigentliche Philosophie beginnt im Okzident. (Bd. 18, S. 121.)

3. *Die Naturhaftigkeit*: Auf dem Panzer der Schildkröte lesen wir die (Beinahe-)Immobilität, die (Beinahe-)Äußerlichkeit, die (Beinahe-)Naturhaftigkeit:

> Zählen ist schlechte Manier. Man spricht auch viel von der Philosophie der Chinesen, des Fo-hi, die auf gewissen Linien beruht, die vom Schildkrötenrücken hergenommen sein sollen. Die Chinesen sagen, daß diese Linien die Grundlage ihrer Schriftzüge und ebenso ihres Philosophierens seien. Man sieht aber sogleich, daß es mit diesem Philosophieren nicht weit gegangen. Bloß die abstraktesten Bestimmungen und Gegensätze sind darin ausgedrückt. Die zwei Grundfiguren sind eine horizontale Linie und ein ebenso langer in sich gebrochener Strich; die erste Figur heißt Yang, die zweite Yin. Es sind also die nämlichen Grundbestimmungen, die wir bei Pythagoras finden, Einheit und Zweiheit. Diese Figuren werden von den Chinesen hochverehrt als die Prinzipien aller Dinge; es sind freilich die ersten – und mithin auch oberflächlichsten – Gedankenbestimmungen. Sie werden nun weiter miteinander verbunden, zuerst zu vier, dann zu acht und schließlich zu vierundsechzig Figuren.[25]

Das chinesische Modell, das, wie Hegel bei jeder Gelegenheit daran erinnert, Leibniz fasziniert und irregeleitet hat, stellt in seinen Augen gegenüber der ägyptischen Hieroglyphe nichtsdestoweniger einen Fortschritt dar. Ein Fortschreiten in der formalisierenden Abstraktion, ein Abstandnehmen gegenüber dem Sinnlichen und dem naturhaften Symbol. Aber dieser Fortschritt, der dem Moment des abstrakten Verstandes entspricht, findet das nicht wieder, was er verliert: diese spekulative Konkretheit, die das Wort im Okzident gerade in dem Augenblick wiederfindet, als der Prozeß der Idealisierung seine sinnliche Äußerlichkeit aufgehoben hat. Daher auch die Analogie zwischen der Struktur der chinesischen Schrift und allen von Hegel in der abendländischen Philosophie abgegrenzten Strukturen des formalen Verstandes, besonders einer gewissen Autorität des mathematischen Modells in der Philosophie.

> Es ist allerdings hoch zu achten, daß die Chinesen nicht nur beim Sinnlichen oder Symbolischen stehen geblieben; die reinen Gedanken werden als solche auch zum Bewußtsein gebracht; aber weiter als bis zum abstraktesten Verstande kommen sie nicht. Sie steigen zwar auch zum Konkreten, aber dies wird nicht begriffen, nicht spekulativ betrachtet, sondern von dem Verstand mehr historisch aufgenommen, hererzählt, nach den Anschauungen der gewöhnlichen Wahrnehmung und Verstandesbestimmung behandelt [...]. (Ebd., S. 274)

Dem klassischen Schema der Hegelschen Kritik entsprechend, wird der chinesischen Kultur und Schrift im gleichen Atemzug ihr Empirismus (Naturalismus, Historizismus) und ihr Formalismus (mathematisierende Abstraktion) vorgeworfen.[26]

Eine typische Bewegung des Hegelschen Textes: Die spekulative Dialektik fährt schonungslos eine manchmal sehr präzise historische Information auf. Was eine gewisse Anzahl spezifischer Wirkungen zeitigt, und gerade in Form von dem, was Hegel anderweitig kritisiert: die Juxtaposition eines empirischen Inhalts und einer in der Folge abstrakten und dem zu organisierenden Inhalt äußerlichen und aufgesetzten Form. Dies kommt besonders in unbemerkten Widersprüchen zum Vorschein, die ihres Begriffes verlustig gegangen und nicht auf die spekulative Bewegung des Widerspruchs rückführbar sind.

Die Sätze, die sich auf die chinesische Schrift und Grammatik beziehen, sind hierfür ein symptomatisches Beispiel. So sei die chinesische Grammatik ungenügend entwickelt, was ihr Hegel nicht zugute hält. Im Vergleich mit den okzidentalen Grammatiken zeige sich die chinesische Syntax in einem Zustand stagnierender Primitivität und lähme die Bewegung der Wissenschaft. Hegel widerspricht sich also zweimal, ohne daß es sich hier im mindesten um eine dialektische Negation der Negation handelt – es handelt sich nur um eine Vermittlung. Wir haben ja tatsächlich weiter oben die folgenden zwei Motive erkannt: 1. Die Entwicklung und die Differenzierung der Grammatik stehen in einem umgekehrten Verhältnis zur geistigen Kultur und zum Entwicklungsstand einer Sprache. 2. Das »chinesische« Moment der Kultur ist das des formalen Verstandes, der mathematischen Abstraktion und so weiter; nun beruht die formale oder grammatikalische Funktion einer Sprache – im Gegensatz zu ihrer materialen oder lexikologischen Funktion – auf der Tätigkeit des Verstandes.

Hegel verstrickt sich in diese Inkohärenzen und inkriminiert zuletzt immer eine gewisse Beziehung der Sprache zur Schrift. Diese Beziehung ist in China nicht die, die sie hätte sein sollen.

> Wenn so einerseits die Wissenschaften aufs höchste geehrt und gepflegt scheinen, so fehlt ihnen auf der anderen Seite gerade jener freie Boden der Innerlichkeit und das eigentliche wissenschaftliche Interesse, das sie zu einer theoretischen Beschäftigung macht. Ein freies, ideelles Reich des Geistes hat hier nicht Platz, und das, was hier wissenschaftlich heißen kann, ist empirischer Natur und steht wesentlich im Dienste des Nützlichen für den Staat und für seine und

der Individuen Bedürfnisse. Schon die Art der *Schriftsprache* ist ein großes Hindernis für die Ausbildung der Wissenschaften, oder vielmehr umgekehrt: weil das wahre wissenschaftliche Interesse nicht vorhanden ist, so haben die Chinesen kein besseres Instrument für die Darstellung und Mitteilung des Gedankens. Bekanntlich haben sie neben der Tonsprache eine solche Schriftsprache, welche nicht wie bei uns die einzelnen Töne bezeichnet, nicht die gesprochenen Worte vor das Auge hinstellt, sondern die Vorstellungen selbst durch Zeichen. Dies scheint nun zunächst ein großer Vorzug zu sein und hat vielen großen Männern, unter anderen auch Leibniz, imponiert; es ist aber gerade das Gegenteil von einem Vorzug. (Bd. 12, S. 169 f.)

Die hierauf folgende Demonstration führt die große Zahl der zu lernenden Schriftzeichen ins Feld (80 000 bis 90 000). Aber vorher noch entwickelt sie hinsichtlich des schädlichen Einflusses der Schrift auf die gesprochene Sprache eine Argumentation, die es schwer fällt, mit sich selbst in Übereinstimmung zu bringen (die chinesische Sprache sei exzessiv und unzureichend differenziert, übermäßig akzentuiert und ungenügend artikuliert in einem; die von Rousseau im *Essay sur l'origine des langues* dargestellte Zirkulation der Werte wird umgestoßen *und* bestätigt). Wie sie noch dazu mit dem Lob in Einklang bringen, das Hegel an anderer Stelle einer gewissen geregelten Polysemie zollt (geregelt allerdings von einer auf den natürlichen Geist der deutschen Sprache durch glückliche Fügung abgestimmten spekulativen Dialektik[27])? Das Paradigma dieses Plädoyers bleibt die »Kessel-Argumentation« (Freud)[28] und die eigennützige Anhäufung von miteinander nicht vereinbaren Argumenten. Lesen wir:

Denn betrachtet man zuerst die Wirkung solcher Schriftweise auf die *Tonsprache*, so ist diese bei den Chinesen, eben um jener Trennung willen, sehr unvollkommen. Denn unsere Tonsprache bildet sich vornehmlich dadurch zur Bestimmtheit aus, daß die Schrift für die einzelnen Laute Zei-

> chen finden muß, die wir durchs Lesen bestimmt aussprechen lernen. Die Chinesen, welchen ein solches Bildungsmittel der Tonsprache fehlt, bilden deshalb die Modifikationen der Laute nicht zu bestimmten, durch Buchstaben und Silben darstellbaren Tönen aus. Ihre Tonsprache besteht aus einer nicht beträchtlichen Menge von einsilbigen Worten, welche für mehr als eine Bedeutung gebraucht werden. Der Unterschied nun der Bedeutung wird allein teils durch den Zusammenhang, teils durch den Akzent, schnelles oder langsames, leiseres oder lauteres Aussprechen bewirkt. Die Ohren der Chinesen sind hierfür sehr fein gebildet. So finde ich, daß Po je nach dem Ton elf verschiedene Bedeutungen hat: Glas; sieden; Getreide worfeln; zerspalten; wässern; zubereiten; ein alt Weib; Sklave; freigebiger Mensch; kluge Person; ein wenig. (Bd. 12, S. 170.)[29]

Der Diskurs der Chinesen verliert sich also in der Dissemination der Bedeutungen und der Akzente. Ihre Schrift, welche lebendige Sprache nicht mehr reflektiert, nicht mehr in sich aufnimmt, kommt fern vom Begriff im kalten Raum der formalen Abstraktion und mithin im *Raum* schlechthin zum Stillstand. Summa summarum wirft Hegel den Chinesen vor, daß sie zuviel *sprechen*, wenn sie sprechen, und zuviel *schreiben*, wenn sie schreiben.

Ein solcher Prozeß bleibt zumindest in der Folgerichtigkeit des Systems, das den Logos mit der alphabetischen Schrift verbindet, sobald dieses System als absolutes Modell verstanden wird. Die spekulative Dialektik läßt sich nicht vom Logos und ebensowenig von jenem Logos trennen, der als solcher niemals anders als in seiner historischen Komplizität mit der Stimme und der phonetischen Schrift gedacht wird und sich darstellt. Indem die Grammatik des Logos mit dem System der Metaphysik verschmilzt, kann Hegel im Rahmen eines langen Exkurses über das *Tao-te-king* nun auch schreiben:

> Nach *Abel-Rémusat* heißt Tao bei den Chinesen »Weg, Verbindungsmittel von einem Ort zum andern«, dann Ver-

> nunft, Substanz, Prinzip. Dies zusammengenommen in einem metaphorischen, metaphysischen Sinne, so ist es der Weg überhaupt [...]. Tao ist so »die ursprüngliche Vernunft, der *nous* (*l'intelligence*), der die Welt hervorgebracht hat und sie regiert, wie der Geist den Körper beherrscht«. Am besten, sagt *Abel-Rémusat*, würde dies Wort sich durch *logos* ausdrücken lassen. Es bleibt aber unbestimmt. Die chinesische Sprache bietet durch ihre grammatikalische Struktur viel Schwierigkeit, und besonders sind diese Gegenstände durch ihre an sich schon abstrakte und unbestimmte Natur schwer darzustellen. Wieviel Unbestimmtes in ihrem grammatikalischen Bau liegt, hat Herr von Humboldt in einem Brief an *Abel-Rémusat* neuerdings dargelegt.

Etwas weiter heißt es, daß »die chinesische Sprache so unbestimmt ist, daß sie kein Verhältniswort, keine Bezeichnung des Kasus hat, die Worte vielmehr bloß nebeneinanderstellt. Die Bestimmungen bleiben so in der Unbestimmtheit«.[30]

c) *Schreiben und Rechnen: die Maschine.* – Wenn Hegel der so genannten universalen, das heißt stummen, von der Stimme und von jedweder natürlichen Sprache abgelösten Schrift Grenzen setzt, so kritisiert er bei dieser Gelegenheit auch die Prätentionen des mathematischen Symbolismus und des Rechnens, beides Operationen des formalen Verstandes. Das Schweigen dieser Schrift und der Raum dieses Rechnens würden die *Aufhebung** unterbrechen oder doch auf jeden Fall der Verinnerlichung der Vergangenheit (*Erinnerung**), der aufhebenden Idealisierung, der Geschichte des Geistes, der Wiederaneignung des Logos in der Selbstpräsenz und in der unendlichen Parusie Widerstand entgegensetzen. Ist der Durchgang durch die mathematische Abstraktion, den formalen Verstand, die Verräumlichung, die Äußerlichkeit und den Tod (vgl. die Vorrede der *Phänomenologie des Geistes*) ein notwendiger (Arbeit des Negativen, Lösung vom Sinnlichen, pädagogische Askese, Reinigung des Denkens),[31] so wird diese

Notwendigkeit zur Perversion und Regression, sobald man sie als *philosophisches Modell* auffaßt.

Es ist dies die Haltung, die von Pythagoras inauguriert wurde. Und wenn Leibniz sich scheinbar von der chinesischen Charakteristik beeindrucken läßt, knüpft er nur wieder an die pythagoreische Tradition an. Über das Y-king:

> Somit scheint die Philosophie der Chinesen von denselben Grundgedanken wie die pythagoreische Lehre auszugehen. (Bd. 12, S. 171.)
>
> Bekanntlich hat Pythagoras *Vernunftverhältnisse* oder *Philosopheme* in *Zahlen* dargestellt; auch in neueren Zeiten ist von ihnen und Formen ihrer Beziehungen wie Potenzen und so fort in der Philosophie Gebrauch gemacht worden, um die Gedanken danach zu regulieren oder damit auszudrücken. (Bd. 5, S. 243 f.)

Die Zahl, das heißt also das, was ohne jede phonetische Notation auskommt, ist dem Begriff, so wie Hegel ihn versteht, absolut fremd. Genauer gesagt steht sie in einem *Gegensatz* zum Begriff. Zwar ist sie für sich betrachtet der Bewegung des Begriffes unentbehrlich.

> Die Zahl sahen wir als die absolute Bestimmtheit der Quantität und ihr Element als den gleichgültig gewordenen Unterschied, die Bestimmtheit an sich, die zugleich völlig nur äußerlich gesetzt ist. Die Arithmetik ist analytische Wissenschaft, weil alle Verknüpfungen und Unterschiede, die an ihrem Gegenstande vorkommen, nicht in ihm selbst liegen, sondern ihm völlig äußerlich angetan sind. Sie hat keinen konkreten Gegenstand, welcher innere Verhältnisse an sich hätte, die zunächst für das Wissen verborgen, nicht in der unmittelbaren Vorstellung von ihm gegeben, sondern erst durch die Bemühung des Erkennens herauszubringen wären. Sie enthält nicht nur den Begriff und damit die Aufgabe für das begreifende Denken nicht, sondern ist das Gegenteil desselben. Um der Gleichgültigkeit des Verknüpften gegen die Verknüpfung, der die Notwendigkeit fehlt, willen befindet sich das Denken hier in einer Tätigkeit, die zu-

> gleich die äußerste Entäußerung seiner selbst ist, in der gewaltsamen Tätigkeit, sich in der *Gedankenlosigkeit* zu *bewegen* und das keiner Notwendigkeit Fähige zu verknüpfen. Der Gegenstand ist der abstrakte Gedanke der *Äußerlichkeit* selbst. Als dieser *Gedanke* der Äußerlichkeit ist die Zahl zugleich die Abstraktion von der sinnlichen Mannigfaltigkeit; sie hat von dem Sinnlichen nichts als die abstrakte Bestimmung der Äußerlichkeit selbst behalten; hierdurch ist dieses in ihr dem Gedanken am nächsten gebracht; sie ist der *reine Gedanke* der eigenen Entäußerung des Gedankens. (Bd. 5, S. 244)

Der Arithmetik wäre das Denken also mit seinem Anderen konfrontiert. Mit einem Anderen, das es gewiß hervorgerufen hat, das es sich, im Hinblick darauf, (es) sich wiederanzueignen, entgegengestellt hat. Damit eine solche Bewegung nicht zur Regression oder zur dialektischen Immobilisation mißrät, ist es folglich notwendig, daß dieser Gegensatz sich seinerseits verinnerlichen, zusammenfassen, aufheben läßt. Diese Aufhebung ist das Denken. Würde dieses Moment des Nicht-Denkens hingegen zum idealen Modell erhoben, würde dieses Andere des Denkens, das Rechnen, zur letzten Finalität, dann ginge der Stillstand in Regression über. Die Philosophie fiele in ihr Kindesalter zurück. Von dieser »unvermögenden Kindheit« träumen die von einem »verkehrten mathematischen Formalismus« faszinierten Philosophen (ebd., S. 246). Wofür sind diese Philosophen blind? Nicht nur für das Faktum, daß die Philosophie die Sprache einer anderen Wissenschaft nicht in sich importieren, geschweige denn sich von ihr beherrschen lassen darf,[32] sondern vor allem für das Faktum, daß die Äußerlichkeit der arithmetischen Abstraktion im *Sinnlichen* verhaftet bleibt. Zwar ist sie aller empirischen sinnlichen Mannigfaltigkeit entledigt, rein von jedem bestimmten sinnlichen Inhalt, aber sie »behält von dem Sinnlichen [...] die abstrakte Bestimmung der Äußerlichkeit«. Als reine, ideale, formale, unsinnliche

Sinnlichkeit steht sie zur natürlichen Sinnlichkeit in einer Beziehung, die analog ist zur Beziehung des Zeichens zum Symbol, in dem »die Wahrheit durch das sinnliche Element noch *getrübt* und *verhüllt*« ist (ebd.). In diesem Sinne *ist* das Zeichen (die aufhebende Wahrheit des) Symbol(s), die Essenz (das Aufgehobenwordensein) des Symbols, das gewesene Symbol. Beide müssen sie ihrerseits durch den lebendigen Begriff, die Sprache ohne Sprache, die zur Sache selbst gewordene Sprache gedacht (aufgehoben) werden durch die innere Stimme, die in nächster Nähe des Geistes der Identität des Namens (und) des Seins murmelt.

Die Vorrede der *Phänomenologie des Geistes* hatte die Äquivalenz des Verstandes, des Formalen, des Mathematischen, des Negativen, der Äußerlichkeit und des Todes gesetzt. Sie hatte auch die Notwendigkeit ihrer Arbeit dargelegt, der ins Auge gesehen werden muß.[38] Nun gehören das Rechnen, die Maschine, die stumme Schrift demselben Äquivalenzsystem an und ihre Arbeit stellt vor dasselbe Problem: Ist in dem Augenblick, da der Sinn verlorengeht, da das Denken sich sein Anderes entgegensetzt, da der Geist sich von sich selbst absentiert, der Ertrag der Operation sicher? Und wenn die Aufhebung der Entfremdung nicht eine kalkulierbare Sicherheit ist, kann man dann noch von Entfremdung sprechen und sich im System der spekulativen Dialektik ausdrücken? Und ganz allgemein im System der Dialektik, die in jener ihre Essenz zusammenfaßt? Wenn die Investition in den Tod sich nicht in voller Höhe amortisieren würde (selbst im Falle eines Gewinnes, eines Einkommensüberschusses), könnte man dann noch von einer Arbeit des Negativen sprechen? Was wäre ein »Negatives«, das sich nicht aufheben ließe? Und das, im ganzen genommen, als Negatives, aber ohne als solches zu erscheinen, ohne sich zu *präsentieren*, das heißt ohne im Dienste des Sinnes zu arbeiten, reüssieren würde? Das aber also ganz umsonst reüssieren würde?

Vielleicht ganz einfach eine Maschine, eine funktionierende Maschine. Eine Maschine, die in ihrem reinen Funktionieren definiert wäre und nicht in ihrer finalen Zweckmäßigkeit, in ihrem Sinn, ihrem Ertrag, ihrer Arbeit.

Wenn man die Maschine mit dem ganzen soeben in Erinnerung gerufenen System von Äquivalenzen betrachtet, kann man folgenden Satz wagen: Was Hegel, der aufhebende Interpret der ganzen Philosophiegeschichte, *niemals zu denken vermocht hat*, ist eine funktionierende Maschine. Eine Maschine, die funktionieren würde, ohne dabei von einer Ordnung der Wiederaneignung reguliert zu werden. Insofern als es in sich einen Effekt des reinen Verlustes einschreibt, wäre ein solches Funktionieren undenkbar. Undenkbar wie ein Nicht-Denken, das durch kein Denken aufzuheben wäre, indem dieses es als sein eigenes Gegenteil, sein Anderes konstituiert. Die Philosophie sähe in ihm zweifellos ein Nicht-Funktionieren, eine Nicht-Arbeit, und sie würde dadurch das verfehlen, was in einer solchen Maschine eben doch läuft. Von alleine. Draußen.

Wohlverstanden: Diese ganze Logik, diese Syntax, diese Sätze, diese Begriffe, diese Namen, diese Sprache Hegels – und, bis zu einem gewissen Punkt, dieser selbst – sind in das *System dieses Unvermögens*, dieser strukturellen Unfähigkeit, ohne Aufhebung zu denken, miteinbezogen. Es genügt folglich, sich in diesem System vernehmen zu lassen, um es zu bestätigen. Zum Beispiel eine Maschine Maschine, ein Funktionieren Funktionieren, eine Arbeit Arbeit zu nennen und so weiter. Oder sogar sich einfach zu fragen, *warum* man dies nie zu denken vermochte – Ursachen, Gründe, Ursprünge, Grundlagen, Bedingungen der Möglichkeit und so weiter dafür zu suchen. Oder aber andere Namen zu suchen. Zum Beispiel einen anderen Namen für dieses »Zeichen«, das ebensowenig wie der Schacht und die Pyramide ganz ohne Maschine auskommt. Sollte es dann also genügen, in aller Stille irgendeinen Apparat aufzustellen? Nein. Es muß auch noch seine Präsentation maschiniert werden. Zum Beispiel durch die hier und jetzt vorgeschlagene Lektüre jener Aussage Hegels, deren schonungslose Ironie ohne ihr Wissen zu einer sehr alten Prozedur gehört.

> Weil das Rechnen ein so sehr äußerliches, somit mechanisches Geschäft ist, haben sich *Maschinen* verfertigen lassen, welche die arithmetischen Operationen aufs vollkommenste vollführen. Wenn man über die Natur des Rechnens nur diesen Umstand allein kennte, so läge darin die Entscheidung, was es mit dem Einfalle für eine Bewandtnis hatte, das Rechnen zum Hauptbildungsmittel des Geistes zu machen und ihn auf die Folter, sich zur Maschine zu vervollkommnen, zu legen. (Ebd., S. 249)

Gegeben ist ein System von Zwängen, das (sich) regelmäßig den »lebendigen« und »denkenden« und »sprechenden« Protest gegen die Wiederholung wiederholt; da und dort noch am Werk, agiert es zum Beispiel durch jenen Text hindurch, der nicht mehr einfach zur Metaphysik, weniger noch zum Hegelianismus zählt:

> Gerade weil diese Einkehr einen Sprung verlangt, braucht sie ihre Zeit, die Zeit des Denkens, die eine andere ist als diejenige *des Rechnens*, das heute überall her an unserem Denken zehrt. Heute errechnet die Denkmaschine in einer Sekunde tausende von Beziehungen. Sie sind trotz ihres technischen Nutzens *wesenlos*.[34]

Und es genügt nicht, die Hierarchie umzustoßen oder die Richtung der Bewegung umzukehren, der Technik und der Konfiguration ihrer Äquivalente eine »Essentialität« zuzuschreiben, um damit auch schon die Maschine, das System oder das Terrain zu wechseln:

Anmerkungen

* Ein Sternchen bedeutet durchgehend: im Original deutsch.

1 Die erste Fassung dieses Essays beruhte auf einem im Seminar von Jean Hyppolite am *Collège de France* am 16. Januar 1968 gehaltenen Referat. Sie wurde zuerst in einem Band veröffentlicht, der die Arbeiten dieses Seminars zusammenfaßte (*Hegel et la pensée moderne*, Paris 1971). Übers. von Günther Sigl.

Abgesehen von begründeten und besonders vermerkten Ausnahmen wird in der deutschen Übersetzung aus G. W. F. Hegel, *Theorie-Werkausgabe in 20 Bänden*, Frankfurt a. M.: Suhrkamp, 1969–71, bzw. aus der text- und seitengleichen stw-Ausgabe, Frankfurt a. M. 1986, zitiert. Die Bandangaben beziehen sich sämtlich auf diese beiden Ausgaben. [Anm. d. Übers.]

2 Hegel, Bd. 6, S. 431; vgl. auch die *Enzyklopädie der philosophischen Wissenschaften im Grundrisse*, § 284 [zit. als: *Enzyklopädie*].

3 Aristoteles, *Lehre vom Satz*, Hamburg 1962 (Philosophische Bibliothek, Bd. 8/9) [Einschübe von J. D.].

4 Ferdinand de Saussure, *Grundfragen der allgemeinen Sprachwissenschaft*, 2. Aufl., Berlin 1967, S. 8 und 19. Die folgenden Seitenangaben beziehen sich auf diese Ausgabe. [Anm. d. Übers.]

5 In einer in Vorbereitung befindlichen Arbeit über Hegels Familie und die sexuelle Differenz in der spekulativen dialektischen Ökonomie werden wir die Organisation und die Verschiebung dieser Kette sichtbar machen, die die Werte der Nacht, des Grabmals, des göttlichen, des Familien- und des weiblichen Gesetzes als Gesetz der Einzelheit um den Schacht und die Pyramide gruppiert. Ein Zitat sei als Hinweis vorausgeschickt: »Aber wenn so das Allgemeine die reine Spitze seiner Pyramide leicht abstößt und über das sich empörende Prinzip der Einzelheit, die Familie, zwar den *Sieg* davonträgt, so hat es sich dadurch mit dem göttlichen Gesetze, der seiner selbst bewußte Geist sich mit dem bewußtlosen nur in *Kampf* eingelassen; denn dieser ist die andere wesentliche und darum von jener unzerstörte und nur beleidigte Macht. Er hat aber gegen das gewalthabende, am Tage liegende Gesetz seine Hilfe zur *wirklichen* Ausführung nur an dem blutlosen Schatten. Als das Gesetz der Schwäche und der Dunkelheit unterliegt er daher zunächst dem

Gesetze des Tages und der Kraft, denn jene Gewalt gilt unten, nicht auf Erden« (Hegel, Bd. 3, S. 351).

Die »in Vorbereitung befindliche Arbeit« ist inzwischen erschienen: Jacques Derrida, *Glas*, Paris 1974. [Anm. d. Übers.]

6 »Dieser Schematismus unseres Verstandes, in Ansehung der Erscheinungen und ihrer bloßen Form, ist eine verborgene Kunst in den Tiefen der menschlichen Seele, deren wahre Handgriffe wir der Natur schwerlich jemals abraten, und sie unverdeckt vor Augen legen werden. So viel können wir nur sagen: das *Bild* ist ein Produkt des empirischen Vermögens der produktiven Einbildungskraft [Vaihinger schlägt vor, an Stelle von *produktive reproduktive* Einbildungskraft zu lesen (*Kantstudien* 4 b, 456, 25). Hegel empfiehlt in der *Ästhetik*, *Phantasie* und passive *Einbildungskraft* zu unterscheiden. »Die Phantasie ist schaffend« (Bd. 13, S. 363]), das Schema sinnlicher Begriffe (als der Figuren im Raume) ein Produkt und gleichsam ein Monogramm der reinen Einbildungskraft a priori« (Immanuel Kant, *Kritik der reinen Vernunft*, Theorie-Werkausgabe in 12 Bänden, Frankfurt a. M. 1968, Bd. 3, S. 190).

7 »Das reine Bild, aller Größen (*quantorum*) vor dem äußern Sinne, ist der Raum; aller Gegenstände der Sinne überhaupt, die Zeit. Das reine *Schema der Größe* aber (*quantitas*) als eines Begriffs des Verstandes, ist die *Zahl*, welche eine Vorstellung ist, die die sukzessive Addition von Einem zu Einem (Gleichartigen) zusammengefaßt. Also ist die Zahl nichts anderes, als die Einheit der Synthesis des Mannigfaltigen einer gleichartigen Anschauung überhaupt, dadurch, daß ich die Zeit selbst in der Apprehension der Anschauung erzeuge« (Kant, *Kritik der reinen Vernunft*, Bd. 3, S. 190 f.).

8 Polydore Hochart – dem ich hier dafür meinen Dank aussprechen möchte – hat inzwischen meine Aufmerksamkeit auf jene Passage des *Kratylos* über die Verbindung *soma/sema* gelenkt, die seltener zitiert wird als der berühmte Text des *Gorgias* (49 a) und der für uns von größerem Interesse ist: »*Sokrates*: Dem Körper (*soma*) meinst du? *Hermogenes*: Ja. *Sokrates*: Auf vielerlei Weise dünkt mich dies zu gehen, wenn man auch nur gar wenig ändert. Denn einige sagen, die Körper wären die Gräber (*sema*) der Seele, als sei sie darin begraben liegend für die gegenwärtige Zeit. Und wiederum weil durch ihn die Seele alles begreiflich macht, was sie andeuten will, auch deshalb heißt er mit

Recht so gleichsam der ›Greifer‹ und ›Griffel‹ (*sema*). Am richtigsten jedoch scheinen mir die Orphiker diesen Namen eingeführt zu haben, weil nämlich die Seele, weswegen es nun auch sei, Strafe leide und deswegen nun diese Befestigung habe, damit sie doch wenigstens erhalten werde, wie in einem Gefängnis. Dieses also sei nun für die Seele, bis sie ihre Schuld bezahlt hat, genau was er heißt, so daß man kaum einen Buchstaben zu ändern brauche, der Körper ihr Kerker (*soma*)« (Platon, *Kratylos* 400 b, c, übers. von Friedrich Schleiermacher, Werke in acht Bänden, Darmstadt 1974, Bd. 3).

9 Diese Opposition von Zeichen und Symbol sowie die Teleologie, die sie systematisch ausrichtet, kamen schon als Erbe auf Hegel. Anhand eines jeden der Begriffe, die hier ins Spiel kommen, ließe sich dieses Erbe aufzeigen und weit zurückverfolgen. Aber nach Hegel üben diese selbe Opposition und diese selbe Teleologie weiter ihre Autorität aus. Zum Beispiel in den *Grundfragen der allgemeinen Sprachwissenschaft* Saussures. Im ersten Kapitel des ersten Teils liest man in dem Paragraphen, der mit »Erster Grundsatz: Beliebigkeit des Zeichens« überschrieben ist: »Man kann also sagen, daß völlig beliebige Zeichen besser als andere das Ideal des semeologischen Verfahrens verwirklichen; deshalb ist auch die Sprache, das reichhaltigste und verbreitetste Ausdruckssystem, zugleich das charakteristischste von allen; in diesem Sinn kann die Sprachwissenschaft Musterbeispiel und Hauptvertreter der ganzen Semeologie werden, obwohl die Sprache nur ein System unter anderen ist.« [Wir werden bei Hegel gleich dieselbe Behauptung wiederfinden, wenn er dem linguistischen Zeichen, dem Sprechen und dem Namen Vorrang einräumt.] »Man hat auch das Wort *Symbol*«, fährt Saussure fort, »für das sprachliche Zeichen gebraucht, genauer für das, was wir die Bezeichnung nennen. Aber dieser Ausdruck hat seine Nachteile, und zwar gerade wegen unseres ersten Grundsatzes. Beim Symbol ist es nämlich wesentlich, daß es niemals ganz beliebig ist; es ist nicht inhaltslos, sondern bei ihm besteht bis zu einem gewissen Grade eine natürliche Beziehung zwischen Bezeichnung und Bezeichnetem. Das Symbol der Gerechtigkeit, die Waage, könnte nicht etwa durch irgend etwas anderes, zum Beispiel einen Wagen, ersetzt werden« (Saussure, *Grundfragen der allgemeinen Sprachwissenschaft*, S. 80).

10 In der *Philosophischen Enzyklopädie* der *Propädeutik* (Erster Abschnitt der *Wissenschaft des Geistes*, im Kapitel über die Vorstellung, Unterkapitel über *das Gedächtnis*) findet man die folgenden Definitionen: »1. Das *Zeichen* überhaupt. Indem die Vorstellung von dem äußerlichen Dasein befreit und subjektiv gemacht ist, ist dasselbe und die innere Vorstellung einander als verschieden gegenübergetreten. Die *willkürliche Verknüpfung* eines äußerlichen Daseins mit einer ihm nicht entsprechenden, sondern auch dem Inhalt nach davon verschiedenen Vorstellung, so daß jenes die Vorstellung oder *Bedeutung* von dieser sein soll, macht dasselbe zu einem *Zeichen*« (Bd. 4, S. 51, § 155). »Das *produktive* Gedächtnis bringt also die Verknüpfung der Anschauung und Vorstellung hervor, aber eine *freie* Verknüpfung, worin das vorhergehende Verhältnis, in welchem der Vorstellung die Anschauung zugrunde liegt, *umgekehrt* ist. In der Verknüpfung des produktiven Gedächtnisses hat das sinnliche Dasein keinen Wert an und für sich, sondern nur den, welchen ihm der Geist gibt« (ebd., § 156). »2. *Die Sprache*. Das höchste Werk des produktiven Gedächtnisses ist die Sprache, welche teils Ton-, teils Schriftsprache ist. Indem das produktive Gedächtnis oder die *Mnemosyne* der Ursprung derselben ist, so kann von einem weiteren Ursprung nur in Rücksicht auf die Erfindung der bestimmten Zeichen die Rede sein« (ebd., S. 52, § 158). »Die Sprache ist Ertötung der sinnlichen Welt in ihrem unmittelbaren Dasein, das Aufgehobenwerden derselben zu einem Dasein, welches ein Aufruf ist, der in allen vorstellenden Wesen widerklingt« (ebd., § 159).

11 *relever*: 1. »aufdecken«; »feststellen«; »eingehen auf«; 2. »aufheben« im Sinne der Hegelschen Aufhebung. [Anm. d. Übers.]

12 *relève*: 1. »die (Hegelsche) Aufhebung«; 2. »Wachablöse«; *prendre la relève*: »nachfolgen«, »*die Nachfolge antreten*«. [Anm. d. Übers.]

13 Zum Beispiel in der *Enzyklopädie*, §§ 254–260. Siehe auch *Ousia und gramme* [vorl. Ausg. S. 249–261].

14 »Der Geist muß sich zunächst in sich aus der Natur zurückziehen, sich über sie erheben und sie überwinden, ehe er imstande ist, ungehindert in ihr als in einem widerstandslosen Element zu walten und sie zu einem positiven Dasein seiner eigenen Freiheit umzuformen« (Bd. 14, S. 33).

15 Hegel unterscheidet zwischen der *Organisation* der fünf Sinne,

einer *natürlichen* Organisation, deren Begriffe von der Naturphilosophie festgelegt werden müssen, und der *Funktionsweise* dieser Sinne in Übereinstimmung mit ihrem Begriff und – wie zum Beispiel in der Kunst – zu geistigen Zwecken. »Die Sinne nun, weil sie *Sinne* sind, d.i. sich auf das Materielle, das Außereinander und in sich Vielfache beziehen, sind selber verschiedene: Gefühl, Geruch, Geschmack, Gehör und Gesicht. Die innere Notwendigkeit dieser Totalität und ihrer Gliederung zu erweisen, ist hier nicht unseres Amtes, sondern Sache der Naturphilosophie; unsere Frage beschränkt sich auf die Untersuchung, ob alle diese Sinne – und wenn nicht, welche derselben sodann – ihrem Begriff nach die Fähigkeit haben, Organe für die Auffassung von Kunstwerken zu sein. Wir haben in dieser Rücksicht bereits früher (Bd. 13, S. 60 f.) Gefühl, Geschmack und Geruch ausgeschlossen« (Bd. 14, S. 254 f.). In einer solchen Hierarchie der Künste kommt der Poesie notwendigerweise der höchste Platz zu. Sie ist die in höchstem Maße aufhebende Kunst, die »Totalität« der Kunst. Hier mit der begrifflichen Vorstellung, mit der Objektivität der Sprache verbunden (was für die Innerlichkeit der Musik nicht zutraf), gehören die Zeit und der Ton, als Modi der Innerlichkeit, zum Begriff der Poesie. Dieser Begriff verlangt folglich, daß die Poesie *gesprochen, gesungen, vorgetragen* und nicht *gelesen* werde, weil »der Druck auch diese Beseelung in eine für sich genommen ganz gleichgültige, mit dem geistigen Gehalt nicht mehr zusammenhängende Sichtbarkeit fürs Auge umsetzt« (Bd. 15, S. 320).

16 Die Hegelsche Theorie des Begehrens ist die Theorie des Gegensatzes zwischen der Theorie und dem Begehren. Die Theorie ist der Tod des Begehrens, der Tod im Begehren, wenn nicht das Begehren *des* Todes. Die gesamte Einleitung der »Ästhetik« macht diesen Gegensatz zwischen der *Begierde*, die zum Verbrauch drängt, und dem »theoretischen Interesse«, das die Dinge in ihrer Freiheit beläßt, deutlich. Insofern die Kunst »in der Mitte zwischen der unmittelbaren Sinnlichkeit und dem ideellen Gedanken« steht, »das Sinnliche in der Kunst vergeistigt« und der Geist »versinnlicht« ist, richtet sich die Kunst »nur auf die beiden *theoretischen* Sinne des *Gesichts* und *Gehörs*« (Bd. 13, S. 60 f.). Der Tastsinn hat es nur mit dem Widerstand der sinnlichen und materiellen Individualität als solchen zu tun; der Geschmackssinn zersetzt und verzehrt das Objekt,

während der Geruchssinn es sich verflüchtigen läßt. »Das *Gesicht* dagegen hat zu den Gegenständen ein rein theoretisches Verhältnis vermittels des Lichtes, dieser gleichsam immateriellen Materie, welche nun auch ihrerseits die Objekte frei für sich bestehen läßt, sie scheinen und erscheinen macht, sie aber nicht praktisch, wie Luft und Feuer, unvermerkt oder offen verzehrt. Für das begierdelose Sehen nun ist alles, was materiell im Raume als ein Außereinander existiert, das aber, insofern es in seiner Integrität unangefochten bleibt, sich nur seiner Gestalt und Farbe nach kundgibt« (Bd. 14, S. 255 f.).

17 An anderer Stelle: »Der andere theoretische Sinn ist das *Gehör*. Hier kommt das Entgegengesetzte zum Vorschein. Das Gehör hat es statt mit der Gestalt, Farbe und so fort mit dem Ton, mit dem Schwingen des Körpers zu tun, das kein Auflösungsprozeß, wie der Geruch ihn bedarf, sondern ein bloßes Erzittern des Gegenstandes ist, wobei das Objekt sich unversehrt erhält. Diese ideelle Bewegung, in welcher sich durch ihr Klingen gleichsam die einfache Subjektivität, die Seele der Körper äußert, faßt das Ohr ebenso theoretisch auf als das Auge die Gestalt oder Farbe und läßt dadurch das Innere der Gegenstände für das Innere selbst werden« (Bd. 14, S. 256).

Diese hierarchische Klassifizierung bringt zwei Kriterien zur Anwendung: Objektivität und Innerlichkeit, die nur scheinbar zueinander im Gegensatz stehen, indem der Sinn der Idealisierung (von Platon bis Husserl) darin besteht, in simultanen Akten das eine durch das jeweils andere zu bestätigen. Die ideale Objektivität bewahrt ihre Selbstidentität, Integrität und Beständigkeit um so unversehrter, als sie von keiner sinnlichen, empirischen Äußerlichkeit mehr abhängt. Die kombinierte Anwendung der zwei Kriterien erlaubt es hier, den Tastsinn aus dem Bereich der Theorie zu eliminieren (da er nur mit einer materiellen Äußerlichkeit zu tun hat) – ebenso wie auch den Geschmackssinn (als ein Verbrauchen, das die Objektivität in der Innerlichkeit auflöst) und den Geruchssinn (der das Objekt sich auflösen und verflüchtigen läßt). Der Gesichtssinn ist nicht vollkommen theoretisch und ideal (er läßt die Objektivität des Objektes unangetastet, kann aber dessen sinnliche und räumliche Opazität nicht verinnerlichen). Einer dem ganzen System der Metaphysik koordinierten Metapher gemäß kann einzig der Gehörsinn, der die Objektivität *und* die Innerlichkeit zugleich wahrt, im Vollsinn dieser Worte ideell und theoretisch genannt werden. Somit wird er in seiner Vortrefflichkeit mittels einer optischen Sprechweise designiert (*idea*, *theoria*). Was uns wieder zur Analyse dieses ganzen metaphorischen Systems zurückkommen läßt, die wir an anderer Stelle in Angriff nehmen werden. Hier sei, um einige Bezugnahmen und Intentionen anzudeuten, diese Stelle aus dem »Rattenmann« angeführt: »Ganz allgemein möchte ich die Frage aufwerfen, ob nicht die mit der Abkehrung des Menschen vom Erdboden unvermeidlich gewordene Verkümmerung der Riechlust einen guten Anteil seiner Befähigung zu neurotischen Erkrankungen haben kann. Es ergäbe sich ein Verständnis dafür, daß bei steigender Kultur gerade das Sexualleben die Opfer der Verdrängung bringen muß. Wir wissen ja längst, welch inniger Zusammenhang in der tierischen Organisation zwischen dem Sexualtrieb und der Funktion des Riechorgans hergestellt ist« (Sigmund Freud, *Studienausgabe*, Bd. 7: *Zwang, Paranoia und Perversion*, Frankfurt a. M. 1973, S. 102). Und wieder Hegel: »Der Gegenstand der Kunst aber soll angeschaut werden in seiner für sich selbständigen Objektivität, die zwar für das Subjekt ist, aber nur in theoretischer, intelligenter, nicht praktischer Weise, und ohne alle Beziehung auf die Begierde und den Willen. Was den *Geruch* angeht, so kann er ebensowenig ein Organ des Kunstgenusses sein, weil sich die Dinge dem Geruch nur darbieten, insofern sie in sich selber prozessierend sind, sich auflösen durch die Luft und deren praktischen Einfluß« (Bd. 14, S. 255).

18 Diese Postulate werden in den Paragraphen 299 bis 302 der *Enzyklopädie* (*Naturphilosophie*, 2. Abschnitt, *Physik*) ausführlich dargelegt. Vgl. auch die *Philosophie des Geistes* der *Enzyklopädie*, § 401.

19 Zum Thema der Schrift als Supplement, siehe insbesondere die *Grammatologie*; und hier wieder vor allem das Kapitel 2 des zweiten Teils. [Anm. d. Übers.]

20 Die Schrift als »äußerlich praktische Tätigkeit«, die der Tonsprache »zur Hilfe kommt«. Dieses klassische Motiv geht mit der Verwerfung aller Mnemotechniken, aller Sprachmaschinen, aller zusätzlichen Wiederholungen einher, die das Leben des Geistes, das lebendige Wort, aus seinem Inneren hervortreten lassen. Eine solche Verwerfung paraphrasiert bis in diese not-

wendige Ambivalenz des Gedächtnisses (*mneme*, *hypomnesis*) – lebendiges Gedächtnis auf der einen, Gedächtnishilfe auf der anderen Seite (*Phaidros*) – Platon. Hier muß eine *Anmerkung* aus der *Enzyklopädie* angeführt werden: »Bei dem Namen ›Löwe‹ bedürfen wir weder der Anschauung eines solchen Tieres noch auch selbst des Bildes, sondern der Name, indem wir ihn *verstehen*, ist die bildlose einfache Vorstellung. Es ist in Namen, daß wir *denken*. Die vor einiger Zeit wieder aufgewärmte und billig wieder vergessene *Mnemonik* der Alten besteht darin, die Namen in Bilder zu verwandeln und hiermit das Gedächtnis wieder zur Einbildungskraft herabzusetzen. Die Stelle der *Kraft* des Gedächtnisses vertritt ein in der Einbildungskraft befestigtes, bleibendes Tableau einer Reihe von Bildern, an welche dann der auswendig zu lernende Aufsatz, die Folge seiner Vorstellungen, angeknüpft wird. Bei der Heterogenität des Inhalts dieser Vorstellungen und jener permanenten Bilder, wie auch wegen der Geschwindigkeit, in der es geschehen soll, muß dies Anknüpfen nicht anders als durch schale, alberne, ganz zufällige Zusammenhänge geschehen« (Anmerkung zum §462). Dieser Äußerlichkeit des »Auswendigen« wird das lebendige, geistige, von innen wirkende Gedächtnis gegenübergestellt. Alle diese Darlegungen werden vom Gegensatz *Auswendig**/*Inwendig** und von dem der *Entäußerung** und der *Erinnerung** im Nomen beherrscht. Vgl. auch die wichtigen Paragraphen 463 und 464. Über die Kritik der *Tabelle*, die das »lebendige Wesen der Sache weggelassen oder verborgen hat« und die ein »toter Verstand« hervorbrachte, vgl. die Vorrede der *Phänomenologie des Geistes* (Bd. 3, S. 51).

21 Vgl. vor allem André Martinet, *Le mot*, in: *Diogène* 51, 1965. Bezüglich der Funktion des Namens in der Hegelschen Philosophie der Sprache siehe insbesondere die *Jenaer Schriften 1801–1807* (Bd. 2).

22 »Aus den Darstellungen, die wir im ägyptischen Altertume finden, muß besonders eine Figur herausgehoben werden, nämlich die *Sphinx*, an und für sich ein Rätsel, ein doppelsinniges Gebilde, halb Tier, halb Mensch. Man kann die Sphinx als ein Symbol für den ägyptischen Geist ansehen: der menschliche Kopf, der aus dem tierischen Leibe herausblickt, stellt den Geist vor, wie er anfängt, sich aus dem Natürlichen zu erheben,

sich diesem zu entreißen und schon freier um sich zu blicken, ohne sich jedoch ganz von den Fesseln zu befreien. Die unendlichen Bauwerke der Ägypter sind halb unter der Erde, halb steigen sie über ihr in die Lüfte. Das ganze Land ist in ein Reich des Lebens und in ein Reich des Todes eingeteilt. Die kolossale Bildsäule des *Memnon* erklingt vom ersten Blick der jungen Morgensonne; doch ist es noch nicht das freie Licht des Geistes, das in ihm ertönt. Die Schriftsprache ist noch Hieroglyphe und die Grundlage derselben nur das sinnliche Bild, nicht der Buchstabe selbst [...]. In neuerer Zeit ist man besonders wieder darauf aufmerksam geworden und auch nach vielen Bemühungen dahin gelangt, von der hieroglyphischen Schrift wenigstens einiges entziffern zu können. Der berühmte Engländer *Thomas Young* hat zuerst den Gedanken dazu gefaßt und darauf aufmerksam gemacht, daß sich nämlich kleine Flächen finden, die abgeschnitten von den anderen Hieroglyphen sind und wobei die griechische Übersetzung bemerkt ist [...]. Man hat späterhin gefunden, daß ein großer Teil der Hieroglyphen phonetisch ist, das heißt Laute angibt [...]. Der berühmte *Champollion der Jüngere* hat zunächst darauf aufmerksam gemacht, daß die phonetischen Hieroglyphen mit solchen, die Vorstellungen bezeichnen, untermischt sind, sodann die verschiedenen Arten der Hieroglyphen geordnet und bestimmte Prinzipien zu ihrer Entzifferung aufgestellt« (Bd. 12, S. 247 f.). Und ohne Unterlaß das mühsame, heftige, rigide Bestreben Hegels, in das geordnete Werden der Freiheit des Geistes mit aller Gewalt einzuschreiben und in ihm zu artikulieren, was er gerade als Laborieren des Negativen als Geist an der Arbeit, als geduldige Wiederaneignung seiner Freiheit interpretiert: die Petroglyphe, das Symbol, das Rätsel, die hier gleichzeitig den zurückgelegten Abschnitt und den notwendigen Haltepunkt, den Prozeß und den Widerstand in der *Aufhebung** bezeichnen. »Er ist, wie wir gesehen haben, der symbolisierende Geist, und indem er dies ist, drängt er danach, sich dieser Symbolisierungen zu bemächtigen und sie vor sich zu bringen. Je mehr er sich selbst rätselhaft und dunkel ist, desto mehr hat er den Drang in sich, zu arbeiten, aus der Beklommenheit heraus sich zur gegenständlichen Vorstellung zu befreien. Es ist das Ausgezeichnete des ägyptischen Geistes, daß er als dieser ungeheure Werkmeister vor uns steht. Es ist nicht

Pracht noch Spiel noch Vergnügen und so fort, was er sucht, sondern es ist der Drang, sich zu verstehen, der ihn treibt, und er hat kein anderes Material und Boden, sich über das zu belehren, was er ist, und sich für sich zu verwirklichen, als dieses Hineinarbeiten in den Stein, und was er in den Stein hineinschreibt, sind seine Rätsel, die Hieroglyphen. Die Hieroglyphen sind zweierlei, die eigentlichen, die mehr die Bestimmung für die Äußerung in der Sprache und die Beziehung auf die subjektive Vorstellung haben; die anderen Hieroglyphen sind diese ungeheuren Massen von Werken der Architektur und Skulptur, womit Ägypten bedeckt ist« (ebd., S. 264 f.). Vgl. auch: *Phänomenologie des Geistes*, S. 218–222.

23 Bd. 4, S. 53, § 161 (*Texte zur Philosophischen Propädeutik*).

24 Anderweitig von den Säulen, Pylonen, Pfeilern, von den ganzen Wäldern von Säulen sehr beeindruckt, vergleicht Hegel die ägyptischen Tempel mit einem Buch. Die »Symbole für schlechthin allgemeine Bedeutungen« manifestieren sich in ihnen durch »Schriften« und »Bildwerke, die in die Flächen eingegraben sind«. Die Formen und Figuren des Tempels ersetzen, vertreten also die Stelle von Büchern. »Hin und wieder lehnen sich Memnonen an solche Mauern, welche auch Gänge bilden und ganz mit Hieroglyphen oder ungeheuren Steingemälden bedeckt sind, so daß sie den Franzosen, die sie neuerdings sahen, wie gedruckter Kattun vorkamen. Man kann sie wie Bücherblätter betrachten [...]« (Bd. 14, S. 284).

25 G. W. F. Hegel, *Sämtliche Werke*, hrsg. von Johannes Hoffmeister, Leipzig 1940, Bd. 15 a, S. 214. Im folgenden wird aus der Hoffmeister-Ausgabe zitiert, wenn von Derrida zitierte Textpassagen sich nicht in der Suhrkamp-Ausgabe finden lassen. [Anm. d. Übers.]

Die zugrundeliegende Intention ist hier wieder die Kritik des arithmetischen und geometrischen Formalismus. Dem konkreten Ausdruck des lebendigen Begriffes stellt Hegel die Abstraktion der Zahl und der Linie gegenüber. Von diesem Gesichtspunkt aus wird die Metapher des *Kreises* selbst disqualifiziert. Sie ist zu »dürftig« (Hoffmeister, Bd. 15 a, S. 215), um die Ewigkeit auszudrücken. An anderer Stelle, unter den sowohl in der *Philosophie der Geschichte* als auch in der *Geschichte der Philosophie* dem Y-king und dem Tao-te-king gewidmeten langen Ausführungen: »Die Chinesen beschäftigen sich allerdings auch mit abstrakten Gedanken, reinen Kategorien. So haben sie ein altes Buch, namens Y-king, welches die älteste Weisheit der Chinesen enthält und absolute Autorität hat [...]. Der Ursprung des *Y-king* wird dem *Fo-hi* zugeschrieben, einem alten Fürsten der Tradition (der wesentlich zu unterscheiden ist von dem Fo, der derselbe mit Buddha ist, dem Chef der buddhistischen Religion). Die Erzählungen davon gehen ins Fabelhafte. Die Chinesen sagen, es sei eines Tages ein wunderbares Tier aus einem Flusse gestiegen, das den Leib eines Drachen und den Kopf eines Stieres gehabt, also ein Drachenpferd, auf dessen Rücken gewisse Zeichen, Figuren (*Hotou*) zu sehen gewesen. Diese Zeichen habe Fo-hi in eine Tafel eingegraben und seinem Volk überbracht. Andere Figuren (*Lochou*) seien vom Rücken der Schildkröte hergenommen und mit denen des Fo-hi kombiniert worden. Die Hauptsache ist, daß Fo-hi den Chinesen eine Tafel gegeben, auf der sich verschiedene Striche neben- und übereinander befanden. Das sind die Symbole, welche die Grundlage der chinesischen Weisheit ausmachen. Sie werden auch angegeben als die Urelemente der chinesischen Schrift« (ebd., S. 273 f.).

26 »Die Chinesen sind in der Abstraktion geblieben; und wenn sie ins Konkrete hinübergehen, so ist es nach der theoretischen Seite eine äußerliche Verbindung von Gegenständen, die sinnlicher Art sind; es ist keine Ordnung, keine gründliche Anschauung darin. Das Weitere ist Moral. Das weitere Konkrete, in das der Anfang fortgeht, ist Moral, Regierungskunst, Geschichte und ähnliches. Dieses Konkrete ist aber nicht selbst philosophischer Art. Hier in China, in der chinesischen Religion und Philosophie, treffen wir eine ganz besonders vollkommene Prosa des Verstandes« (ebd., S. 268).

27 Es ist wahr, daß in der spekulativen Dialektik für einen klaren Gegensatz zwischen natürlicher und formaler (oder universaler) Sprache kein Platz ist. Der Prozeß der Sprache ist – wir werden es an anderer Stelle zeigen – ihre Denaturalisation. Jede Sprache ist, wenn man so sagen kann, als solche universal.

28 Am Ende des 2. Kapitels der »Traumdeutung« vergleicht Freud die Logik des zuvor analysierten Traumes mit der »Verteidigung des Mannes, der von seinem Nachbarn angeklagt war, ihm einen Kessel in schadhaftem Zustand zurückgegeben zu haben. Erstens habe er ihn unversehrt zurückgebracht, zwei-

tens war der Kessel schon durchlöchert, als er ihn entlehnte, drittens hat er nie einen Kessel von Nachbarn entlehnt«. [Anm. d. Übers.]

29 Dieselbe Argumentation findet sich im § 459 der *Enzyklopädie.*

30 Hoffmeister, Bd. 15 a, S. 283.

31 Dieses traditionelle (und einmal mehr streng platonische) Motiv steht auch im Zentrum der großen *Logik*, insbesondere im Kapitel über das »Quantum«.

32 Der Rekurs der Philosophie auf die logischen Gestaltungen der anderen Wissenschaften – und nicht nur auf die »Logik« – wird als »Notbehelf« der »philosophischen Unvermögenheit« qualifiziert (ebd., S. 248).

33 Bd. 3, S. 36 und 42 ff.

34 Martin Heidegger, *Identität und Differenz*, Pfullingen 1957, S. 34. Dieser Text, der dabei immerhin zu einer der effizientesten Befragungen des Hegelschen Denkens gehört, müßte mit den phonologistischen Motiven des Heideggerianischen Diskurses in Verbindung gebracht werden, auf die wir hingewiesen haben und die wir an anderer Stelle präziser fassen werden. Vgl. *Fines hominis*, in: Jacques Derrida, *Randgänge der Philosophie*, Wien [2]1999, S. 133–157.

Freud und der Schauplatz der Schrift

(Auszug)

[...]

> Worin die Bahnung sonst besteht, bleibt dahingestellt.
>
> Freud, *Entwurf einer Psychologie*, 1895

Unser sehr begrenzter Anspruch besteht darin, im Text von Freud einige Anhaltspunkte festzustellen und vorerst noch an der Schwelle einer organisierten Reflexion all das zu isolieren, was von der Psychoanalyse sich nur schwer in der logozentrischen Umzäumung zügeln läßt, die nicht nur die Geschichte der Philosophie, sondern auch die Bewegung der »Wissenschaften vom Menschen«, insbesondere die einer gewissen Linguistik begrenzt. Wenn der Freudsche Durchbruch irgendeine historische Originalität besitzt, bezieht er sie jedenfalls nicht aus der theoretischen Komplizität oder der friedlichen Koexistenz mit dieser Linguistik, zumindest nicht aus ihrem ihr angeborenen Phonologismus.

Es ist jedoch kein Zufall, wenn Freud in den entscheidenden Momenten seines Werdegangs auf metaphorische Modelle zurückgreift, die weder der gesprochenen Sprache, den sprachlichen Formen, noch der phonetischen Schrift entlehnt sind, sondern einer Graphie, die nie der Rede unterworfen, ihr äußerlich oder nachträglich ist. Freud wendet sich an Zeichen, die nicht dazu herhalten müssen, eine lebendige und volle Rede zu transkribieren, die selbstgegenwärtig und ihre eigene Herrin wäre. Genau genommen, und das wird unser Problem sein, *bedient sich Freud nicht einfach* der Metapher der nicht-phonetischen Schrift; er hält es nicht für zweckmäßig, in didaktischer Absicht skripturale Metaphern zu verwenden. Wenn diese Metaphorik unerläßlich ist, dann weil sie vielleicht rückwirkend den Sinn der Spur im allgemeinen und folglich den Sinn der Schrift in seiner geläufigen Bedeutung erhellt, indem sie sich mit ihm verschränkt. Freud handhabt sicher keine Metaphern, wenn das Handhaben von Metaphern Anspielung vom Bekannten auf das Unbekannte hin meint. Durch die Beharrlichkeit seiner metaphorischen Zernierung bewirkt er im Gegenteil, daß das, was man mit dem Begriff der Schrift zu kennen glaubt, rätselhaft wird. Vielleicht findet hier irgendwo zwischen dem Impliziten und dem Expliziten eine der klassischen Philosophie unbekannte Bewegung statt. Seit Platon und Aristoteles hat man nicht damit aufgehört, an Hand graphischer Bilder die Beziehungen von Vernunft und Erfahrung, von Wahrnehmung und Gedächtnis zu *illustrieren*. In ihr hat ein Zutrauen nie aufgehört, sich im bekannten und vertrauten Begriff, dem der Schrift nämlich, zu festigen. Der von Freud entworfene Gestus unterbricht diese Sicherheit und eröffnet einen neuen Fragetypus über die Metaphorizität, die Schrift und die Verräumlichung im allgemeinen.

Wir wollen uns in unserer Lektüre durch diese metaphorische Zernierung führen lassen. Sie wird schließlich die Totalität des Psychischen erfassen. Der *Inhalt* des Psychischen wird von einem Text, der von unreduzierbarer graphischer Wesensart ist, *repräsentiert* werden. Die *Struktur* des psychischen *Apparates* wird durch eine Schriftmaschine *dargestellt* werden. Welche Fragen zwingen uns diese Repräsentationen auf? Man wird sich nicht fragen müssen, ob ein Schreibapparat, wie ihn beispielsweise die *Notiz über den »Wunderblock«* beschreibt, eine *gute* Metapher ist, um das Funktionieren des Psychischen zu beschreiben; sondern, welcher Apparat entworfen werden muß, um die psychische Schrift darzustellen, und was bezüglich des Apparates und des Psychischen die entworfene und freigesetzte Nachahmung von etwas wie einer psychischen Schrift in einer Maschine bedeutet. Nicht, ob das Psychische tatsächlich eine Art von Text ist, sondern was ein Text ist und was das Psychische sein muß, um vermittels eines Textes dargestellt werden zu können. Denn wenn es weder Maschine noch Text ohne psychischen Ursprung gibt, dann gibt es keine textlose Psyche. Welcher Art muß schließlich das Verhältnis zwischen dem Psychischen, der Schrift und der Verräumlichung sein, damit ein solcher metaphorischer Durchgang möglich wird; und das nicht nur in erster Linie im Innern eines theoretischen Diskurses, sondern in der Geschichte des Psychischen, des Textes und der Technik?

Die Bahnung und die Differenz

Vom *Entwurf* (1895) bis hin zur *Notiz über den »Wunderblock«* (1925) findet ein eigenartiger Fortschritt statt: es entwickelt sich eine Problematik der Bahnung, die sich zunehmend nach einer Metaphorik der geschriebenen Spur zu richten beginnt. Ausgehend von einem System von Spuren, das einem Modell zufolge funktioniert, das nach Freud natürlich sein sollte und in dem die Schrift vollständig fehlte, orientiert er sich nunmehr nach einer Konfiguration von Spuren, die man nur noch mit Hilfe der Struktur und des Funktionszusammenhangs einer Schrift repräsentieren kann. Gleichzeitig wird das strukturale Modell der Schrift, dem sich Freud sofort nach dem *Entwurf* zuwandte, zunehmend differenziert und in seiner Originalität geschärft. Alle mechanischen Modelle werden ausprobiert und wieder aufgegeben bis zur Entdeckung des *Wunderblocks*, jener Maschine von wunderlicher Komplexität, in die das Ganze des psychischen Apparates hineinprojiziert werden wird. Die Lösung aller früheren Schwierigkeiten wird in ihm zur Darstellung gebracht; die *Notiz*, Zeichen einer bewundernswerten Ausdauer, beantwortet aufs genaueste die Fragen des *Entwurfs*: der *Wunderblock* verwirklicht in allen seinen Teilen den Apparat, den Freud im *Entwurf* zunächst noch für unvorstellbar gehalten hatte

(»Einen Apparat, der diese komplizierte Leistung vermöchte, können wir vorderhand nicht ausdenken«)[1] und den er damals durch eine neurologische Fabel ersetzt hatte, deren Schema und Absicht er in gewisser Weise nie aufgeben wird.

Es handelt sich 1895 darum, die Erinnerung im Stil der Naturwissenschaften zu erklären, »eine naturwissenschaftliche Psychologie zu liefern, d.h. psychische Vorgänge darzustellen als quantitativ bestimmte Zustände aufzeigbarer materieller Teile«.[2] »Eine Haupteigenschaft des Nervengewebes ist [aber] das Gedächtnis, d. h. ganz allgemein die Fähigkeit, durch einmalige Vorgänge dauernd verändert zu werden.« Und: »Eine [jede] irgendwie beachtenswerte psychologische Therapie muß eine Erklärung des ›Gedächtnisses‹ liefern.« Die Crux einer derartigen Erklärung und das, was einen solchen Apparat fast unvorstellbar macht, besteht darin, daß sie in einem – wie die *Notiz* das dreißig Jahre später tun wird – über das Fortbestehen der Spur und der Jungfräulichkeit der aufnehmenden Substanz, über die Einschreibung der Bahnen und die stets unangetastete Blöße der aufnehmenden oder wahrnehmenden Oberfläche Rechenschaft geben muß: hier über die Neuronen. »Die Neuronen sollen also sowohl beeinflußt sein als auch unverändert, unvoreingenommen.«[3] Die zu seiner Zeit geläufige Scheidung von »Wahrnehmungszellen« und »Erinnerungszellen« ablehnend, konstruiert Freud daraufhin die Hypothese der »Kontaktschranken« und der »Bahnung«, der Bahnbrechung. Was man auch immer über die Treue und die ausstehenden Absetzungen denkt, die Hypothese ist beachtenswert, sowie man sie als metaphorisches Modell, nicht aber als neurologische Beschreibung ansieht. Die Bahnung, die vorgezeichnete Bahn öffnet einen Leitungsweg. Das setzt aber eine gewisse Gewalt und einen gewissen Widerstand gegen den Einbruch voraus. Der Weg ist unterbrochen, gebrochen, *fracta*, gebahnt. Es gibt jedoch zwei Arten von Neuronen: die durchlässigen Neuronen (φ), die keinen Widerstand leisten und die deshalb keine Spur der Eindrücke »retenieren«, wären die Wahrnehmungsneuronen; eine andere Art von Neuronen (ψ) setzt der Erregungsquantität Kontaktschranken entgegen und bewahrt somit die eingedrückte Spur: diese Neuronen »ergeben also eine *Möglichkeit, das Gedächtnis darzustellen*«. Erste Repräsentation, erste Inszenierung des Gedächtnisses. (Die *Darstellung* ist die Repräsentation in ihrer verblichenen Bedeutung, oft aber auch in der Bedeutung visueller Figuration und manchmal in der Bedeutung theatralischer Darstellung.) Nur diesen letztgenannten Neuronen gesteht Freud die psychische Qualität zu. Sie sind die »Träger des Gedächtnisses, wahrscheinlich also der psychischen Vorgänge überhaupt«. Das Gedächtnis ist also keine psychische Eigenschaft unter anderen, sie ist das Wesen des Psychischen selbst. Widerstand und darin Öffnung für die Brechung der Spur.

Angenommen aber, Freud wollte hier nur die Sprache der vollen und präsenten Quantität sprechen, angenommen, er wolle sich, wie es wenigstens den Anschein hat, in der einfachen Entgegensetzung von Quantität und Qualität einrichten (diese wurde der reinen Durchlässigkeit einer gedächtnislosen Wahrnehmung vorbehalten), so zeigt sich damit der Begriff der Bahnung als unvereinbar. Jede *Bevorzugung* in der Auswahl der Abläufe würde durch die Gleichheit der Widerstände gegen die Bahnung oder durch die Äquivalenz der Bahnungskräfte reduziert. Das Gedächtnis wäre damit paralysiert. In der Differenz der Bahnungen besteht der wirkliche Ursprung des Gedächtnisses und somit des Psychischen. Diese Differenz allein setzt die »Wegbevorzugung« frei: *»Das Gedächtnis sei dargestellt durch die Unterschiede in den Bahnungen zwischen den ψ-Neuronen.«* Man darf daher nicht sagen, die differenzlose Bahnung reiche für das Gedächtnis nicht aus: es muß präzisiert werden, daß es keine reine Bahnung ohne Unterschiede gibt. Die Spur als Gedächtnis ist keine reine Bahnung, die man sich stets wieder in einer einfachen Präsenz aneignen könnte. Sie ist die unfaßbare und unsichtbare Differenz zwischen den Bahnungen. Man weiß also schon, daß das psychische Leben weder die Transparenz des Sinns noch die Dichte der Kraft, sondern die Differenz in der Arbeit der Kräfte ist. Nietzsche hatte das ausdrücklich gesagt.

Daß die Qualität durch die Differenzen eher als durch die Überfülle zu ψυχή und μνήμη wird, wird fortan im *Entwurf* selbst unaufhörlich bestätigt werden. Die *Wiederholung* fügt keine präsente Kraftquantität, keine *Intensität* hinzu, sie legt denselben Eindruck wieder auf: und dennoch besitzt sie das Bahnungsvermögen. »Das Gedächtnis, d. h. die fortwirkende Macht eines Erlebnisses [hängt] von einem Faktor [ab], den man die Größe des Eindrucks nennt, und von der Häufigkeit der Wiederholung desselben Eindrucks.«[4] Die Anzahl der Wiederholungen fügt sich also zur Erregungsquantität (Qή) hinzu; diese beiden Quantitäten entstammen zwei absolut heterogenen Ordnungen. Wiederholungen gibt es nur als diskrete; sie wirken als solche nur durch den Zwischenraum, der sie auseinanderhält. Wenn die Bahnung schließlich die nunmehr wirkende Quantität ersetzen oder sich ihr hinzufügen kann, dann, weil sie ihr gewiß ähnelt, zugleich aber auch, weil sie von ihr verschieden ist: »Die *Quantität* und die *Bahnung* [zeigen sich] als Erfolg der Quantität (Qή), gleichzeitig als das, was die Quantität ersetzen kann.«[5] Wir wollen dieses andere der reinen Quantität nicht vorschnell als Qualität bestimmen: man würde damit nämlich die mnestische Kraft in präsentes Bewußtsein und in durchscheinende Wahrnehmung der präsenten Qualitäten verwandeln. Weder der Unterschied zwischen den vollen Qualitäten, weder der Zwischenraum zwischen den Wiederholungen des Gleichen noch die Bahnung selbst lassen sich somit in der Opposition von Quantität und Qualität denken.[6] Das Gedächtnis läßt sich aus ihr nicht ableiten; es entzieht sich dem Zugriff eines »Naturalismus« sowohl als auch dem einer »Phänomenologie«.

Alle diese Unterschiede in der Erzeugung der Spur können als Momente der »différance« reinterpretiert werden. Einem Motiv zufolge, das ohne Unterlaß das Denken Freuds leitet, wird diese Bewegung als Anstrengung des Lebens beschrieben, das sich selbst schützt, indem es die gefährliche Besetzung *aufschiebt*, das heißt, indem es einen »Vorrat« anlegt. Die bedrohliche Verausgabung oder Präsenz werden mit Hilfe der Bahnung und der Wiederholung hinausgeschoben. Ist das nicht schon der »Aufschub«, der das Verhältnis der Lust zur Realität instauriert?[7] Ist das nicht schon der Tod im Dienst eines Lebens, das sich vor dem Tod nur durch die *Ökonomie* des Todes, den Aufschub, die Wiederholung und den Vorrat schützen kann? Die Wiederholung *trifft* nämlich nicht zum ersten Eindruck unvermutet *hinzu*, ihre Möglichkeit ist bereits im Widerstand da, den die psychischen Neuronen *beim ersten Mal* aufbieten. Der Widerstand selbst ist nur möglich, wenn der Widerstand der Kräfte fortdauert oder sich ursprünglich wiederholt. Die Vorstellung eines *ersten Mals* ist es, die an sich rätselhaft wird. Was wir hier vortragen, steht unserer Meinung nach in keinem Widerspruch zu dem, was Freud etwas weiter oben sagt, daß die »Bahnung wahrscheinlich der Erfolg einmaliger großer Quantität ist«.[8] Angenommen, daß diese Behauptung nicht allmählich auf das Problem der Phylogenese und der erblichen Bahnungen rückverweist, kann man auch noch die Ansicht vertreten, die Wiederholung habe schon in der *ersten* Begegnung *zweier* Kräfte begonnen. Das Leben wird schon durch den Ursprung des Gedächtnisses, der es konstituiert, durch die Bahnung, der es widersteht, und durch die Brechung, die es nur durch ihre Wiederholung in Grenzen halten kann, gefährdet. Weil die Bahnung bricht, gesteht Freud im *Entwurf* dem Schmerz eine Sonderstellung zu. In gewisser Weise gibt es keine Bahnung ohne einen Anflug von Schmerz: »der Schmerz [hinterläßt] ganz besonders ausgiebige Bahnungen [...].«[9] Ist aber eine gewisse Quantität erreicht, muß der Schmerz als gefährdender Ursprung des Psychischen, wie der Tod auch, aufgeschoben werden, denn er kann die psychische »Organisation« außer Kraft setzen. Trotz des Rätsels des »ersten Mals« und der ursprünglichen Wiederholung (selbstverständlich vor aller Unterscheidung von normaler und pathologischer Wiederholung) ist es von Bedeutung, daß Freud diese ganze Arbeit dem Primärvorgang zuschreibt und jede Ableitung derselben untersagt. Geben wir auf diese Nicht-Ableitbarkeit acht, sogar wenn sie die Schwierigkeit der »Erstmaligkeit« und der Zeitlosigkeit des Primärprozesses nur noch vergrößert, und sogar wenn sich diese Schwierigkeit im folgenden nur noch mehr verdichten muß. »Wie unwillkürlich denkt man hier an das ursprüngliche, durch alle Modifikationen festgehaltene Bestreben der Neuronensysteme, sich die Belastung durch Quantität (Q῾η) zu ersparen oder sie möglichst zu verringern. Durch die Not des Lebens gezwungen, hat das Neuronensystem sich einen Quantitätsvorrat (Q῾η) anlegen müssen. Dazu hat es einer Vermehrung seiner Neuronen bedurft und diese mußten undurchlässig sein. Nun erspart es sich die Erfüllung mit *Quantität* (Q῾η), die Besetzung, wenigstens teilweise, indem es die *Bahnungen* herstellt. Man sieht also, die *Bahnungen dienen der Primärfunktion.*«[10]

Das Leben schützt sich zweifellos mit Hilfe der Wiederholung, der Spur und des Aufschubs [*différance*]. Vor dieser Formulierung muß man sich aber in acht nehmen: es gibt nicht *zunächst* präsentes Leben, das sich *anschließend* zu schützen, zu verzögern und im Aufschub vorzubehalten begänne. Der Aufschub bildet das Wesen des Lebens. Vielmehr: da der Aufschub [*différance*] kein Wesen ist, weil er nichts ist, *ist* er *nicht* das Leben, wenn Sein als *ousia*, Präsenz, Wesenheit / Wirklichkeit, Substanz oder Subjekt bestimmt wird. Das Leben muß als Spur gedacht werden, ehe man das Sein als Präsenz bestimmt. Das ist die einzige Bedingung, um sagen zu können, das Leben *sei* der Tod; die Wiederholung und das Jenseits des Lustprinzips seien ursprünglich und gleichursprünglich mit dem, was sie überschreiten. Wenn Freud im *Entwurf* schreibt, daß die Bahnungen der Primärfunktion dienen, verbietet er uns schon, über *Jenseits des Lustprinzips* in Erstaunen zu geraten. Er läßt einer doppelten Notwendigkeit Gerechtigkeit widerfahren: der Feststellung des Aufschubs am Ursprung und in einem damit der Ausstreichung des Begriffs der *Primarität:* ebensowenig wird man durch die *Traumdeutung* überrascht sein, die ihn in einem Abschnitt über die »Verspätung« des Sekundärprozesses als eine »theoretische Fiktion« definiert. Die Verspätung also ist ursprünglich.[11] Ansonsten wäre der Aufschub die Frist, die sich ein Bewußtsein, ein Selbstgegenwärtigsein der Präsenz, gewährt. Aufschieben kann daher nicht heißen, eine mögliche Präsenz aufzuhalten, eine Handlung zu verzögern und einer jetzt schon möglichen Wahrnehmung auszusetzen. Dieses Mögliche wird nur durch den Aufschub möglich, der also anders als ein Kalkül oder eine Entscheidungsmechanik gefaßt werden muß. Den Aufschub als ursprünglich zu bezeichnen heißt zugleich, den Mythos eines präsenten Ursprungs auszustreichen. Deshalb muß »ursprünglich« *als ausgestrichen* verstanden werden, widrigenfalls leitete man den Aufschub aus einem vollen Ursprung ab. Die Ursprungslosigkeit ist es, die ursprünglich ist.

Anstatt auf ihn zu verzichten, sollte man deshalb vielleicht lieber den Begriff des »Aufschiebens« neu denken. Das möchten wir tun; dies ist aber nur möglich, wenn der Aufschub außerhalb jeden teleologischen oder eschatologischen Horizontes bestimmt wird. Das ist nicht leicht. Halten wir im Vorübergehen fest, daß die Begriffe der »Nachträglichkeit« und der »Verspätung«, jene leitenden Begriffe des ganzen Freudschen Denkens, die die bestimmenden Begriffe aller anderen sind, im *Entwurf* schon vorhanden sind und bei ihrem Namen genannt werden. Die Irreduzibilität des »mit Verspätung« ist zweifellos die Entdeckung Freuds. Diese Entdeckung setzt Freud bis in ihre letzten Konsequenzen und über die Individualpsychologie hinaus ins Werk. Die Kulturgeschichte muß sie seiner Meinung nach bestätigen. In *Moses und der Monotheismus* (1937) umfaßt die Wirkung der Verspätung und der Nachträglichkeit weite historische Zwischenräume.[12] Das Problem der Latenz steht dort übrigens in bezeichnender Weise mit dem der mündlichen Überlieferung in Zusammenhang.[13]

Obgleich im *Entwurf* die Bahnung nie Schrift genannt wird, sind die sich widersprechenden Forderungen, auf die der *Wunderblock* antwortet, schon in buchstäblich identischen Begriffen formuliert: »Unbegrenzte Aufnahmefähigkeit und Erhaltung von Dauerspuren.«[14]

Die Unterschiede in der Arbeit der Bahnungen betreffen nicht ausschließlich die Kräfte, sondern auch die Orte. Freud möchte schon gleichzeitig die Kraft und den Ort denken. Er ist der Erste, der nicht an den deskriptiven Charakter dieser hypothetischen Repräsentationen der Bahnung glaubt. Für die Unterscheidung von Neuronenkategorien ist »morphologisch wenigstens, d. h. histologisch [...] keine Unterstützung [...] bekannt«.[15] Sie ist der Index einer topischen Beschreibung, die vom äußeren, vertrauten und konstituierten Raum, dem Außen der Naturwissenschaften, nicht umfaßt werden kann. Deshalb wird unter dem Titel »Der biologische Standpunkt« die »Wesensverschiedenheit« der Neuronen »durch eine Schicksals-Milieuverschiedenheit ersetzt«:[16] reine Unterschiede, Lage-, Verbindungs- und Lokalisationsverschiedenheiten, Differenzen strukturaler Beziehungen, die wichtiger als die Trägerbegriffe sind und für die die Relativität des Außen und Innen immer auf einem Schiedsspruch beruht. Das Denken der Differenz kann weder auf eine Topik verzichten, noch die geläufigen Repräsentationen der Verräumlichung anerkennen.

Diese Schwierigkeit verschärft sich noch, wenn die reinen Differenzen par excellence, die der Qualität, das heißt für Freud, die des Bewußtseins, erklärt werden müssen: »Was wir auf die rätselhafteste Weise durch unser ›Bewußtsein‹ kennen«, muß erklärt werden, »und da dieses Bewußtsein von den bisherigen Annahmen [...] nichts weiß, [muß die Theorie] uns auch dieses Nichtwissen erklären.«[17] Die Qualitäten sind in der Tat reine Differenzen: »Das Bewußtsein gibt uns, was man *Qualitäten* heißt, Empfindungen, die in großer Mannigfaltigkeit *anders* sind und deren *Anders* nach Beziehungen zur Außenwelt unterschieden wird. In diesem Anders gibt es Reihen, Ähnlichkeit u. dgl., Quantitäten gibt es eigentlich darin nicht. Man kann fragen, *wie* entstehen die Qualitäten und *wo* entstehen die Qualitäten?«[18]

Weder außen noch innen. Es kann nicht in der Außenwelt sein, in der der Physiker nur Quantitäten, »nur bewegte Massen, nichts sonst« kennt. Nicht im Innern des Psychischen, das heißt des Gedächtnisses, denn »Reproduzieren oder Erinnern« sind »qualitätslos«. Da es nicht zur Frage stehen kann, die topische Repräsentation aufzugeben, muß »man Mut zur Annahme [haben], es gäbe ein drittes System von Neuronen, Wahrnehmungsneuronen etwa, welches bei der Wahrnehmung mit erregt wird, bei der Reproduktion nicht, dessen Erregungszustände die verschiedenen Qualitäten ergeben, d. h. *bewußte Empfindungen* sind«.[19] Ein gewisses zwischengeschobenes Blatt des Wunderblocks ankündigend, sagt Freud, um seinen »Jargon« verlegen, zu Fließ (Brief 39 vom 1. 1. 1896), daß er die Wahrnehmungsneuronen (ω) zwischen die φ-Neuronen und die ψ-Neuronen einschaltet und *dazwischenschiebt*.

Eine anscheinend ungeheure Schwierigkeit entsteht aus dieser letzten Kühnheit: wir sind eben einer Durchlässigkeit und einer Bahnung begegnet, die aus keiner Quantität hervorgeht. Woraus denn? Aus der reinen Zeit, aus der reinen Verzeitlichung durch das, was sie an die Verräumlichung bindet: die Periodizität. Allein der Rückgriff auf die Zeitlichkeit und auf eine diskontinuierliche oder periodische Zeitlichkeit erlaubt es, der Schwierigkeit beizukommen; seinen Implikationen müßte man geduldig nachsinnen. »Ich sehe nur einen Ausweg [...]. Ich habe denselben [den Quantitätsablauf] bisher nur als Übertragung von Quantität (Qή) von einem Neuron zum anderen betrachtet. Er muß aber noch einen [anderen] Charakter haben, zeitlicher Natur [...].«[20]

Wenn die Hypothese der Diskontinuität, wie Freud hervorhebt, »aber weiter geht« als die »physikalische Klärung« durch die Periode, dann weil hier die Unterschiede, die Zwischenräume und die Diskontinuität ohne ihren quantitativen Träger aufgezeichnet und »angeeignet« sind. Die Wahrnehmungsneuronen, die »unfähig sind, Quantitäten (Qή) aufzunehmen, [eignen] dafür sich die *Periode* der Erregung [an ...].«[21] Reine Differenz abermals, und Differenz der Zwischenräume. Der Begriff der *Periode im allgemeinen* geht der Entgegensetzung von Quantität und Qualität voraus und bedingt sie mit allem, was sie beherrscht. Denn »auch die ψ-Neuronen haben natürlich ihre Periode, allein diese ist qualitätslos, besser gesagt: monoton«.[22] Wie wir sehen werden, wird dieser Diskontinuismus von der *Notiz über den »Wunderblock«* getreulich übernommen: wie im *Entwurf* die letzte Spitze einer Kühnheit, die eine letzte Aporie auflöst.

Der restliche Teil des *Entwurfs* hängt vollständig von dieser unablässigen und immer radikaler werdenden Berufung auf das Prinzip der Differenz ab. Immer wieder findet man in ihm in der Gestalt einer indikativen Neurologie, die die repräsentative Rolle einer künstlichen Montage spielt, das hartnäckig verfolgte Projekt wieder, über das Psychische mit Hilfe der Verräumlichung, mit Hilfe einer

Topographie der Spuren und einer Karte der Bahnungen Rechenschaft zu geben; ein Projekt, das das Bewußtsein oder die Qualität in einem Raum situieren will, dessen Struktur und Möglichkeit neugedacht werden müssen, und das das »Funktionieren des Apparates« mittels reiner Differenzen und Situationen zu beschreiben und zu erklären sucht; wie sich »die Quantität der φ-Erregung [...] in ψ [...] durch Komplikation, die Qualität durch *Topik*« ausdrückt.[23] Weil die Natur dieses System von Differenzen und dieser Topographie ursprünglich ist und nicht außer sich lassen darf, häuft Freud in der Montage des Apparates jene kühnen Handlungen, jene »befremdende(n) aber unentbehrliche(n) Annahme(n)« (bezüglich der »sekretorischen« oder »Schlüssel-Neuronen«). Und wenn er die Neurologie und die anatomischen Lokalisierungen aufgeben wird, dann nicht, um von seiner topographischen Beschäftigung abzulassen, sondern um sie neuzugestalten. In diesem Augenblick tritt die Schrift in Szene. Aus der Spur wird das Schriftzeichen (*gramme*) und aus dem Milieu der Bahnung eine chiffrierte Verräumlichung.

Der Stich und das Supplement des Ursprungs

Wenige Wochen nachdem er Fließ den *Entwurf* geschickt hat, fügen sich nach »einer fleißigen Nacht alle Elemente des Systems zu einer Maschine« zusammen. Es handelt sich noch nicht um eine Schreib-Maschine: »Es schien alles ineinander zu greifen, das Räderwerk paßte zusammen, man bekam den Eindruck, das Ding sei jetzt wirklich eine Maschine und werde nächstens auch von selber gehen.«[24] Nächstens: in dreißig Jahren. Von selber: fast.

Etwas weniger als ein Jahr später beginnt die Spur zur Schrift zu werden. Im Brief 52 vom 6. 12. 1896 wird das ganze System des *Entwurfs* in einer bislang bei Freud noch nicht dagewesenen graphischen Begrifflichkeit rekonstruiert. Es ist kein Zufall, wenn es mit dem Übergang vom Neurologischen zum Psychischen zusammenfällt. Im Zentrum dieses Briefes stehen die Wörter »Zeichen«, »Niederschrift« und »Umschrift«. Nicht nur wird hier die Kommunikation ausdrücklich durch die Spur und die Nachträglichkeit (das heißt durch eine nicht-konstituierte Präsenz, die ursprünglich durch die »Zeichen« des Bewußtseins rekonstruiert wird) erklärt, sondern der Sitz des Sprachlichen wird hier dem Innern eines geschichteten Schreibsystems zugewiesen, von dessen Beherrschung es weit entfernt ist: »Du weißt, ich arbeite mit der Annahme, daß unser psychischer Mechanismus durch Aufeinanderschichtung entstanden ist, indem von Zeit zu Zeit das vorhandene Material von Erinnerungsspuren eine *Umordnung* nach neuen Beziehungen, eine *Umschrift* erfährt. Das wesentlich Neue an meiner Theorie ist also die Behauptung, daß das Gedächtnis nicht einfach, sondern mehrfach vorhanden ist, in verschiedenen Arten von Zeichen niedergelegt [...]. Wie viele solcher Niederschriften es gibt, weiß ich nicht. Mindestens drei, wahrscheinlich mehr [...] die einzelnen Niederschriften [sind] auch nach ihren Neuronenträgern gesondert (nicht notwendig topisch) [...] *W* (Wahrnehmung) sind Neuronen, in denen die Wahrnehmungen entstehen, woran sich Bewußtsein knüpft, die aber an sich keine Spur des Geschehens bewahren. *Bewußtsein und Gedächtnis schließen sich nämlich aus. Wz* (Wahrnehmungszeichen) ist die erste Niederschrift der Wahrnehmungen, des Bewußtseins ganz unfähig, nach Gleichzeitigkeitsassoziation gefügt. *Ub* (Unbewußtsein) ist die zweite Niederschrift [...] *Vb* (Vorbewußtsein) ist die dritte Umschrift, an Wortvorstellungen gebunden, unserem offiziellen Ich entsprechend [...] dieses sekundäre *Denkbewußtsein* [ist] ein der Zeit nach nachträgliches, wahrscheinlich an die halluzinatorische Belebung von Wortvorstellungen geknüpft.«

Das ist die erste, die *Notiz* vorausnehmende Geste.

Fortan, von der *Traumdeutung* (1900) an, wird sich die Metapher der Schrift *zugleich des Problems des psychischen Apparates in ihrer Struktur* wie auch *des Problems des psychischen Textes in seiner Stofflichkeit* bemächtigen. Die Zusammengehörigkeit der beiden Probleme wird uns darauf um so aufmerksamer machen, als die beiden Metaphernreihen – Text und Maschine – nicht gleichzeitig in Szene treten.

»Die Träume [gehen] meist nach alten Bahnungen«, hieß es im *Entwurf*. Im folgenden wird also die topische, zeitliche und formale Regression des Traumes als Rückweg in einer Schrift-Landschaft gedeutet werden müssen. Nicht aber einer bloß umschreibenden Schrift, steinernes Echo einer taub gewordenen Verbalität, sondern den Wörtern vorgreifende metaphonetische, nicht-linguistische, a-logische Lithographie. (Die Logik gehorcht dem Bewußtsein oder dem Vorbewußtsein, dem Ort der Wortvorstellungen und dem Prinzip der Identität, begründender Ausdruck der Philosophie der Präsenz. »Es war freilich ein Widerspruch, [...] aber doch nur ein logischer Widerspruch, was nicht viel besagt«, kann man im *Wolfsmann* lesen.[25]) Da der Traum sich in einem Schriftwald fortbewegt, wird die *Traumdeutung* zweifelsohne zunächst eine Lektüre und eine Entzifferung sein. Vor der Analyse von Irmas Traum unternimmt Freud Überlegungen zur Methode. Einer seiner vertrauten Gesten gemäß, setzt er die alte Volkstradition der sogenannten wissenschaftlichen Psychologie entgegen. Wie immer, weil er die tiefe Absicht, die die erstere bewegt, rechtfertigen will. Diese irrt gewiß, wo sie den Inhalt des Traums infolge eines »symbolischen« Verfahrens als eine unzerlegbare und unartikulierte Ganzheit betrachtet, an deren Stelle man nur eine andere intelligible Ganzheit zu setzen habe, die dem Ausbruch der Krankheit gegebenenfalls vorherginge. Es fehlt wenig, und Freud akzeptiert »die andere der populären Methoden«: »Man könnte sie als die ›Chiffriermethode‹ bezeichnen, da sie den Traum wie eine Art von Geheimschrift behandelt, in der jedes Zeichen nach einem feststehenden Schlüssel in ein anderes Zeichen von bekannter Bedeutung übersetzt wird.«[26] Halten wir hier die Anspielung auf den feststehenden Code fest: es handelt sich dabei um die Schwäche einer Methode, der Freud zumindest das Verdienst zuschreibt, analytisch zu sein, und die die Elemente der Bedeutung einzeln aufzählt.

Eigentümliches Beispiel, anhand dessen Freud dieses traditionelle Verfahren illustriert: ein Text in phonetischer Schrift wird besetzt und funktioniert wie ein diskretes, besonderes und übersetzbares Element ohne Vorrecht in der allgemeinen Schrift des Traumes. Phonetische Schrift als Schrift in der Schrift. Nehmen wir beispielsweise an, sagt Freud, daß ich von einem Brief [epistola] und anschließend von einer Beerdigung geträumt habe. Öffnen wir nun ein »Traumbuch«, ein Buch, in dem die Traumschlüssel aufgezeichnet sind, eine Enzyklopädie der Traumzeichen, jenes Wörterbuch des Traums, das Freud alsbald ablehnen wird. Es lehrt uns, »daß ›Brief‹ mit ›Verdruß‹, ›Leichenbegängnis‹ mit ›Verlobung‹ zu übersetzen ist«. Ein mit Schriftzeichen [litterae] geschriebener Brief, ein Dokument aus phonetischen Zeichen, die Umschreibung eines mündlichen Diskurses kann also durch einen nicht-wörtlichen Signifikanten übersetzt werden, der als bestimmter Affekt der allgemeinen Syntax der Traumschrift angehört. Das Wörtliche wird besetzt; seine phonetische Umschreibung ist weit außerhalb des Zentrums in einem Netz stummer Schrift gefesselt.

Freud entlehnt nun ein anderes Beispiel von Artemidore aus Daltis (11. Jahrhundert), Autor einer Schrift über Traumdeutung. Nehmen wir das zum Anlaß, daran zu erinnern, daß ein englischer Theologe[27], der Freud unbekannt war, im 18. Jahrhundert, in einer Absicht, die sicherlich einen Vergleich verdient, auf Artemidore zurückgegriffen hatte. Warburton beschreibt das System der Hieroglyphen und stellt in ihm zu Recht oder zu Unrecht, darauf kommt es hier nicht an, verschiedene Strukturen fest (eigentliche oder symbolische Hieroglyphen, wobei jede Gattung kuriologisch oder tropisch sein konnte und die Beziehungen analogischer Natur oder der eines Teils zum Ganzen waren), die systematisch mit den Formen der Traumarbeit verglichen werden müßten (Verdichtung, Verschiebung, Überbesetzung). Warburton, der aus apologetischen Gründen darum bemüht ist, »den Beweis für das hohe Alter dieser Nation« gegen Athanasius Kircher zu erbringen, führt das Beispiel einer ägyptischen Wissenschaft an, die alle ihre Hilfsmittel in der Hieroglyphenschrift findet. Diese Wissenschaft ist die *Traumdeutung*, die man auch Oneirokritie nennt. Im ganzen genommen war sie nur eine Wissenschaft der Schrift in den Händen der Priester. Die Ägypter glaubten, Gott habe die Schrift geschenkt, so wie er auch die Träume beeinflusse. Die Interpreten brauchten deshalb nur, wie der Traum selbst, im tropischen oder kuriologischen Schatz zu schöpfen. In ihm fanden sie den Traumschlüssel, den sie anschließend zu erraten vorgaben, vollständig vor. Der hieroglyphische Code hatte an sich selbst den Wert eines Traumbuches. Als angebliche Gabe Gottes – in Wirklichkeit aus der Geschichte hervorgegangen – wurde er zum allgemeinen Fundus, aus dem der Traumdiskurs schöpfte: das Bühnenbild und der Text der Inszenierung. Da der Traum wie eine Sprache konstruiert war, entsprachen die Traumübertragungen den schon im System der Hieroglyphen vorgenommenen und aufgezeichneten Verdichtungen und Verschiebungen. Der Traum wäre nichts anderes als eine Handhabung von Elementen (στοιχεῖα, sagt Warburton, Elemente oder Schriftzeichen), die im Hieroglyphenschatz eingeschlossen sind, in der Weise etwa, wie ein geschriebenes mündliches Wort einer geschriebenen Sprache entlehnt würde: »Die Untersuchung der Begründung steht hier zur Frage, die die Deutung, die der Oneirokritiker gab, ursprünglich haben konnte, wenn er zu jemandem, der ihn wegen eines der folgenden Träume zu Rate zog, sagte, ein *Drache* bedeutete das Königtum; eine *Schlange* zeige eine Krankheit an [...], *Frösche* kennzeichneten Betrüger [...].« Was taten folglich die damaligen Hermeneuten? Sie zogen die Schrift selber zu Rate: »Die ersten Traumdeuter waren aber keine Schurken und keine Betrüger. Sie waren nur, genauso wie die ersten Gerichtsastrologen, abergläubischer als die anderen Menschen ihrer Zeit und erlagen als Erste der Illusion. Selbst wenn wir voraussetzten, daß sie eben solche Schurken waren wie ihre Nachfolger, bedurfte es aber zumindest im vorhinein geeigneter Materialien, die sie ins Werk setzen konnten. Diese Materialien konnten jedoch nie so beschaffen sein, daß sie in einer solch eigentümlichen Weise die Vorstellungskraft eines jeden Einzelnen bewegen konnten. Diejenigen, die sie zu Rate zogen, wollten sicherlich eine bekannte Analogie finden, die ihrer Entzifferung als Begründung dienen konnte; und sie selbst werden ebenfalls auf eine anerkannte Autorität zurückgegriffen haben, um ihre Wissenschaft zu stützen. Welche andere Analogie und welche andere Autorität konnte es aber geben als die der *symbolischen Hieroglyphen*, die damals zu einer heiligen und geheimnisvollen Sache geworden waren? Das ist die natürliche Lösung der Schwierigkeit. Die symbolische Wissenschaft [...] diente ihren Deutungen zur Begründung.«

An dieser Stelle wird der Freudsche Schnitt eingeführt. Freud denkt zweifellos, der Traum bewege sich nach dem Vorbild einer Schrift fort, die die Wörter inszeniert, ohne sich ihnen zu unterwerfen; sicherlich denkt er hier an ein Schriftmodell, das gegenüber der Rede irreduzibel ist und das wie die Hieroglyphen piktographische, ideogrammatische und phonetische Elemente enthält. Aus der psychischen Schrift macht er aber eine derart originäre Erzeugung, daß die Schrift, wie man sie in ihrem eigentlichen Sinn, als codierte und sichtbare Schrift »in der Welt« verstehen zu können glaubt, nur noch eine ihrer Metaphern ist. Die psychische Schrift, zum Beispiel die des Traums, die nach »alten Bahnungen« geht, bloßes Moment in der Regression auf die »primäre« Schrift, läßt sich nicht vermittels eines Codes lesen. Sie arbeitet freilich mit einer Masse kodifizierter Elemente im Verlauf einer individuellen oder kollektiven Geschichte. In ihren Operationen, in ihrer Lexik und Syntax, bleibt ein rein idiomatischer Rest, der nicht zurückgeführt werden kann und der das ganze Gewicht der Deutung in der Kommunikation zwischen den Unbewußten tragen muß. Der Träumer erfindet seine eigene Grammatik. Es gibt kein signifikantes Material und keinen vorgängigen Text, mit deren Verwendung er sich *begnügte*, selbst wenn er hierauf niemals verzichtet. Das ist, ungeachtet des Interesses, das sie beanspruchen kann, die Grenze der »Chiffriermethode« und des »Traumbuchs«. Die Grenze liegt nicht nur an der Allgemeinheit und Starrheit des Codes, sondern auch daran, daß man sich allzusehr mit *Inhalten* abgibt, nicht genügend aber mit Beziehungen, Situationen, dem Funktionszusammenhang und den Differenzen: »Mein Verfahren ist [...] nicht so bequem wie das der populären Chiffriermethode, welche den gegebenen Trauminhalt nach einem fixierten Schlüssel übersetzt; ich bin vielmehr gefaßt darauf, daß derselbe Trauminhalt bei verschiedenen Personen und in verschiedenem Zusammenhang auch einen anderen Sinn verbergen mag.«[28] Um diese Behauptung zu stützen, glaubt Freud an anderem Ort sich auf die chinesische Schrift berufen zu können: »Dieselben [die Traumsymbole] sind oft viel- und mehrdeutig, so daß, wie in der chinesischen Schrift, erst der Zusammenhang die jedesmal richtige Auffassung ermöglicht.«[29]

Das Fehlen jedes vollständigen und vollkommen unfehlbaren Codes bedeutet, daß die Differenz zwischen Signifikant und Signifikat in der psychischen Schrift, die hiermit den Sinn jeder Schrift im allgemeinen ankündigt, nie radikal ist. Die dem Traum, der alten Bahnungen folgt, vorausgehende unbewußte Erfahrung leiht ihre eigenen Signifikanten nicht aus, sie erzeugt sie, sie bringt sie zwar nicht in ihrer Körperlichkeit hervor, erzeugt jedoch ihre Signifikanz. Folglich sind sie genau genommen keine Signifikanten mehr. Die Möglichkeit der Übersetzung, ist sie auch weit davon entfernt, annulliert zu sein – denn die Erfahrung vergrößert danach unaufhörlich die Distanz zwischen den Identitäts- oder Berührungspunkten von Signifikant und Signifikat –, scheint prinzipiell und endgültig begrenzt. Das vielleicht will Freud unter einem anderen Gesichtspunkt in dem Aufsatz über die *Verdrängung* zu verstehen geben: »Die Verdrängung arbeitet also *höchst individuell.*«[30] (Die Individualität ist hier zunächst nicht die eines Individuums, sondern die jedes »einzelnen Abkömmlings des Verdrängten, [der ...] sein besonderes Schicksal haben kann.«) Übersetzung und Übersetzungssystem gibt es nur, wenn ein feststehender Code die Ersetzung oder Transformation der Signifikanten und die Bewahrung desselben Signifikats erlaubt, das immerfort *präsent* ist, ungeachtet der Abwesenheit dieses oder jenes bestimmten Signifikanten. Die radikale Möglichkeit der Ersetzung wäre infolgedessen von dem Begriffspaar Signifikant/Signifikat, das heißt im Begriff des Zeichens selbst impliziert. Wenn man mit Saussure das Signifikat vom Signifikanten nur dadurch unterscheidet, daß man sagt, sie seien die beiden Seiten ein und desselben Blattes, so ändert das nichts daran. Gibt es eine ursprüngliche Schrift, muß sie den Raum und den Körper des Blattes selbst hervorbringen.

Man wird den Einwand erheben, daß Freud trotzdem unaufhörlich übersetzt. Er glaubt an die Allgemeinheit und Beständigkeit eines gewissen Codes der Traumschrift: »Wenn man sich mit der ausgiebigen Verwendung der Symbolik für die Darstellung sexuellen Materials im Traume vertraut gemacht hat, muß man sich die Frage vorlegen, ob nicht viele dieser Symbole wie »Sigel« der Stenographie mit ein für allemal festgelegter Bedeutung auftreten, und sieht sich vor der Versuchung, ein neues Traumbuch nach der Chiffriermethode zu entwerfen.«[31] Und in der Tat, Freud schlug unablässig Codes und Regeln größter Allgemeinheit vor. Und die Ersetzung der Signifikanten scheint wohl die wesentliche Aktivität der psychoanalytischen Deutung zu sein. Freilich. Aber Freud weist diesem Vorgehen nichtsdestoweniger eine wesentliche Grenze zu. Vielmehr eine doppelte Grenze.

Zieht man zunächst den wörtlichen Ausdruck, wie er im Traum umschrieben wird, in Betracht, so stellt man fest, daß sein Klang, der Körper des Ausdrucks, sich vor dem Signifikat nicht auslöscht oder sich wenigstens nicht, wie das im bewußten Diskurs geschieht, durchdringen und überschreiten läßt. Er agiert als solcher, gemäß der Wirkung, die Artraud ihm im Theater der Grausamkeit zugedacht hatte. Ein Verbalkörper läßt sich aber nicht in eine andere Sprache übersetzen oder übertragen. Es ist genau das, was eine Übersetzung fallen läßt. Den Körper fallen zu lassen, darin besteht eben die wesentliche Energie der Übersetzung. Setzt sie erneut einen Körper ein, wird sie zur Dichtung. In diesem Sinne ist der Traum unübersetzbar, da der Körper des Signifikanten das Idiom für jede Traumszene konstituiert: »Übrigens hängt der Traum so innig am sprachlichen Ausdruck, daß Ferenczi mit Recht bemerken kann, jede Sprache habe ihre eigene Traumsprache. Ein Traum ist in der Regel unübersetzbar in eine andere Sprache und ein Buch wie das vorliegende, meinte ich darum auch.«[32] Was hier für eine bestimmte Nationalsprache gilt, trifft a fortiori für eine individuelle Grammatik zu.

Andererseits hat diese gewissermaßen horizontale Unmöglichkeit einer verlustlosen Übersetzung ihr Prinzip in einer vertikalen Unmöglichkeit. Wir sprechen hier vom Bewußtwerden der unbewußten Gedanken. Wenn man den Traum nicht in eine andere Sprache übersetzen kann, dann auch, weil es im Innern des psychischen Apparates nie Beziehungen einfacher Übersetzung gibt. Freud sagt uns, daß man zu Unrecht von Übersetzung oder Umschrift spricht, um den Übergang der unbewußten Gedanken durch das Vorbewußte zum Bewußtsein zu beschreiben. Der metaphorische Begriff der Übersetzung oder der Umschrift ist hier wiederum nicht deswegen gefährlich, weil er auf die Schrift Bezug nimmt, sondern weil er einen schon daseienden, unbeweglichen Text von der gelassenen Präsenz einer Statue, eines beschriebenen Seins oder Archivs voraussetzt, deren bedeutenden Inhalt man ohne Schaden in das Element einer Sprache, das des Vorbewußten oder Bewußten überträgt. Es reicht daher nicht aus, von Schrift zu reden, um Freud treu zu bleiben; mehr denn je kann man ihn dadurch verraten.

Das wird uns im letzten Kapitel der *Traumdeutung* erklärt. Es handelt sich hier darum, eine rein und konventionell topische Metapher des psychischen Apparates durch das Aufgebot der Kraft und zweierlei Vorgänge oder Ablaufsarten der Erregung zu vervollständigen: »Versuchen wir jetzt, einige Anschauungen richtigzustellen, die sich mißverständlich bilden konnten, solange wir die beiden Systeme im nächsten und rohesten Sinne als zwei Lokalitäten innerhalb des seelischen Apparates im Auge hatten, Anschauungen, die ihren Niederschlag in den Ausdrücken ›verdrängen‹ und ›durchdringen‹ zurückgelassen haben. Wenn wir also sagen, ein unbewußter Gedanke strebe nach Übersetzung ins Vorbewußte, um dann zum Bewußtsein durchzudringen, so meinen wir nicht, daß ein zweiter, an neuer Stelle gelegener Gedanke gebildet werden soll, eine Umschrift gleichsam, neben welcher das Original fortbesteht; und auch vom Durchdringen zum Bewußtsein wollen wir jede Idee einer Ortsveränderung sorgfältig ablösen.«[33]

Unterbrechen wir unser Zitat für einen Augenblick. Der

Bewußtseinstext ist also keine Umschrift, weil kein *anderswo präsenter* Text in der Gestalt des Unbewußten umgesetzt und übertragen werden mußte. Denn der Wert von Präsenz kann in gefährlicher Weise ebenfalls den Begriff des Unbewußten affizieren. Eine unbewußte Wahrheit ist daher nicht auffindbar, weil sie anderswo eingeschrieben wäre. Es gibt keinen anderswo geschriebenen und präsenten Text, der, ohne dadurch verändert zu werden, eine Arbeit und eine Temporalisierung (diese würde, folgt man Freud wortgetreu, dem Bewußtsein angehören) auslösen würde, die ihm äußerlich wären und die an seiner Oberfläche flottieren würden. Es gibt keinen präsenten Text im allgemeinen und selbst keinen gegenwärtig-vergangenen Text; ein vergangener Text, der gegenwärtig gewesen wäre. Der Text läßt sich nicht in der ursprünglichen oder in einer modifizierten Form der Präsenz denken. Der unbewußte Text ist schon aus reinen Spuren und Differenzen gewoben, in denen Sinn und Kraft sich vereinen; ein nirgendwo präsenter Text, der aus Archiven gebildet ist, die *immer schon* Umschriften sind. Ursprüngliche Stiche. Alles fängt mit der Reproduktion an. Immer schon, das heißt Niederschlag eines Sinns, der nie gegenwärtig war, dessen bedeutete Präsenz immer »nachträglich«, im nachherein und zusätzlich [*supplémentairement*] rekonstituiert wird.[34] Das Aufgebot des Nachtrags [*supplément*] ist hier ursprünglich und untergräbt das, was man nachträglich als Präsenz rekonstituiert. Der Nachtrag, das, was sich gleichsam wie eine Fülle einer Fülle hinzufügt, ist auch das, was ergänzt [*supplée*]. »Suppléer«: 1. »hinzufügen, was fehlt, Lieferung dessen, was zusätzlich benötigt wird«, sagt Littré, der die eigentümliche Logik dieses Wortes gleich einem Schlafwandler respektiert. In ihr ist die Möglichkeit des Im-Nachherein und gewiß auch das Verhältnis des Primären zum Sekundären auf all seinen Ebenen zu denken. Merken wir an, daß »Nachtrag« in der Ordnung des Briefes ebenfalls einen genauen Sinn besitzt: es handelt sich um das

Appendix, das Kodizill und das Postscriptum. Der Text, den man präsent nennt, entziffert sich nur am unteren Rand des Blattes, in der Notiz oder im Post-scriptum. Ehe es zu dieser Rückwendung kommt, ist die Präsenz nur der Appell einer Notiz. Daß die Präsenz im allgemeinen nicht ursprünglich, sondern rekonstituiert ist, daß sie nicht die absolute, vollauf lebendige und konstituierende Form der Erfahrung ist und daß es keine Reinheit der lebendigen Präsenz gibt, das ist das für die Geschichte der Metaphysik ungeheure Thema, das Freud uns durch eine dem Gegenstand selbst unangemessene Begrifflichkeit zu denken auffordert. Dieses Denken ist gewiß das Einzige, das sich nicht in der Metaphysik oder in der Wissenschaft erschöpft.

Weil der Übergang zum Bewußtsein keine abgeleitete und wiederholende Schrift, keine die unbewußte Schrift verdoppelnde Umschrift ist, erzeugt sie sich in ursprunghafter Weise und ist in eben ihrer Sekundarität ursprünglich und irreduzibel. Da das Bewußtsein für Freud der äußerlichen Welt zugewandte Oberfläche ist, muß man, anstatt die Metapher im banalen Sinn zu durchlaufen, im Gegenteil hier die Möglichkeit der Schrift, die in der Welt (dem sichtbaren Außen der Graphie, der Literalität, des Buchstäblichwerdens der Literalität usw.) bewußt und handelnd genannt wird, aus dieser Schreibarbeit verstehen, die als psychische Energie zwischen dem Unbewußten und dem Bewußten zirkuliert. Die »objektivistische« oder »weltbezogene« Betrachtung der Schrift lehrt uns nichts, bezieht man sie nicht auf einen Raum psychischer Schrift (transzendentaler Schrift würde man sagen, falls man mit Husserl in der Psyche eine Region der Welt erblickte. Da das aber auch der Fall Freuds ist, der zugleich das In-der-Welt-Sein des Psychischen, seine Ortsbezogenheit und die Originalität seiner Topologie, die auf jede gewöhnliche Innerweltlichkeit irreduzibel ist, respektieren will, muß man vielleicht denken, daß das, was wir hier als Schreibarbeit beschreiben, die transzendentale Differenz zwischen Ursprung der Welt und In-der-Welt-Sein auslöscht: sie auslöscht, indem sie sie erzeugt: Milieu des Dialogs und des Mißverständnisses zwischen den Husserlschen und Heideggerschen Begriffen des In-der-Welt-Seins).

Freud versieht in der Tat diese nicht-transkriptive Schrift mit wesentlichen Präzisierungen. Er betont: 1. die Gefahr, die darin bestünde, die Energie in einer naiven Metaphorik des Ortes zum Stillstand zu bringen und einzufrieren; 2. die Notwendigkeit, den Raum oder die Topologie dieser Schrift neu zu denken, anstatt sie aufzugeben; 3. daß er, dem es immer darauf ankommt, den psychischen Apparat in einer künstlichen Montage zu *repräsentieren*, noch kein sich bewährendes mechanisches Modell für die graphematische Begrifflichkeit gefunden hat, derer er sich schon bedient, um den psychischen Text zu beschreiben.

»Wenn wir nun sagen, ein vorbewußter Gedanke wird verdrängt und dann vom Unbewußten aufgenommen, so könnten uns diese vom Vorstellungskreis des Kampfes um ein Terrain entlehnten Bilder zur Annahme verlocken, daß wirklich in der einen psychischen Lokalität eine Anordnung aufgelöst und durch eine neue in der anderen Lokalität ersetzt wird. Für diese Gleichnisse setzen wir ein, was dem realen Sachverhalt besser zu entsprechen scheint, daß eine Energiebesetzung auf eine bestimmte Anordnung verlegt oder von ihr zurückgezogen wird, so daß das psychische Gebilde unter die Herrschaft einer Instanz gerät oder ihr entzogen ist. Wir ersetzen hier wiederum eine topische Vorstellungsweise durch eine dynamische; nicht das psychische Gebilde erscheint uns als das Bewegliche, sondern dessen Innervation.«[35]

Unterbrechen wir abermals unser Zitat. Die Metapher der Übersetzung als Umschrift eines ursprünglichen Textes würde die Kraft und die Ausdehnung trennen und eine einfache Äußerlichkeit des Übersetzten und des Übersetzenden aufrechterhalten. Diese Äußerlichkeit selbst, die

Statik und der Topologismus dieser Metapher sicherten die Transparenz einer neutralen Übersetzung, eines phoronomischen und nicht-metabolischen Vorgangs. Freud unterstreicht, daß die psychische Schrift für eine Übersetzung nicht taugt, weil sie ein einziges – wie differenziert auch immer – energetisches System ist, und daß sie den gesamten psychischen Apparat umfaßt. Trotz des Unterschieds der Instanzen ist die psychische Schrift im allgemeinen keine Verschiebung von Bedeutungen in der Durchsichtigkeit eines unbeweglichen, vorgegebenen Raums und keine blanke Neutralität eines Diskurses. Eines Diskurses, dessen Durchscheinen von der Chiffrierung unangefochten bliebe. Hier läßt sich die Energie nicht reduzieren, sie begrenzt den Sinn nicht, sondern bringt ihn hervor. Die Scheidung zwischen Kraft und Bedeutung ist im Verhältnis zur Urspur abgeleitet; sie gehört der Metaphysik des Bewußtseins und der Präsenz, oder vielmehr der Präsenz im Zeitwort in der Halluzination einer bestimmten Sprache aus dem Wort, der sprachlichen Repräsentation an. Metaphysik des Vorbewußten würde Freud vielleicht sagen, weil das Vorbewußte der Ort ist, den er den Wortvorstellungen zuweist. Hätte uns Freud ohne das etwas Neues beigebracht?

Die Kraft erzeugt den Sinn (und den Raum) aus dem alleinigen Vermögen der »Wiederholung«, das ihr von Ursprung an gleichsam wie ihr Tod innewohnt. Dieses Vermögen, das heißt dieses Unvermögen, das die Arbeit der Kraft eröffnet und begrenzt, inauguriert die Unübersetzbarkeit, ermöglicht das, was man die »Sprache« nennt, transformiert das begrenzt immer schon überschrittene absolute Idiom: ein reines Idiom ist keine Sprache, es wird erst zur Sprache, indem es sich wiederholt; die Wiederholung verdoppelt immer wieder schon den Anbruch des ersten Mals. Entgegen allem Anschein widerspricht das nicht dem, was wir weiter oben über die Unübersetzbarkeit gesagt haben. Dort handelte es sich darum, den Ursprung der Bewegung des Überstiegs, der Wiederholung und des Zur-Sprache-Werdens des Idioms in Erinnerung zu rufen. Richtet man sich *im Gegebenen oder in der Wirkung der Wiederholung*, in der Übersetzung und in der Evidenz der Unterscheidung von Kraft und Bedeutung ein, verfehlt man nicht nur die originale Absicht Freuds, man löscht das Lebendige des Bezugs zum Tod.

Genauestens wäre also all das zu untersuchen, was Freud uns über die Kraft der Schrift als »Bahnung« in der *psychischen* Wiederholung dieses ehemals *neurologischen* Begriffs zu denken gibt, was wir hier selbstverständlich nicht tun können: Eröffnung ihres eigenen Raums, Aufbruch, ein durch Widerstände hindurch geschlagener Weg, *wegbahnender* [*rupta, via rupta*] Bruch und Einbruch, gewaltsame Einschreibung einer Form, Niederschrift einer Differenz in eine Natur oder Materie, die als solche nur in ihrem *Gegensatz* zur Schrift gedacht werden können. Die Straße tut sich in einer Natur oder Materie, einem Wald oder Gehölz [*hyle*] auf und verursacht eine Umkehrbarkeit von Zeit und Raum. Die Zusammengehörigkeit der Geschichte des Weges und der Geschichte der Schrift müßte genetisch und strukturell untersucht werden. Wir denken hier an die Texte von Freud über die Arbeit der »Erinnerungsspur«, die, obzwar keine neurologische Spur mehr, noch nicht das »bewußte Gedächtnis« ist;[36] an die *wegbahnende* Arbeit der Spur, die ihren Weg nicht durchläuft, sondern hervorbringt; an die Spur, die vor-reißt, an die Spur, die sich selbst ihren Weg bahnt. Die Metapher des gebahnten Weges, die in den Beschreibungen Freuds häufig vorkommt, steht stets mit dem Thema der *»nachträglichen (bzw. -tragenden) Verspätung«* und mit der auf die Vorwärtsbewegung eines Maulwurfs, auf das unterirdische Werk eines Eindrucks folgenden Rekonstitution des Sinns im Nachherein in Verbindung. Sie hinterläßt eine wirkende Spur, die nie in ihrer Gegenwartsbedeutung, das heißt bewußt, *wahrgenommen* und erlebt wurde. Das

Post-scriptum, das die vergangene Präsenz als solche konstituiert, begnügt sich nicht dabei, wie Platon, Hegel und Proust vielleicht gedacht haben, sie in ihrer Wahrheit zu erwecken oder zu enthüllen. Es erzeugt sie. Ist die sexuelle Verspätung hier das beste Beispiel oder ist sie das Wesen dieser Bewegung? Falsche Frage zweifellos: das – für bekannt gehaltene – *Subjekt* der Frage, die Sexualität nämlich, wird nur rückwärts und durch die Antwort selbst bestimmt, begrenzt oder entgrenzt. Die Antwort Freuds jedenfalls ist entscheidend. Siehe den Wolfsmann. Nur mit Verspätung wird die Wahrnehmung der Urszene – Wirklichkeit oder Phantasma, darauf kommt es nicht an – in ihrer Bedeutung erlebt; und die sexuelle Reifung ist nicht die zufällige Form dieser Verspätung. »Mit 1½ Jahren holte er sich die Eindrücke, deren nachträgliches Verständnis ihm zur Zeit des Traumes durch seine Entwicklung, seine sexuelle Erregung und seine Sexualforschung ermöglicht wurde.«[37] Schon im *Entwurf* kann man hinsichtlich der Verdrängung in der Hysterie lesen: »Überall findet sich, daß eine Erinnerung verdrängt wird, die nur *nachträglich* zum Trauma geworden ist. Ursache dieses Sachverhaltes ist die Verspätung der Pubertät gegen die sonstige Entwicklung des Individuums.«[38] Das müßte, wenn nicht zur Lösung, wenigstens zu einer neuen Stellung des schwierigen Problems der Temporalisierung und der sogenannten »Zeitlosigkeit« des Unbewußten führen. Mehr denn sonst ist hier die Kluft zwischen Freudscher Intuition und Begrifflichkeit fühlbar. Die Zeitlosigkeit des Unbewußten wird zweifellos nur in Opposition zu einem geläufigen Zeitbegriff bestimmt, einem traditionellen Begriff, einem Begriff der Metaphysik, der Zeit der Mechanik oder der Zeit des Bewußtseins. Vielleicht müßte Freud gelesen werden, wie Heidegger Kant gelesen hat: wie das *Ich denke* ist das Unbewußte zeitlos nur hinsichtlich eines gewissen vulgären Zeitbegriffs.

Anmerkungen

1 Sigmund Freud, »Entwurf einer Psychologie«, in: S. F., *Aus den Anfängen der Psychoanalyse*, 1887–1902. Briefe an Wilhelm Fließ [AAP], Frankfurt a. M. 1962, S. 308.
2 Ebd., S. 305.
3 Ebd., S. 308.
4 Ebd., S. 309.
5 Ebd., S. 310.
6 Hier wäre bezüglich der Begriffe von Differenz, Quantität und Qualität mehr als sonst überall eine systematische Konfrontation von Nietzsche und Freud erforderlich. Vgl. beispielsweise neben vielen anderen folgendes Fragment aus dem *Nachlaß*: »Unser Erkennen beschränkt sich darauf, *Quantitäten* festzustellen; aber wir können durch nichts hindern, diese Quantitäts-Differenzen als *Qualitäten* zu empfinden. Die Qualität ist eine *perspektivische Wahrheit* für *uns*; kein ›An sich‹ [...]. Wenn wir unsre Sinne um das Zehnfache verschärften oder verstumpften, würden wir zugrunde gehn: – d. h. wir empfinden auch *Größenverhältnisse* in bezug auf unsere Existenz-Ermöglichung als *Qualitäten*« (Friedrich Nietzsche, *Werke*, Bd. 3, München 1956, S. 861).
7 Vgl. *Jenseits des Lustprinzips*, in: Sigmund Freud, *Gesammelte Werke* [GW], Bd. 13, Frankfurt a. M. 1947, S. 6.
8 Freud, AAP, S. 340.
9 Ebd., S. 328.
10 Ebd., S. 310.
11 Diese Begriffe des ursprünglichen Aufschubs (*différance*) und der Verspätung lassen sich unter der Autorität der Identitätslogik und sogar unter der des Zeitbegriffs nicht denken. Die Absurdität selbst, die sich auf diese Weise *in den Termen* kundtut, veranlaßt, vorausgesetzt sie organisiert sich in bestimmter Weise, das Jenseits dieser Logik und dieses Begriffs zu denken. Mit dem Wort *Verspätung* ist etwas anderes zu denken als ein Verhältnis zweier »Gegenwarten«; die folgende Repräsentation muß vermieden werden: nur in einer Gegenwart B geschieht, was sich in einer Gegenwart A (»früher«) hätte ereignen sollen (müssen). Die Begriffe einer *ursprünglichen »Differenz«* und *Verspätung* haben sich uns aus einer Lektüre Husserls aufgenötigt. Vgl. Jacques Derrida, *Introduction à l'origine de la géométrie*, Paris 1962, S. 170/171.)

12 Freud, GW, Bd. 16, S. 238/239.
13 Ebd., S. 170 ff.
14 Freud, GW, Bd. 14, S. 4.
15 Freud, AAP, S. 311.
16 Ebd., S. 313.
17 Ebd., S. 316.
18 Ebd., S. 317.
19 Ebd.
20 Ebd., S. 318.
21 Ebd., S. 319.
22 Ebd.
23 Ebd., S. 323.
24 Brief 32 vom 20. 10. 1895. Die Maschine: »Die drei Systeme von Neuronen, der freie und gebundene Zustand von Quantität, der Primär- und Sekundärvorgang, die Haupttendenz und die Kompromißtendenz des Nervensystems, die beiden biologischen Regeln der Aufmerksamkeit und der Abwehr, die Qualitäts-, Real- und Denkzeichen, der Zustand der psycho-sexualen Gruppe – die Sexualitätsbedingung der Verdrängung, endlich die Bedingungen des Bewußtseins als Wahrnehmungsfunktion – das alles stimmte und stimmt heute noch! Ich weiß mich vor Vergnügen natürlich nicht zu fassen. – Hätte ich mit der Mitteilung an Dich doch zwei Wochen gewartet.«
25 »Aus der Geschichte einer infantilen Neurose (Der Wolfsmann)«, in: Freud, GW, Bd. 12, S. 111.
26 Freud, GW, Bd. 2/3, S. 102.
27 William Warburton, Autor von *The divine legation of Moses* (1737–41). Der vierte Teil seines Werkes wurde 1774 unter dem Titel *Essai sur les Hieroglyphes des Egyptiens, où l'on voit l'Origine et le Progrès du langage et de l'écriture, l'Antiquité des Sciences en Egypte, et l'Origine du Culte des Animaux* ins Französische übersetzt. Dieses Werk, auf das wir noch anderswo zu sprechen kommen, hatte einen beträchtlichen Einfluß. Es hat die ganze Reflexion über die Sprache und über die Zeichen jener Zeit gekennzeichnet. Die Redakteure der *Encyclopédie*, Condillac und durch ihn Rousseau, haben ausgiebig aus ihm geschöpft und entnahmen ihm im besonderen das Thema des ursprünglich metaphorischen Charakters der Sprache.
28 Freud, GW, Bd. 2/3, S. 109.

29 Ebd., S. 358.
30 Freud, GW, Bd. 10, S. 252.
31 Freud, GW, Bd. 2/3, S. 356.
32 Ebd., S. 103, Fn. 1.
33 Ebd., S. 615. Auch in »Das Ich und das Es« (GW, Bd. 13, Kap. 2) wird die Gefahr der topischen Beschreibung der psychischen Tatsachen unterstrichen.
34 *Supplémentaire* bedeutet zusätzlich und nachträglich zugleich. [Anm. des Übers.]
35 Ebd.
36 Freud, GW, Bd. 10, S. 288.
37 Freud, GW, Bd. 12, S. 64.
38 Freud, AAP, S. 356.

Ousia und gramme[1]

Notiz über eine Fußnote in *Sein und Zeit*

(Auszug)

> »Am bedrängendsten zeigt sich uns das Weitreichende des Anwesens dann, wenn wir bedenken, daß auch und gerade das Abwesen durch ein bisweilen ins Unheimliche gesteigertes Anwesen bestimmt bleibt.«
>
> Heidegger, *Sein und Zeit*

In der Exposition der Frage nach dem Sinn von Sein mußte die »Destruktion« der klassischen Ontologie zunächst den »vulgären Zeitbegriff« ins Wanken bringen. Dies war eine Voraussetzung für die Analytik des *Daseins*. Dasein *ist da* mit der Öffnung auf die Frage nach dem Sinn von Sein, das heißt mit dem Vorverständnis von Sein. Zeitlichkeit gründet »das Sein des seinsverstehenden Daseins«, sie ist der »ontologische Sinn der Sorge« als Struktur des *Daseins*. Sie allein kann der Seinsfrage ihren Horizont geben. Somit wird die von *Sein und Zeit* übernommene Aufgabe deutlich. Sie ist vorläufig und unumgänglich zugleich. Nicht nur die Auslegung der Zeitlichkeit muß von den traditionellen Begriffen, welche die gängige Sprache und die Geschichte der Ontologie von Aristoteles bis zu Bergson bestimmen, abgehoben werden; vielmehr muß auch die Möglichkeit solcher trivialen Begrifflichkeit ins Kalkül gezogen werden, damit diesem »vulgären Zeitbegriff sein eigenständiges Recht« zurückgegeben wird.[2]

Die traditionelle Ontologie läßt sich demnach einzig und allein durch das ständige Wiederholen und Befragen ihrer Beziehung zur Zeitproblematik destruieren. In welcher Weise hat nun ein gewisses Zeitverständnis insgeheim die Bestimmung des Sinnes von Sein in der Geschichte der

Philosophie beherrscht? Heidegger weist schon mit dem sechsten Paragraphen von *Sein und Zeit* auf eine Antwort dieser Frage; er verweist aber bloß auf sie und betrachtet diesen Hinweis lediglich als Wink, Anhaltspunkt, »äußeres Dokument« (ebd., S. 25). Es ist »die Bestimmung des Sinnes von Sein als *parousia* bzw. *ousia*, was ontologisch-temporal ›Anwesenheit‹ bedeutet. Seiendes ist in seinem Sein als ›Anwesenheit‹ gefaßt, das heißt es ist mit Rücksicht auf einen bestimmten Zeitmodus, die ›*Gegenwart*‹, verstanden«.[3]

Folgt man Heidegger, so hatte die Gegenwart bereits im »Lehrgedicht« des Parmenides den Vorrang. Das *legein* und das *noein* erfassen eine Gegenwart, der Dauer und Beständigkeit, Nähe und Verfügbarkeit eigentümlich ist und die unserem Blick ausgesetzt oder uns anheimgestellt ist als eine Gegenwart in Form der *Vorhandenheit.* Solche Anwesenheit gegenwärtigt sich, sie wird im *legein* oder *noein* vernommen als Vollzug, dessen »temporale Struktur« »reines ›Gegenwärtigen‹« ist.

> Das Seiende, das sich in ihm für es zeigt und das als das eigentliche Seiende verstanden wird, erhält demnach seine Auslegung in Rücksicht auf – Gegen-wart, das heißt es ist als Anwesenheit (*ousia*) begriffen. (*Sein und Zeit*, S. 26)

Die Kette dieser solidarischen Begriffe (*ousia*, *parouisa*, *Anwesenheit*, *Gegenwart*, *gegenwärtige Vorhandenheit*) ist im Anfang von *Sein und Zeit* deponiert: sie wird zugleich poniert und vorläufig aufgegeben. Obzwar die Kategorie der *Vorhandenheit* als Seiende in Form eines substantiellen und verfügbaren Gegenständigen weiterhin am Werk und von thematischem Wert ist, bleiben die anderen Begriffe bis zum Ende des Buches im Dunkeln. Erst auf den letzten Seiten von *Sein und Zeit* (das heißt im veröffentlichten ersten Teil des Werkes) wird jene Kette abermals, diesmal allerdings ohne Auslassungen, vorgestellt, und zwar als die Verkettung der Geschichte der Ontologie selbst. An dieser Stelle wird die Ausbildung des vulgären Zeitbegriffs von Aristoteles zu Hegel ausdrücklich analysiert. Dabei handelt Heidegger in seiner Analyse den Hegelschen Zeitbegriff auf mehreren Seiten ab, wohingegen er den entsprechenden Merkmalen, die diesen Begriff in seinem griechischen, das heißt eigentlich in seinem Aristotelischen Ursprung bestimmen, nur eine Fußnote einräumt. Diese Fußnote lädt zur wiederholten Lektüre ein. Doch wollen wir uns hier nicht auf Interpretationen und ihre Entwürfe einlassen, sondern lediglich die Indikation einer solchen Lektüre anzeigen, indem wir uns an die von Heidegger angegebenen Texte wenden und nachlesen, was an den betreffenden Stellen geschrieben steht. Das einzige Ziel unseres Kommentars der Fußnote aus *Sein und Zeit* ist, sie zu entfalten und das Augenmerk auf zwei Motive zu lenken:

1. wollen wir die Heideggersche Frage nach der *Anwesenheit* als der ontotheologischen Bestimmung des Sinnes von Sein in der expliziten Form,[4] wie sie die Fußnote anmerkt, herauslesen. Durch die Übertretung der Metaphysik in dem von Heidegger gemeinten Sinne wird eine Frage in Rücksicht auf die merkwürdige Grenze oder *epoché* des Seins ausgelegt, das sich im Vollzug seines *Gegenwärtigens* verbirgt, wie auch in seiner Anwesenheit und im Bewußtsein (der Modifikation von Anwesenheit), in der Vorstellung und in der Selbstgegenwart. Der Vorrang der Gegenwart ist von Parmenides bis zu Husserl nie in Frage gestellt worden. Das war auch nicht möglich. Gegenwart ist Evidenz schlechthin, und kein Denken scheint außerhalb ihres Elements gegeben. Die Abwesenheit wird stets in Gestalt von Anwesenheit gedacht (der Ausdruck *in Gestalt von*[5] muß hier genügen) oder als Gestaltung der Anwesenheit. Die Vergangenheit und die Zukunft werden stets als vergangene oder zukünftige Gegenwart bestimmt;

2. wollen wir aus einer gewissen Entfernung und noch ganz unbestimmt eine Richtung andeuten, die von Hei-

deggers Nachdenken nicht erschlossen wird. Wir meinen den verborgenen Übergang, der das Problem der Anwesenheit mit dem der geschriebenen Spur in Verbindung bringt.[6] Vermöge dieses ebenso heimlichen wie notwendigen Übergangs *geben* und *schließen* beide Probleme einander *auf*. Diese Bewegung erscheint und entzieht sich gleichwohl in den Texten von Aristoteles und Hegel. Während Heidegger uns anregt, diese Texte wieder zu lesen, entnimmt er seinem Gegenstand einige Begriffe, welche dem Anschein nach von nun an unsere ganze Aufmerksamkeit erfordern. Der Hinweis auf die *gramme* (»Linie«, »Spur«) führt uns auf ein Zentrum und in eins damit auf einen Rand des Textes von Aristoteles über die Zeit (*Physik IV*) zurück. Der Hinweis ist merkwürdig. Die Lage ist merkwürdig. Werden beide bereits verstanden, einbezogen und beherrscht von jenen Begriffen, die Heidegger für den Text von Aristoteles als entscheidend markiert hat? Wir sind uns dessen nicht sicher und unsere Lektüre wird eigentlich aus dieser Ungewißheit selbst resultieren.

Die Fußnote

Es ist zwar nur eine Fußnote, doch bei weitem die längste in *Sein und Zeit* und randvoll mit nötigen, freilich differierten Entwicklungen, die aufgezeigt, aber noch nicht ausgelegt werden. Auf diese Weise kündigt sie den zweiten Teil von *Sein und Zeit* an, den sie *aufspürt* als eine kommende Auslegung und in eins damit als eine endgültige Abwicklung ihres Teils.

Die Fußnote gehört zum vorvorletzten Paragraphen des letzten Kapitels (»Zeitlichkeit und Innerzeitigkeit als Ursprung des vulgären Zeitbegriffes«). Die Zeit wird gewöhnlich als etwas vorgestellt, *in dem* Seiendes entsteht. Hiernach ist die Innerzeitigkeit das homogene Mittel, mit dem das Geschehen des alltäglichen Daseins rechnet und nach dem es sich richtet. Die Homogenität des zeitlichen Mediums verdankt ihre Herkunft »einer Nivellierung der ursprünglichen Zeit«. Sie bildet eine Weltzeit aus, die zugleich objektiver als das Objekt und subjektiver als das Subjekt sein soll. Denkt Hegel, wenn er angibt, daß die Geschichte, das heißt der Geist, dem er allein eine Geschichte einräumt, *in die Zeit fällt*,[7] nicht dem vulgären Zeitbegriff nach? *Im Resultat* stimmt Heidegger mit Hegels vorstehender Aussage wohl überein, sofern sie die Zeitlichkeit des *Daseins* und die Zugehörigkeit der Weltzeit zu ihr betrifft.[8] Doch ist das Übereinkommen mit diesem Satz allein im Resultat gültig, das in Hegels Lektion nichts ohne das Werden ist, desgleichen nichts außerhalb jenes Ortes, den ein Weg oder eine Methode ihm bestimmt hat. Heidegger versucht nun zu zeigen, wie sein fundamental-ontologischer Entwurf den Sinn dieses Resultats *entstellt*, und stellt somit den Hegelschen Zeitbegriff als die »radikalste« begriffliche Ausformung des vulgären Zeitverständnisses dar. Heidegger fällt es nicht ein, Hegel zu »kritisieren«, sondern er hebt den Unterschied von Fundamentalontologie und klassischer oder Vulgärontologie schärfer ab durch die Erneuerung der Radikalität einer begrifflichen Ausformung, welche bisher kaum beachtet wurde, und zeigt darüber hinaus, auf welche Weise sie im Zentrum dieses tiefen, kritischen und ertragreichen Denkens der Metaphysik wirkt.

Der Paragraph der Fußnote ist in zwei Abschnitte unterteilt und entwickelt auf wenigen Seiten folgenden Zusammenhang:

1. Hegels Interpretation der Beziehungen zwischen Zeit und Geist wird ausgehend von einem Zeitbegriff durchgeführt, dessen Exposition im zweiten Teil seiner *Enzyklopädie*, das heißt in einer *Naturphilosophie* steht. Dieser Begriff gehört also einer Ontologie der Natur an, ihm werden dasselbe Mittel und dieselben Merkmale zugeschrie-

ben, wie sie Aristoteles in der *Physik IV* im Verlauf einer Betrachtung über Ort und Bewegung ausbildet.

2. Die »Nivellierung« rührt vom außerordentlichen Vorrang des »Jetzt« und des »Punkts« her. Hegel sagt selbst: »Das Jetzt hat ein ungeheures Recht – es *ist* nichts als das einzelne Jetzt; aber dies Ausschließende in seiner Aufspreizung ist aufgelöst, zerflossen, zerstäubt, indem ich es ausspreche.« (*Enzyklopädie*, § 258 Zusatz.)

3. Hegels Begriffssystem beruht auf dem Grundsatz, demzufolge die Zeit das Dasein des Begriffs, der absolute Geist in seiner Selbstoffenbarung, in seinem »absolut Unruhigen« als Negation der Negation ist, und hängt von einer vulgären Zeitbestimmung und somit vom *Dasein* selbst ab, das seinen Ausgang im nivellierenden Jetzt nimmt, das heißt, es hängt von einem Dasein in Form von *Vorhandenheit*, der als verfügbar *behaupteten* Anwesenheit ab.

Die Fußnote entzweit mit ihrem Einschnitt diesen Zusammenhang. Sie greift am Ende des Abschnitts über die Hegelsche Darstellung des Zeitbegriffs in der Naturphilosophie und vor dem Abschnitt über »Hegels Interpretation des Zusammenhangs zwischen Zeit und Geist« ein:

> Aus dem Vorrang des nivellierten Jetzt wird deutlich, daß auch die *Hegelsche* Begriffsbestimmung der Zeit dem Zuge des *vulgären* Zeitverständnisses und das heißt zugleich dem *traditionellen* Zeitbegriff folgt. Es läßt sich zeigen, daß *Hegels* Zeitbegriff sogar *direkt* aus der »Physik« des *Aristoteles* geschöpft ist. In der »Jenenser Logik« (vgl. die Ausgabe von G. Lasson 1923), die zur Zeit der Habilitation Hegels entworfen wurde, ist die Zeitanalyse der »Enzyklopädie« in allen wesentlichen Stücken schon ausgebildet. Der Abschnitt über die Zeit (S. 202 ff.) enthüllt sich schon der rohesten Prüfung als eine *Paraphrase* der *Aristotelischen* Zeitabhandlung. *Hegel* entwickelt bereits in der »Jenenser Logik« seine Zeitauffassung im Rahmen der Naturphilosophie (S. 186), deren erster Teil überschrieben ist mit dem Titel

»System der Sonne« (S. 195). Im Anschluß an die Begriffsbestimmung von Äther und Bewegung erörtert *Hegel* den Begriff der Zeit. Die Analyse des Raumes ist hier noch nachgeordnet. Wenngleich die Dialektik schon durchbricht, hat sie noch nicht die spätere starre, schematische Form, sondern ermöglicht noch ein aufgelockertes Verstehen der Phänomene. Auf dem Wege von *Kant* zu *Hegels* ausgebildetem System vollzieht sich noch einmal ein entscheidender Einbruch der *Aristotelischen* Ontologie und Logik. Als Faktum ist das längst bekannt. Aber Weg, Art und Grenzen der Einwirkung sind bislang ebenso dunkel. Eine *konkrete* vergleichende *philosophische* Interpretation der »Jenenser Logik« *Hegels* und der »Physik« und »Metaphysik« des *Aristoteles* wird neues Licht bringen. Für die obige Betrachtung mögen einige rohe Hinweise genügen.

Aristoteles sieht das Wesen der Zeit im *nun*, *Hegel* im Jetzt. A. faßt das *nun* als *horos*, H. nimmt das Jetzt als »Grenze«. A. versteht das *nun* als *stigme*, H. interpretiert das Jetzt als Punkt. A. kennzeichnet das *nun* als *tode ti*, H. nennt das Jetzt das »absolute Dieses«. A. bringt überlieferungsgemäß *chronos* mit der *sphaira* in Zusammenhang, H. betont den »Kreislauf« der Zeit. *Hegel* entgeht freilich die zentrale Tendenz der *Aristotelischen* Zeitanalyse, zwischen dem *nun*, *horos*, *stigme*, *tode ti* einen Fundierungszusammenhang (*akolouthein*) aufzudecken. – Mit *Hegels* These: Der Raum »ist« Zeit, kommt *Bergsons* Auffassung bei aller Verschiedenheit der Begründung im Resultat überein. B. sagt nur umgekehrt: Die Zeit (*temps*) ist Raum. Auch *Bergsons* Zeitauffassung ist offensichtlich aus einer Interpretation der *Aristotelischen* Zeitabhandlung erwachsen. Es ist nicht lediglich ein äußerer literarischer Zusammenhang, daß gleichzeitig mit B.'s *Essai sur les données immédiates de la conscience*, wo das Problem von *temps* und *durée* exponiert wird, eine Abhandlung B.'s erschien mit dem Titel: *Quid Aristoteles de loco senserit*. Mit Rücksicht auf die Aristotelische Bestimmung der Zeit als *arithmos kineseôs* schickt B. der Analyse der Zeit eine solche der *Zahl* voraus. Die Zeit als Raum (vgl. *Essai* S. 69) ist *quantitative* Sukzession. Die Dauer wird aus der Gegenorientierung an *diesem* Zeitbegriff als *qualitative* Sukzession beschrieben. Für eine kritische Auseinandersetzung mit *Bergsons* Zeitbegriff und den übrigen Zeitauffassungen der Gegenwart ist hier nicht der Ort. Soweit in den heutigen Zeitanalysen überhaupt über *Aristoteles* und *Kant* hinaus etwas Wesentliches gewonnen wird, betrifft es mehr die Zeiterfassung und das »Zeitbewußtsein«. Hierauf kommt die Untersuchung in Abschnitt 1 und 3 des zweiten Teiles zurück. [Der vorstehende Satz fehlt in den späteren Ausgaben von *Sein und Zeit*, wodurch die Fußnote so sehr bedeutend wird. J. D.] Der Hinweis auf den direkten Zusammenhang zwischen *Hegels* Zeitbegriff und der *Aristotelischen* Zeitanalyse soll H. nicht eine »Abhängigkeit« vorrechnen, sondern auf die *grundsätzliche ontologische Tragweite dieser Filiation* für die *Hegelsche Logik* aufmerksam machen.

Eine unermeßliche Aufgabe wird hier vorgestellt. Die in der Fußnote ausgezeichneten Texte rechnen gewiß zu den schwierigsten und entscheidendsten in der Geschichte der Philosophie. Ist dagegen Heideggers Notiz über diese Vermerke nicht denkbar einfach? Nicht nur eine Evidenz, vielmehr das Mittel, das Element dieser Evidenz, außerhalb derer das Denken seinen Atem zu verlieren scheint? Beruft sich nicht die gesamte Geschichte der Philosophie auf das »ungeheure Recht« der Gegenwart? Wird nicht allenthalben in ihr der Sinn, die Vernunft und der »gesunde« Menschenverstand erzeugt? Stellt sie nicht den Zusammenhang zwischen der alltäglichen und der spekulativen, vornehmlich der Hegelschen Redeweise her? Wie ließen sich Sein und Zeit *anders* denn ausgehend von der Gegenwart denken? Gegenwart in Form eines gegebenen *allgemeinen Jetzt*, dem keine *Erfahrung*, so will es die Bestimmung, je sich entzöge? Erfahrung des Denkens und Denken der Erfahrung haben es nie mit anderem denn der Anwesenheit zu tun. Heidegger legt uns nicht nahe, anders zu denken im Sinne von *etwas anderes* denken, sondern das zu denken, was *anders nicht* sein *noch* gedacht werden konnte. Im Denken der Unmöglichkeit des »anders«, in diesem *nicht anders* wird ein Unterschied sichtbar, ereignet sich ein Wanken und De-zentrieren, das aber nicht mehr Setzung eines anderen Zentrums ist. Ein anderes Zentrum wäre ein anderes Jetzt, wohingegen diese *Entstellung* es nicht auf eine *Abwesenheit*, das heißt auf keine andere Anwesenheit abgesehen hat. Vielmehr würde die Stelle nicht *besetzen*. Wir müssen demnach – und damit haben wir bereits unser Problem im Auge, ja vielleicht in ihm schon Fuß gefaßt – unser Verhältnis zur Geschichte der Philosophie (deren Vergangenheit überhaupt) anders als im Stil der dialektischen Negativität denken, die doch nur, da sie dem vulgären Zeitbegriff Tribut zollt, eine andere Gegenwart als Negation der Gegenwart setzt, welche vergangenbewahrt-überwunden wird in der Aufhebung, in welcher sie also ihre *Wahrheit* freisetzt. Wir haben es genaugenommen mit etwas ganz anderem zu tun. Wir müssen die Verbindung von Wahrheit und Gegenwart denken in einem Denken, das wohl gar nicht länger mehr *wahr* oder *anwesend* zu sein hat und für das der Sinn und der Wert von Wahrheit so fragwürdig geworden sind, wie sie die Philosophie in keinem ihrer Momente je hat in Frage stellen können, vor allem nicht der Skeptizismus mit seinem ganzen System. Die dialektische Negativität, welche der Hegelschen Spekulation zu all ihren tiefgründigen Erneuerungen verholfen hat, verbliebe sonach innerhalb der Metaphysik der Anwesenheit, des Bewahrens und des vulgären Zeitbegriffs. Sie macht nichts anderes, als deren Sätze in ihrer *Wahrheit* zu versammeln. Hat Hegel nicht etwas anderes tun wollen? Hat er nicht oft erklärt, er wolle die Dialektik auf ihre Wahrheit zurückführen, die durch Platon und Kant immer noch verborgen – wenngleich offenbar – werde?

Die Möglichkeit einer Verschiebung in der *Thematik* der Metaphysik im Hinblick auf den Zeitbegriff von Aristoteles zu Hegel war nicht gegeben. Die Grundbegriffe Substanz und Ursache mit dem an ihnen hängenden Begriffssystem verschaffen (uns), unabhängig von dem Grade ihrer Differenzierung und inneren Problematik, Klarheit über das Relais und versichern uns der ununterbrochenen, aber durchdifferenzierten Kontinuität aller Momente der Metaphysik, Physik, Logik auf dem Weg über die Ethik. Weil diese mächtige systematische Wahrheit nicht erkannt wurde, wußte man schließlich nicht mehr, wovon beim Anspruch einer Unterbrechung, Übertretung, Überwindung der »Metaphysik« und »Philosophie« die Rede war. Aus Mangel an einer strengen kritischen und dekonstruierenden Erkenntnis des Systems wird die Rücksicht auf Unterschiede, Einschnitte, Veränderungen, Sprünge, Neugliederungen zugeschüttet im Schlagwort, in dogmatischer Dummheit und empiristischer Überstürzung (oder in allem auf einmal) und läßt sich in allen Fällen die Redeweise *a tergo* vorschreiben, die sie zu bestreiten meint. Wahr ist, daß die Lust hieran (an der Wiederholung) letzten Endes vor keiner gesetzlichen Instanz erscheint. Es ist genau die Grenze einer solchen Instanz – die Philosophie –, die hier zur Debatte steht.

[...]

Anmerkungen

1 Zuerst veröffentlicht in: *L'endurance de la pensée. Pour saluer Jean Beaufret*, Paris 1968. Übers. von Gerhard Ahrens. Der Übersetzer hatte Einsicht in die englische Übersetzung des Textes durch E. S. Casey.

2 Martin Heidegger, *Sein und Zeit*, Halle 1927, S. 18.

3 Ebd., S. 25. Diese Frage steht in derselben formalen Struktur im Zentrum von *Kant und das Problem der Metaphysik*. Das ist so überraschend nicht, wenn man bedenkt, daß dieses Werk jene Jahre einschließt, in denen *Sein und Zeit* entstand: es wurde im wesentlichen erstmals in einer Vorlesung des WS 1925/26 mitge-

teilt und erwuchs im Zusammenhang einer ersten Ausarbeitung des zweiten unveröffentlichten Teils von *Sein und Zeit*. In der Auslegung des »Ziels der Fundamentalontologie«, der Notwendigkeit einer Analytik des Daseins sowie der Aufhellung der »Sorge als Zeitlichkeit« schreibt Heidegger unter anderem: »Was liegt darin, daß die antike Metaphysik das *ontos on* – das Seiende, das so seiend ist, wie Seiendes nur seiend sein kann – als *aiei on* bestimmt? Das Sein des Seienden wird hier offenbar als Beständigkeit und Ständigkeit verstanden. Welcher Entwurf liegt in diesem Seinsverständnis? Der Entwurf auf die Zeit; denn auch die ›Ewigkeit‹, etwa als das ›nunc stans‹ genommen, ist als das ›ständige‹ ›Jetzt‹ durch und durch nur aus der Zeit begreiflich. Was liegt darin, daß das eigentlich Seiende als *ousia*, *parousia* verstanden wird in einer Bedeutung, die im Grunde das ›Anwesen‹, den unmittelbar und jederzeit gegenwärtigen Besitz, die ›Habe‹ bedeutet? Dieser Entwurf verrät: Sein heißt *Beständigkeit in Anwesenheit*. Häufen sich so nicht, und zwar im spontanen Verständnis des Seins, die Zeitbestimmungen? [...]

Bewegt sich dann nicht im vorhinein aller Kampf um das Sein im Horizont der Zeit? [...] Das Wesen der Zeit, so wie es von Aristoteles in der für die nachkommende Geschichte der Metaphysik entscheidenden Weise herausgestellt wurde, gibt darauf *keine* Antwort. Im Gegenteil: es läßt sich zeigen, daß gerade diese Analyse der Zeit von einem Seinsverständnis geleitet wird, das – sich selbst verborgen in seinem Tun – das Sein als beständige Anwesenheit versteht und demgemäß das ›Sein‹ der Zeit vom ›Jetzt‹ her bestimmt, das heißt von dem Charakter der Zeit aus, der in ihr je und ständig anwesend ist, das heißt im antiken Sinne eigentlich ist.« (Martin Heidegger, *Kant und das Problem der Metaphysik*, 3. Aufl., Frankfurt a. M. 1965, S. 216–218, § 44.) Über die Relation von *Anwesen* und *Gegenwärtigem* vgl. außerdem Heidegger, *Sein und Zeit*, S. 326.

4 Die folgenden Seiten sind durchaus als Prolegomena zu einem Übersetzungsproblem zu verstehen. Wohl keiner hat uns eindringlicher als Heidegger über die Implikationen dieses Problems Aufschluß gegeben. In unserem Fall stellt sich folgende Frage: wie ist in dem einen ursprünglichen lateinischen Wort *Präsenz* das gesamte differenzierte System griechischer und deutscher Wörter, ja das gesamte *Übersetzungssystem* zu tradieren, durch das die Heideggersche Sprache hervorgebracht wird (*ousia*,

parousia, *Gegenwärtigkeit*, *Anwesen*, *Anwesenheit*, *Vorhandenheit* usw.)? Oder vielmehr: was geschieht, wenn wir eine derartige Traduktion vornehmen? Wir müssen bei dieser Transaktion in Rechnung stellen, daß die beiden griechischen Wörter, nicht anders als jene, die ihnen zugeordnet werden, bereits in Übersetzungen (»Essenz«, »Substanz« usw.) vorliegen, die Geschichte gemacht haben. Das eigentliche Problem liegt darin, wie in dem einen Wort *Präsenz*, das gleichzeitig zu reich und zu arm ist, die *Geschichte* von Heideggers Schriften überliefert wird, in denen diese Begriffe auf subtile wie bestimmte Weise über einen Zeitraum von nahezu vierzig Jahren zusammengestellt oder auseinandergenommen werden. Wie ist das Spiel dieser Verschiebungen in eine andere Sprache zu übersetzen? Von besonderem Interesse ist für uns in diesem Zusammenhang *Der Spruch des Anaximander*. Dieser Text aus dem Jahre 1946 setzt die Begriffe, die alle *Präsenz* bedeuten, streng voneinander ab, die in der zitierten Passage aus *Sein und Zeit* noch als Synonyme auftreten, zumindest aber angeführt werden, ohne je durch instinktive Merkmale unterschieden zu sein. In dem nun folgenden Zitat aus dem *Spruch des Anaximander* werden deshalb alle Wörter, die im Zentrum dieser Übersetzungsschwierigkeit stehen, kursiv gedruckt:

»Das Erste, was wir dem dichterischen Wort entnehmen, ist, daß *ta eonta* gegen *ta essomena* und *proeonta* unterschieden ist. Demnach nennt *ta eonta* das Seiende im Sinne des *Gegenwärtigen*. Wenn wir Späteren von ›*gegenwärtig*‹ reden, dann meinen wir entweder das *Jetzige* und stellen dies als etwas *Innerzeitiges* vor. Das Jetzt gilt als eine Phase im Zeitablauf. Oder wir bringen ›*gegenwärtig*‹ in Beziehung zum *Gegenständigen*. Dieses ist als das *Objektive* auf ein vorstellendes Subjekt bezogen. Wenn wir jedoch das ›*gegenwärtig*‹ zur näheren Bestimmung von *eonta* gebrauchen, sind wir daran gehalten, das ›*gegenwärtig*‹ aus dem *Wesen* der *eonta* und nicht umgekehrt zu verstehen. Doch *eonta* ist auch das Vergangene und das Zukünftige. Beide sind eine Weise des *Anwesenden*, nämlich des *ungegenwärtig Anwesenden*. Das *gegenwärtig Anwesende* nennen die Griechen verdeutlichend auch *ta pareonta*; *para* bedeutet ›*bei*‹, nämlich beigekommen in die *Unverborgenheit*. Das ›*gegen*‹ in *gegenwärtig* meint nicht das Gegenüber zu einem Subjekt, sondern *die offene Gegend der Unverborgenheit*, in die herein und innerhalb welcher das *Beigekommene verweilt*. Demnach bedeutet *›gegenwärtig‹* als Charakter der *eonta* soviel wie: angekommen in der Weile innerhalb der Gegend der Unverborgenheit. Das zuerst und dadurch betont gesagte *eonta*, das somit gegen *pareonta* und *essomena* eigens unterschieden wird, nennt für die Griechen das *Anwesende*, insofern es in dem erläuterten Sinne in die Weile innerhalb der Gegend der Unverborgenheit angekommen ist. *Solche Angekommenheit ist die eigentliche Ankunft, ist das Anwesen des eigentlich Anwesenden.* Auch das Vergangene und Zukünftige ist *Anwesendes*, nämlich außerhalb der Gegend der Unverborgenheit. *Das ungegenwärtig Anwesende ist das Ab-wesende.* Als dieses bleibt es wesensmäßig auf das *gegenwärtig Anwesende* bezogen, insofern es entweder in die Gegend der Unverborgenheit hervorkommt oder aus ihr weggeht. *Auch das Abwesende ist Anwesendes* und, *als* Abwesendes aus ihr, in die Unverborgenheit *anwesend*. Auch das Vergangene und das Zukünftige sind *eonta*. Demnach bedeutet *eon*: *anwesend in die Unverborgenheit*.

Aus dieser Erläuterung von *eonta* ergibt sich, daß auch innerhalb der griechischen Erfahrung das *Anwesende* zweideutig bleibt, und zwar notwendig. Einmal bedeutet *ta eonta das gegenwärtig Anwesende*, zum anderen aber auch *alles Anwesende: das gegenwärtig und das ungegenwärtig Wesende.*« (Martin Heidegger, *Holzwege*, Frankfurt a.M. [4]1963, S. 319 f.)

5 Vgl. Jacques Derrida, *Die Form und das Bedeuten*.

6 Vgl. »Fines hominis«, in: Jacques Derrida, *Randgänge der Philosophie*, Wien [2]1999, S. 133–157.

7 »[...] *fällt die Entwicklung der Geschichte in die Zeit*«, in: G. W. F. Hegel, *Die Vernunft in der Geschichte. Einleitung in die Philosophie der Weltgeschichte* (hrsg. von Georg Lasson, Leipzig 1917, S. 133).

8 Heidegger, *Sein und Zeit*, S. 405. Wir müssen uns fragen, ob diese Übereinstimmung »im Resultat« mit ihrem Festhalten an der Deskription einer »verfallenen« Zeitlichkeit Heidegger nicht über die Grenzen, welche er markieren will, hinausführt. Obzwar er das *Verfallen* neu auslegt, stellt sich die Frage, ob die Unterscheidung allein – was immer ihre Neugliederung und Ursprünglichkeit sein mögen – zwischen eigentlicher und uneigentlicher, ursprünglicher und nicht-ursprünglicher Zeitlichkeit nicht selbst schon dem Hegelianismus wie der Idee eines »Fallens« in die Zeit Tribut zollt. Und also auch dem »vulgären« Zeitbegriff.

Gibt es eine philosophische Sprache?[1]

Wiederholt haben Sie angeregt, man solle einen philosophischen Text zunächst als solchen betrachten, bevor man ihn verläßt und sich dem ihn tragenden Denken zuwendet. Auf diese Weise kamen Sie dazu, philosophische Texte mit den gleichen Augen zu lesen wie die gemeinhin als »literarisch« eingestuften Texte und letztere auch in philosophische Fragestellungen mit einzubeziehen. Gibt es eine spezifisch philosophische Schreibweise, und worin unterscheidet sich diese von anderen Schreibweisen? Bringt uns das Bemühen um den Literalsinn nicht dazu, den Blick abzuwenden von der beweisführenden Funktion des philosophischen Diskurses? Laufen wir auf diese Weise nicht Gefahr, das Spezifische der Gattungen auszulöschen und alle Texte demselben Maßstab zu unterwerfen?

Alle Texte sind unterschiedlich. Man muß versuchen, sie niemals alle »demselben Maßstab« zu unterwerfen, sie niemals alle »mit den gleichen Augen« zu lesen. Jeder Text verlangt ein anderes »Auge«, wenn man so sagen kann. Natürlich entspricht er in gewissem Maße einer kodierten und determinierten Erwartung, einem Auge und einem Ohr, die ihm in gewisser Weise vorausgehen, ihn diktieren oder ihm die Orientierung vorgeben. Man könnte aber auch sagen, in einigen wenigen Texten versuche die Schrift, die Struktur und Physiologie eines noch nicht existierenden Auges zu entwerfen, eines Auges, das vom Ereignis des Textes als Bestimmung erwählt wird und für das der Text zuweilen erst seine Bestimmung erfindet, ebensosehr wie er sich nach ihr richtet. An wen richtet sich ein Text? Bis zu welchem Grad kann dies von seiten des »Autors« oder von seiten der »Leser« bestimmt werden? Warum bleibt ein gewisses »Spiel« bei eben dieser Bestimmung als irreduzibler und selbst unentbehrlicher Aspekt bestehen?

Diese Fragen sind ebenso historischer wie sozialer, institutioneller und politischer Art.

Um bei den von Ihnen angesprochenen *Typen* zu bleiben: ich habe niemals einen sogenannten philosophischen Text mit einem sogenannten literarischen gleichgesetzt. Diese beiden Typen erscheinen mir in irreduzibler Weise unterschiedlich. Weiterhin muß man wissen, daß die Grenzen zwischen ihnen vielschichtiger sind (zum Beispiel glaube ich nicht, daß es sich dabei um *Gattungen* handelt, wie Sie es vorschlagen) und vor allem weniger natürlich, ahistorisch oder vorgegeben, als man sagt oder glaubt. Beide Typen können in einem einzigen Korpus miteinander verschlungen sein, und zwar nach Gesetzen und Formen, deren Untersuchung nicht nur interessant und neuartig ist, sondern unentbehrlich, will man sich weiterhin auf die Identität von so etwas wie einem »philosophischen Diskurs« beziehen und dabei noch wissen, wovon man spricht. Muß man sein Interesse nicht auf jene Konventionen, Institutionen und Interpretationen lenken, durch die dieser Abgrenzungsapparat erzeugt und aufrechterhalten wird, inklusive aller Normen und somit aller Ausschlüsse, die diese nach sich ziehen? Man kann dieses Ensemble von Fragen nicht angehen, ohne sich irgendwann zu fragen: »Was ist Philosophie?« und »Was ist Literatur?« Diese Fragen erscheinen so schwierig und offen wie noch nie, und sie sind in sich, per definitionem, und zumindest, wenn man sie effektiv verfolgt, weder einfach philosophisch noch einfach literarisch. Das gleiche würde ich letztlich auch von jenen Texten sagen, die ich persönlich schreibe, zumindest insofern, als sie durch die Turbulenzen dieser Fragen bearbeitet oder bestimmt wurden. Was nicht heißen soll – das hoffe ich zumindest –, daß diese Texte auf die Notwendigkeit der *Beweisführung* in ihrer strengstmöglichen Form verzichten, auch wenn die Regeln dieser Beweisführung nicht mehr ganz, und vor allem nicht immer die gleichen sind wie in dem von Ihnen so bezeichneten »philosophischen Diskurs«. Selbst innerhalb dieses philosophischen Diskurses ist, wie Sie wissen, die Regelung der Beweisbarkeit problematisch, vielfältig und wandelbar. Sie selbst bildet den starken Gegenstand der gesamten Philosophiegeschichte. Die hierüber entstandene Debatte vermischt sich mit der Philosophie als solcher. Glauben Sie denn, daß die Regeln der Beweisbarkeit bei Platon, Aristoteles, Descartes, Hegel, Marx, Nietzsche, Bergson, Heidegger oder Merleau-Ponty die gleichen sein mußten? Und die Sprache, die Logik, die Rhetorik?

Den »philosophischen Diskurs« in seiner Form, seinen Gestaltungsmodi, seiner Rhetorik, seinen Metaphern, seiner Sprache und seinen Fiktionen zu analysieren, in allem, was der Übersetzung widersteht und so weiter, bedeutet nicht, ihn auf die Literatur zu reduzieren. Das Studium dieser »Formen«, die ja mehr als nur Formen sind, ist sogar eine ausgesprochen philosophische Aufgabe (selbst wenn sie nicht ganz und gar philosophisch bleibt). Genau wie das Studium jener Modalitäten, durch die die akademische Institution der Philosophie – indem sie Poesie und Literatur interpretierte, ihnen einen sozialen und politischen Status zuwies und sie aus ihrem eigenen Korpus auszuschließen versuchte – eine eigene Autonomie beanspruchte und unter Bezug auf ihre eigene Sprache eine Verneinungspraktik gegen den von Ihnen so bezeichneten »Literalsinn« und die Schrift im allgemeinen hegte, wobei sie die Normen ihres eigenen Diskurses, die Beziehungen zwischen dem gesprochenen Wort und der Schrift sowie die Vorgänge der Kanonisierung von wichtigen Texten oder von Texten exemplarischen Charakters und so weiter verkannte. Alle, die sich gegen diese Fragen wehren, beabsichtigen, eine bestimmte institutionelle Autorität der Philosophie – in der Form, wie sie zu einem bestimmten Zeitpunkt stehengeblieben ist – zu bewahren. Indem sie sich gegen diese Fragen und gegen die mit ihnen aufgeforderten und vorgeschlagenen Umwandlungen abschirmen,

schirmen sie auch die Institution gegen die Philosophie ab. Von diesem Gesichtspunkt aus erschien es mir interessant, bestimmte Diskurse, die von Nietzsche oder Valéry beispielsweise, zu studieren, in denen versucht wird, die Philosophie als Gattung der Literatur zu betrachten. Dieser Position habe ich jedoch nie zugestimmt und dies auch deutlich geäußert. Jene, die mich beschuldigen, die Philosophie auf die Literatur oder die Logik auf die Rhetorik zu reduzieren (vergleichen Sie hierzu beispielsweise das letzte Buch von Habermas, *Der philosophische Diskurs der Moderne*, Frankfurt 1985), haben ganz offensichtlich und absichtlich vermieden, mich zu lesen.

Umgekehrt glaube ich aber nicht, daß die »beweisführende« Vorgangsweise oder die Philosophie im allgemeinen der Literatur fremd gegenübersteht. So wie es in jedem philosophischen Diskurs »literarische« und »fiktionale« Dimensionen gibt (und dahinter verbirgt sich im allgemeinen eine ganze Sprach-»Politik«, oder einfach eine Politik), sind in allen als »literarisch« definierten Texten Philosopheme am Werk, bereits im eigentlich modernen Begriff von »Literatur«.

Diese Auseinandersetzung zwischen »Philosophie« und »Literatur« stellt nicht nur ein schwieriges Problem dar, das ich als solches auszuarbeiten versuche, sondern sie nimmt darüber hinaus in meinen Texten die Form einer Schreibweise an, die – um weder rein literarisch noch rein philosophisch zu sein – versucht, weder die Beachtung der Beweisführung oder der Thesen noch die Fiktionalität der Poetik der Sprache zu opfern.

Mit einem Wort, um Ihnen auf den genauen Wortlaut Ihrer Frage zu antworten, ich glaube nicht, daß es »eine spezifisch philosophische Schreibweise« gibt, eine einzige philosophische Schreibweise, deren Reinheit immer dieselbe bliebe und die vor jeglicher Kontamination sicher wäre. Vor allem aus folgendem gewichtigen Grund: Die Philosophie wird in einer natürlichen Sprache gesprochen und geschrieben, nicht in einer absolut formalisierbaren und universellen Sprache. Das bedeutet, daß sich innerhalb dieser natürlichen Sprache und in ihrer Verwendung gewisse Modi unter Kraftaufwand (und hier gibt es ein Kräfteverhältnis) als philosophische Modi durchsetzten. Diese Modi sind vielfältig, konfliktgeladen und vom eigentlichen Inhalt und den »Thesen« der Philosophie nicht zu trennen. Eine philosophische Debatte ist auch ein Kampf um die Einsetzung von diskursiven Modi, Beweisprozeduren, rhetorischen und pädagogischen Techniken. Jedesmal, wenn man sich gegen eine Philosophie gerichtet hat, geschah das, nicht ausschließlich, aber auch, indem man den reinen und authentisch philosophischen Charakter des Diskurses des anderen in Frage stellt.

Ihre neueren Arbeiten scheinen von einem wachsenden Bemühen um die Frage nach der Signatur und dem Eigennamen gekennzeichnet zu sein. Inwieweit kommt dieser Frage ein Gewicht im Bereich der Philosophie zu, wo man die Fragestellungen lange Zeit als etwas Unpersönliches und die Eigennamen der Philosophie als Embleme dieser Fragestellungen betrachtet hat?

Von Anfang an mußte eine neue Problematik der Schrift oder der Spur in direkter und streng notwendiger Weise mit einer Problematik des Eigennamens (die bereits zentrales Thema in der *Grammatologie* ist) und der Signatur (vor allem seit den *Randgängen der Philosophie*) in Verbindung stehen. Das ist um so unerläßlicher, als diese neue Problematik der Spur über die Dekonstruktion einiger jener metaphysischen Diskurse abläuft, die das konstituierende Subjekt behandeln, und zwar mit allen Merkmalen, die dieses traditionellerweise kennzeichnen: Selbstidentität, Bewußtsein, Intention, Selbstgegenwärtigkeit oder Nähe zu sich selbst, Autonomie, Objektbeziehung. Es ging also darum, die Funktion namens Subjekt neu zuzuordnen oder neu einzuschreiben, oder, wenn Sie so wollen, ein neues Denken des Subjekts auszuarbeiten, das weder dogmatisch oder empiristisch, noch kritisch (im Sinne Kants) oder phänomenologisch (cartesianisch-husserlianisch) sein sollte. Bei meiner Beschäftigung mit Heideggers Fragen an die Metaphysik des *subjectum* als Träger von Vorstellungen und so weiter erschien es mir aber zugleich, daß dieser Ansatz Heideggers neue Fragen hervorrief.

Um so mehr als Heidegger, trotz der vielen Komplikationen, die ich zu berücksichtigen versuchte, tatsächlich zumeist (zum Beispiel in seinem *Nietzsche*) jenen klassischen und akademischen Ansatz wiederholt, der darin besteht, zwischen einer »internen« Lektüre des Textes oder »Denkens« oder sogar einer immanenten Lektüre des Systems *einerseits* und einer »Biographie« *andererseits* zu unterscheiden, wobei letztere im Grunde nebensächlich und extern bleibt. Daher verfährt man an der Universität für gewöhnlich derart, daß man eine Art klassischer Erzählung, zuweilen in »Romanform«, über das »Leben der großen Philosophen« neben eine systematische, ja sogar strukturale philosophische Lektüre stellt, die sich entweder um eine einmalige und geniale Intuition (ein Motiv, das Bergson und Heidegger im Grunde gemeinsam haben) oder eine »Evolution« – in zwei oder drei Stufen – herum anordnet.

Ich versuchte, die impliziten Voraussetzungen dieses Ansatzes zu analysieren und Analysen im Umfeld jener Ränder, Grenzen, Bildausschnitte und Marginalisierungen verschiedenster Art einzuleiten, auf die sich diese Dissoziationen normalerweise berufen. Die Fragen der Signatur und des Eigennamens schienen mir in der Tat für diese erneute Erarbeitung günstig zu sein. Die Signatur im allgemeinen ist weder *einfach* im Innern der Immanenz des signierten Textes (hier beispielsweise des philosophischen Korpus) noch *einfach* äußerlich und von ihm abzulösen.

Bei jeder dieser beiden Hypothesen verschwände sie als Signatur. Wenn unsere Signatur nicht in gewisser Weise dem von uns signierten Raum selbst angehört, der durch ein symbolisches System von Konventionen definiert wird (der Brief, die Postkarte, der Scheck und alle anderen Arten von Bescheinigungen), hat sie keinerlei verbindlichen Wert. Wenn dagegen unsere Signatur dem signierten Text einfach immanent wäre, in ihn wie ein Teil von ihm eingeschrieben wäre, dann hätte sie nicht mehr die performative Kraft einer Signatur. In beiden Fällen (draußen oder drinnen) würde man sich damit zufriedengeben, seinen Namen anzugeben oder zu erwähnen, was aber nicht bedeutet, zu signieren. Die Signatur ist weder drinnen noch draußen. Sie befindet sich auf einer Grenze, die durch ein System von Konventionen und deren Geschichte bestimmt wird. Um es kurz zu machen, bediene ich mich noch immer dieser drei Wörter: System, Geschichte, Konvention. Man könnte sie jedoch nicht ohne weiteres in die von mir hier angesprochene Problematik aufnehmen.

Es war also notwendig, sich für diese Probleme zu interessieren: für die »Konvention« und »Geschichte« einer Topologie, der Ränder und Bildausschnitte, aber auch für die Verantwortung und die performative Kraft. Es war ebenfalls notwendig, sie jenen Oppositionen oder Alternativen zu entziehen, von denen ich gerade sprach. Wie verfährt eine Signatur? Die Sache ist kompliziert, eben immer unterschiedlich, von einer Signatur zur anderen, von einem Idiom zum anderen. Dies war aber die unerläßliche Bedingung, um einen peinlich genauen Zugang zu den Beziehungen zwischen einem Text und seinem »Autor«, einem Text und seinen Produktionsbedingungen vorzubereiten, ob diese nun, wie man sagt, psycho-biographisch oder sozio-historisch-politisch sind. Das gilt im allgemeinen für jeden Text und jeden »Autor«, verlangt aber im Anschluß einige Spezifikationen hinsichtlich der in Betracht gezogenen Texttypen. Die Unterscheidungen verlaufen nicht nur zwischen philosophischen und literarischen Texten, sondern auch im Innern dieser Texttypen und im Grenzfall – an der Grenze des Idioms – zwischen allen Texten, welche auch juristischer, politischer und wissenschaftlicher Art sein können (und unterschiedlich je nach den verschiedenen »Regionen« und so weiter). Indem ich diese Analyse zum Beispiel anhand von Hegel oder Nietzsche, von Genet, Blanchot, Artaud oder Ponge skizzierte, schlug ich eine bestimmte Anzahl von allgemeinen Axiomen vor, ganz im Bemühen, das Idiom oder den Wunsch nach einem Idiom eines jeden zu berücksichtigen. Ich zitiere hier diese Beispiele, da die Arbeit bezüglich der Signatur auch über den Eigennamen im herkömmlichen Sinne läuft, damit meine ich das Patronymikon in der von mir eben zitierten Form. Ohne diese Arbeit hier rekonstruieren zu können, würde ich trotzdem gerne einige Punkte verdeutlichen und an einige Vorsichtsmaßnahmen erinnern.

a) Auch wenn der Signifikant des Eigennamens sich in seiner öffentlichen und juristischen Form dieser Analyse der Signatur aussetzt, beschränkt sich diese nicht darauf. Die Signatur bestand niemals darin, einfach ihren Eigennamen zu schreiben. Daher bleiben in meinen Texten die Bezüge zum Signifikanten des Eigennamens immer vorläufig und von einer grundsätzlich begrenzten Bedeutung, auch wenn sie den Bühnenvordergrund einzunehmen scheinen: So oft wie möglich zeige ich mein Mißtrauen gegenüber den billigen, übertriebenen oder gefälligen Spielereien, die durch so etwas entstehen können.

b) Der »Eigenname« ist nicht unbedingt mit dem gleichzusetzen, was wir üblicherweise so bezeichnen, mit dem offiziellen, beim Standesamt eingetragenen Patronymikon nämlich. Wenn man unter »Eigennamen« ein singuläres Ensemble von Kennzeichen, Merkmalen und Bezeichnungen versteht, mit deren Hilfe jemand sich identifizieren, sich selbst benennen oder benannt werden kann, ohne diese zur Gänze selbst gewählt oder bestimmt zu haben, so sieht man hier gut die Schwierigkeiten. Es ist niemals gewiß, daß sich dieses Ensemble vereint, daß es nur eines gibt, daß es nicht für einige ein Geheimnis bleibt, daß es nicht sogar für das »Bewußtsein« der jeweiligen Person ein Geheimnis bleibt und so weiter. Dadurch wird der Analyse ein gewaltiges Feld eröffnet.

c) Eine Möglichkeit bleibt folglich offen, nämlich daß der Eigenname in völliger Reinheit gar nicht existiert und die Signatur letztlich strenggenommen unmöglich bleibt; zumindest wenn man noch immer davon ausgeht, der Eigenname müsse absolut eigen und eine Signatur absolut autonom (frei) und rein idiomatisch sein. Wenn es, aus Gründen, die ich zu analysieren versuche, niemals ein reines Idiom gibt, jedenfalls kein Idiom, das sich erfinden oder *mir* in seiner Reinheit geben könnte, so folgt daraus, daß die Begriffe der Signatur und des Eigennamens, ohne deshalb gleich zerstört zu sein, überarbeitet werden müssen. Ich habe den Eindruck, daß diese Überarbeitung neue Regeln und Lektüre-Verfahren hervorbringen kann, vor allem was die Beziehung des philosophischen »Autors« zu seinem Text, zur Gesellschaft, den Lehranstalten und Publikationsorganen sowie zur Tradition und zum Erbe betrifft. Ich bin mir aber nicht sicher, ob dadurch eine allgemeine Theorie der Signatur und des Eigennamens nach dem klassischen Modell von Theorie oder Philosophie (formalisierbare, konstative und objektive Metasprache) hervorgebracht werden kann. Denn aus eben den Gründen, die ich gerade aufgeführt habe, muß dieser neue Diskurs über die Signatur und den Eigennamen erneut signiert werden und *in sich selbst* ein Kennzeichen des performativen Vorgangs beinhalten, den man nicht einfach und restlos dem betrachteten Ensemble entziehen kann. Das läuft nicht auf einen Relativismus hinaus, sondern drückt dem theoretischen Diskurs eine weitere Krümmung auf.

Sie setzten den Titel »Dekonstruktion« über Ihre Arbeiten und stellen Ihre Thematik damit explizit der Heideggerschen Thematik der Destruktion gegenüber. Vom »Entzug« zum »Schritt/Nicht« [pas], *von der »Postkarte« zur »Sendung«, von den »Randgängen« zu »Gestade« webt die Dekonstruktion ein immer enger werdendes Netz von Namen, die weder Begriffe noch Metaphern sind, sondern eher Anhaltspunkte oder Markierungszeichen zu sein scheinen. Gleicht die dekonstruktive Tätigkeit der eines Landvermessers oder Geometers? Verstärkt diese »Verräumlichung«* [spatialisation] *der Beziehung zur Tradition nicht die Idee von einem »Abschluß« dieser Tradition zum Nachteil einer differenzierteren Wahrnehmung der Vielfalt der Filiationen?*

Ja, das Verhältnis der »Dekonstruktion« zu Heideggerscher »Destruktion« war immer schon, seit mehr als zwanzig Jahren, durch Fragen und Verschiebungen gekennzeichnet, und sogar durch Kritik, wie man zuweilen sagt. Noch zu Beginn von *Vom Geist* (1987) erinnerte ich daran, aber bereits seit *Grammatologie* (1967) war das der Fall. Nichtsdestotrotz bleibt Heideggers Denken für mich eines der strengsten, provozierendsten und notwendigsten unserer Zeit. Ich erlaube mir, auf diese zwei Punkte hinzuweisen, um auszudrücken, wie schockierend und lächerlich ich all jene vereinfachenden Klassifikationen und übereilten Homogenisierungen finde, zu denen sich manche in den letzten Monaten hinreißen ließen (ich spreche hier nicht nur von den Zeitungen). Diese Mißbräuche und Plumpheiten sind ebenso bedrohlich wie der Obskurantismus selbst, und diese Bedrohung ist ebenso politischer wie auch moralischer Art, um erst gar nicht von der Philosophie selbst zu sprechen.

Um Ihre Worte wieder aufzugreifen: auch wenn sich das »Netz«, das Sie erwähnten, weder auf ein Begriffsgewebe noch auf ein Metapherngewebe reduzieren läßt, so weiß ich doch nicht, ob es nur aus »Anhaltspunkten« oder »Markierungszeichen« besteht. Ich wäre versucht gewesen, Sie zu fragen, was Sie darunter verstehen. Der sich daran anschließende Satz Ihrer Frage scheint darauf hinzuweisen, daß Sie bei diesen Wörtern dem Bezug zum Raum den Vorzug geben und im Raum dem Bezug zur Erfahrung des »Geometers« oder »Landvermessers«. Sie wissen aber sehr wohl, daß der Geometer kein »Landvermesser« mehr ist[2] und daß es noch ganz andere Erfahrungen des Raumes gibt als diese beiden.

Doch ich möchte zuvor auf die Frage nach dem Begriff und nach der Metapher zurückkommen, auf die Sie gerade angespielt haben. Hierzu zwei Präzisierungen: Ich habe niemals den Begriff auf die Metapher reduziert oder, wie mich Habermas noch kürzlich beschuldigt hat, die Logik auf die Rhetorik (ebensowenig wie die Philosophie auf die Literatur – wir haben es weiter oben erwähnt). Dies wurde an verschiedenen Stellen klar ausgedrückt, insbesondere in *Die weiße Mythologie*,[3] wo eine komplett andere »Logik« der Beziehungen zwischen Begriff und Metapher vorgeschlagen wird. Ich muß mich hier mit einem Verweis darauf begnügen. Welcher Art meine Aufmerksamkeit gegenüber diesen Fragen und dieser Raumerfahrung auch sei – ob es sich nun um den *Ursprung der Geometrie*, die Schrift, die Malerei oder die Zeichnung[4] handelt –, ich glaube nicht, daß jenes »Auseinanderrücken« [*espacement*],[5] von dem ich spreche, einfach »räumlich« oder »verräumlichend« ist. Es erlaubt sicherlich, die Räumlichkeit [*spatialité*], die von gewissen philosophischen Traditionen untergeordnet, an zweite Stelle gereiht und sogar ignoriert wurde, zu rehabilitieren, wenn man so sagen kann. Das »Auseinanderrücken« aber drückt einerseits auch die Raum-Werdung der Zeit selbst aus; es greift mit der *différance* in die Bewegung der Temporalisation selbst ein; das Auseinanderrücken ist auch die Zeit, so könnte man sagen. Andererseits löst es – da es als differentielles Intervall irreduzibel ist – die Präsenz, die Selbstidentität jeglicher Präsenz auf, mit allen Konsequenzen, die daraus folgen können. Dem könnte man in den verschiedenen Bereichen nachgehen.

Ich gestehe nun, daß ich nicht genau verstehe, inwiefern diese Geste, die natürlich keine »Verräumlichung« ist, den »Abschluß« der »Tradition« bezeichnen könnte. Das differentielle Auseinanderrücken bezeichnet vielmehr die Unmöglichkeit *jeglichen* Abschlusses. Was die »Vielfalt der Filiationen« und die Notwendigkeit einer »differenzierteren Wahrnehmung« angeht, war dies in gewisser Weise immer schon mein »Thema«, insbesondere unter dem Namen der »Dissemination«. Begreift man den Ausdruck »Vielfalt der Filiationen« in seinem familiären Sinn, dem der Abstammung, so ist das gewissermaßen das »Thema« [*sujet*] von *Dissemination*, *Platons Pharmazie* und vor allem von *Glas* und *Die Postkarte*. Wenn man die Dinge von weitem und von oben betrachtet (ich versuche, den Hintergedanken Ihrer Frage zu verstehen), kann man sagen, ich habe den »Abschluß« immer vom Ende unterschieden (*Grammatologie*) und oft daran erinnert, daß die Tradition nicht homogen ist (daher kommt mein Interesse für alle nicht-kanonischen Texte, welche die Repräsentation destabilisieren, die eine bestimmte herrschende Tradition sich selbst gegeben hat). Ich habe oft gesagt, wie problematisch mir die Idee von DER Metaphysik und das Heideggersche Schema der Epochalität von Sein oder das der versammelten Einheit einer Seinsgeschichte erscheinen, auch wenn man diese »Auto«-Interpretation in ihrem Anspruch, ihrem Wunsch, ihren Grenzen oder ihrem Scheitern mit einbeziehen muß. Ich setze »Auto« in Anführungszeichen, denn gerade diese Identität, vor allem die Selbstidentität und die Macht der transparenten, erschöpfenden oder totalisierenden Reflexivität werden hier immer wieder in Frage gestellt.

Ihre jüngsten Untersuchungen betreffen die »philosophische Nationalität«. In welcher Hinsicht erscheint Ihnen die Sprache konstitutiv für eine Identität? Gibt es eine französische Philosophie?

Alles hängt selbstverständlich davon ab, was man unter Sprache [*langue*] versteht; und auch davon, verzeihen Sie mir, was man unter »Identität« und »Konstitution« versteht. Wenn Sie, wie ich glaube verstanden zu haben, mit Identität die Identität einer »philosophischen Nationalität« meinen oder in einem weiteren Sinn die einer philosophischen Tradition, so würde ich sagen, daß die Sprache in dieser Hinsicht ganz sicher eine äußerst wichtige Rolle spielt. Die Philosophie findet ihr Element in der sogenannten natürlichen Sprache. Sie konnte sich noch nie vollständig in einer künstlichen Sprache formalisieren, trotz einiger leidenschaftlicher Versuche in der Philosophiegeschichte. Es stimmt ebenfalls, daß diese Formalisierung (gemäß künstlicher Kodes, die im Laufe der Geschichte konstituiert wurden) bis zu einem gewissen Grad immer am Werk ist. Sie teilt die philosophische Sprache, beziehungsweise die philosophischen Sprachen, in mehr oder weniger gut abgrenzbare und kohärente Untereinheiten innerhalb der Sprachen oder vielmehr innerhalb der Verwendung der natürlichen Sprachen ein. Und man kann zwischen diesen Untereinheiten, von einer natürlichen Sprache zur anderen, festgelegte Entsprechungen und Übersetzungen finden. Die deutschen und die französischen Philosophen können sich somit auf mehr oder weniger alte und beständige Konventionen beziehen, wenn es darum geht, die jeweilige Verwendung bestimmter gewichtiger Wörter aus dem Bereich der Philosophie wiederzugeben. Aber man kennt alle Probleme, die hieraus entstehen, und diese unterscheiden sich nicht von der eigentlichen philosophischen Auseinandersetzung.

Wenn man aber andererseits nicht einfach außerhalb jeglichen Sprachsystems [*langage*] und jeglicher Sprache [*langue*] denken kann (ein Urteil, das dennoch von einiger Vorsicht begleitet werden müßte, was ich aber hier nicht tun kann), kann sich selbstverständlich auch keine Identität, vor allem keine nationale Identität im Bereich der Philosophie außerhalb des Elements der Sprache konstituieren.

Das heißt, ich glaube nicht, daß man eine einfache Übereinstimmung zwischen einer nationalen philosophischen Tradition und einer Sprache im herkömmlichen Sinn herstellen kann. Die sogenannte »kontinentale« und angelsächsische Tradition (oder die der Analytischen Philosophie), um mich schwerfälliger und plumper Bezeichnungen zu bedienen, teilen ebenfalls, und das in sehr ungleichmäßiger Weise, das Englische, das Deutsche, das Italienische, das Spanische und so weiter. Die »Sprache« (das heißt der Sub-Kode) der Analytischen Philosophie oder die irgendeiner Tradition (anglo-amerikanisch: Austin; austro-anglo-amerikanisch: Wittgenstein) ist in eine Beziehung der Überdeterminierung hinsichtlich der sogenannten Nationalsprache eingebunden, die selbst von den Bürgern verschiedener Länder gesprochen wird (das amerikanische Englisch, die französische Sprache außerhalb Frankreichs). Das erklärt, warum sich außerhalb der sogenannten Ursprungssprache (des Originaltextes) zuweilen eine Lektüretradition herausbildet, die sich gerade von jenen nur sehr schwer wieder eingliedern läßt, die diese Ursprungssprache sprechen oder zu sprechen glauben. Das gilt in sehr unterschiedlicher Weise für Wittgenstein und Heidegger. Die »Lektüren« oder »Rezeptionen« Heideggers in Frankreich trafen in Deutschland auf großen Widerstand (wie auch Heidegger selbst, und dies nicht nur aus politischen Gründen). Und was die französischen Wittgenstein-Spezialisten betrifft, so interessieren sich weder die deutschsprachigen noch die englischsprachigen

Spezialisten besonders für sie, ohne daß man jedoch von einem Widerstand sprechen könnte.

Gibt es nun eine französische Philosophie? Nein, weniger denn je, bedenkt man die Heterogenität und auch die Konfliktgeladenheit, die alle sogenannten philosophischen Erscheinungsformen kennzeichnet: die Verbindungen zu den Institutionen, zum sozio-politischen Bereich und zur Macht der Medien. Man hätte sogar Mühe, eine Typologie zu erstellen; und jeglicher Versuch einer Typologie würde ja gerade eine Interpretation voraussetzen, die im Konflikt Partei ergreift. Sie würde sofort auf die voraussehbare Feindseligkeit fast aller Seiten stoßen. Deshalb werde ich, obwohl ich zu diesem Thema meine eigenen bescheidenen Ansichten besitze, hier jetzt nicht dieses Risiko eingehen. Wer kann dagegen, trotz aller Debatten und Kämpfe um philosophische »Standpunkte« oder »Praktiken«, abstreiten, daß es eine Konfiguration der französischen Philosophie gibt und daß diese Konfiguration – trotz der Aufeinanderfolge der Hegemonien und der Veränderlichkeit der herrschenden Strömungen – eine Tradition in der Geschichte der französischen Philosophie konstituiert, nämlich ein vergleichsweise gut zu identifizierendes Element von Übermittlung, Gedächtnis und Erbe? Um es zu analysieren, müßte man eine große Zahl von Daten berücksichtigen, die stets überdeterminierbar, historisch, sprachlich und sozial sind, und zwar durch hochspezifische Institutionen hindurch (nicht nur durch die von Lehre und Forschung), ohne aber jemals jene eher kapitale Überdeterminierung zu vergessen, die man als Philosophie bezeichnet, wenn es sie gibt! Das ist ein zu schwieriges und zu heißes Thema, als daß ich mich hier in wenigen Sätzen darauf einlassen könnte. Ich glaube, daß die Identität der französischen Philosophie noch nie so hart auf die Probe gestellt worden ist wie heute. Die Zeichen der Verkrampfung der universitären Macht in ihren offiziellen Instanzen bringt es genauso gut und oft in gleicher Weise zum Ausdruck wie eine gewisse journalistische Aggressivität. Um nur ein aktuelles Beispiel zu nehmen, zitiere ich das noch vor kurzem (vom *Conseil National des Universités* [Nationaler Rat der Universitäten]) gegen Philippe Lacoue-Labarthe und Jean-Luc Nancy verhängte Verbot, eine Universitätsprofessur anzutreten, das heißt ein Verbot gegen zwei Philosophen, deren Werk seit langem in Frankreich und im Ausland anerkannt und geschätzt wird. Durch diese zuweilen lächerlichen Zeichen des Kampfes hindurch, die letztlich nur das lähmen, was ohnehin schon unbeweglich und gelähmt ist, verleiht die »harte Probe«, von der ich eben sprach, dem, was man »französische Philosophie« nennt, dessen eigentliche Singularität. Sie gehört einem Idiom an, das wie immer im Inland viel schwieriger zu erkennen ist als im Ausland. Das Idiom, falls es existiert, ist eben nie rein, nie von seiner eigenen Seite aus sichtbar oder ausgewählt. Das Idiom ist immer und allein für den anderen, im voraus enteignet (ent-angeeignet [*ex-approprié*]).

Anmerkungen

1 Erschienen in: *Autrement Revue* 102: »À quoi pensent les philosophes?« [Woran denken die Philosophen?], geleitet von J. Message, J. Roman und E. Tassin, Paris, November 1988. Der Text wurde folgendermaßen präsentiert: »Beim Überdenken jener Texte, welche die philosophische Tradition begründet haben, erscheint die Philosophie als Verbündete einer Schrift. Wie steht es dabei um die Grenzen und den Abschluß des philosophischen Diskurses? Jacques Derrida schrieb vier Antworten.«

2 Vgl. Jacques Derrida, *Husserls Weg in die Geschichte am Leitfaden der Geometrie*, übers. von Rüdiger Henschel und Andreas Knop, München 1987.

3 In: Jacques Derrida, *Randgänge der Philosophie*, übers. von Günther Sigl [u. a.], Wien 1988, ^{2}1999.

4 Vgl. Jacques Derrida, *Die Wahrheit in der Malerei*, übers. von Michael Wetzel, Wien 1992.

5 Der französische Begriff *espacement*, im Sinne einer – sowohl räumlichen als auch zeitlichen – Ausdehnung von Abständen, bringt eine Prozessualität zum Ausdruck, die sich im Deutschen am ehesten mit dem Wort »Auseinanderrücken« veranschaulichen läßt. Im typographischen Sinn bedeutet *espacement* auch »Zwischenraum«, »Durchschuß« oder »Spationierung«. [Anm. d. Übers.]

Unterwegs zu einer Ethik der Diskussion

(Auszug)

Lieber Gerald Graff,

erlauben Sie mir, Ihnen in Form eines Briefes zu antworten. Ich möchte dies aus mehreren Gründen versuchen.

[...]

Frage

Am Ende von Limited Inc... *sagen Sie als Antwort auf Searle, der die Regeln der Sprechakte ins Treffen führt, daß »es immer in letzter Instanz eine Polizei und ein Tribunal gibt, die bereit sind, jedesmal einzuschreiten, wenn in einer Angelegenheit von Signatur, Ereignis oder Kontext eine Regel (konstitutiv oder regulativ, vertikal oder nicht) geltend gemacht wird«* (S. 166). *Könnten Sie diese Feststellung/Behauptung genauer ausführen? Sie scheint zu besagen, daß jede Spezifikation sprachlicher Regeln und Konventionen der Polizei in die Hände spielt oder daß an dem Vorhaben selbst, zu versuchen, den Kontext der Aussagen zu fixieren, etwas politisch suspekt ist.*

Natürlich beuten gesellschaftliche Autoritäten oft sprachliche Regeln in repressiver Art und Weise aus, aber bezieht diese Tatsache auch diejenigen, die diese Regeln codieren [»the codifiers«] *ein? Gibt es nicht Situationen, in welchen Searles Regeln von jemandem ins Treffen geführt werden könnten, der eben gegen die polizeiliche Macht* protestierte? *Können Searles Annahmen legitimerweise mit einer besonderen Politik, einer repressiven oder einer anderen, in Korrelation gebracht werden? Wodurch würde sich eine solche Taktik von der Taktik derer unterscheiden, die die Dekonstruktion als an sich konservativ angreifen, weil das amerikanische akademische »Publizier-oder-*

Stirb-System« [»publish-or-perish system«] *sie sich angeeignet hatte?*

Vielleicht beruft sich dieser Einwand lediglich auf den in Sec *und* Limited Inc... *entwickelten Begriff der »Iterabilität«, der, wenn ich richtig verstehe, vorschlägt, daß jede Regel je nach Kontext unterschiedlichen politischen Zwekken dienen kann.*

Antwort

Zunächst werde ich ein wenig den Kontext des von Ihnen zitierten Satzfragments, das, in dem tatsächlich von »Polizei« und »Tribunal« die Rede ist, präzisieren. Aber Sie werden zweifellos auch bemerkt haben, daß die Wörter »Politik« und »Repression« nicht aus meinem Text stammen.

Warum habe ich mich ihrer nicht bedient und warum bleibt ihre Frage nichtsdestoweniger notwendig? Der zitierte Satz kam auf die Copyrightfrage zurück, mit der *Limited Inc* begonnen hatte. Er steht in einem sehr langen Klammerausdruck, von dem ich zumindest den Anfang und das Ende wiedergeben muß.

(Bevor ich die eben erwähnte Klammer »wiedergebe«, öffne ich zunächst eine *andere* Klammer. Die Wiedergabe eines Kontextes kann niemals vollkommen und einwandfrei sein, obwohl dies ein steuerndes Ideal in der Ethik der Lektüre, der Interpretation oder der Diskussion wäre. Da dieses Ideal jedoch aus wesensmäßigen Gründen, auf die ich zweifellos zurückkommen werde, unerreichbar ist, ist die Determination, ja sogar die Re-Determination, die einfache Erinnerung eines Kontextes niemals eine neutrale, unschuldige, transparente, unparteiische Geste. Das kann man derzeit in dramatischer Art und Weise anhand der Diskurse erfahren, die sich um Paul de Mans Schriften während des Krieges häufen, und ich äußere mich dazu andernorts.[1] Die vorgebliche Wiedergabe eines Kontextes bleibt immer ein performatives und nicht rein theoretisches Verfahren. Um Ihre Formulierung wiederaufzunehmen, an dem *»Vorhaben selbst, zu versuchen, den Kontext der Aussagen zu fixieren«*, ist vielleicht nicht »etwas politisch suspekt«, sicher nicht, aber es kann auch nicht unpolitisch oder politisch neutral sein. Und die Analyse der politischen Dimension jeder kontextuellen Dimension ist niemals eine rein theoretische Geste. Es ist immer eine politische Bewertung, selbst wenn der Code dieser Bewertung überdeterminiert ist, sich Klassifizierungen widersetzt [zum Beispiel rechts/links] und eher zukünftig – versprochen – als gegeben ist. Ich schließe nun diese Klammer, um auf den »sehr langen Klammerausdruck, von dem ich zumindest den Anfang und das Ende wiedergeben muß«, zurückzukommen.)

Dieser Klammerausdruck war nicht dazu bestimmt, eine offene Frage, an die Sie hier also mit gutem Grund erinnern, abzuschließen, sondern sie auf später zu verschieben: »(Ich lasse diese Frage offen und werde nicht das Copyright im Namen der *Sec* Signierenden reklamieren – unter Anführung der Argumente, die Searle daraus entliehen und reproduziert hat, und zwar wiederholte Male fast wörtlich, wobei er vorgab [und dieses Wort ›vorgeben‹ kündigt die gesamte Problematik der beiden folgenden Seiten an, die daher reflexiv die *speech acts* der Debatte zwischen Searle und mir betreffen: Das ist ein Beispiel für die Art, in der der Text geschrieben ist, ein Beispiel der Beispiele, die er gleichzeitig einer Analyse der *speech acts* liefert, während er sie anregt], sie als Einwände vorzubringen. Ich werde nicht das Copyright reklamieren, weil es immer in letzter Instanz eine Polizei und ein Tribunal gibt, die bereit sind, jedesmal einzuschreiten, wenn in einer Angelegenheit von Signatur, Ereignis oder Kontext eine Regel (konstitutiv oder regulativ, vertikal oder nicht) geltend gemacht wird. [...]«[2]

Und zwei Seiten weiter, als ich die Klammer schloß und

es sagte, »Ich schließe die Klammer«, ging es mir darum, noch etwas anderes zu tun als das, was ich sagte, das heißt, die Frage eben offen zu lassen: »Ich werde das Copyright daher nicht reklamieren, weil diese ganze Polizeiangelegenheit nochmals zu überprüfen ist, und zwar nicht nur auf theoretische Weise, falls man nicht will, daß die Polizei allmächtig sei; und dann, da das Copyright Gegenstand von *Sec* ist, seine Chose, seine Angelegenheit, seine Causa, (*Sache**, *Ursache**), sein Prozeß, ein endloser Prozeß allerdings. Ich schließe die Klammer.)«

Meine Absicht bestand daher nicht in erster Linie darin, das Gesetz, das Tribunal oder die Polizei als politische Mächte zu bestimmen, die *in sich selbst repressiv sind.* Und im übrigen glaube ich nicht, daß sie es schlicht und einfach sind. Ich weiß nicht, welchen Hintergedanken Sie an dieser Stelle hegen, aber ich würde zögern, unmittelbar und notwendigerweise, so wie Sie es zumindest anscheinend tun, um mich zu einer Antwort zu provozieren, die Polizei mit einer bestimmten Politik und vorzugsweise mit einer repressiven Politik zu verknüpfen. Wir brauchen hier sehr sorgfältige Unterscheidungen, wenn wir nicht den leichten Lösungen und dem ideologischen Konsensus der rechten oder linken *doxai* den Platz überlassen wollen. Ich komme gleich darauf zurück. Nicht die ganze Polizei ist repressiv, ebensowenig wie es das Gesetz im allgemeinen ist, selbst in seinen negativen, begrenzenden oder untersagenden Vorschriften. Eine rote Ampel ist nicht repressiv. Wenn man ihre verbietende Kraft unbedingt als »repressiv« betrachten will (was in einem zu bestimmenden Kontext nicht absolut verboten ist), so muß man diesen repressiven Charakter von dem unterscheiden, den man in einer Bewertung, die niemals neutral ist, mit der ungerechten Brutalität einer Kraft verknüpft, die meistens das Gesetz selbst, auf das sie sich beruft, überschreitet. Diese Unterscheidung ist manchmal schwierig, aber sie ist unverzichtbar, wenn man nicht überstürzt Gesetz und Verbot, Gesetz und Repression, Verbot und Repression vermengen will. Ich habe andernorts versucht[3] zu markieren, inwiefern das Wesen des Gesetzes nicht notwendigerweise mit der Negativität (Untersagung, Repression und so weiter) verknüpft ist.

Was war also meine *erste* Sorge in dieser Stelle? Nicht eine bestimmte Politik oder eine repressive Praktik anzuprangern, so implizit sie auch sein mögen. Zunächst wollte ich, in Richtung der »allgemeinen Theorie« (im Sinne des Begriffs und Entwurfs von Austin) an eine logische Notwendigkeit erinnern. Welche? Niemand kann bestreiten, daß man sich jedesmal, wenn man sich auf ein Copyright beruft, auf ein Gesetz bezieht und auf die Möglichkeit, es nötigenfalls durch die Repräsentanten des Gesetzes, wie Richter und Polizisten, einhalten zu lassen; man erkennt gleichzeitig, daß Vergewaltigung, Diebstahl, Meineid und Betrug immer noch möglich sind. Keine Signatur ist möglich ohne einen zumindest impliziten Rekurs auf das Gesetz. Der Beweis der Beglaubigung gehört zur Struktur selbst der Signatur. Das heißt, daß das »Falsche« immer möglich ist, die *Möglichkeit* der Überschreitung ist immer in den (mündlichen oder schriftlichen) *speech act* eingeschrieben.

Das ist nun eine Konsequenz oder theoretische Implikation, an die ich zunächst Searle erinnern wollte, und ich glaube, daß ihre Wirkungen auf seinen Diskurs nicht begrenzbar sind. In der Beschreibung der »normalen«, »normativen«, »zentralen«, »idealen« Struktur muß man diese Möglichkeit als eine *wesensmäßige* Möglichkeit integrieren. Man kann diese Möglichkeit nicht als einfachen Zufall/Unfall [*accident*] – sei er marginal oder parasitär – behandeln. Man kann es nicht, daher darf man es auch nicht, und dieser Durchgang vom Können zum Müssen reflektiert die ganze Schwierigkeit. Man kann und darf in aller theoretischen Strenge in der Analyse der sogenannten Normalfälle die Möglichkeit der Überschreitung nicht ausschließen. Nicht einmal provisorisch, nicht einmal aus vorgeblich methodologischen Gründen. Das wäre eine schlechte Methode, denn diese Möglichkeit zur Überschreitung gibt uns unmittelbar und unbedingt Aufschluß über die Struktur des normal genannten Aktes sowie über die Struktur des Gesetzes im allgemeinen. Ich werde nicht auf das zurückkommen, was ich (in *y*) gegen die Ordnung der »logischen Abhängigkeit« einwandte, auf die sich Searle bezüglich der Beziehung zwischen der »Nicht-Fiktion oder dem Standard-Diskurs« und der »Fiktion«, die als ihr »Parasit« definiert wird, beruft. Aber ich nehme hier dieses Beispiel bezüglich Ihrer Frage wieder auf. Man kann die Analyse der Fiktion nicht nachrangig behandeln oder warten lassen, um zunächst und »logischerweise« diejenige der »Nicht-Fiktion« oder des »Standard-Diskurses« vorzunehmen. Denn es gehört zu jenem letzteren, in seinem ursprünglichsten Wesen, der Fiktion, dem Simulacrum, der Parasitierung Raum geben zu können – und sich so zu »entwesentlichen«, wenn man so sagen kann.

Die richtige Frage, jedenfalls eine in meinen Augen unentbehrliche Frage, würde dann zu: Was ist der »nicht fiktionale Standard-Diskurs«, was muß er sein und was bezeichnet man mit diesem Namen, da seine Fiktionalität oder seine Fiktionalisierung, seine überschreitende »Parasitierung« immer möglich ist (und überdies mit denselben Wörtern, denselben Sätzen, derselben Grammatik)? Diese Frage ist umso unentbehrlicher, als die Regeln, ja sogar die Aussagen der Regeln, die die Beziehungen zwischen dem »nicht fiktionalen Standard-Diskurs« und seinen »Parasiten« regieren, nicht in einer Natur vorgefundene Dinge sind, sondern Gesetze, Erfindungen oder symbolische Konventionen, Institutionen, die selbst in ihrer Normalität sowie in ihrer Normativität etwas Fiktionales mit sich bringen. Nicht daß ich alle Formen von Fiktion gleichsetze, nicht daß ich die Gesetze, die Konstitutionen, die

Menschenrechtserklärung, die Grammatik oder das Strafgesetzbuch als Romane betrachte.[4] Ich erinnere nur daran, daß dies keine »natürlichen Realitäten« sind und daß sie sich derselben strukturellen Verfügungsgewalt verdanken, die Roman-Fiktionen oder lügnerische Erfindungen entstehen läßt. Das ist einer der Gründe, weshalb die Literatur und das Studium der Literatur uns viel über das Recht und das Gesetz lehren können. Und es ist nebenbei bemerkt auch der Grund, weshalb die »Auditorien von Literaturkritikern« von Searle viel weniger naiv und oft viel besser auf die Analyse dieser Probleme vorbereitet sind, als manche Lektionen erteilende professionelle Philosophen glauben. Die Arbeiten, die zur Zeit in bestimmten *Law Schools* in den Bereichen der Dekonstruktion und Literaturtheorie entwickelt werden, scheinen mir am besten die Notwendigkeit zu bezeugen, auf die ich anspiele. Diese Arbeiten gehören heute zweifelsohne zu den vielversprechendsten und interessantesten.

Ich füge schnell hinzu (viel zu schnell für so ein schwerwiegendes und schwieriges Problem, aber das ist der Preis, den man in der Gattung des Nachwortes bezahlen muß), daß ich, wenn ich hier von Gesetz, von Konvention oder Erfindung spreche, nicht, wie es den Anschein hat, auf eine klassische Opposition von Natur und Gesetz baue, auch nicht auf die Gegenüberstellung eines Tieres, das keine Sprache hätte, und des Menschen, dem Urheber von *speech acts*, der einer Beziehung zum Gesetz fähig wäre, sei es durch Gehorsam oder Übertretung. Um diesem Risiko zuvorzukommen und um eine ganze Dekonstruktion des onto-theologischen Humanismus (den Heideggers miteingeschlossen) in Reserve zu behalten, ziehe ich es immer vor, von der Iterabilität des *Zeichens* [*marque*] über die menschlichen *speech acts* hinaus zu sprechen. Meine diesbezüglichen Aussagen, vorbehaltlich Inkonsequenz, Ungeschicklichkeit oder ungenügend strenger Formalisierung meinerseits, müßten über die sogenannten menschlichen

Zeichen [*marques*] und die sogenannte menschliche Gesellschaft hinaus Geltung haben.[5]

Das war also das Prinzip meiner ersten Sorge. Sie zielte nicht darauf ab, in dieser Einbeziehung der Polizei und des Gerichts, wenn man eine Regel geltend macht, die Signaturen, Ereignisse oder Kontexte betrifft, eine bestimmte oder besonders repressive Politik zu verurteilen. Ich wollte nur in Erinnerung rufen, daß diese Einbeziehung in ihrer Allgemeinheit selbst, das heißt vor jeder Spezifikation, irreduzibel bleibt. Das würde nicht notwendigerweise bedeuten, wie Sie es sogleich übersetzen, daß »jede Spezifikation sprachlicher Regeln und Konventionen der Polizei in die Hände spielt«, wenn Sie mit diesem Ausdruck das Bild einer repressiven, behelmten und uniformierten Brutalität erstehen lassen wollen, zu der der Theoretiker der *speech acts* in der Tat ohne zu zögern greifen würde. Aber zunächst gibt es mehrere Arten, sich auf Regeln zu berufen oder sie zu spezifizieren. Es gibt »theoretische« Grammatiker, Linguisten und Juristen, die die Norm vortragen, beschreiben, erklären, ohne ihre Anwendung, zumindest ihre sofortige Anwendung mit (physischer oder symbolischer) Gewalt [*force*] zu fordern. Andere Aufgaben bestehen darin, die Einhaltung des Gesetzes zu überwachen und über eine zu diesem Zweck als legitim erachtete Gewalt [*force*] zu verfügen. Diese beiden Arten von Aufgaben und diese beiden Arten, die Regeln zu »fixieren« und auch, um Ihren Ausdruck wiederaufzunehmen, den »Kontext der Aussagen« zu »fixieren«, können den Rechtstheoretiker, den Gesetzgeber (den Erfinder oder ersten Unterzeichner einer Verfassung selbst oder diejenigen, in deren Namen er zu handeln behauptet) und die Exekutivgewalt untereinander in Verbindung bringen. Es gibt da vorgeblich deskriptive oder konstative Strukturen von »Performativität«, die ich anderorts zu beschreiben versucht habe.[6] Manchmal verschmelzen alle diese Rollen, trotz ihrer relativen Heterogenität, in derselben

Person oder demselben Dispositiv. Die theoretische Forschung in akademischer Form ist aufgrund ihrer Macht bezüglich Sanktion, Evaluation, Selektion der bevorzugte Ort dieser Vermengung der Funktionen, wenn sie beispielsweise zur Wahrung der Sprache [*langue*], des kulturellen Erbgutes und einer großen Anzahl damit verbundener Regeln anhält. Jedenfalls ist es auch die »theoretische« Pflicht jedes Theoretikers (für mich ist es auch eine »ethisch-politische Pflicht«, und eine »theoretische *Pflicht*« ist im übrigen niemals rein theoretisch), die Situation, auf die ich eben hinwies, so klar wie möglich zu beschreiben. Andererseits gibt es eben deswegen eine solche Polizei und eine solche Polizei. Es gibt eine auf brutale und *eher* »physische« Weise repressive Polizei (die Polizei ist aber niemals rein physisch), und es gibt raffiniertere, »kulturellere« oder »spirituellere«, edlere Polizeien. Aber jede zur Beachtung des Gesetzes bestimmte Institution ist eine Polizei. Eine Akademie ist eine Polizei, sei es im Sinne einer Universität oder im Sinne der *Académie française*, deren wesentliche Aufgabe darin besteht, die Beachtung der französischen Sprache zu bewirken und zu entscheiden, wie die französische Sprache richtig verwendet werden muß. Aber ich habe niemals gesagt, daß die Polizei an sich und *a priori* »politisch« suspekt sei, noch »das Vorhaben selbst, zu versuchen, den Kontext der Äußerungen zu fixieren«. Es gibt keine Gesellschaft ohne Polizei, selbst wenn man immer von erhabeneren, raffinierteren oder weniger vulgären Formen der Polizei träumen kann.

Aber wenn die Polizei auch an sich nicht *a priori* politisch suspekt ist, so ist sie doch auch niemals politisch neutral, niemals a-politisch. Die politische Bewertung, zum Beispiel der Verdacht, wird immer in einem gegebenen Kontext und von gegebenen Kräften oder Interessen ausgehend formuliert und wird immer gegen eine andere Weise, den Kontext zu bestimmen, formuliert sein und diese Bestimmung aufzwingen. Dieser Kontext ist nicht nur und nicht immer ein diskursiver Kontext. Man spielt immer eine Politik gegen die andere aus (und vielleicht virtuell eine Polizei gegen die andere). Diese politische Dimension ist nicht immer offensichtlich. Sie verbirgt sich oft, wird durch zahlreiche differenzierte, potentialisierte, mehrdeutige, schwierig zu entziffernde Vermittlungen hindurch artikuliert oder übersetzt. Manchmal findet sie sich in noch nicht genau identifizierten Codes und führt daher angesichts beweglicher und ständig neu umrissener Kontexte zu mehreren möglichen Ausführungen. Aber wer kann schon meinen, daß unsere dem Anschein nach rein theoretischen Diskurse über den Status des Parasiten beispielsweise nicht auch politischer Natur sind? Wenn man einmal demonstriert hat, wie ich hoffe, es getan zu haben, daß der Ausschluß des Parasiten (Abstände, Kontaminationen, Unreinheiten und so weiter) nicht durch rein theoretisch-methodologische Gründe gerechtfertigt werden kann, wie kann man da ignorieren, daß diese Praxis des Ausschlusses oder dieser Wille zur Reinigung, zur wesentlichen, inneren und idealen Wiederaneignung seitens des Subjekts oder seiner Objekte sich notwendigerweise in einer Politik niederschlägt? Einer Politik der Sprache (die, selbst wenn sie es nicht immer tut, zu staatlichen Gewalttaten führen kann), einer Politik der Erziehung, einer Politik der Immigration, des Verhaltens gegenüber dem »Fremden« im allgemeinen. Das berührt alle sozialen Institutionen – und man muß nicht einmal die kanonisierten Texte des Klassenkampfes bemühen, um daran zu erinnern. Das berührt allgemeiner gesehen alles, einfach alles: die Art zu »leben«, zu »sprechen«, zu »schreiben«. All das ist durch und durch Politik, aber es ist nicht nur Politik. Ich würde dasselbe von der Dekonstruktion sagen, die zunächst und immer schon, wie ich es in *Limited Inc* ... in Erinnerung gerufen habe, eine angewandte Analyse dessen ist, was man den Parasiten nennt, und der Axiomensysteme, von denen aus man ihn interpretiert.

Daher glaube ich, daß man sehr vorsichtig sein muß, wenn man die Schlußfolgerungen aus diesen Sätzen zieht. Zunächst, um genau die Worte ihrer Frage wieder aufzunehmen, und nachdem ich präzisiert habe, was man unter »Polizei«, unter »Polizeien« zu verstehen hat, würde ich nicht sagen, »daß an dem Vorhaben selbst, zu versuchen, den Kontext der Aussagen zu fixieren, etwas politisch suspekt ist« [»*that there is something politically suspect*«]. Nein, nicht »suspekt«. Aber *there is always something political* »an dem Vorhaben selbst, zu versuchen, den Kontext der Aussagen zu fixieren«. Das ist unvermeidbar, da ist nichts zu machen und vor allem nicht zu sprechen, ohne einen Kontext zu bestimmen (in einer Weise, die nicht nur theoretisch, sondern auch praktisch und performativ ist). Diese Erfahrung ist immer politisch, da sie in dieser Bestimmung selbst eine gewisse Art von nicht »natürlicher« Beziehung zum anderen impliziert (und dies gilt auch für das, was man »Tiere« nennt, denn, ohne daß ich es hier näher erläutern kann: das, was ich sage, impliziert eine ziemlich tiefgreifende Umwandlung des Begriffs der »Politik« und einiger anderer, so daß man sagen kann, daß der Mensch nicht das einzige politische Tier ist). Sobald man einmal diese Allgemeinheit und diese *a priori* gegebene Struktur zugestanden hat, lautet die Frage nicht mehr, ob eine Politik impliziert ist (sie ist es immer), sondern welche Politik in dieser kontextualisierenden Praxis impliziert ist. So analysiert man also, aber Verdachtsmomente oder sogar Anschuldigungen lassen sich nur aufgrund einer anderen, ganz genauso politischen Bestimmung des Kontextes vorbringen. Kurz, ich glaube, daß in diesem Bereich keinerlei Neutralität möglich ist. Das, was man die »Objektivität« nennt, zum Beispiel die wissenschaftliche (an die ich in einer gegebenen Situation fest glaube), besteht nur innerhalb eines extrem großen, alten, stark verankerten, in einem Netz von Konventionen (zum Beispiel denen der Sprache) stabilisierten oder verwurzelten Kontextes, der nichtsdestoweniger ein Kontext bleibt. Und das Auftauchen des Wertes der Objektivität (und so vieler anderer mit ihm) gehört ebenfalls einem Kontext an. Man kann, wenn Sie so wollen, die gesamte »reale Weltgeschichte« den »Kontext« nennen, in dem dieser Wert Objektivität und im weiteren Sinn der der Wahrheit Bedeutung gewonnen und sich behauptet haben. Das diskreditiert sie in keiner Weise. In welchem Namen, im Namen welcher anderen »Wahrheit« würde man sie im übrigen diskreditieren? Eine der Definitionen dessen, was man Dekonstruktion nennt, wäre das Miteinbeziehen dieses unbegrenzten Kontextes, die möglichst wache und umfassende Beachtung des Kontextes und somit eine unablässige Bewegung der Rekontextualisierung. Der Satz, der für manche gleichsam zum Slogan der Dekonstruktion geworden ist und im allgemeinen völlig falsch verstanden wurde (»es gibt kein außerhalb des Textes« [*»il n'y a pas de hors texte«*]), heißt nichts anderes als: Es gibt kein außerhalb des Kontextes [*il n'y a pas de hors contexte*]. In dieser Form, die genau dasselbe besagt, hätte diese Formel sicher weniger schockiert. Ich bin nicht sicher, ob sie mehr zu denken gegeben hätte.

Da es hier um sehr schwerwiegende Dinge geht, erlauben Sie mir, an wenigstens drei Präzisierungen zu erinnern.

1. Dieses Denken des Kontextes ist als solches kein Relativismus, mit allem, was man damit assoziieren könnte (Skeptizismus, Empirismus, sogar Nihilismus). Zunächst einmal, Husserl hat es besser denn irgend jemand sonst gezeigt, weil der Relativismus, ebenso wie all seine Surrogate, eine philosophische Position bleibt, die sich selbst widerspricht. Dann weil dieses »dekonstruktive« Denken des Kontextes weder eine philosophische Position noch eine Kritik der abgeschlossenen Kontexte ist, die es ohne absoluten Vorsprung analysiert. In dem Maße jedoch, in dem es durch seinen Diskurs, seine sozio-institutionelle Situation, seine Sprache [*langue*], die historische Einschrei-

bung seiner Gesten in einem gegebenen (aber stets differenzierten und beweglichen) Kontext verwurzelt ist, kann es nicht (es darf und kann es nicht) auf die herrschenden »Werte« in diesem Kontext verzichten (zum Beispiel auf den der Wahrheit).

2. Vorhin habe ich, zumindest unter Anführungszeichen, auf diese befremdliche und triviale Formel »reale Weltgeschichte« Wert gelegt, um genau zu vermerken, daß der Text- oder Kontext-Begriff, der mich leitet, die Welt, die Realität, die Geschichte umfaßt und nicht ausschließt. Einmal mehr (vielleicht zum tausendsten Mal, aber wann wird man akzeptieren, es zu hören, und warum dieser Widerstand?), so wie ich es verstehe (und ich habe erklärt, warum), ist der Text nicht das Buch; er ist nicht in einen Band eingeschlossen, der selbst wieder in die Bibliothek eingeschlossen ist. Er unterbricht nicht den Verweis – auf die Geschichte, die Welt, die Realität, das Sein und vor allem nicht auf den anderen, denn die Behauptung, daß die Geschichte, die Welt, die Realität immer in einer Erfahrung erscheinen, folglich in einer Bewegung von Interpretation, die sie kontextualisiert gemäß einem Netz von Differenzen und folglich von Verweis auf den (von dem) anderen, das heißt wohl daran erinnern, daß die Alterität (die Differenz) irreduzibel ist. Die *différance* ist ein Verweis und umgekehrt.

3. Ein zusätzliches Paradoxon ist zu berücksichtigen, und es ist zu erkennen, daß es alles verkompliziert – auf eine gleichzeitig furchtbare und nicht gewalttätige Art und Weise (denn es ist vielleicht die Gewaltlosigkeit selbst): Da er die Referenz als Differenz in sich aufnimmt und die *différance* in die Präsenz einschreibt, setzt dieser Begriff des Textes oder Kontextes die Schrift nicht mehr der Löschung entgegen. Der Text ist keine Präsenz, ebensowenig wie die *restance* eine Permanenz ist. Auch darauf bin ich in *Limited Inc ...* besonders eingegangen. Dieser Begriff der Schrift oder der Spur beunruhigt übrigens jede Gegensatz-

logik, jede Dialektik. Was er begrenzt, wird von ihm abgegrenzt/ent-grenzt [*dé-limite*].

Deswegen ist *a)* die Abgeschlossenheit eines Kontextes niemals gesichert oder einfach. Es gibt eine undefinierte Öffnung jedes Kontextes, eine wesentliche Nicht-Totalisierung; *b)* kann das, was es hier an Kraft oder irreduzibler Gewalt im Versuch, »den Kontext der Aussagen zu fixieren« oder wessen auch immer zu fixieren, gibt, aufgrund der Löschung, von der ich eben sprach, mit einer gewissen »Schwäche«, ja sogar mit einer wesensmäßigen Gewaltlosigkeit in Verbindung stehen. In dieser schwierig zu denkenden, stark instabilen und gefährlichen Beziehung werden die Verantwortungen, im besonderen die politischen Verantwortungen, übernommen. Das kann nur denjenigen überraschend oder unangenehm erscheinen, für die die Dinge immer klar, leicht entzifferbar, kalkulierbar und programmierbar sind: mit einem Wort, wenn man polemisch sein wollte, für die Unverantwortlichen.

Nun möchte ich ebenso aufmerksam den zweiten Teil Ihrer zweiten Frage beantworten und jede Ihrer Formulierungen wieder sehr genau nehmen. Zunächst diese: »Natürlich beuten gesellschaftliche Autoritäten oft sprachliche Regeln in repressiver Art und Weise aus, aber bezieht diese Tatsache auch diejenigen ein, die diese Regeln codieren [›*the codifiers*‹]?« Ich habe schon meiner Verlegenheit hinsichtlich dieses Gebrauchs des Begriffs »Repression« Ausdruck verliehen. Denken Sie, daß die »Regeln« oder gewisse Regeln *an sich* repressiv sein können? Ist denn jede Vorschrift oder jedes Verbot repressiv oder muß man hier zahlreiche Unterscheidungen einführen? Ist »Du sollst nicht töten« repressiv? Vielleicht denken Sie, daß der mißbräuchliche Gebrauch gewisser Regeln repressiv wird, was das Wort »ausbeuten« nahezulegen scheint. Wenn ich mich in diese Hypothese versetze, ist die Antwort ziemlich einfach: anscheinend nicht, die »*codifiers*« dieser Regeln sind nicht in diese »Ausbeutung« impliziert. Aber dieser Begriff der »*codifiers*« bleibt seinerseits ziemlich unbestimmt: Handelt es sich um diejenigen, die die Regeln in einer selbst ziemlich komplexen Geste produzieren (zum Beispiel der der Gesetzgeber, an deren notwendigerweise listigen Umgang mit Performativa und Konstativa ich andernorts erinnert habe), die mehr oder minder leicht bestimmbaren Individuen oder Gemeinschaften zugeschrieben werden kann? Oder handelt es sich um Theoretiker, die einen Code und seine Implikationen formalisieren und systematisieren? Natürlich können bei dieser letzten Hypothese (wobei ich übrigens glaube, daß sie niemals eine strenge Reinheit erreichen kann) die »*codifiers*« nicht »impliziert« sein, geschweige denn jedesmal als die Schuldigen herangezogen werden, wenn es zu einer repressiven Ausbeutung der erwähnten Regeln kommt und man zwischen Gebrauch und Mißbrauch unterscheiden kann. Die Kodifizierung der Regeln *muß* jedoch, und hier beginnt zweifellos die ethisch-politische Verantwortung des Theoretikers, die Möglichkeit des Mißbrauchs, sofern er in die Struktur selbst der Normalität (siehe weiter oben) eingeschrieben ist, berücksichtigen oder es versuchen. Mit den besten Absichten der Welt (und deshalb muß man bei der Zuweisung von Verantwortlichkeit und Schuldhaftigkeit vorsichtig sein) kann ein »*codifier*«-Theoretiker diese *Pflicht* verfehlen. Dies kann aus verschiedenen, von Fall zu Fall unterschiedlichen Gründen geschehen. Diese theoretische Verfehlung, diese Verfehlung der theoretischen *Pflicht* kann manchmal ideologisch-politisch motiviert sein. Diese Motivationen können manchmal fast unmittelbar, zumindest ziemlich leicht bestimmbar, zutage treten, aber eben nur manchmal. Diese theoretische Grenze läßt sich nur kraft enormer Netze von Voraussetzungen erklären und kann jedenfalls nur so durchgesetzt werden und auf einige Legitimität Anspruch erheben. Das, was man die Dekonstruktion nennt, widmet sich genau der Analyse und, wenn möglich, der Umwandlung dieser Situation.

Sofort danach fragen Sie: »Gibt es nicht Situationen, in welchen Searles Regeln [»*Searle's rules*«] von jemandem ins Treffen geführt werden könnten, der eben gegen die polizeiliche Macht *protestierte*?«. Ja, warum nicht? Aber noch einmal, um welche Polizei handelt es sich? Und Regeln sind immer Polizeiorgane. Oben habe ich gesagt, daß es eine solche Polizei und eine solche Polizei gibt, daß die Polizei nicht notwendigerweise repressiv ist, daß man der repressiven Polizei immer eine andere Polizei entgegensetzt und so weiter. Andererseits weiß ich nicht, was Sie »*Searle's rules*« nennen. Es gibt keine *Searle's rules*, das wissen Sie sehr gut. Es gibt Analysen und Formalisierungen, die von Searle hinsichtlich gewisser Regeln, und manchmal von Regeln, die das Recht, die Moral und die Politik konstituieren, vorgeschlagen werden und als solche von einer Mehrheit von Personen in gegebenen Gemeinschaften, zum Beispiel den unseren, akzeptiert werden. Wenn eine repressive, das heißt die Gesetze übertretende Polizei ihre Befugnisse überschreitet, ja, dann kann man sich in diesem Ausmaß in der Tat auf diese Regeln »berufen«, um die Polizeigewalt anzufechten, folglich um sich ihr mit den richtigen Regeln, der Referenz auf eine gerechtere Polizei, zu widersetzen. Da pflichte ich ihnen ohne Schwierigkeiten bei. Daher habe ich nie gesagt oder gedacht, daß die Regeln, bei denen Sie zu glauben scheinen, daß Searle in dem einen oder anderen Sinne ihr »*codifier*« ist, repressive Regeln sind. Das ist ein Wort, dessen ich mich, wie mir scheint, nie bedient habe, weil das ein Begriff ist, dem es außerhalb des Kontextes an Strenge fehlt.

Dann fragen Sie: »Können Searles Annahmen [»*Searle's assumptions*«] legitimerweise mit einer besonderen Politik, einer repressiven oder einer anderen, in Korrelation gebracht werden?« Diese Frage ist zu schwerwiegend, um ohne zahlreiche Vorsichtsmaßnahmen beantwortet zu werden. Von welchen »*assumptions*« sprechen Sie? Wenn es sich um die handelt, die ich in *Limited Inc ...* beschreibe, ist meine Antwort »nein«. Im Kern ihrer theoretischen Struktur, wenn man diesen isolieren könnte, scheinen mir diese *»assumptions«* wohl ein politisches Korrelat (ich greife Ihr Wort auf) zu haben, jedoch nicht ein »besonderes« politisches Korrelat. Sie würden auch zur Axiomatik zahlreicher (vielleicht aller) westlicher politischer Lehren gehören, gleich ob sie rechts oder links stehen, und zu dem, was ihren Codes gemeinsam ist. Von diesem Gesichtspunkt aus widmet sich die Dekonstruktion dieser *»assumptions«* und folglich ihrer Codes, so sie auch eine politische Dimension hat, der Schrift (oder der kommenden Produktion, wenn Sie so wollen) einer Sprache [*langage*] und einer politischen Praxis, die gemäß diesen Codes nicht mehr verstanden, beurteilt, entziffert werden kann.

Nachdem ich so die Frage, die Sie mir in diesen präzisen Ausdrücken stellen, mit »nein« beantwortet habe, würde ich versuchen, so weit wie möglich eine Unterscheidung zu treffen zwischen *einerseits* dem, was ich den Kern der theoretischen Struktur genannt habe (den ich, wie Sie wissen, sogar bis zu einem gewissen Punkt unterschreiben konnte und bei dem ich gezeigt habe, daß er bis auf einige *assumptions* mit manchen meiner Aussagen übereinstimmte, da er den anspruchvollsten Anforderungen der traditionellen Philosophie entsprach), und *anderseits* bestimmten Aspekten der Praxis John R. Searles in seiner Art zu diskutieren, zu argumentieren, zu polemisieren, in seiner Rhetorik und in den Formen seiner Teilnahme am sozio-kulturellen Leben, kurz in den Modalitäten seiner *Umsetzung* des sogenannten theoretischen Kerns. Ja, also da mißbillige ich *manchmal* die Politik dieser Praxis, jedenfalls einige ihrer Momente: den Autor zu beschimpfen, anstatt ihn demonstrativ zu kritisieren, beim anderen einen »betrüblichen Hang, Dinge zu sagen, die offensichtlich falsch sind«, und tausend »Vermengungen« zu beklagen, während man nicht nur nichts von ihm aufmerksam gelesen hat (dies habe ich aufzuzeigen versucht, ich komme nicht darauf zurück, darum geht es in *Limited Inc* ...), und in Zeitungsartikeln vor allem aus Klatsch Argumente zu beziehen, um mich, und mit mir all jene, die sich für meine Arbeit interessieren, eines »terroristischen Obskurantismus«[4] zu bezichtigen, *dieser* Stil, zumindest der Stil *dieser* Manifestation *da* (denn nichts beweist, daß sich Searle fortwährend und wesentlich in dem Zustand befindet, in dem er ist, wenn er gegen die Dekonstruktion, gegen Culler oder mich in einer Zeitschrift polemisiert – bleibt noch die Frage, warum die Dekonstruktion, Culler oder ich ihn so außer Kontrolle geraten lassen) scheint mir wirklich eine ganze Politik zu implizieren. *Diese* Gesten implizieren eine Politik (Sie werden sie »repressiv« nennen), aber niemand hat das Recht, und ich werde es mir niemals nehmen, zu verallgemeinern und zu sagen, daß dies die Politik von Searle *im allgemeinen* oder das die Theorie ist, die er *im allgemeinen* vertritt.

Daher, nochmals, da ich keine Lust auf diese Prozesse habe, wie hart auch immer mein (ethisches oder politisch-theoretisches) Urteil bezüglich Searles Gesten in seiner Antwort auf *Sec* oder in seinem Artikel in der *New York Review of Books* sein mag, werde ich Ihre Worte (Polizei und Repression) nicht aufgreifen, um sein Verhalten allgemein über das hinaus zu charakterisieren, was ich in der Anmerkung[7] [14], S. 216 zitiert habe. In unserem Milieu werden Beschimpfung und mißbräuchliche Analogie zu leichtfertig gehandhabt. Ich habe zu viele Beispiele im Kopf. Desgleichen werde ich mich hüten, das Urteil, das mir diese oder jene sozio-akademische Umsetzung dieser Arbeit zu erfordern scheint, auf die ganze Arbeit Searles auszuweiten, der ein Recht auf Respekt hat, auch wenn man ihn diskutiert oder kritisiert. Noch mehr werde ich mich davor hüten, die gleichen Schlußfolgerungen auf die gesamte Theorie der *speech acts* (Searle ist ja lediglich einer ihrer Vertreter) auszuweiten. Selbst wenn diese Umsetzung dem »theoretischen Kern« nie ganz äußerlich ist, selbst wenn eine konsequente Umsetzung diese Entgleisungen oder diese Aggressionen verbieten müßte, kann man sich doch vorstellen, daß andere Autoren als Searle diesen selben theoretischen Kern anders und ohne diese Gewalt, die Sie als »repressiv« bezeichnen, umsetzen. Ich schließe es nicht aus. Man darf nicht vergessen, daß dieser oder jener Artikel von John R. Searle nur ein untergeordneter Teil in einem sehr determinierten Kontext ist, der wieder in zahlreiche andere, weitere und überdeterminierte Kontexte eingeschrieben ist. Ich kenne die politisch-ideologischen »Meinungen« von John R. Searle nicht. In Anbetracht dessen, was ich von ihm gelesen und verstanden habe, kann ich fast keine ausschließen. Ich glaube aber, ausschließen zu können, daß er sich, wie ich das mit einigen anderen tue, für die Dekonstruktion der politischen Codes interessiert, in deren Spektrum sein Diskurs und seine politische Praxis angesiedelt sind. Denn für dieses Interesse finden sich, scheint mir, bei ihm keinerlei Anzeichen und Anlagen. Ganz im Gegenteil vermeinte ich sogar, bei ihm eine aktiv abwehrende Haltung gegenüber jeder Äußerung dieses Interesses festzustellen. Vielleicht zeugt das von einem obskuren, aber sicheren Verständnis dessen, worum es in der Dekonstruktion geht. Ich schließe auch das nicht aus. Ich begann nämlich zu verstehen, daß *bisweilen einige* der schärfsten und zwanghaftesten Gegner der Dekonstruktion auch ohne theoretische Untermauerung eine sicherere und lebendigere Beziehung zu dem, was tatsächlich auf dem Spiel steht, haben als *einige* erklärte »Dekonstruktionalisten«. Es ist jedenfalls ein unbeständiges und turbulentes Feld.

Ich habe mehr Mühe, den folgenden Satz derselben Frage zu verstehen (»Wodurch würde sich eine solche Taktik von der Taktik derer unterscheiden, die die Dekonstruktion als an sich konservativ angreifen, weil das amerikanische akademische ›Publizier-oder-Stirb-System‹ [›*the American publish-or-perish system*‹] sie sich angeeignet hatte?«). Ich erklärte soeben, worin das, was Sie als »Taktik« bezeichnen, in keiner Weise dem ähnelt, was ich mache oder machen möchte. Wenn es eine gegen die Dekonstruktion eingesetzte »Taktik« wäre, wäre sie in meinen Augen nicht von großem Interesse, auch wenn sie sich eine Zeitlang als wirksam erweisen könnte. Es gibt nicht Die oder eine einzige Dekonstruktion. Wenn es nur eine, noch dazu homogene Dekonstruktion gäbe, wäre sie »an sich« weder konservativ noch revolutionär, noch nach dem Code dieser Oppositionen bestimmbar. Das ist genau der Punkt, der allen auf die Nerven geht. Ich sehe wohl, worin bestimmte meiner Texte oder bestimmte meiner Praktiken (zum Beispiel) etwas »Konservatives« haben, und ich bekenne mich dazu. Ich bin für die Bewahrung, die Erinnerung – die eifersüchtige Erhaltung – zahlreicher Traditionen, zum Beispiel, aber nicht nur an der Universität und in der wissenschaftlichen, philosophischen und literarischen Tradition. Ich kämpfe sogar für diese Bewahrung. Aber ich könnte auch zeigen, inwiefern einige meiner Texte (manchmal dieselben) oder einige meiner Praktiken (manchmal dieselben) die Grundlagen dieser Tradition wieder in Frage stellen, und ich bekenne mich auch dazu. Was bedeutet das? Daß das Gegensatzpaar konservativ/revolutionär zum Verständnis dessen, was mit diesen Texten und diesen Praktiken geschieht, nicht mehr relevant ist. Die Dekonstruktion in der Einzahl ist überhaupt nichts »an sich«; die Logik des Wesens (im Gegensatz zum Akzidentiellen), des Eigentlichen (im Gegensatz zum Uneigentlichen), also des »an sich« im Gegensatz zum Äußerlichen ist genau das, was jede Dekonstruktion von Anbeginn an in Frage stellt. Da sie an sich weder »konservativ« noch das Gegenteil ist, wird die politische Bewertung jeder ihrer sogenannten dekonstruierenden Gesten, wenn sie streng und der Sache, über die sie spricht, angemessen sein soll, von sehr schwierigen, genauen und in bezug auf die Stereotypen des institutionellen politischen Diskurses sehr freien Detailanalysen abhängen. Die Dekonstruktion existiert nicht irgendwo, rein, eigentlich, mit sich selbst identisch, außerhalb ihrer Einschreibungen in konfliktbeladene und differenzierte Kontexte, sie »ist« nur das, was sie macht und was man aus ihr macht, dort, wo sie stattfindet. Es ist schwierig, heute eine eindeutige Definition oder eine adäquate Beschreibung dieses »Stattfindens« zu geben. Dieses Fehlen einer eindeutigen Definition ist nicht »obskurantistisch«, es ist eine respektvolle Hommage an eine neue, ganz neue *Aufklärung**. Das ist in meinen Augen ein sehr gutes Zeichen.

Dieser prinzipiellen Antwort werde ich noch drei Punkte hinzufügen.

1. Die Dekonstruktion in der Einzahl kann sich nicht einfach wer oder was auch immer »aneignen«. Die Dekonstruktionen sind die Bewegungen dessen, was ich die »Ent-Aneignung« [*ex-appropriation*] nannte. Wenn man meint, sich etwas wie die Dekonstruktion in der Einzahl angeeignet zu haben oder zu sehen, wie sie angeeignet wird, täuscht man sich *a priori*, und es handelt sich noch um etwas anderes. Da aber die Dekonstruktion immer »etwas anderes« ist, ist der Irrtum niemals vollständig oder rein.

2. Wenn es jedoch in einem bestimmten, noch sehr geringen Ausmaß eine bestimmte Vervielfältigung der Praktiken dekonstruierenden Stils (Forschung, Schrift, Lektüre, Lehre, Publikation und so weiter) an der Universität gibt, müßte man, bevor man von Aneignung spricht, wissen, ob das System, das sich etwas anzueignen scheint, von dem, was es sich anzueignen vermeint, verändert wird oder nicht. Obwohl ich die Aneignung im allgemeinen nicht für möglich halte, erhebe ich keinen Einwand gegen das, was *Sie* »Aneignung« nennen: Etwas, was der Aneignung ähnelt, muß stattfinden, damit die Universität zum Beispiel davon betroffen wird. Ansonsten müßte man wünschen, daß die Dekonstruktion absolut ignoriert, radikal ausge-

schlossen oder definitiv verworfen wird, um beruhigt zu sein und zu meinen, daß sie glücklicherweise rein und intakt geblieben ist. Sie wissen, daß mir das überhaupt keine Sorgen bereitet. Das ist vielleicht der zweideutige Wunsch derer, die als Gegner der Dekonstruktion auftreten.

3. Was ist »*the American publish-or-perish system*«? Seine Definition würde zahlreiche Analysen erfordern, die ich hier nicht anstellen kann. Um bei einer trivialen Betrachtungsweise zu bleiben, werde ich sagen, daß es meines Wissens diesbezüglich zumindest ebenso viele Zeichen des Ausschlusses und der Zensur gibt wie solche der Aneignung. An zahlreichen Orten verschließt der Krieg gegen das, was man als »dekonstruktivistisch« zu identifizieren glaubt, die Türen der Universitäten und Verlage. Wenn die Arbeiten, die die dekonstruierende Problemstellung berücksichtigen oder sich in der einen oder anderen Art auf sie beziehen, sich häufen und sich vor allem in den Bereichen vielfältig gestalten, die nicht mehr nur die der Philosophie und der Literaturtheorie sind, sondern auch die Sozialwissenschaften, die Rechtswissenschaft, die Architektur und so weiter betreffen (und da Sie es anscheinend glauben, gestehe ich Ihnen zu, daß es vielleicht eine Tatsache ist), warum soll man darin nur ein Zeichen der Aneignung durch »*the American publish-or-perish system*« sehen? Kann das nicht anders interpretiert werden? Wenn es sich einfach um ein Symptom der Aneignung handelte, warum würde es dann so viel Aggressivität und unkontrollierte Reaktionen hervorrufen? Vielleicht impliziert Ihre Anspielung auf das »*publish-or-perish system*«, daß in Ihren Augen zu viel geschrieben wird, sogar zu viele Texte in dekonstruktivem Stil. Auch wenn das der Fall wäre und auch wenn diese Arbeiten so leicht zu publizieren wären (was ich ganz und gar nicht glaube, wenn ich die Dinge statistisch, das heißt quantitativ betrachte), warum soll man andere Erklärungen ausschließen? Zum Beispiel, daß sich das von den »dekonstruktiven« Fragen eröffnete Ar-

beitsfeld als reicher und neuer erweist und daß die Herausforderung zur Forschung, ja zum Schreiben darin stimulierender ist.

Frage

In der Grammatologie[8] *stellen Sie klar, daß Sie dem Interpreten nicht die Fähigkeit absprechen, zu bestimmten Zwecken das wiederzugeben, was man den wörtlichen Sinn eines Textes nennt. Sie sagen: »Gewiß muß dem Moment des verdoppelnden Kommentars sein Platz in der kritischen Lektüre eingeräumt werden.« Und ohne »diese unabdingbaren Schutzgeländer« »liefe die kritische Produktion Gefahr, richtungslos zu bleiben und sich so gut wie alles zuzutrauen«* (S. 273 f.).

Könnten Sie kommentieren, wie diese Möglichkeit eines »verdoppelnden Kommentars« die folgende Erklärung in Limited Inc... *betreffen kann: Indem sie in die Selbstpräsenz der Intentionen eine Bresche schlägt und sie teilt, bewirkt die Iterabilität, »daß man (schon, immer, auch) etwas anderes sagen will, als man sagen will [...]«* (S. 103). *Wenn dieser Prozeß der Intentionen und Bezeichnungen, die sich von sich selbst unterscheiden, nicht die Möglichkeit des »verdoppelnden Kommentars« verbietet, dann sind seine praktischen Auswirkungen auf die Interpretation vielleicht für die konventionellen Lesarten weniger bedrohlich, als man meinen könnte – oder auch, vielleicht sollte ich die Frage so stellen, bedrohen sie sie auf andere Weise, als man vermutet hätte?*

Ich stelle diese Frage nicht, um anzudeuten, daß das in sich gespaltene Wesen der Bedeutung keine praktischen Auswirkungen auf die Interpretation hat, sondern um zu fragen, ob diese Auswirkungen am besten als Unentscheidbarkeit oder als Unbestimmtheit [indeterminacy] *zu beschreiben sind. Ich stelle diese Frage, weil ich den Eindruck habe, daß die Kontroverse um Ihr Werk zumindest in den*

Vereinigten Staaten häufig in eher fruchtlosen Auseinandersetzungen steckenblieb, in denen es darum ging, ob die Wörter etwas Bestimmtes bedeuten können (das heißt, ob Ihr Werk alle »Schutzgeländer« beseitigt), was Sie, scheint mir, niemals leugneten. Das ist möglicherweise dafür verantwortlich, daß interessantere von Ihnen aufgeworfene Probleme eher stillschweigend übergangen wurden, zum Beispiel diejenigen, die sich auf Ihre Überlegungen beziehen, daß Bedeutung durch Akte der Ausschließung und Repression begründet wird, die ihre Zeichen [marques] *in ihr hinterlassen. Zumindest wenn sie fast ganz auf das Problem der determinierten Lektüre im Gegensatz zur Unentscheidbarkeit* [determinate reading vs. indecidability] *konzentriert sind, scheinen die gängigen Kritiker Ihres Werkes kaum dieses Problem wahrzunehmen, das die Art betrifft, wie der Diskurs Machtbeziehungen einschreibt.*

Diejenigen, die an die determinierte Bedeutung glauben, ignorieren natürlich eher die Formen, in denen der Diskurs Machtbeziehungen einschreibt, aber könnte man nicht dagegenhalten, daß diese Formen selbst sehr determiniert sein können? Anders gesagt, wäre es nicht vorteilhaft, zunächst zwischen der Frage zu unterscheiden, ob die Bedeutung durch rhetorische Zwänge strukturiert wird, und derjenigen, ob die Bedeutung determiniert ist?

Antwort

Diese Frage ist noch schwieriger. Ich bemerke, daß meine Antworten bereits zu lang waren. Aus Zeit- und Platzgründen, also ohne strenge Begründung, werde ich auf die Sparsamkeit meiner Antworten achten müssen. Sie werden kürzer und elliptischer ausfallen. Ich wechsle also den Rhythmus und werde nicht jedesmal alle Ihre Fragen wiederholen, überdies da sie häufig mit Antworten oder Hypothesen versehen sind, mit denen ich weitgehend einverstanden bin.

Ich habe eben wieder das Kapitel der *Grammatologie* (»Das Exorbitante. Methodenfrage«) gelesen, dem Sie diesen Satz über das »Moment des verdoppelnden Kommentars« entnommen haben. Um eine allzu lange Antwort zu vermeiden, schlage ich dem interessierten Leser vor, ebenfalls dort nachzulesen. Und ich möchte noch die folgende Präzisierung anfügen: Das Moment, das ich vielleicht ungeschickterweise »verdoppelnden Kommentar« genannt habe, bedingt nicht die Selbstidentität des »*meaning*«, sondern eine relative Stabilität der vorherrschenden Auslegung (einschließlich der Selbstauslegung) des kommentierten Textes. Ich führe an dieser Stelle auch aus, daß der »verdoppelnde Kommentar« mit all den »klassischen Anforderungen« und »Instrumenten der traditionellen Kritik« (deren Lebensnotwendigkeit ich *by the way* dadurch in einem institutionspolitischen Satz anzeige: Die Universität muß natürlich seine Vermittlung und Bewahrung nach den strengsten Kriterien sicherstellen, wenngleich die zu diesem Zweck beste Strategie niemals einfach ist) kein Moment einfacher reflexiver Aufzeichnung ist, mittels dessen man die ursprüngliche und wahre Schicht der beabsichtigten Bedeutung eines Textes, eines eindeutigen und mit sich selbst identischen Sinns, getreu transkribieren könnte, also der Schicht, über der oder nach der schließlich die aktive Auslegung begänne.

Nein, dieser Kommentar ist *schon* eine Interpretation. Ich hätte ihn vielleicht nicht Kommentar nennen sollen. Ich glaube nicht an die Möglichkeit eines reinen und einfachen »verdoppelnden Kommentars«. Ich bediente mich dieser Worte, um dasjenige zu bezeichnen, was in einer sehr klassischen und sehr elementaren Schicht der Lektüre dem am nächsten kommt, was man traditionellerweise »Kommentar«, ja sogar Paraphrase nennt. Dieses paraphrasierende Moment ist, auch wenn es eine minimale Kompetenz erfordert (die weniger allgemein verbreitet ist, als man glaubt: die Vertrautheit mit dem Französischen, einem bestimmten Französisch, um Rousseau im Original zu lesen), bereits eine interpretierende Lektüre. Dieses Moment, diese Schicht, betrifft bereits die Interpretationen und semantischen Entscheidungen, die nichts »Natürliches« oder »Ursprüngliches« haben und die unter zu analysierenden Bedingungen die in der Folge vorherrschenden Konventionen vorschreiben (ich nähere mich damit dem, was Sie in Ihrer Frage als »Machtbeziehungen« beschreiben). Diese *gleichsam* paraphrasierende Interpretation versichert sich einfach dessen, was in einem Text (zum Beispiel dem von Rousseau, von dem ich soeben sprach) einen Bereich der impliziten »Konvention« oder der »Verträge« darstellt, der sehr tief und sehr solide ist. Keine absolut sicheren, ahistorischen oder transtextuellen, monolithischen oder selbstidentischen semantischen Strukturen – die im übrigen den paraphrasierendsten Kommentar unmöglich und nutzlos machen würden –, sondern bereits differentielle Schichtungen von sehr großer Stabilität in der Beziehung der Kräfte, die allen Hierarchien oder Hegemonien entsprechen, die sie bedingen oder einsetzen: zum Beispiel die französische Sprache (Grammatik und Wortschatz), die rhetorischen Gepflogenheiten dieser Sprache in der literarischen Gesellschaft und im literarischen Kodex der Zeit und so weiter, aber auch eine ganze Reihe von Gewißheiten, die ein Minimum von Verständlichkeit dessen garantieren, was wir uns heute darüber sagen können oder was ich davon verständlich machen kann, zum Beispiel in der *Grammatologie*, wie begrenzt das auch immer sein mag. Es handelt sich immer um eine Menge bestimmter und begrenzter Möglichkeiten.

Ohne solide Kompetenz auf diesem Gebiet wären die gewagtesten Interpretationen der *Grammatologie* weder möglich noch verständlich, ja nicht einmal diskutierbar. Man muß nicht nur verstehen, was solche französischen Worte *natürlich* oder *absolut* sagen wollen, jenseits aller möglichen Zweideutigkeit, sondern auch die einer Wahrscheinlichkeitslogik zufolge vorherrschenden und herkömmlicherweise anerkannten Interpretationen kennen, um dazu zu gelangen, was Rousseau meinte, sagen zu wollen, und was der Leser der vorherrschenden Art meinte, verstehen zu können, um im Anschluß daran das Spiel oder die relative Unbestimmtheit zu analysieren, die Anlaß meiner Interpretation sein konnte, zum Beispiel der des Wortes »Supplement«. Und wieder gilt das, was für den Kontext »Rousseau« oder »Essai sur l'origine des langues« gilt, auch für den Kontext, in dem *wir* heute darüber sprechen. Einesteils ist es der gleiche, durch eine solide Tradition verbürgt. Aber anderenteils ist er zutiefst unterschiedlich. Um die beiden Anteile ermessen zu können und sich dabei zu orientieren, bedarf es einer gewissen Ausrüstung, man muß möglichst gut Französisch verstehen und schreiben, ja sogar übersetzen können sowie das Korpus Rousseaus und alle es bestimmenden Kontexte (die literarischen, philosophischen, rhetorischen Traditionen, die Geschichte der französischen Sprache, die Gesellschaft, die Geschichte, das heißt noch zahlreiche weitere Dinge) möglichst gut kennen. Andernfalls würde man wirklich irgend etwas sagen, und es war für mich immer unannehmbar, irgend etwas Beliebiges zu sagen oder dazu zu ermutigen, irgend etwas Beliebiges zu sagen oder für die Unbestimmtheit selbst zu plädieren.

Aber ich glaube nicht, wie Sie es vorschlagen, daß es darum geht, die Fragen der »Machtbeziehungen« [*»power relations«*] oder des »rhetorischen Zwanges« [*»rhetorical coercion«*] von den Fragen der Bestimmtheit oder Unbestimmtheit der Bedeutung [*»meaning«*] zu trennen. Ohne Spiel zwischen diesen bliebe keinerlei Raum für die Machtkonflikte. Das Aufzwingen einer Bedeutung setzt voraus, daß es einen Spielraum der Bestimmtheit gibt. Ich werde gleich darauf zurückkommen.

Wenn ich von großer Stabilität spreche, so um zu unterstreichen, daß diese semantische Schicht weder ursprünglich noch ahistorisch oder einfach, weder in einem ihrer Teile mit sich selbst identisch, ja nicht einmal durchgehend semantisch oder signifikant ist. Diese Stabilisierung ist relativ, auch wenn sie manchmal so groß ist, daß sie unverrückbar und permanent erscheint. Sie ist das Augenblicksergebnis einer langen Geschichte von Kräfteverhältnissen (inner- und außersemantischen, inner- und außerdiskursiven, inner- und außerliterarischen oder -philosophischen, inner- und außerakademischen und so weiter). Damit diese Geschichte stattfinden konnte, mit all ihren Turbulenzen und Stockungen, damit Kräfteverhältnisse, Spannungen oder Kriege stattfinden konnten, damit sich Hegemonien eine bestimmte Zeit lang behaupten konnten, bedurfte es eines gewissen Spielraums in all diesen Strukturen, also einer Instabilität und Nicht-Identität mit sich selbst, einer Nicht-Transparenz. Rhetorische Zweideutigkeit und Wandlungsfähigkeit mußten so im »*meaning*« arbeiten können. Die *différance* mußte die Referenz durchdringen. Was ich also mit »verdoppelndem Kommentar« meinte, ist das »minimale« Entziffern des »ersten« treffenden oder kompetenten Zugangs zu relativ stabilen (daher destabilisierbaren!) Strukturen, von denen die gewagtesten Fragen und Interpretationen bezüglich der Konflikte, Spannungen, Kraftunterschiede, Hegemonien, die zu dieser vorläufigen Installation führten, ihren Ausgang nehmen können. Und wieder war dies nur möglich, wenn eine Nicht-Identität mit sich selbst, eine *différance* und eine relative Unbestimmtheit den Raum dieser gewalttätigen Geschichte öffneten. Was mich immer am meisten interessierte und was mir am stärksten geboten zu sein schien (theoretisch, wissenschaftlich, philosophisch, aber auch im Hinblick auf ein nicht mehr nur theoretisch-wissenschaftlich-philosophisches Schreiben), das war nicht die Unbestimmtheit um ihrer selbst willen, sondern die möglichst eng gefaßte Bestimmung der Figuren des Spiels, der Schwingung, der Unentscheidbarkeit, das heißt der Situation der bestimmbaren Geschichte unter den Bedingungen der *différance*. Wenn ich andererseits »minimal« und »erster« in vorsichtige Anführungszeichen setzte, so deshalb, weil ich nicht an die Möglichkeit einer absoluten Bestimmung von »minimal« und »erster« glaube. Je nach Kontext (abhängig von der Kultur eines Landes, an der Universität oder außerhalb der Universität, in der Schule oder anderswo, auf einem bestimmten Kompetenzniveau oder auf einem anderen, im Fernsehen, in der Presse oder in einem Fachkolloquium) werden die Bedingungen der Minimalkompetenz und des ersten Zugangs andere sein. Sie wissen, daß ich damit bei dieser Gelegenheit auch auf die konkreten Probleme des Lehrplans zum Beispiel oder des Anforderungsniveaus in unserem Beruf, gleich ob es sich um Studenten oder Unterrichtende handelt, anspiele.

Da also die Bezeichnungen »minimal« und »erster« nur in bestimmten Kontexten ihre Bedeutung erlangen, ist der von mir mit der nicht entsprechenden Bezeichnung »verdoppelnder Kommentar« anvisierte Begriff der einer Schrift-Lektüre, die im Vertrauen auf eine sehr hohe Wahrscheinlichkeit des Konsenses bezüglich der Verständlichkeit eines Textes, der auf der stabilen Festigkeit zahlreicher Vereinbarungen beruht und *scheinbar* nichts anderes tut als den Text zu paraphrasieren, entschleiern, reflektieren, reproduzieren, ihn ohne weitere aktive oder gewagte Initiative »kommentiert«. Das ist nur der äußere Anschein, denn dieses Moment beinhaltet bereits eine aktive Interpretation und kann zum Einsatz so mancher strategischen List führen, um Konstrukte als Selbstverständlichkeiten oder Feststellungen auszugeben. Ich glaube jedoch, daß in einer (beispielsweise akademischen) Gemeinschaft keine Forschung ohne vorherige Suche nach diesem Minimalkonsens und ohne eine diesen Minimalkonsens einkreisende Diskussion möglich ist. Welche Unstimmigkeiten es zum Beispiel zwischen Searle und mir auch immer gegeben haben mag, niemand bezweifelte, daß ich zumindest die

Grammatik und das englische Vokabular seiner Sätze verstanden habe. Ansonsten wäre keine Debatte in Gang gekommen. Das bedeutet nicht, daß daher mögliche Mißverständnisse [»*misunderstandings*«] meinerseits *a priori* ausgeschlossen sind, aber es ist zumindest zu hoffen, daß sie anderer Art wären. Wenn Searle andererseits (um nur ein Beispiel von vielen zu erwähnen) mit dem Werk von Descartes hinlänglich vertraut gewesen wäre, um den parodierenden Verweis auf einen Titel von Descartes in meinem Text zu erkennen (siehe meine Ausführungen in *t*), wäre er veranlaßt gewesen, seine Lektüre beträchtlich komplizierter zu gestalten. Hätte er auf die Neubildung des französischen Wortes ›*restance*‹ geachtet, das in meinem Text nicht Permanenz bedeutet, wäre er auf dem richtigen Weg gewesen, um zu beginnen, mich zu lesen und so weiter.

Denn natürlich gibt es einen »richtigen Weg«, einen besseren Weg, und ich war, nebenbei bemerkt, oft erstaunt beziehungsweise je nach Gemütslage erheitert oder entmutigt über den Gebrauch oder Mißbrauch des folgenden Arguments: Da man annimmt, daß der Dekonstruktionist (das heißt ohnedies der Skeptiker-Relativist-Nihilist!) nicht an die Wahrheit, die Stabilität oder Einheit der Bedeutung, an die Intention und das Sagen-Wollen glaubt, wie kann er dann von uns verlangen, ihn mit Kompetenz, Genauigkeit und Strenge zu lesen? Wie kann er fordern, daß man seinen eigenen Text richtig interpretiert? Wie kann er jemanden beschuldigen, ihn schlecht verstanden, vereinfacht oder entstellt zu haben? Anders gesagt, wie kann er etwas diskutieren und wie kann er die Lektüre dessen diskutieren, was er schreibt? Die Antwort ist recht einfach: Diese Definition des Dekonstruktionisten ist *falsch* (ich sage wirklich falsch: nicht richtig) und schwach; sie folgt einer *schlechten* Lektüre (ich sage wirklich schlecht: nicht gut) und einer schwachen Lektüre zahlreicher Texte, auch meiner, die man lesen muß, wenn man über sie reden will. Man wird sehen, daß der Wert der

Wahrheit (und aller dazugehörigen) darin nie bestritten oder zerstört, sondern nur in stärkere, weitere und vielschichtigere Kontexte eingeschrieben wird. Und daß man innerhalb dieser relativ stabilen und bisweilen nahezu unerschütterlich scheinenden Kontexte der Interpretation (das heißt der – immer von der *différance* geprägten – Kraftverhältnisse zum Beispiel gesellschaftlich-politisch-institutioneller Art, aber auch jenseits dieser Bestimmungen) Regeln der Kompetenz, Kriterien der Diskussion und des Konsenses, guten Glauben, Hellsichtigkeit, Strenge, Kritik und Pädagogik geltend machen können muß. Ich muß also ohne den geringsten »pragmatischen Widerspruch« behaupten und beweisen können, daß Searle zum Beispiel, wie ich bereits zeigte, nicht auf dem »richtigen Weg« war, um das von mir Gesagte zu verstehen und so weiter. Aber man möge mir daher auch folgendes zugestehen: Wenn er auch auf keinem richtigen Weg war oder immer noch ist, so unternehme ich hier doch große pädagogische Anstrengungen, um seine Irrtümer zu korrigieren, und das beweist doch, daß alle positiven Werte, auf die ich mich soeben bezog, kontextuell, ihrem Wesen nach eingeschränkt, instabil und bedroht sind. Und daß man daher diese wesensmäßige und irreduzible *Möglichkeit* des *Miß*verständnisses [»mis*understanding*«] oder des »Mißgeschicks« [»in*felicity*«] bei der Beschreibung der sogenannten positiven Werte in Betracht ziehen muß.

Kurz, um Sie zu zitieren, nicht nur verbietet, wie Sie richtig sagen, dieser Prozeß der Intentionen und Bezeichnungen, die sich von sich selbst unterscheiden, nicht die Möglichkeit des »verdoppelnden Kommentars«, sondern dieser »verdoppelnde Kommentar« und diese »Schutzgeländer«, die immer konstruiert (und damit dekonstruierbar) sind, wären ihrerseits ohne dieses Spiel der *différance* weder möglich noch erforderlich. Und Sie haben recht, wenn Sie sagen, daß diese »praktischen Auswirkungen auf die Interpretation vielleicht für die konventionellen Lesarten weniger bedrohlich« sind, da sie mit den Mindestanforderungen jeder Kultur, jeder Lektüre und jeder Forschung (sei sie akademisch oder nicht) zusammenzufallen scheinen. Aber sie werden von den gelähmtesten und lähmendsten Konservativen auch gerade als »auf andere Weise« bedrohlich [»*threatening in a different way*«] empfunden, und zwar aus zwei Gründen.

1. Zunächst weil das Protokoll dieses Diskurses über den »verdoppelnden Kommentar«, wie ich soeben ausführte, daran erinnert, daß die Normen dieser minimalen Verständlichkeit nicht absolut oder ahistorisch, sondern nur stabiler als andere sind. Sie hängen von gesellschaftlich-institutionellen Bedingungen, also Machtbeziehungen ab, die nicht naturgegeben, sondern ihrem Wesen nach mobil und auf komplexe konventionelle Strukturen gegründet sind, die man im Prinzip analysieren, dekonstruieren und umwandeln kann; in Wirklichkeit sind diese Strukturen in einem sehr tiefgreifenden und vor allem sehr rasch ablaufenden Umwandlungsprozeß begriffen (das ist für bestimmte Leute die wahre Quelle der Angst, die durch die »Dekonstruktion« nur aufgedeckt wird; denn bevor sie zu einem Diskurs, zu einer organisierten Praxis wird, die einer Philosophie, einer Theorie, einer Methode *ähnelt*, die *sie nicht ist* und die diese instabilen Stabilitäten oder diese Destabilisierung behandelt, die sie zu ihrem Hauptthema erklärt, ist die »Dekonstruktion« zunächst diese Destabilisierung, die sozusagen »in den Dingen selbst« stattfindet; aber sie ist nicht negativ. Auch für den »Fortschritt« bedarf es der Destabilisierung. Und das *De* der *De*konstruktion bezeichnet nicht die Zerstörung dessen, was konstruiert wird, sondern die Ankündigung dessen, was jenseits des konstruktivistischen oder destruktionistischen Schemas zu denken bleibt.[9] Damit hängt die gesamte Debatte zum Beispiel über den Lehrplan, die »*literacy*«[10] und so weiter zusammen.

2. Dann, wenn, wie ich schrieb, »die Lektüre sich nicht

mit der Verdoppelung des Textes begnügen darf«[11], definiert der dem unpassenden Ausdruck »verdoppelnder Kommentar« entsprechende Begriff nur eine Schicht oder ein Moment, eine unerläßliche Voraussetzung der Lektüre, einer Lektüre, die interpretierend, erfinderisch oder »produktiv« ist und damit die Form einer weiteren Schrift annimmt, in einem in Umwandlung befindlichen Text, in dem die Möglichkeiten des differentiellen Spiels noch stärker vermehrt *und* bestimmt sind. Das ist es, was zweifellos am meisten als »*threatening in a different way*« erscheint.

Dabei möchte ich präzisieren, daß das Wort »produktiv«, das ich in dieser Stelle der *Grammatologie* häufig verwende, um eine durch die »Schutzgeländer« »geschützte« und nicht »geöffnete« Lektüre zu charakterisieren, zweideutig bleiben kann. Diese »Produktivität« sollte weder »Kreativität« bedeuten (denn diese interpretierende Lektüre kreiert nicht *ex nihilo* und ohne vorherige Regel[12] irgend einen beliebigen Sinn) noch einfach eine Erläuterung (*producere* als Vorstellen oder Ins-Licht-Setzen des bereits Vorhandenen). Der Begriff und das Wort »Produktion« werfen enorme Probleme auf, auf die ich hier nicht eingehen kann (ich glaube, daß ich das an anderer Stelle näher ausgeführt habe).[13] Gleiches gilt für den Ausdruck »den Text [...] in der infrastrukturellen Bedeutung, welche wir jetzt diesem Wort zuerkennen.«[14] Unter »infrastrukturell« verstand ich keine substantielle Schicht, ein Substrat unter einem Überbau (in der herkömmlichen marxistischen Bedeutung dieses Bildes). Ich wollte daran erinnern, daß der von mir vorgeschlagene Begriff des Textes weder auf die Graphie noch auf das Buch, noch auf den Diskurs und noch weniger auf den semantischen, repräsentativen, symbolischen, ideellen oder ideologischen Bereich beschränkt ist. Was ich »Text« nenne, beinhaltet alle sogenannten »realen«, »ökonomischen«, »historischen«, gesellschaftlich-institutionellen Strukturen, kurz alle möglichen Referenten. Mit anderen Worten erinnere ich nochmals daran, daß es kein Außerhalb des Textes gibt. Das bedeutet nicht, daß alle Referenten außer Kraft gesetzt, geleugnet oder in ein Buch eingeschlossen werden, wie oft vorgegeben wird oder wie man oft naiverweise glaubt und mir vorwirft. Es bedeutet aber, daß jeder Referent, jede Realität, die Struktur einer durch *différance* gekennzeichneten Spur [*trace différantielle*] aufweist und daß man sich auf dieses Reale nur in der Praxis der Interpretation beziehen kann. Diese ist nur sinnvoll oder gewinnt ihre Bedeutung nur in einer Bewegung des durch *différance* gekennzeichneten Verweises [*renvoi différantiel*]. *That's all.*

Ich werde die beiden letzten Absätze Ihrer dritten Frage bezüglich der »Unentscheidbarkeit«, »Unbestimmtheit« (*»indeterminacy«*) und der Machtbeziehungen (*»power-relations«*) nur kurz paraphrasieren. Diese Absätze stellen die Dinge sehr gut klar, und ich bin bereit, sie zu unterschreiben. Ich werde allerdings zwei Präzisierungen hinzufügen.

1. Ich glaube, ich habe nie von *»indeterminacy«* gesprochen, gleich ob es sich um *»meaning«* oder etwas anderes handelte. Die Unentscheidbarkeit ist etwas anderes. Unter Verweis auf das, was ich oben und an anderer Stelle darüber sagte, erinnere ich daran, daß die Unentscheidbarkeit immer eine *determinierte* Schwingung zwischen den Möglichkeiten (von *meanings* zum Beispiel, aber auch von Akten) ist. Diese Möglichkeiten sind selbst sehr *determiniert* in Situationen, die genau definiert sind (zum Beispiel diskursive – Syntax oder Rhetorik –, aber auch politische, ethische). Sie sind *pragmatisch* determiniert.[15] Meine der Unentscheidbarkeit gewidmeten Analysen betrafen eben diese Determinierungen und diese Definitionen und keineswegs eine *»indeterminacy«*. Ich sage eher »Unentscheidbarkeit« als *»indeterminacy«*, weil ich mich mehr für Kräfteverhältnisse, Kraftunterschiede, für alles, was eben durch eine Entscheidung der Schrift (im weiten Sinn, den ich diesem Wort gebe und der auch die politische Aktion

und die Erfahrung im allgemeinen umfaßt) ermöglicht, Determinierungen in gegebenen Situationen zu stabilisieren. Unentschiedenheit oder *double bind* gibt es nur zwischen *determinierten* (semantischen, ethischen, politischen) Polen, die manchmal schrecklich notwendig und immer einzigartig, unersetzlich sind. Das heißt, vom semantischen, aber auch ethischen und politischen Gesichtspunkt aus gesehen dürfte die »Dekonstruktion« weder zu Relativismus noch zu Indeterminismus führen.

Damit Strukturen der Unentscheidbarkeit möglich sind (und *daher* Entscheidungen und *daher* Verantwortungen), bedarf es freilich des Spielraums oder der *différance*, der Nicht-Identität. Nicht der Unbestimmtheit, sondern der *différance* oder der Nicht-Identität mit sich selbst in der Determinierung selbst. Die *différance* ist nicht die *indeterminacy*. Sie macht die *determinacy* möglich und notwendig. Man wird sagen: Aber wenn sie die *determinacy* möglich macht, so heißt das, daß sie selbst die »*indeterminacy*« ist: eben nicht, zunächst »ist« sie *selbst* nichts außerhalb der verschiedenen Determiniertheiten, und dann und infolgedessen hält sie nirgends an, absolut, und ist nicht Negativität oder Nichts (wie es die *indeterminacy* wäre). Insofern sie immer determiniert ist, ist die Unentscheidbarkeit auch nicht an sich negativ.

2. Die Worte »Kraft« und »Macht«, die ich soeben mit Ihnen verwendete, werfen, wie Sie sich vorstellen können, ebenfalls enorme Probleme auf. Ich greife auf diese Wörter nie ohne große Beunruhigung zurück, auch wenn ich glaube, durch sie etwas Irreduzibles bezeichnen zu müssen. Was mich an ihnen beunruhigt, das ist das, was einer obskuren Substanz ähnelt, die im Diskurs einen obskurantistischen oder dogmatischen Bereich schaffen kann. Auch wenn man, wie Foucault dies zu empfehlen scheint, nicht mehr von der Macht mit großem Anfangsbuchstaben, sondern von einer Vielfalt verstreuter Mikro-Mächte spricht, so bleibt doch die Frage, welche einheitliche Bedeutung er-

laubt, diese dezentralisierten und heterogenen Mikrophänomene noch »Mächte« zu nennen. Ich für meinen Teil glaube, ohne hier viel länger darauf eingehen zu können, daß ich nur unter zumindest drei Voraussetzungen akzeptieren kann, von »Kraft« oder »Macht« zu sprechen.

A. Daß man den Umstand berücksichtigt, daß es niemals ein Ding namens Macht oder Kraft gibt, sondern nur Macht- und Kraftunterschiede, die ebenso qualitativer wie quantitativer Natur sind. Kurz, es scheint mir, daß man, wie Nietzsche es zweifellos getan hat, von der *différance* ausgehen muß, um zur Kraft zu gelangen, und nicht umgekehrt.

B. Daß man, um zu versuchen, dem Rechnung zu tragen, ausgehend von diesem qualitativ der *différance* verpflichteten Denken diese scheinbar perverse oder paradoxe Möglichkeit aufnimmt: Die scheinbar »größte« Kraft kann auch die »geringste« sein (oder die »stärkste« Kraft ist nicht die »stärkste«, sondern die »schwächste«, was die wesentliche Möglichkeit einer Bedeutungsumkehr voraussetzt, das heißt einer Wandlung der Bedeutung, die nicht auf die Semantik des Diskurses oder des Wörterbuches beschränkt ist, sondern sich auch als Geschichte »ereignet«).

C. Daß man daher alle Paradoxa und alle Listen der Kraft, der Macht, der Herrschaft wie auch die Fallen berücksichtigt, in denen diese Listen zwangsläufig gefangen werden.[16] Ich wäre versucht, Analoges über den Begriff der »Repression« zu sagen. In der Antwort auf Ihre zweite Frage weiter oben ließ ich große Vorsicht, ja sogar Zurückhaltung vor der Verwendung des Wortes »repressiv« in meiner Diskussion mit Searle walten. Aber ich bin weit weniger über diesen *anderen* Begriff beunruhigt, den *dasselbe* Wort in dem Satz zu bezeichnen scheint, in dem Sie sagen, daß die »Bedeutung durch Akte der Ausschließung und Repression begründet wird«. Sobald bei der Bestimmung und Auferlegung von Bedeutung und zunächst bei der stabilisierenden Abgrenzung eines Kontextes Kraft ausgeübt wird, muß dabei wohl eine Form von Repression im Spiel sein. Nur ist es einfach nicht die gleiche, von der wir oben sprachen, jedenfalls nicht auf der gleichen Ebene. Die Repression am Ursprung der Bedeutung ist eine irreduzible Gewalt. Es ist schwer, sie »schlecht« zu nennen oder sie von einem moralischen oder politischen Gesichtspunkt zu verurteilen. Ohne sie gibt es keine Moral und keine Politik. Gleiches kann man von der Repression oder Repressivität, von der wir eingangs sprachen, nicht sagen.

Frage

Amerikanische Kommentatoren ließen häufig die radikale Infragestellung von Begriffen wie der Wahrheit, der Referenz und der Stabilität von Interpretationskontexten als das Hauptziel von Essays wie Signatur Ereignis Kontext *und* Limited Inc ... *erscheinen. In einer jüngst in* Critical Inquiry *(Nr. 13, Herbst 1986) erschienenen Diskussion über die südafrikanische Apartheid sprechen Sie jedoch von der Notwendigkeit, »eine Sache bei ihrem Namen zu nennen« und »darauf zu achten, was die Worte mit den Begriffen und mit den Realitäten verbindet«* (S. 163). *Sie sprechen von der »massiv präsenten Realität« der Apartheid, einer Realität, »die kein Historiker ernsthaft in Zweifel ziehen könnte«* (S. 160). *Und Sie werfen zweien Ihrer Kritiker vor, »die grammatikalische, rhetorische und pragmatische Eigenart« Ihrer Äußerung zu verkennen und »dem Kontext und der Art [Ihres] Textes« keine Beachtung zu schenken* (S. 158).

Ich vermute, daß diese Erklärungen einige Ihrer Kommentatoren erstaunt haben. Stehen diese Erklärungen im Widerspruch zur Ausrichtung Ihres Denkens in anderen Texten oder haben die Kommentatoren Ihre Implikationen falsch verstanden? Könnte diese offensichtliche Dissonanz ein Beispiel für das, was Sie häufig als »doppelte Schrift« oder als an unterschiedliche Arten von an Situationen angepaßte unterschiedliche Textstrategien analysieren, sein?

Antwort

Ich werde mich in meiner Antwort auf Ihre vierte Frage noch kürzer fassen. Die Prämissen meiner Antwort sind jetzt klar, hoffe ich. Eine »radikale Infragestellung von Begriffen wie der Wahrheit, der Referenz und der Stabilität von Interpretationskontexten« habe ich nie betrieben, wenn »radikale Infragestellung« bedeutet, daß bestritten wird, daß es Wahrheit, Referenz und stabile Interpretationskontexte *gibt* und *geben muß*. Ich habe, was etwas ganz anderes ist, Fragen gestellt, die, wie ich hoffe, notwendig sind und die nach der Möglichkeit dieser Dinge, dieser Werte, dieser Normen, dieser Stabilität fragen (die ihrem Wesen nach immer vorläufig und endlich ist). Diese Befragung und der auf die Möglichkeit dieser Fragen bezogene Diskurs (ja sogar der Diskurs über die Möglichkeit und die Grenzen der Haltung der Befragung im allgemeinen[17]) gehören natürlich nicht mehr einfach und homogen der Ordnung der Wahrheit, der Referenz, der Kontextualität an. Aber sie zerstören sie nicht und stehen nicht im Widerspruch zu ihnen. Sie sind selbst weder falsch noch richtig, weder reflexiv [»*self-reflexive*«] (mit sich selbst identisch und transparent) noch außerhalb des Kontexts oder metakontextuell. Ihre »Wahrheit« ist nicht von der gleichen Ordnung wie die von ihnen befragte Wahrheit, sondern in den pragmatisch bestimmten Situationen, in denen sich diese »Wahrheit« enthüllt, müssen sie sich den Normen des Kontexts unterwerfen (weitgehend: ich werde auf diesen Vorbehalt, der seltsam erscheinen mag, weiter unten näher eingehen), der erfordert, daß man korrekt beweist, demonstriert, verknüpft, daß man sich an die Regeln der Sprache und an eine Vielzahl weiterer sozialer, ethischer, politisch-institutioneller Regeln hält. Der Beweis dafür, daß ich keine »radikale Infragestellung [...] der Stabilität von Interpretationskontexten« betrieb, ist eben darin zu sehen, daß ich ohne Unterlaß, wie eben auch vorhin, daran erinnere, daß ich diese Stabilität wie alle Normen, Regeln und Möglichkeiten von Verträgen, die durch sie sichergestellt werden, berücksichtige und glaube, daß sie zu berücksichtigen sind. Aber was bedeutet das, eine Stabilität zu berücksichtigen? Zunächst bedeutet das nicht unbedingt, die Stabilität um der Stabilität willen um jeden Preis zu wählen oder zu akzeptieren oder zu erhalten zu versuchen, es bedeutet nicht, »konservativ« zu sein. Und andererseits bedeutet die Berücksichtigung einer gewissen (ihrem Wesen nach immer vorläufigen und endlichen) Stabilität eben, genau nicht von Ewigkeit oder absoluter Festigkeit zu sprechen, sondern eine geschichtliche Wahrheit, eine nicht natürlich gegebene Tatsache, die Ethik, die Politik, die Institutionalität zu berücksichtigen. Wenn daran zu erinnern die radikale Infragestellung der Stabilität der Kontexte ist, ja, dann tue ich das. Ich sage, daß es keine absolute, ewige, unantastbare, natürliche Stabilität gibt. Aber das ist im Begriff der Stabilität selbst impliziert. Stabilität ist nicht Unveränderlichkeit, sie ist per definitionem immer destabilisierbar.

Die von Ihnen angeführten »Kommentatoren« hätten also, wie Sie nahelegen, die »Implikationen« meines Diskurses im allgemeinen und dessen, was ich in dem von Ihnen erwähnten Kontext über die Apartheid sagte, sehr »falsch verstanden«. Sie begehen die gleichen Fehler, auf die ich in *Critical Inquiry* antworte. Ich meine, daß der Kontext dieser Diskussion, wie auch der dieser Diskussion hier, sehr stabil und determiniert ist. Er ist Gegenstand hinlänglich bestätigter Übereinkünfte, um mit *stabilen*, also nachweisbaren Verbindungen zwischen den Wörtern, den Begriffen und den Dingen, mit dem Unterschied zwischen dem Wahren und dem Falschen *rechnen* zu können. Um also in diesem Kontext Irrtümer, ja sogar Unaufrichtigkeit und Verwechslungen aufzeigen zu können. Diese »Pragmatik« oder diese Pragrammatologie (siehe Anm. 15 [22], S. 229) beinhaltet auch deontologische (oder wenn Sie wollen politisch-ethische) Diskussionsregeln, die ich meinen Kritikern in Erinnerung rufe, da ich glaube, daß sie dagegen verstoßen haben. Aber die Tatsache allein, daß sie, von diesem oder jenem Interesse getrieben (das man übrigens analysieren kann und das ich analysiere), dagegen verstoßen konnten, sich irren konnten, nicht verstehen, unrichtig lesen, pragmatische, grammatikalische oder moralische Regeln nicht beachten konnten, die Tatsache, daß ich sie daran erinnern mußte und konnte, bekräftigt den Umstand, daß der Kontext nur relativ stabil ist. Die Verbindungen zwischen den Wörtern, Begriffen und Dingen, die Wahrheit und die Referenz sind nicht absolut und rein durch irgendeine Metakontextualität oder Metadiskursivität sichergestellt. Wie stabilisiert, komplex und überdeterminiert er auch immer sein mag, es gibt einen Kontext, und zwar nur einen relativ *festen* Kontext, ohne absolute Festigkeit oder Abgeschlossenheit, der nicht schlicht und einfach mit sich selbst identisch ist. In ihm gibt es Spielraum, Unterschied, Öffnung; in ihm gibt es das, was ich an anderer Stelle »Supplementarität« (*Grammatologie*) oder »Parergonalität« (*Die Wahrheit in der Malerei*) nannte. Diese verwischen oder komplizieren gefährlich die Grenzen zwischen Innen und Außen, kurz gesagt die Umrahmung eines Kontextes. Unstimmigkeit, Mißverständnis und »Mißgeschick« [*»infelicity«*] sind darin ebenso möglich wie Diskussion und Kräfteverhältnisse (siehe oben): in der Diskussion hier ebenso wie dort in Südafrika. Auch ohne die Suche nach weiteren Beweisen genügt als Beleg die Tatsache, daß diese Diskussion stattgefunden hat und daß es solcher Anstrengungen bedarf, um zu überzeugen. Und daß nach den sehr pädagogischen Erklärungen, die ich gab, weitere Beispiele der Verwirrung oder der Unaufrichtigkeit auftauchen konnten.

All das setzt freilich voraus, daß man, wie Sie selbst betonen, je nach Situation »unterschiedliche Textstrategien« ergreift. Was ich jetzt schreibe, folgt einer Strategie, die sich sehr von der in *Limited Inc* verfolgten unterscheidet, die ihrerseits keiner der Strategien glich, die ich an anderer Stelle unterschreiben konnte. Aber darin ist keineswegs ein origineller Beitrag meinerseits zu sehen, weder in der Praxis dieser Strategien noch in dem, was ich darüber sage. Ich betone nur, daß diese Differenz und diese Strategie *als solche* gedacht werden müssen und daß man so kohärent wie möglich daraus so viele Konsequenzen wie möglich ziehen muß. Trotz der engen Verbindungen fällt diese Vielfalt an Strategien jedoch nicht, wie Sie scheinbar annehmen, genau mit dem zusammen, was ich »doppelte Schrift« nannte. Dieser Begriff bleibt, obwohl er nur das »Zweifache« und nicht das »Vielfache« enthält, allgemeiner oder, wie man in traditioneller Terminologie sagen würde, »grundlegender«. Er bezeichnet eine Art irreduzible und »quasi transzendentale« Teilbarkeit, wie ich an anderer Stelle über die »dekonstruktive« Schrift ausführte. Es ist unerläßlich, daß sie sich auf beide Seiten einer Grenze aufteilt und (bis zu einem gewissen Punkt) weiterhin die Regeln dessen einhält, was sie dekonstruiert oder dessen Dekonstruierbarkeit sie darlegt. Daher führt sie immer diese scheinbar widersprüchliche Doppelbewegung aus, die darin besteht, die Gegebenheit eines Kontexts, seine Abgeschlossenheit und Festigkeit (in gewissen Grenzen) zu akzeptieren, das heißt, sie niemals ganz zu akzeptieren. Aber würde man ohne diese Spannung, ohne diesen scheinbaren Widerspruch je etwas machen? Würde man jemals etwas ändern?

Das führt mich dazu, rasch zu präzisieren, worauf ich weiter oben bezüglich des Kontexts, seiner Nicht-Abgeschlossenheit oder seiner irreduziblen Öffnung, wenn Sie so wollen, hinwies. Ich komme damit auf die Frage der Apartheid zurück. Sie ist beispielhaft für die Fragen der Verantwortung und die ethisch-politischen Themen, die dieser Diskussion zugrunde liegen. In den verschiedenen Texten, die ich über (gegen) die Apartheid schrieb, sprach ich wiederholt von »bedingungsloser« Affirmation und »bedingungslosem« »Appell«. Das kam bei mir auch in anderen »Kontexten« vor und jedes Mal, wenn ich von der Verbindung zwischen der Dekonstruktion und dem »Ja«[18] spreche. Das mindeste, was man über die Bedingungslosigkeit (ein Wort, dessen ich mich nicht zufällig bediene, um an den Charakter des kategorischen Imperativs in der von Kant beschriebenen Form zu erinnern) sagen kann, ist, daß sie unabhängig von jedem bestimmten Kontext ist, ja sogar von der Bestimmung eines Kontexts überhaupt unabhängig ist. Sie tritt als solche nur in der *Öffnung* des Kontexts auf. Nicht daß sie einfach anderswo, außerhalb des Kontexts präsent wäre (existieren würde), aber sie greift in die Bestimmung eines Kontexts ein, ausgehend von seiner Öffnung und von einem Befehl, einem Gesetz, einer Verantwortung, die diese oder jene Bestimmung eines gegebenen Kontexts überschreiten. Im Anschluß daran ist diese Bedingungslosigkeit mit den bestimmten (Kant würde sagen »hypothetischen«) Imperativen dieses oder jenes Kontexts zu verbinden; und das ist der Moment der Strategien, der Rhetorik, der Ethik und der Politik. Die so beschriebene Struktur geht sowohl davon aus, daß es nur Kontexte gibt, daß es nichts außerhalb des Kontexts gibt, wie ich oft ausgeführt habe, aber auch, daß die Grenze des Rahmens oder der Rand des Kontexts immer eine Nicht-Abschließungsklausel beinhalten. Das Außen dringt ein und bestimmt so das Innen. Das ist das, was ich so oft und seit so langem unter den Worten »Supplement«, »Parergon« analysierte, jedes Mal, wenn ich davon sprach, daß der Zug der Schrift oder der Einschreibung (zum Beispiel derjenige, der die Grenze eines Korpus oder eines Kontexts markiert) teilbar ist und daß er in seiner Markierung selbst verlöscht.

Diese Bedingungslosigkeit bestimmt auch den Befehl, der es vorschreibt zu dekonstruieren. Warum zögerte ich immer, ihn zum Beispiel in der Begrifflichkeit Kants oder allgemeiner in ethischen oder politischen Begriffen zu charakterisieren, obwohl das doch so einfach gewesen wäre und mir so viel Kritik erspart hätte, die ihrerseits ebenfalls zu einfach war? Weil diese Charakterisierungen mir wesentlich mit Philosophemen verbunden zu sein scheinen, die selbst wieder dekonstruierender Fragen bedürfen. Durch diese Schwierigkeiten hindurch wird nach einer anderen Sprache [*langage*] und nach anderen Gedanken gesucht. Diese Sprache [*langage*] und diese Gedanken, die auch neue Verantwortungen bedeuten, flößen mir eine Achtung ein, die ich um keinen Preis auf die leichte Schulter nehmen kann oder will. Für einen Nachwortbrief ist das schon zu lang, ich kann hier nicht ausführlicher in diese Richtung fortfahren.

Frage

Was würden Sie im Gefolge der Auseinandersetzung um die Jugendschriften von Paul de Man zu der Behauptung sagen, es fiele den Dekonstruktionisten schwer, an die »Möglichkeit des Leugnens oder Zurückweisens« [deniability][19] *zu appellieren oder die Realität und Determination* [determinacy] *historischer Ereignisse anzuerkennen?*

Antwort

Ich weiß nicht, auf welche Behauptung, welche Schwierigkeit, noch auf welche »Dekonstruktionisten« Sie anspielen. Für meinen Teil glaube ich, diese Fragen beantwortet zu haben. Ich habe vorhin allgemein darauf geantwortet (bezüglich der Realität, der Determination [*determinacy*] und der historischen Ereignisse). Was das Beispiel der »Jugendschriften de Mans« betrifft, antwortete ich in einem langen, demnächst erscheinenden Aufsatz – wieder in *Critical Inquiry.*[20] Heute und morgen ist die für mich schwerwiegendste Frage eine andere. Ich möchte dazu gern einige Worte sagen. Wie verhält es sich mit der *deniability* in den Angriffen, die in der Presse gegen de Man und vor allem (als wäre de Man nur ein Vorwand gewesen) gegen die »Dekonstruktion« und die »Dekonstruktionisten« bei dieser Gelegenheit entfesselt wurden? Warum hat die Presse (meistens auf Anregung von Professoren, wenn diese nicht selbst direkt etwas dazu schrieben) die Verleugnungen [*dénégations*], die Lügen, die Diffamierungen, die Andeutungen gegen die Dekonstruktion vervielfacht, indem sie deren Texte auf stupide und unehrenhafte Weise karikierte, ohne sich die Zeit zu nehmen, zu lesen und sich zu informieren, ohne sich jemals die Mühe zu machen, herauszufinden, was diese sogenannten dekonstruktiven Texte wirklich sagen? Was bedeutet das vom historischen und politischen Gesichtspunkt aus gesehen? Warum ähneln diese Methoden so oft und so auffallend genau denjenigen, die man anzuprangern vorgibt und die man nachzuahmen beginnt (kurzer Prozeß, Karikatur, Verleugnung, Verfälschung, Unfähigkeit, herauszufinden oder zu erkennen, was von jenen gesagt, getan und geschrieben wurde, die man angreift und mit denen man abrechnet)? Warum soviel Angst, Haß und Verleugnung gegenüber der Dekonstruktion? Warum so viel Ressentiment? Ich denke im besonderen, die Liste ist jedoch nicht abgeschlossen, an die Artikel der *New York Times* (1. Dezember 1987), von Jon Wiener in *The Nation* (9. Januar 1988), von David Lehman in *Newsweek* (15. Februar 1988) und in der *Los Angeles Times* (13. März 1988), von Frank Schirrmacher in der *Frankfurter Allgemeinen Zeitung* (10. und 24. Februar 1988) (denn die gleichen Phänomene sind in Deutschland zu beobachten). In ihrer Ignoranz und ihrem Zynismus sind die Gesten des Ressentiments hier immer spektakulär. Sie sind düster, auch wenn sie zuweilen jubelnde, offen komische oder narzißtische (ich will sagen »*self-referential*«) Töne anschlagen wie im »Fall Kendrick« (Walter Kendrick, »De Man That Got Away: Deconstructors on the Barricades«, in: *Village Voice Literary Supplement* 64, April 1988). In diese Richtung würde ich die Fragen nach *»deniability«* oder Anerkennung der »Realität und Determination der historischen Ereignisse« stellen. Heute und morgen, und nicht nur hinsichtlich dessen, was de Man vor einem halben Jahrhundert schreiben konnte, als von Dekonstruktion mit gutem Grund keine Rede war. In einem Artikel für *Critical Inquiry* habe ich mich mit der komplexen Frage der Kontinuität *und* der Diskontinuität zwischen den Schriften der Jugend und der Reifezeit Paul de Mans auseinandergesetzt.

Und da ich schon weiter oben auf die Einmischung der Presse in die Debatte mit Searle angespielt habe, würde ich nochmals das sehr gravierende Problem der Verantwortung der Presse in ihrem Verhältnis zu den Intellektuellen oder in den politisch-intellektuellen, philosophischen, kulturellen oder ideologischen Debatten aufwerfen. Und vor allem das Problem der Verantwortung der Intellektuellen in ihrem Verhältnis zur Presse. Nicht um den Rückzug ins Innere der Akademie zu empfehlen, schon gar nicht um die Presse an sich oder im allgemeinen zu beschuldigen, sondern um im Gegenteil für eine maximale Entwicklung einer freieren und bei der Wahrnehmung ihrer Aufgaben gewissenhafteren Presse zu appellieren. Ich glaube wirklich, daß die professionellen Journalisten in dieser Hinsicht viel anspruchsvoller sind als die Intellektuellen, die sich der Zeitungen wie unmittelbarer und wenig kontrollierter Machtinstrumente bedienen.

Nochmals danke, lieber Gerald Graff, für Ihre Initiative, Ihre Fragen und Ihre Einwände. Und Pardon für den gleichzeitig schematischen wie auch überladenen Charakter meiner Antworten. Nochmals, es geht darum, eine Diskussion neu zu beleben und nicht sie abzuschließen.

Anmerkungen

Die Anmerkungen wurden für den Textauszug neu durchnummeriert. Die ursprünglichen Anmerkungsziffern sind in eckigen Klammern beigefügt.

* Ein Sternchen bedeutet durchgehend: im Original deutsch.

1 [8] Jacques Derrida, *Wie Meeresrauschen auf dem Grund einer Muschel ... Paul de Mans Krieg. Mémories II*, Wien 1988.

2 [9] Diese Aspekte der Beziehung zum Gesetz habe ich an anderer Stelle behandelt. Siehe z. B. »Survivre«, »La loi du genre«, »Titre à préciser«, in: Jacques Derrida, *Parages*, Paris 1986; dt.: »Überleben«, »Das Gesetz der Gattung«, »Titel (noch zu bestimmen)«, in: *Gestade*, Wien 1994. »Préjugés, devant la loi«, in: Derrida, Descombes, Kortian, Lyotard [u. a.], *La faculté de juger*, Paris 1985; dt.: Jacques Derrida, *Préjugés. Vor dem Gesetz*, Wien 1992, ²1999. »Le facteur de la vérité«, in: Jacques Derrida, *La carte postale. De Socrate à Freud et au-delà*, Paris 1980; dt.: *Die Postkarte. Von Sokrates bis an Freud und jenseits*, Berlin, 2 Bde., 1982, 1987, ²1989. »Restitutions de la vérité en pointure«, in: Jacques Derrida, *La vérité en peinture*, Paris 1978; dt.: »Restitutionen von der Wahrheit nach Maß«, in: *Die Wahrheit in der Malerei*, Wien 1992.

3 [10] Siehe vorhergehende Anmerkung.

4 [11] Diese Gleichsetzungen wurden mir mit einer Hartnäckigkeit und Blindheit unterstellt, die eine eingehende Analyse verdienen würde. Der Mechanismus ist dabei immer derselbe. Man will um jeden Preis die alten und beruhigenden Oppositionen beschützen, das heißt selbst wenn sich ihre Stichhaltigkeit in Grenzen hält. Und die, die sich damit nicht zufriedengeben oder sogar noch feinere, noch kompliziertere, manchmal paradoxe Unterschiede zu bestimmen suchen, sehen sich also beschuldigt, die Grenzen zu verwischen oder zu löschen. Alles in allem nicht genug auf die Differenz zu achten! Ich werde hier nicht, da dies hier nicht der richtige Ort dafür ist, an die Differenz erinnern, die ich überall zwischen den Differenzen und den Oppositionen zu erkennen versuche. Aber man erlaube mir bei dieser Gelegenheit zu unterstreichen, daß ich niemals den Begriff mit der Metapher gleichgesetzt oder ihn auf sie reduziert habe, wie oft behauptet wird (Siehe z. B. den gesamten letzten Abschnitt von

»La mythologie blanche«, in: *Marges de la philosophie*, Paris 1972, vor allem S. 314 ff.; dt.: »Die weiße Mythologie«, in: *Randgänge der Philosophie*, Wien 1988, S. 229–290, S. 278 ff.). Ich versuchte vielmehr, den Begriff der Metapher selbst zu dekonstruieren und schlug eine ganz andere »Logik«, »eine andere Artikulation« der Beziehungen zwischen Begriff und Metapher vor, das heißt auch zwischen Philosophie, Wissenschaft, Logik einerseits und Rhetorik andererseits. Die Dekonstruktion, die ich praktizierte, war dem Rhetorizismus immer fremd – der, wie sein Name schon sagt, zu einer anderen Form des Logozentrismus werden kann –, und zwar trotz, oder vielmehr wegen des Interesses, das ich glaubte, den Fragen der Sprache und den Figuren der Rhetorik entgegenbringen zu müssen. Was man allzu rasch vergißt, ist oft das Offensichtlichste, nämlich daß die Dekonstruktion, zumindest die, auf die ich mich beziehe, den Logozentrismus zu dekonstruieren *beginnt* und daher auch das, was ihr der Rhetorizismus schulden mag. Aus demselben Grund habe ich daher nicht auch noch die Philosophie, die Wissenschaft, die Theorie, die Kritik, das Recht, die Moral und so weiter den literarischen Fiktionen gleichgestellt. Sich für eine bestimmte Fiktionalität in der ersten Serie zu interessieren, einer Fiktionalität, deren Bedingung nur von der Literatur (z. B.) *geteilt* wird, sich für die »formale Struktur«, für »die rhetorische Organisation« oder die »texuellen Typen« (*Marges de la philosophie*, S. 348; *Randgänge der Philosophie*, S. 311) des philosophischen Diskurses zu interessieren, diejenigen, die sich dafür ebenfalls interessieren (Nietzsche oder Valéry z. B.) zu lesen und zu besprechen, das bedeutet in keiner Weise zu reduzieren, zu nivellieren oder gleichzusetzen. Ganz im Gegenteil, das heißt, die Differenzen zu verfeinern.

Das massivste und neueste Beispiel für die Vermengung, die darin besteht, mir Vermengungen dort zu unterstellen, wo man mich ganz einfach nicht gelesen hat, werde ich aus Habermas bringen, und zwar genau weil dieses die Debatte mit Searle betrifft. Das zweite der zwei mir gewidmeten Kapitel in seinem jüngsten Buch trägt den Titel »Exkurs zur Einebnung des Gattungsunterschiedes zwischen Philosophie und Literatur« (in: Jürgen Habermas, *Der philosophische Diskurs der Moderne*, Frankfurt a. M. 1985). [In der ursprünglichen Version seines Textes zitierte Jacques Derrida natürlich bereits die englische

Übersetzung des Textes von Habermas. Trotz der Vorbehalte, die Derrida andernorts (*Mémoires. Für Paul de Man*, Wien 1988) bezüglich der französischen Übersetzung des Buches von Habermas vorbrachte, hielt ich es für den französischen Leser angebrachter, sie hier zu zitieren; Anmerkung von Elisabeth Weber in der französischen Ausgabe von *Limited Inc* ...] Während *ich kein einziges Mal zitiert werde*, während in einem Kapitel von dreißig Seiten, das eine lange Kritik meiner Arbeit unternimmt, keiner meiner Texte als Verweis angeführt wird, finden sich darin Sätze wie:

»Derrida hat ein besonderes Interesse daran, den schon von Aristoteles kanonisierten Vorrang der Logik vor der Rhetorik auf den Kopf zu stellen« (S. 221), »[...] kann der Dekonstruktivist die Werke der Philosophie wie Werke der Literatur behandeln und die Metaphysikkritik an die Maßstäbe der Literaturkritik angleichen, [...]« (S. 222). »Bei diesem Geschäft der Dekonstruktion verfährt Derrida aber nicht analytisch [...] Derrida verfährt vielmehr stilkritisch [*sic!*]« (S. 223).

Das ist falsch. Ich sage bewußt *falsch*, im Gegensatz zu *wahr*, und ich wette mit Habermas, daß er das Vorhandensein dieses mir unterstellten »Vorrangs der Rhetorik« in meinen Schriften mit den drei daran anschließenden Sätzen, die er danach kritisieren will, nicht beweisen kann (S. 224 ff.). Mit verblüffender Ruhe wagt es der Philosoph des Konsenses, des Dialogs und der Diskussion, der Philosoph, der zwischen Wissenschaft und literarischer Fiktion, zwischen Philosophie und Literaturkritik unterscheiden möchte, nicht nur dreißig Seiten lang zu kritisieren, ohne zu zitieren oder Verweise zu nennen, sondern seine Nicht-Lektüre und seine atmosphärische oder hemisphärische Auswahl auch mit folgendem unglaublichen Alibi zu rechtfertigen: »*Da Derrida nicht zu den argumentationsfreudigen Philosophen gehört* [Hervorhebung von mir, J. D.], *ist es ratsam**, seinen im angelsächsischen Argumentationsklima *aufgewachsenen** literaturkritischen Schülern zu folgen, um zu sehen, ob sich diese These wirklich halten läßt« (S. 228). Davon ausgehend fällt Habermas seine Urteile, interpretiert, schlichtet und zieht seine Schlußfolgerungen in meiner Debatte mit Searle, obwohl in seinen Augen die »Diskussion zwischen Jacques Derrida und John Searle« eine »etwas *undurchsichtige Diskussion*«* bleibt (S. 288). Ohne mich also ein einziges Mal zu zitieren und unter Mißbrauch der Zitate Jonathan Cullers an Stellen, an denen es um die Beziehungen zwischen einer Allgemeinheit und ihren »Fällen« geht, letzterer meine Ausführungen zu pädagogischen Zwecken bisweilen etwas schärfer formulieren muß, zögert Habermas jedoch nicht, regelmäßig ohne den geringsten Verweis auf meine Texte Sätze wie die folgenden aneinanderzureihen. Ich zitiere abermals: »Mit seinem ersten Argument [*sic!*] stellt Derrida eine wenig einleuchtende Verbindung zwischen Zitierbarkeit und Wiederholbarkeit auf der einen, Fiktionalität auf der anderen Seite her« (S. 229), oder »Offensichtlich setzt Derrida im Argument [*sic!*] schon voraus, was er beweisen möchte [...]« (S. 230), oder »Aus dieser ehrwürdigen hermeneutischen Einsicht folgt jedoch nicht Derridas vorsätzlich paradoxe Aussage [*sic!*], daß jede Interpretation unvermeidlich eine Fehlinterpretation, jedes Verstehen ein Mißverstehen sei« (S. 232 f.), oder auch »Bisher habe ich Derridas dritte und fundamentale Annahme nur insofern kritisiert, als [...]« (S. 234), und so weiter. Solche Vorgehensweisen erstaunen mich noch, und ich kann meinen Augen kaum glauben, in meiner unbelehrbaren Naivität, in meinem Vertrauen, das ich trotz allem der Ethik der Diskussion (der Moral, wenn nicht dem Moralismus), den akademischen Spielregeln und denen der Universität und der Publikation entgegenbringe. Denn wenn Habermas sich zumindest ein ganz klein wenig die Mühe gemacht hätte, mich zu lesen und zu versuchen, mich richtig zu zitieren, hätte er gesehen, daß die »Verbindungen« ebenso wie die Unterschiede zwischen Zitierbarkeit, Wiederholbarkeit und Fiktionalität in *Limited Inc ...* ausführlich und, wie ich zu glauben wage, klar begründet sind (x, S. 154 ff.), und zwar eben als Antwort auf die von Habermas wiedergegebene Vermengung von Searle). Andererseits hätte er vergeblich nach der geringsten Stelle gesucht, die meine von ihm so genannte »paradoxe Aussage« enthält. Ich glaube nicht und habe niemals gesagt, daß »jede Interpretation unvermeidlich eine Fehlinterpretation, jedes Verstehen ein Mißverstehen sei«. Warum? In welcher Hinsicht? Das bespreche ich eingehend und bringe Argumente vor (denn wie man sieht, gehöre ich zu denen, die gerne »argumentieren«), z. B. in *Sec* und in *Limited Inc ...* Die Beziehung des *»mis/ß-«* (z. B. *Mißverständnis, Mißinterpretation*) zu dem, was nicht »mis/ß-« ist, ist keineswegs die eines allgemeinen Gesetzes zu Fällen, sondern die einer *all-*

gemein in die Struktur der Positivität, der Normalität, des *»Standard« eingeschriebenen Möglichkeit*. Alles woran ich erinnern möchte, ist, daß diese *strukturelle Möglichkeit* berücksichtigt werden muß, wenn man die sogenannte ideale Normalität beschreibt, das sogenannte richtige Verständnis, die sogenannte richtige Interpretation beschreibt; und daß man diese Möglichkeit weder *ausschließen* noch *entgegensetzen* kann. Es geht hier um eine ganz andere Logik.

Wenn ich auf dem Beispiel von Habermas nach dem von Searle insistiere, so nicht nur auf Grund der Bedeutung der Fragen, die ich eben in ihrem Kontext selbst erwähnt habe. Es geht vielmehr darum, eine leider typische – und politisch sehr schwerwiegende – Situation hervorzuheben, und zwar in einer Lage, die ich durchaus als weltweite und historische bezeichnen würde; das heißt, daß man die Tragweite gar nicht weit genug sehen kann und daß sie ernsthafter Analysen bedarf. Überall, besonders in den Vereinigten Staaten und in Europa, sind es die sogenannten Philosophen, Theoretiker und Ideologen der Kommunikation, des Dialogs, des Konsenses, der Eindeutigkeit und der Transparenz, diejenigen, die vorgeben, ohne Unterlaß an die klassische Ethik des Beweises, der Diskussion und des Austauschs zu erinnern, sie sind es, die es sich meistens ersparen, den anderen aufmerksam zu lesen und anzuhören, die übereilt und dogmatisch vorgehen, die grundlegendsten Regeln der Philologie und der Interpretation mißachten, Wissenschaft und Geschwätz vermengen, so als hätten sie nicht einmal Lust auf Kommunikation oder vielmehr so als hätten sie eigentlich Angst davor. Angst wovor eigentlich? Warum? Das ist die Frage. Was geht zur Zeit vor, vor allem rund um die »Dekonstruktion«, um diese Angst und diesen Dogmatismus zu erklären? Angesichts der geringsten Schwierigkeit, der geringsten Komplikation, der geringsten Transformation der Regeln beklagen die selbsternannten Sachwalter der Kommunikation das Fehlen der Regeln und die Konfusion.

Und sie erlauben sich dann selbst, in selbstherrlichster Manier alles zu vermengen. Sie wagen es sogar, dem Gegner, wie Habermas wagt, es in meinem Fall zu tun, »performativen Widerspruch« (S. 219) vorzuwerfen. Gibt es einen schwerwiegenderen »performativen Widerspruch« als den, der darin besteht, vorgeblich rational die Thesen des anderen zu erörtern, ohne die geringste Anstrengung zu unternehmen, sie zur Kenntnis zu nehmen, sie zu lesen oder zu hören? Ich lade den interessierten Leser – oder den, der an dem eben von mir Gesagten noch Zweifel hegen sollte – dazu ein, selbst dieses Kapitel von Habermas zu lesen, der vorgibt, *mich* zu kritisieren, und der *mich* dreißig Seiten lang *nennt*, ohne den geringsten Verweis und ohne das geringste Zitat. Denn was ich davon nicht widergeben konnte, das ist der bisweilen eindeutig komische Aspekt, den diese Verrenkung an manchen Stellen erzeugt.

Ich möchte damit natürlich nicht sagen, daß es genügt, einige Sätze zu zitieren oder die Titel einiger Bücher zu erwähnen, um ernsthaft zu argumentieren, einen Gedanken zu verstehen und zu erhellen. Man kann sich davon überzeugen, wenn man beispielsweise das vorangehende Kapitel von Habermas liest (»Überbietung der temporalisierten Ursprungsphilosophie: Derridas Kritik am Phonozentrismus«), in dem der Apparat einiger Fußnoten nicht besser vor einer zumindest ebenso großen Konfusion zu bewahren vermag. Aber lassen wir das, in diesem Kapitel geht es nicht wie im darauffolgenden um Probleme, die mit *Limited Inc* in direktem Zusammenhang stehen.

5 [12] Sie wurden vielerorts explizit dargelegt, namentlich in meinem letzten Buch, das zu diesem Sujet zahlreiche Referenzen versammelt. Siehe: Jacques Derrida, *Vom Geist. Heidegger und die Frage*, Frankfurt a. M. [2]1993.

6 [13] »Déclarations d'indépendance«, in: Jacques Derrida, *Otobiographies. L'enseignement de Nietzsche et la politique du nom propre*, Paris 1984; dt.: »Unabhängigkeitserklärungen«, in: Jacques Derrida / Friedrich Kittler, *Nietzsche – Politik des Eigennamens: Wie man abschafft, wovon man spricht*, Berlin 2000.

7 [14] Ich zitiere: »*Michel Foucault once characterized Derrida's prose style to me as* ›obscurantisme terroriste‹. *The text is written so obscurely that you can't figure out exactly what the thesis is* (*hence* ›obscurantisme‹) *and when one criticizes it, the author says:* ›Vous avez mal compris; vous êtes idiot‹ (*hence* ›terroriste‹). [»Michel Foucault beschrieb mir einmal die Prosa Derridas als ›*terroristischen Obskurantismus*‹. Der Text ist so obskur beschrieben, daß Sie seine Behauptung nicht genau ausmachen können (daher ›*Obskurantismus*‹), und wenn man ihn kritisiert, sagt der Autor ›*Sie haben mich falsch verstanden*; *Sie sind dumm*‹ (daher ›*terroristisch*‹)«.] (*New York Review of Books*, 27.10.1983.)

Warum ich diese Stelle zitiere? Nicht nur zum Spaß. Noch um den Inhalt dieser Erklärungen und dieser Zitate direkt zu kommentieren. Meiner Ansicht nach spricht es für sich. Ich frage mich nur, was ein Philosoph tut, wenn er es nötig hat, in einer auflagestarken Zeitschrift private und unüberprüfbare Beschimpfungen eines anderen Philosophen zu zitieren, um sich die Genehmigung zu verschaffen, seinerseits zu beschimpfen und ein Autoritätsurteil heranzuziehen, also die Methode, die in allen dogmatischen Systemen die gängige Praxis darstellt. Ich weiß nicht, ob der Umstand, in französischer Sprache zu zitieren, ausreicht, um einem Zitat Authentizität zu verschaffen, wenn es sich um private Äußerungen handelt. Ich schließe nicht aus, daß Foucault solche Dinge gesagt hat, leider, das ist eine andere Frage, die eine gesonderte Behandlung verdienen würde. Aber da er tot ist, werde ich nicht meinerseits das Urteil zitieren, das, wie mir aus seiner nächsten Umgebung mitgeteilt wurde, Foucault über Searles Praxis in diesem Fall und über die Tat, die darin bestand, ein vorgebliches Zitat in *dieser* Weise einzusetzen, abgab. Da es hier um Ideologie, um Ethik und Politik (akademische Politik und Politik im allgemeinen) geht und Sie mich auf dieses Terrain geführt haben, erinnere ich nur an einen anderen Vorfall. Unter Beanspruchung des gleichen Autoritätsurteils für sich und unter Anführung dieses unkontrollierbaren Zitats schrieb der Halleck Professor of Philosophy at Yale, Member of the International Institute of Philosophy, Fellow of the American Academy of Arts and Sciences, Chairman of the American Philosophical Association (1976–1983), President of the Association of Symbolic Logic (seit 1983), Mrs. Ruth Barcan Marcus, am 12. März 1984 an die französische Regierung (Staatsministerium, Ministerium für Forschung und Technik), um gegen meine Ernennung (in Wirklichkeit meine einstimmige Wahl durch meine Kollegen) zum Leiter des Collège international de philosophie zu protestieren. Ich zitiere diesen Brief: »*To establish an ›international College of Philosophy‹ under Derrida's charge is something of joke or, more seriously, raises the question as to whether the Ministère d'Etat is the victim of an intellectual fraud. Most of those informed in philosophy and its interdisciplinary connections would agree with Foucault's description of Derrida as practicing ›obscurantisme terroriste‹*« [»*Ein ›Collège international de philosophie‹ unter der Leitung von Derrida ist eine Art Scherz oder wirft ernsthaft die Frage auf, ob das Staatsministerium Opfer eines intellektuellen Betrugs ist. Die meisten der in Philosophie und ihren interdisziplinären Verbindungen Kundigen würden Foucault zustimmen, der Derrida als jemanden beschrieben hat, der ›terroristischen Obskurantismus‹* betreibt« (*sic*: das Französisch oder die Erinnerung von Mrs. Barcan Marcus sind weniger zuverlässig als die Searles)]. Dieser Brief ist mit allen Titeln unterzeichnet, die ich eben erwähnte und auf Briefpapier mit dem Briefkopf der Universität Yale geschrieben, an der ich damals als *Visiting Professor* unterrichtete. Abgesehen von einigen privaten Kommentaren erachtete es die Universität Yale niemals für richtig, zu protestieren oder sich offiziell zu entschuldigen. Ich werde mich nicht weiter über Praktiken verbreiten, die dunkle Erinnerungen wecken. Ich zitiere diese Vorfälle, um die Begriffe gut abzugrenzen: in diesem Fall solcher Denunzierungen, ja, da haben wir es wirklich mit Abfolgen repressiver Praktiken zu tun, mit niederträchtiger Polizei, mit der Grenze zwischen der sogenannten akademischen Freiheit, der Presse und der Staatsmacht. Die internationale Dimension dieser repressiven Polizei (einer Art universitärer »Interpol«) ist offensichtlich, ich könnte weitere Beweise vorlegen. Im vorliegenden Fall durchkreuzte zwar die Hellsichtigkeit eines französischen Ministers (der sofort begriff, worum es ging) ein Manöver, für das er sich im übrigen aufgrund seiner Achtung vor den akademischen Freiheiten nicht hergeben konnte. Aber kann man mit dieser Hellsichtigkeit und dieser Achtung vor den akademischen Freiheiten immer rechnen?

8 [15] Jacques Derrida, *De la grammatologie*, Paris 1967; dt.: *Grammatologie*, Frankfurt a.M. 1983 [Anm. d. Übers.].

9 [16] Bezüglich der Funktion des *De* in »Dekonstruktion« verweise ich z.B. auf meinen Text »Lettre à un ami japonais«, in: Jacques Derrida, *Psyché. Inventions de l'autre*, Paris 1987, sowie auf »Désistance« (Vorwort zu *Typography* von Philippe Lacoue-Labarthe, Cambridge, Mass. 1989), wieder abgedruckt in *Psyché*. Das *De* bezeichnet weniger eine negative Modalität, die eine Konstruktion oder eine »sistenz«, eine »estanz« als eine Abgrenzung vom fundamentalistischen/antifundamentalistischen Schema, vom konstruktivistischen Schema oder vom ontologischen Schema des Seins als Stanz [*stance*] (*histemi*, etc.). In

all ihrer Kürze betrifft diese Präzision im Prinzip alle Gegensätze, die wir voreilig zulassen, auch hier den zwischen Stabilität und Instabilität. Die Konsequenzen daraus müßten gezogen werden, das kann aber nicht hier geschehen. Das Schema der Stabilität, das von dem der Stanz, der Station, der Stase [*stase*] abhängt, hängt noch zu sehr vom Dekonstruierten ab, das heißt vom ontologischen Projekt selbst, in den Texten, auf die ich verweisen muß und nur verweisen kann.

10 [17] »*Literacy*«, Gegenstand einer gegenwärtig in den USA heftig geführten Debatte, die nicht genau das Gegenteil von »Bildungsarmut« oder »Analphabetismus« betrifft. Das Wort bezeichnet eine als minimal erachtete Kompetenz im Bereich des Lesens und Schreibens [Anm. von Elisabeth Weber].

11 [18] Derrida, *Grammatologie*, S. 274.

12 [19] Siehe Jacques Derrida, »Psyché. Inventions de l'autre« in: *Psyché. Inventions de l'autre*.

13 [20] An zahlreichen Stellen, beispielsweise in Jacques Derrida, *Positions*, Paris 1972, S. 78, Anm. 22, und S. 120.

14 [21] Derrida, *Grammatologie*, S. 282.

15 [22] In »Mes chances: au rendez-vous de quelques stéréophonies épicuriennes« [*Cahiers Confrontation*, Nr. 19, Frühjahr 1988: »Derrida«; dt.: *Meine Chancen*, Berlin 1994] schlage ich vor, den Raum einer »zur Verbindung einer Pragmatik und einer Grammatologie« (S. 41) unerläßlichen Analyse »pragrammatologisch« zu nennen. Die Grammatologie war immer eine Art Pragmatik, aber die heute diesen Namen tragende Disziplin enthält ebenso wie die Theorie der Sprechakte zu viele zu dekonstruierende Voraussetzungen, um einfach von der gleichen Art dessen zu sein, was sich in der *Grammatologie* ankündigt. Eine (noch ausstehende) Pragrammotologie würde die beiden Diskurse fruchtbarer und strenger miteinander verbinden.

16 [23] Siehe vor allem »De l'économie restreinte à l'économie générale, un hégélianisme sans réserve«, in: Jacques Derrida, *L'écriture de la différence*, Paris 1967; dt.: *Die Schrift und die Differenz*, übers. von Rodolphe Gasché, Frankfurt a. M. 1972, und Jacques Derrida, *La carte postale*, S. 422 ff., dt.: *Die Postkarte*.

17 [24] Siehe z. B. Derrida, *Vom Geist. Heidegger und die Frage*.

18 [25] An sehr vielen Stellen von Jacques Derrida, *Éperons. Les*

styles de Nietzsche, Paris 1978; dt.: »Sporen. Die Stile Nietzsches«, in: Werner Hamacher (Hrsg.), *Nietzsche aus Frankreich*, Frankfurt a. M. 1986, bis zu *Ulysse gramophone*, Paris 1986, und *Vom Geist. Heidegger und die Frage*.

19 [26] Anmerkung des amerikanischen Herausgebers: »Das bezieht sich auf einige meiner Kommentare, die von Jon Wiener in dem Artikel in *The Nation* (›Deconstructing de Man‹) zitiert wurden, auf den sich Derrida weiter unten bezieht. Ich merkte an, daß »es in gewisser Weise [im Falle des Mans] ironisch sei, da Dekonstruktionisten ein Problem damit haben, sich auf das zu berufen, was die Politiker ›*deniability*‹ nennen. [Es gibt anscheinend kein zufriedenstellendes Äquivalent im Französischen oder Deutschen, um hier *deniability* zu übersetzen; im Sprachgebrauch der amerikanischen juridischen oder politischen Fachsprache bezeichnet dieses Wort das Recht, die Möglichkeit oder die Macht, die sich ein Staatsmann vorbehält, eine vergangene Verantwortlichkeit zu leugnen oder zurückzuweisen. Anm. von Elisabeth Weber.] Eines der Themen der Dekonstruktion ist, daß die Position, von der Sie sich trennen wollen, dazu neigt, als unterdrücktes Motiv in Ihrem eigenen Text wieder aufzutauchen.« Ich sagte auch, daß »Menschen, die dekonstruktionistische Positionen vertreten, unterschiedliche politische Ziele verfolgen – dazu gehören radikaler Feminismus ebenso wie andere progressive Engagements – so ist der Versuch, die gesamte Dekonstruktion de Mans mit de Mans Vergangenheit zu beschmutzen, unfair« (S. 23). (G. G.)

20 [27] Jacques Derrida, *Wie Meeresrauschen auf dem Grund einer Muschel … Paul de Mans Krieg. Mémoires II*, Wien 1988.

Paul de Man lesen
(Auszug)

[...]

Ja, ihn lesen, das ist die Aufgabe. Wie soll man es von nun an tun? Jeder wird auf seine Weise darangehen, die geöffneten Wege sind sehr zahlreich, das Werk erstreckt und differenziert sich immer weiter, und niemand hat niemandem Ratschläge zu erteilen. Ich werde also in dem Moment, da ich Paul de Man zu lesen oder wiederzulesen beginne, lediglich ein paar Regeln mitteilen, die sich mir heute auferlegen.

Zunächst natürlich dem Rechnung tragen, was wir entdeckt haben, versuchen, diesen ganzen Teil des Korpus zu rekonstituieren (ich habe nur ein paar Artikel davon erwähnt), ohne irgend etwas von den »inneren« oder »kontextuellen« Überdeterminierungen zu vernachlässigen (»öffentliche« und wenn möglich »private« Situation – ohne zu vergessen, was de Man bezüglich dieser Unterscheidung gesagt hat), zum Beispiel unter dem Aspekt »Belgien während des Krieges« und unter dem, was alles auf den Onkel übertragen werden kann. Den Artikeln von 40–42 Rechnung tragen heißt aber nicht, ihnen eine unverhältnismäßige Bedeutung zu geben, indem die Maßlosigkeit des Restes minimiert wird, in einer Landschaft, die jenen Karten aus dem Mittelalter gliche oder jenen Darstellungen des Landes, die um eine lokale, unmittelbare und entstellende Wahrnehmung angeordnet sind (ich denke an die Projektionen von Steinberg, in denen eine New Yorker Straße größer als die Vereinigten Staaten erscheint, vom Rest der Welt ganz zu schweigen). Wie könnte man die Welt und zunächst die Vereinigten Staaten von de Man vergessen? und die Karte all seiner großen Reisen? Die Texte von 40–42 können darauf auch als ein winziger Punkt ausgemacht werden.

Sodann, ohne jemals diese ersten Artikel zu vergessen oder zu vernachlässigen (wie könnte ich?), würde ich versuchen, sie mit dem zukünftigen Werk zu *artikulieren*, wenn möglich unter Vermeidung zweier fast symmetrischer Fehler.

Der eine bestünde darin, den Bruch zwischen den beiden Phasen der Geschichte und des Werks von Paul de Man als die Unterbrechung jeden Übergangs zu interpretieren, als das Verbot, das jede Infizierung, jede Analogie, jede Übersetzung belegt. Man würde also sagen: überhaupt kein Bezug, dichte Grenze zwischen den beiden, absolute Heterogenität. Man würde ebenfalls sagen: selbst wenn es zwei Phasen gab, würden sie nicht zur Geschichte gehören, zu derselben Geschichte, zur Geschichte des »Werkes«. Es gäbe also eine Vorgeschichte, politisch-journalistische Unfälle, und dann die Geschichte und das Werk. Diese Haltung würde der defensiven Verneinung nachgeben, sie würde sich um zahlreiche Interpretationsmittel bringen, einschließlich in der politischen Dimension des Werkes. Vor allem würde sie mit der Annullierung besagter »Vorgeschichte« zu der politischen Leichtfertigkeit eine Ungerechtigkeit Paul de Man gegenüber hinzufügen: was er da erlebt hat, war schlimm, wahrscheinlich entscheidend und traumatisch in seinem Leben, und ich würde mich niemals berechtigt fühlen, unter dem Vorwand, ihn vor denen zu schützen, die sie mißbrauchen wollen, diese Kriegserfahrung als eine zweitrangige Episode zu behandeln.

Ich würde auch versuchen, den entgegengesetzten Fehler zu vermeiden. Er liefe ganz offensichtlich darauf hinaus, alles zu vermengen, indem man den autorisierten Ankläger oder den schlauen Inquisitor spielt. Aus Erfahrung wissen wir, daß diese zwanghaften, alles durcheinander werfenden Praktiken nicht ein paar pressierten Journalisten vorbehalten sind: Verquickung, Kontinuitätsdenken, Analogismus, Teleologismus, übereilte Verabsolutierung, Reduzierung, Ableitung.

Ich würde also alles tun, um nicht der typischen Versuchung des Diskurses zu verfallen, der sich in dieser armseligen Gewißheit zu versichern sucht: alles ist schon da in den »early writings«, alles leitet sich daraus ab oder reduziert sich darauf, was folgt, war lediglich die befriedende und diplomatische Übersetzung davon (die Fortsetzung desselben Krieges mit anderen Mitteln). Als ob es überhaupt keinen Niveauunterschied mehr gäbe, kein Verlassen des Orts, *a fortiori* keinen grundlegenden Bruch während dieser vierzig Jahre Exil, Reflexion, Lehre, Lektüre und Schrift. Die Grobheit eines Unternehmens, das von einem solchen Grundsatz (eben dem der schlimmsten totalitären Polizeien) geleitet wird, kann sich unter mehr oder weniger redlicher List und Tücke zu verbergen suchen und rein formale Vorsichtsmaßnahmen bezüglich allzu augenscheinlicher Differenzen treffen. Aber sie kann nicht lange täuschen. Es ist hier nicht einmal unerläßlich, an die Warnungen von de Man selber vor diesen Albernheiten oder Betrügereien zu erinnern, vor den Modellen eines gewissen Historismus oder vor den Formen der Kausalität, Ableitung oder Erzählung, die noch diese Arten des dogmatischen Schlafs bevölkern. Wenn man um jeden Preis Kontinuitäten oder genealogische Totalitäten künstlich rekonstruieren will, muß man die Diskontinuität als bewußte oder unbewußte Hinterlist interpretieren, die dazu bestimmt ist, ein Fortdauern oder ein Weiterbestehen zu verbergen, die trotzige Wiederholung eines ursprünglichen Plans (im Grunde ist das die gute alte Existentialpsychoanalyse, unmittelbar nach dem Krieg!). Wieso ist diese totalitäre Logik in ihrem Wesen triumphierend? Rechthaberisch? Und stark aus ihrer Schwäche selbst? Wieso erkennt man das an Ton und Affekt? Weil sie sich dazu bevollmächtigt, alles zu interpretieren, was ihr in jedem Satz in Paul de Mans Werk oder anderswo widersteht, und ihr bis zu dem Grad widersteht, sie zu disqualifizieren oder lächerlich zu machen, wie die Organisation eines defensiven

Widerstandes, eben, vor seiner eigenen Inquisition. Zum Beispiel, wenn de Man theoretisch nachweist (und mehr als theoretisch, eben über die konstative oder kognitive Logik hinaus), daß eine historische Totalisierung unmöglich und eine gewisse Fragmentierung unvermeidlich ist, und bis in die Darstellung seiner Arbeiten hinein würde der Detektiv oder der Untersuchungsrichter darin folglich ein Manöver ausmachen, um nicht die totalisierende Anamnese einer schändlichen Geschichte zu übernehmen. Mit einem gewitzten Augenzwinkern fände er überall – und jedesmal würde er Sie mit dem Ellbogen anstoßen – Beweisstücke. Er würde Ihre Aufmerksamkeit auf unter diesem Gesichtspunkt so verräterische Sätze ziehen wie diesen, unter so vielen anderen:

> Diese scheinbare Kohärenz *im Innern* jeden Essays findet keine entsprechende Kohärenz *zwischen* den Essays selbst. Nach der Diachronie einer summarisch chronologischen Ordnung angelegt, entfalten sie sich nicht in der Weise, den dialektischen Fortgang oder letztendlich die geschichtliche Totalisierung zu erleichtern.[1]

Diese bescheidene Aussage wird überall von einem hinsichtlich der geschichtlichen Totalisierung im allgemeinen kritischen oder dekonstruktivistischen Diskurs übertragen. Es würde also genügen, die Tragweite dieses Satzes durch Analogie auf alle Schriften de Mans auszudehnen und seelenruhig daraus zu schließen, daß diese Vorrede gesteht, was sie versteckt, indem sie es für unzugänglich erklärt. Der Streich wäre gespielt, der Amateuranalytiker riebe sich die Hände: »de Man will nicht die Totalität seiner Geschichte und seiner Schriften vereinigen und übernehmen. Er erklärt, daß es prinzipiell unmöglich ist, um von vornherein alle Polizeien zu entmutigen und um dem eingeforderten Geständnis zu entkommen.« Nun, man würde ähnliche Beispiele auf jeder Seite finden. Bevor ich dieses hier verlasse, zitiere ich nur das Ende dieser Vorrede:

> Die einzige Stelle, wo ich nahe daran bin, bestimmten dieser Fragen über die Geschichte und die Fragmentierung ins Gesicht zu sehen, ist der Essay über *The Triumph of Life* von Shelley. Wohin man von dort aus gelangt und wie, ist längst nicht klar, aber ist sicher keine einfache Frage der Syntax und der Diktion mehr.

Und von dort aus würde ich jeden, der ernsthaft über de Man sprechen will, einladen, ihn zu lesen, diesen Essay bis zum Ende zu lesen oder bis zu seiner letzten Unterbrechung (S. 121, 123). Ich habe nicht Platz genug, um diese Seiten zu zitieren, wo die Rede davon ist, »was wir mit dem toten Shelley gemacht haben und mit all den anderen Leichen«, vom »Verdacht, daß die Negation *Verneinung*[2] ist«, davon, was »immer noch und immer wieder fordert, gelesen zu werden«, von den »vereinnahmenden und nihilistischen Allegorien des Historismus«. Der Essay schließt folgendermaßen:

> Die Lektüre als Entstellung, als De-figuration erweist sich in eben dem Maße, in dem sie dem Historismus widersteht, geschichtlich zuverlässiger als die Produkte der historischen Archäologie. Wenn man diese Beobachtung als *Methode* monumentalisierte, fiele man diesseits der von Shelley bewiesenen Strenge zurück, die genau deshalb exemplarisch ist, weil sie es ablehnt, zum System verallgemeinert zu werden.

Wenn ich auf das Polizistenspielchen verzichte, ist es nur aus dem Grund, daß diese Übung zu leicht wäre? Nein, sondern weil seine dogmatische Naivität immer daran scheitern wird, dieser unbestreitbaren Tatsache Rechnung zu tragen: eine Aussage wird niemals für eine Glaubhaftmachung der Schuld oder für ein Beweisstück gehalten werden können, noch weniger für einen Beweis, solange man nicht nachweisen wird, daß sie einen ausschließlich idiomatischen Wert hat und daß kein Mensch außer Paul de Man oder außer einem Paul de Man, dem Unterzeichner der Texte von 40–42, sie weder hervorbringen noch unterschreiben könnte. Oder umgekehrt, daß alle ähnlichen Aussagen – sie sind von nichtendlicher Zahl und in den verschiedensten Kontexten – nicht von Autoren unterzeichnet oder gebilligt werden können, die nichts von der Geschichte oder den politischen Erfahrungen de Mans geteilt haben.

Aber ich höre mit diesem mediokren Spielchen auf und halte für die, die es gerne spielen würden, eine ganze Kartographie falscher Fährten bereit, angefangen bei dem, was de Man über das Thema des Gedächtnisses, der Trauer und der Autobiographie schreibt und zu denken gibt. Ich habe selbst versucht, darüber in *Mémoires* nachzudenken. Da de Man soviel von Gedächtnis und Trauer spricht, da er den textuellen Raum der Autobiographie bis dorthin spannt, warum soll man seine Kategorien nicht auf seine eigenen Texte wieder-anwenden? Warum soll man diese nicht alle als autobiographische Figuren lesen, in denen Fiktion und Wahrheit ununterscheidbar sind? Und ist diese letzte Problematik, wie de Man es selbst zeigt, nicht durch und durch politisch? Habe ich es nicht selbst in *Mémoires* in *gewisser Weise* hervorgehoben? Sicher, aber in welcher? Kann man, darf man die Möglichkeiten der Lektüre, die de Man uns selbst anbietet, zu Waffen, zum Verdacht oder zur Beschuldigung gegen ihn schmieden, durch eine »Gerichtsentscheidung«, ein gefaßtes Urteil, das sich dieses Mal autorisiert, jenseits von Beweis und Wissen zu entscheiden? Was wäre hier die Regel, wenn es eine gibt, um den Mißbrauch, die Ungerechtigkeit, die böse Gewalt, die manchmal einfach Dummheit ist, zu vermeiden? Bevor wir in dieser Frage weitergehen, wollen wir den Anfang einer Liste von Themen geben, die in die Waffensammlung der Nachforscher eingehen könnten. Die Liste ist *per definitionem* offen, und der »ganze« de Mansche Text, man kann es *a priori* sagen, fügt sich über diese Themen zusammen, nach einem Modus, der nie die »Disjunktion« ausschließt.

Da ist die *Autobiography as De-Facement*, eine »Autobiographie«, die »weder eine Gattung noch ein Modus ist, sondern eine Figur des Lesens und des Verstehens, die zu einem bestimmten Grad in allen Texten erscheint«;[3] sodann der autobiographische, *das heißt auch fiktionale* Charakter jeden Textes, selbst wenn man sich nicht in dieser Unentscheidbarkeit einrichten kann (»[...] die Unterscheidung zwischen Fiktion und Autobiographie ist keine Polarität des entweder/oder, sondern [...] sie ist unentscheidbar«, ebd.); oder noch über den *Pacte autobiographique* von Lejeune: »War er Spielfigur des Autors, so wird der Leser zum Richter, zur Polizeigewalt, die beauftragt ist, die Authentizität der *Unterschrift* und die Kohärenz in der Haltung des Unterzeichnenden zu verifizieren, bis zu welchem Grad er die vertragliche Abmachung, die er unterzeichnet hat, einhält oder mißachtet« (S. 72); oder noch dies hier, von dem ich selbst gesagt habe, daß es »die anamnetische Selbsttotalisierung verbietet«: »Das spekulare Moment, das zu jedem Verstehensakt gehört, deckt die tropologische Struktur auf, die allen Erkenntnissen zugrunde liegt, einschließlich der Selbsterkenntnis. Das Interesse der Autobiographie besteht folglich nicht darin, eine zweifelsfreie Selbsterkenntnis zu offenbaren – sie tut es nicht –, sondern darin, in ergreifender Weise die Unmöglichkeit der Schließung und der Totalisierung (das heißt die Unmöglichkeit des Zugangs zum Sein) aller textuellen Systeme aufzuweisen, die aus tropologischen Substitutionen bestehen« (S. 71); oder noch das Beharren auf der Rhetorik und der Irreduzibilität der tropologischen Substitutionen, das vom »Leser« als »Richter« oder »Polizeigewalt« immer als theoretische Maschine der List interpretiert werden kann, die dazu bestimmt ist, im voraus die polizeilichen Nachforschungen irrezuführen und umzulenken; vor allem das Beharren auf der halluzinatorischen Prosopopöie und der »Prosopopöie der Prosopopöie«, von der ich vor vier Jahren sagte, sie sei »die souveräne, geheime, unauffällige und ideale Unterschrift, die am meisten gebende, die, die *sich auszulöschen weiß*«.[4] Ist es nicht de Man, der *d'outre tombe* zu uns spricht und aus den Flammen der Einäscherung? »Die beherrschende Figur des Diskurses in Epitaph oder Autobiographie ist, wie wir gesehen haben, die Prosopopöie, die Fiktion der Stimme *d'outre tombe*; ein Stein ohne Inschrift [*unlettered stone*] ließe die Sonne im Nichts hängen« (S. 77); und dann noch das Motiv der »wahren Trauer« [*true mourning*] und des nostalgischen Widerstandes gegen die »Materialität der tatsächlichen Geschichte«; und dann das Hauptmotiv der Disjunktion, und dann das, was ich eine »unkontrollierbare Notwendigkeit«, ein »nicht-subjektivierbares Gesetz des Denkens über die Verinnerlichung hinaus« genannt habe, das Motiv des *Gedächtnisses* [*mémoire pensante*] jenseits der *Erinnerung* [*mémoire intériorisante*];[5] und dann die Struktur der Allegorie, ja des Gedächtnisses selbst, wenn nicht als Amnesie, so doch zumindest als Bezug zu einer »unzugänglichen Vorzeit«,[6] ein Gedächtnis, alles in allem ohne Vergangenheit im üblichen Sinne des Wortes. Aha! wird man sagen, ist das kein Manöver der Verneinung oder der Verheimlichung, wenn nicht, so die Allerschlausten, der Verdrängung einer unerträglichen Vergangenheit? Das Ärgerliche daran ist, daß das derart verdächtigte Manöver, anders gesagt dieses *Denken* des Gedächtnisses in dieser oder einer verwandten Form von Personen übernommen werden kann, übernommen wurde und weiterhin werden wird, deren Vergangenheit nicht den geringsten Bezug zu der von de Man hat. Es obliegt den Anklägern, das Gegenteil zu beweisen. Ich wünsche ihnen Geduld und Mut.

Also alles falsche Fährten für pressierte Detektive. Eine offene Liste, sagte ich, da sich der »ganze« de Mansche Text als verminte Quelle für nicht ausgelernte Symptomatologen darbietet. Diese könnten sogar damit anfangen, die Titel »aller« Bücher von de Man zu verdächtigen oder zu denunzieren! Und wenn sie nicht verstehen, was ich meine, sollen sie mir schreiben, ich kenne da ein paar Dinger. Diese Übung für große Anfänger wird sogar einigen von ihnen außer dem Vergnügen (jeder findet es, wo er kann) irgendeinen beruflichen Vorteil verschaffen. Vor allem, wenn sie die Gelegenheit nutzen, den Prozeß durch Zusammenwerfen, Verwechslung, Anspielung, Zuträgerei oder Gezeter auf all die auszuweiten, die sich für de Man interessieren, auf die sogenannten Fraktionen oder Schulen, die man nach Gebühr zu bekriegen hat. Ich komme gleich darauf zurück.

Man wird verstanden haben, daß diese beiden entgegengesetzten Fehler in meinen Augen sowohl intellektuelle als auch ethisch-politische wären, Irrtümer und Verfälschungen. Was würde ich in Zukunft tun, um sie, wenn das möglich ist, zu vermeiden? Da es sich um nichts weniger handelt, als de Man zu lesen und wiederzulesen, ohne nichts von den (allgemeinen und besonderen, theoretischen und veranschaulichten) Fragen des Kontextes zu vereinfachen, kann ich hier, in einem Artikel, nicht zeigen, was ich in jedem Moment einer Lektüre tun würde, die so offen und so differenziert wie möglich wäre. Aber ich kann versuchen, ein paar Hypothesen vorzubringen sowie ein oder zwei Regeln für die Bildung selbst dieser Hypothesen. Selbst wenn Hypothesen Hypothesen bleiben, übernehme ich schon jetzt die Verantwortung für die Regeln.

Erste Regel: die Achtung für den anderen, das heißt die seines Rechtes auf Differenz in seinem Verhältnis zu den anderen, aber auch in seinem Verhältnis zu sich. Was heißen hier diese großen Worte? Nicht nur Achtung des Rechtes auf Irrtum, ja auf Verirrung, von der de Man übrigens unaufhörlich in äußerst gelehrter und belehrender Weise gesprochen hat; nicht nur Achtung des Rechtes auf eine Geschichte, auf eine Verwandlung seiner selbst und seines Denkens, das sich nie zu Homogenem totalisieren oder reduzieren läßt (und die, die diese Reduktion vornehmen, geben der Zukunft ein sehr gravierendes ethisch-politisches Beispiel); es ist auch die Achtung dessen, was in *jedem* Text heterogen bleibt und sich sogar, wie es hier der Fall ist, zum Thema dieser offenen Heterogenität rechtfertigen kann, indem es uns hilft, sie zu verstehen. Von diesem heterogenen Text sind wir auch die Erben und Bewahrer, selbst wenn wir eben aus diesem Grund ihm gegenüber ein differenziertes, wachsames und manchmal kritisches Verhältnis wahren müssen. Sogar die, die das Werk de Mans verwerfen oder verbrennen möchten, wissen sehr gut und müssen sich damit abfinden, daß es fortan, wirkend und strahlend, in den Körper oder den Korpus unserer Tradition eingeschrieben ist. Dieses Werk sind *Werke*: zahlreich, schwierig, beweglich, noch dunkel. Selbst in der Hypothese der lebhaftesten Diskussion würde ich den totalisierenden Prozeß vermeiden: den des Werkes und des Mannes. Und das wird das geringste Zeichen der Achtung oder der Treue sein: eben damit zu beginnen, zuzuhören, zu versuchen, zu hören, was er, *schon* er, de Man, mit ein paar anderen uns von der totalisierenden Gewalt gesagt hat: also, das Ohr spitzen, ein Ohr, fein genug, um zwischen Atlantik und Pazifik anderes zu hören als das monotone Geräusch und den Lärm[7] der Wellen.

Die *zweite Regel* fordert noch mehr, ist ebenso unzugänglich wie das, was man ein »regelndes Ideal« nennt. Aber sie ist mir nicht weniger wichtig, und seit langem: da wir gerade über den totalitären, faschistischen, nazistischen, rassistischen, antisemitischen Diskurs reden, von all den Gesten, ob diskursiv oder nicht, die der Komplizenschaft mit ihm verdächtigt werden, möchte ich das Mögliche tun und natürlich die anderen dazu einladen, um zu vermeiden, im Spiegelbild, und wäre es virtuell, die *Logik* des derart inkriminierten Diskurses zu reproduzieren.

Sind eine vollständige Formalisierung dieser Logik und eine absolute Exteriorität im Hinblick auf seine Gesamtheit erreichbar? Gibt es eine systematische Gesamtheit von Themen, Begriffen, Philosophemen, Aussageformen, Axiomen, Bewertungen, Hierarchien, die die geschlossene und identifizierbare Kohärenz dessen ausmachen, was wir Totalitarismus, Faschismus, Nazismus, Rassismus, Antisemitismus nennen, und die niemals außerhalb ihrer selbst erscheinen, vor allem niemals auf dem gegenüberliegenden Ufer? Und gibt es eine systematische Kohärenz, die jedem von ihnen eigen ist? Denn man darf sie nicht zu schnell miteinander vermengen. Gibt es eine so geschlossene und reine Eigentümlichkeit, daß man kein Element dieser Systeme in den Diskursen wiederfindet, die man ihnen gewöhnlich entgegensetzt? Zu sagen, daß ich nicht, nicht unbedingt daran glaube, bedeutet mindestens zweierlei: 1. Das Vorhaben einer solchen formalisierenden und sättigenden Totalisierung scheint mir gerade der wesentliche Charakter jener Logik zu sein, deren Vorhaben zumindest und die ethisch-politischen Folgen entsetzlich sein können und die ich, das ist eine meiner Regeln, niemals anerkennen werde, koste es, was es wolle. 2. Aus eben diesem Grund muß man den Formalisierungsprozeß und sein Programm so tiefgehend wie möglich analysieren, um die philosophischen, ideologischen oder politischen Aussagen und Verhaltensweisen, die ihm unterstehen, zu entdecken, wo sie sich auch immer befinden mögen. Die Aufgabe erscheint mir ebenso dringend wie endlos. Es kam vor, daß ich das Dekonstruktion nannte, und ich komme sofort auf dieses Wort zurück.

Diese beiden abstrakt formulierten Dinge möchte ich nun veranschaulichen. In vielen der Diskurse, die ich seit ein paar Monaten gehört oder gelesen habe (und ich rechnete sehr präzise damit), ob sie de Man nun angreifen oder verteidigen, war es leicht, Axiome und Verhaltensformen zu erkennen, die die Logik bestätigen, von der man sich die Hände reinzuwaschen vorgibt: Läuterung, Säuberung, Totalisierung, Wiederaneignung, Homogenisierung, Objektivierung im Eiltempo, gutes Gewissen, Stereotypie und keine Lektüre, *unmittelbare* Politisierung oder Entpolitisierung (beides geht immer Hand in Hand), *unmittelbare* Historisierung oder Enthistorisierung (damit verhält es sich wie oben), unmittelbare ideologisierende Moralisierung (die Immoralität selbst) aller Texte und aller Probleme, Prozeß, Rechtsspruch, Verurteilung oder Freispruch im Eilverfahren, standrechtliche Hinrichtung oder Verklärung. Das ist es, was es zu dekonstruieren gilt, ich kann hier nur ein paar Anhaltspunkte in dem Feld geben, das den Arbeiten und Verantwortlichkeiten offensteht, die seit zwei Jahrzehnten Dekonstruktion*en*, im Plural, heißen. Ich hätte dieses Wort hier nicht ausgesprochen, wenn nicht alle Zeitungsartikel und Gerüchte, die mich bis heute erreichten, in gleichzeitig sehr überraschender und sehr wenig überraschender Weise DIE Dekonstruktion mit dieser ganzen Affäre assoziiert hätten. Wenn ich dieses Problem rasch anschneide, kann ich sicher *von der Regel zur Hypothese* übergehen und ein wenig differenzieren, was ich von den ersten Seiten dieses Artikels an unter dem Wort »Bruch« verstehe.

Bei allem, was daran zur Verzweiflung bringen kann, habe ich angefangen, mich an die journalistischen Darstellungen der Dekonstruktion zu gewöhnen, sowie an die noch entmutigendere Tatsache, daß die Verantwortung dafür meistens nicht professionellen Journalisten, sondern Professoren zuzuschreiben ist, deren Metier zumindest eine gewisse Bemühung beim Lesen verlangen müßte. Dieses Mal hat die Übertreibung in der Vereinfachung, sich wie immer auf die Aggressivität stützend, an Dummheit noch unglaublichere Aussagen produziert.[8] Mit blasierter Nachsicht könnte man dieses allzu durchsichtige Gefuchtel derer belächeln, die sich auf die Situation stürzen, um ohne Zögern eine Gelegenheit auszunutzen zu versuchen, die sie für günstig halten: sich endlich und immer noch, ohne die Texte zu lesen, mit geringen Kosten an einer »Theorie« rächen, die für die Institutionen und Individuen umso bedrohlicher ist, als man offenbar nichts versteht. Auch kann man sich mit derselben lächelnden Nachsicht fragen: also was hat denn DIE Dekonstruktion mit dem zu tun, was 41–42 von einem jungen Mann in einer belgischen Zeitung geschrieben wurde? Ist es nicht lächerlich und unredlich, auf eine ihrerseits vereinfachte und homogenisierte »Theorie« sowie auf alle die, die sie interessiert und die sie weiterentwickeln, den Prozeß auszudehnen, den man einem Mann für Texte machen will, die er vor 45 Jahren in belgischen Zeitungen geschrieben hat und die man übrigens, noch einmal, sozusagen nicht gelesen hat? Ja, vielleicht verdient das kaum mehr als ein Lächeln, und sehr oft bleibt mir nur ein Achselzucken.

Aber dabei bleibt es nicht immer. Heute will ich von meiner Empörung und meiner Beunruhigung sprechen.

1. Zunächst, weil die Gesten der Vereinfachung und die übereilten Verdikte *in der Tat*, ja, etwas mit dem zu tun haben, was um die Jahre 1940–42 herum, früher und später, in Europa und anderswo geschah. Wenn jemand, der darum bittet, »nicht identifiziert zu werden«, sich hier von einem skrupellosen Journalisten-Professor[9] zitiert sieht, wenn er sich von der Tatsache »schockiert« erklärt, daß gewisse Leute zusammenkommen, um diese Probleme überhaupt nur zu *diskutieren* (er würde also gern das Recht auf Versammlung und Auseinandersetzung verbieten? Woran erinnert das?), und wenn er sich im Namen einer »moralischen Perspektive« »schockiert« erklärt, sieht man wohl, was mich empört und beunruhigt; und warum man wachsam bleiben muß; und warum man mehr als je davor auf der Hut sein muß, die Logik, die man zu verurteilen vorgibt, zu reproduzieren. Eben genau in einer »moralischen Perspektive«. Achtung vor der Moral, folglich der wohlbekannten Immoralität so vieler Moralismen.

2. Sodann, weil ich paradoxerweise glaube, daß die Dekonstruktionen *in Beziehung*, aber einer ganz anderen Beziehung mit dem Grund der Probleme stehen, von denen

wir hier sprechen: um es mit einem Wort zu sagen, sie stellen in meinen Augen seit jeher die zumindest notwendige Bedingung dar, um die totalitäre Gefahr in all den bereits erwähnten Formen zu identifizieren und zu bekämpfen.

Nicht nur kann DIE Dekonstruktion in dem kurzen Prozeß, von dem gewisse Leute heute träumen, nicht angeklagt werden, sondern eine wachsame politische Praxis könnte ohne dekonstruktive Verfahren nicht einmal sehr weit in der Analyse all dieser Diskurse, Philosopheme, Ideologeme, politischen Ereignisse oder Strukturen gehen, in der Wiederaufarbeitung all dieser Fragen über die Literatur, die Geschichte, die Politik, die Kultur und die Universität. Ich sage nicht, daß *umgekehrt* im Namen DER Dekonstruktion Prozesse anzustrengen wären! Doch schien mir das, was ich unter diesem Namen ins Werk gesetzt habe, stets geeignet, wenn nicht bestimmt, das ist zweifellos meine Hauptmotivation zur Analyse der Bedingungen des Totalitarismus in all seinen Formen, die sich nicht immer auf Regimenamen beschränken lassen. Und dies, um sich davon so weit wie möglich zu befreien; denn es genügt nicht, einen Knoten durch die Analyse aufzulösen (es gibt da mehr als einen Knoten, und die verdrehte Struktur des Knotens widersteht immer hartnäckig) oder das zu entwurzeln, was im Grunde vielleicht nur ein grauenhafter Wunsch nach Wurzeln und nach gemeinsamer Wurzel ist. Man befreit sich davon nicht wirksam auf einen Schlag, durch leichtes Einverständnis mit dem herrschenden Konsens oder durch Proklamationen von der Art derer, denen ich mich schließlich auch ohne Risiko überlassen könnte, da es die sogenannte objektive Wahrheit ist: »also, wissen Sie, mich, mich kann man nicht verdächtigen, ich bin Jude, während des Krieges war ich ein kleines, verfolgtes Kind, ich war immer für meine linke politische Gesinnung bekannt, ich kämpfe, wie ich kann, beispielsweise gegen die Rassismen (zum Beispiel in Frankreich oder den Vereinigten Staaten, wo sie noch wüten, wollte man es vergessen?), gegen die Apartheid oder für die Anerkennung der Rechte der Palästinenser, es ist noch nicht so lange her, daß ich mich von einer totalitären Polizei verhaften, verhören und inhaftieren lassen mußte, ich weiß, wie sie die Fragen stellt und löst usw.« Nein, diese Erklärungen sind unzureichend. Es kann immer noch und trotzdem Überbleibsel dieser Verhaftungen mit eben dem Diskurs geben, den man zu bekämpfen glaubt. Und die Dekonstruktion ist im besonderen die unermüdliche (theoretische und praktische) Analyse dieser Verhaftungen. Nun, nach dem, was ich in den Zeitungen gelesen und in den Gesprächen gehört habe, würde ich sagen, daß diese Verhaftungen heute bei denen, die de Man anklagen, zahlreicher und schwerwiegender sind als in dessen Büchern und Lehre. Und dies führt mich dazu, das, was ich bis hierher von dem »Bruch« gesagt habe, noch mehr zu komplizieren oder zu differenzieren (ich hatte angekündigt, daß es langwierig und schwierig sein würde).

Wenn ich mehrfach gesagt habe und jetzt noch wiederhole, daß de Man radikal mit seiner Vergangenheit der Jahre 1940–42 *gebrochen* hatte, habe ich in aller Deutlichkeit eine Aktivität, Überzeugungen, direkte oder indirekte Bezüge zu allem, was damals den Kontext seiner Artikel bestimmte, im Auge. Kurz, eine tiefe und wissenschaftliche Entwurzelung. Nach diesem entscheidenden Bruch muß er jedoch, ohne aufzuhören, über diese Vergangenheit zu reflektieren und sie zu interpretieren, namentlich durch seine Arbeit und eine sich fortsetzende historisch-politische Erfahrung hindurch, zu anderen *Brüchen, Abweichungen, Deplazierungen* geschritten sein. Meine Hypothese lautet, daß es derer viele gab und daß sich bei jedem Schritt zumindest indirekt die Frage stellte: wie war das möglich, und wie kann man sich davor bewahren? Was in den Ideologien von rechts oder links, in diesem oder jenem Begriff von Literatur, von Geschichte oder Politik, in diesem Lektüreprotokoll oder jener rhetorischen Falle beinhaltet noch in der einen oder der anderen Gestalt die Potentialität dieser Rückkehr? Und es ist »derselbe Mann«, der das 40 Jahre lang getan hat. Meine Hypothese lautet, daß dieser Weg im Prinzip in dem, was de Man in den Vereinigten Staaten gewesen ist, was er dort gesagt, gelehrt, veröffentlicht hat, lesbar ist. Die sich gegenseitig auslösenden Konsequenzen dieser Brüche sind in meinen Augen sogar das Interessanteste in diesen Büchern und das, was allen in Zukunft eine wertvolle Lektion sein wird, insbesondere seinen Feinden, die gut beraten wären, ihn zu studieren.

Diejenigen, die die jüngsten »Enthüllungen« gegen DIE Dekonstruktion ausnutzen möchten, müssen folgendes Faktum berücksichtigen. Es ist eher massiv. Mehr als 20 Jahre nach dem Krieg hat die »Dekonstruktion« die bekannten Formen angenommen. Ihr Verhältnis zu all ihren vor allem Heideggerschen Prämissen war sofort seinerseits ein kritisches und dekonstruktives. Und wurde es mehr und mehr. Mehr als 20 Jahre nach dem Krieg hat de Man die Dekonstruktion entdeckt. Und als er in den Essays von *Blindness and Insight* begann, davon zu sprechen, geschah dies *zunächst auf eher kritische*, wenn auch, wie immer, komplizierte Art. Viele Linien in diesem Buch weisen darauf hin, daß bestimmte theoretische oder ideologisch-philosophische Konsequenzen des »Bruchs« noch nicht gezogen waren. Anderswo, in *Mémoires* (um die Seite 120 herum und passim), habe ich versucht zu zeigen, was dort geschieht, wo in seiner Arbeit das Wort »Dekonstruktion« (sehr spät) auftaucht, und dort, wo er in *Allegories of Reading* das ausarbeitet, was sein originelles Verhältnis zur Dekonstruktion bleiben wird. Ist es nützlich, noch an so viele Differenzen zu erinnern und zu präzisieren, daß dieses einzigartige Verhältnis, so interessant es mir erscheint, nicht genau das meine ist? Das ist hier unwichtig. Da man aber überall und seit langem wiederholt, de Man interessiere sich nicht für die Geschichte und die Politik, ermißt man heute besser die Hohlheit dieses Glaubens. Da denke ich vor allem an die Ironie, mit der er eines Tages zum Thema »Ideologie« und »Politik« antwortete: »Ich glaube nicht, daß ich jemals von diesen Problemen abgelenkt war, sie waren meinem Geist immer sehr gegenwärtig [*uppermost in my mind*].«[10] Man muß das Ganze lesen. Ja, sie waren »*in my* [*his*] *mind*«, und sicherlich mehr als bei jenen, die ihn in den Vereinigten Staaten oder in England der Zerstreuung in diesem Punkt beschuldigten. Er hatte Gründe dafür, die Erfahrung hatte ihn darauf vorbereitet. Er dachte wohl, daß feine Ohren ihn hören konnten, er diesbezüglich nicht einmal Geständnisse über den Krieg abzulegen hatte. In Wirklichkeit sprach er von nichts anderem. Er schrieb von nichts anderem. Manchmal sage ich mir: er dachte vielleicht, nur aus der Lektüre seiner Schriften wüßte ich all das, von dem er mir nie erzählt hatte. Und in der Tat, vielleicht wußte ich es dunkel. Stimmlos hörte ich es. Wenn ich heute an ihn denke, an ihn selbst, sage ich mir unter anderem zwei Dinge.

1. Dieser Krieg in ihm muß nach zwei zugleich getrennten und unauflösbar verbundenen Zeitlichkeiten oder Geschichten gelebt worden sein. Einerseits erscheinen die Kindheit und die Besatzungsjahre darin wie eine Art vorgeschichtlichen Präludiums: immer weiter entfernt, entwirklicht, abstrakt, fremd. Die »wahre« Geschichte, die wirkliche und fruchtbare Geschichte bildet sich langsam, mühsam, schmerzlich nach diesem Bruch, der auch eine zweite Geburt war. Aber andererseits und umgekehrt hatten die »wahren« (öffentlichen und privaten) Ereignisse, die schlimmen, traumatischen Erfahrungen, die wirkliche und unauslöschliche Geschichte schon stattgefunden, dort, in diesen schrecklichen Jahren. Was in Amerika für ihn folgte, dem ein Freund, ein französischer Schriftsteller, wie er mir gesagt hatte, in einem Text den Beinamen »Hölderlin in Amerika« gegeben hatte, wäre nur nachgeschichtliches Überleben gewesen, leichter, weniger ernst: ein nächster Tag, mit dem man leichter, mit Ironie spielen kann, das

heißt *jenseits des Beendeten*, ohne Rechenschaft ablegen zu müssen. Diese beiden Leben, diese beiden »Geschichten« (Vorgeschichte und Nachgeschichte) lassen sich nicht totalisieren. In jener unendlich schnellen Oszillation, von der er oft in bezug auf Ironie und Allegorie gesprochen hat, ist eine so absolut [*absolue*], so »los-gesprochen« [»*absoute*«] wie die andere. Natürlich ist von diesen beiden nicht-totalisierbaren Dimensionen eine so wahr oder illusorisch, so abwegig wie die andere, aber das Wahre und Falsche messen sich auch nicht miteinander. Seine »lebendige Gegenwart«, wie jener andere sagen würde, war die Kreuzung dieser beiden unverträglichen und getrennten Zeitlichkeiten, die dennoch vereinbar, in der Geschichte ineinandergefügt waren, in dem, was *seine Geschichte* war, die einzige.

2. Nach dem Moment der Trauer und der Verletzung glaube ich, daß das, was *uns* geschehen ist, doppelt notwendig war. Zunächst als Fatalität: es mußte früher oder später geschehen, eben aufgrund des verdienten und wachsenden Einflusses eines Denkers, der faszinierend genug ist, daß man immer mehr erfahren will – von ihm und über ihn. Und dann mußte es geschehen als eine heilsame Prüfung. Es wird uns alle, die einen mehr als die anderen, verpflichten, wiederzulesen, besser zu verstehen, die vergangenen, gegenwärtigen und vor allem zukünftigen Fallen und Spieleinsätze zu analysieren. Das Erbe Paul de Mans ist nicht vergiftet, jedenfalls nicht mehr als die besten, wenn es kein Erbe ohne jedes Gift gibt. Ich denke an unsere Begegnung, unsere Freundschaft und an das Vertrauen, das er mir erwiesen hat, als an eine Chance meines Lebens. Ich bin fast sicher, daß es vielen anderen genauso geht, denen, die es mitteilen können und die Worte dafür finden werden, und denen, die es vielleicht nicht einmal wissen oder es nie sagen würden. Ich weiß, daß ich ihn wiederlesen werde und daß uns dort noch Zukunft und Versprechen erwarten. Er wird mich immer mehr interessieren als die, die zu urteilen pressiert sind und zu wissen

glauben und die in der naiven Versicherung des guten oder des schlechten Gewissens im voraus geschlossen haben. Denn man hat im voraus geschlossen, wenn man auf die Inszenierung eines Prozesses sinnt, in der die Rollen bereits verteilt sind: Präsident, Staatsanwalt, Verteidiger, Zeugen, und in den Kulissen warten die Exekutionsinstrumente. Was den Angeklagten angeht, er ist tot. Er ist in Asche, er hat keine Veranlassung, auch keine Mittel, noch weniger die Wahl oder den Wunsch zu antworten. Wir sind allein unter uns. Wir tragen sein Gedächtnis und seinen Namen in uns. Vor allem tragen wir für die Zukunft ethisch-politische Verantwortungen. Die Weisen unseres Verhaltens dem gegenüber, was uns von de Man bleibt, werden auch Beispielswert haben, ob wir es wollen oder nicht. Das Werk oder den Mann von dem aus, was eine kurze Episode war, zu verurteilen, zu verdammen, dazu aufzurufen, seine Bücher zu schließen, das heißt, zumindest im Bild, zu zensieren oder zu verbrennen, ist die Gebärde der Ausrottung reproduzieren, der gegenüber man ihn beschuldigt, nicht früh genug die nötige Wachsamkeit besessen zu haben. Das ist, nicht einmal eine Lektion ziehen, die er aus dem Krieg zu ziehen gewußt hat.

Soeben habe ich mich wiedergelesen und stelle mir vor, daß ich für einige und trotz aller Proteste und Vorsichtsmaßnahmen alles in allem versucht haben werde, zu schützen, zu retten, zu rechtfertigen, was es nicht verdiente. Diese bitte ich, wenn ihnen noch irgend etwas an Gerechtigkeit und Gründlichkeit liegt, sich die Zeit zu nehmen, so genau wie möglich wiederzulesen.

Der versprochene Bericht ist für heute fast zu Ende. Als Epilog noch drei Telephonanrufe, im Dezember. Der erste kommt von Neil Hertz. Er berichtet mir vom Zeugnis eines gewissen Herrn Goriely, eines früheren belgischen Widerstandskämpfers. Er hat de Man, dessen Freund er durch diese dunklen Jahre hindurch war, gut gekannt. Während der ganzen Zeit, in der er im Untergrund ist, verkehrt er mit ihm in vollem Vertrauen. Ein in *Le Soir* vom 11. Dezember 1987 bestätigtes Zeugnis: diesem »Akademiker« zufolge war de Man »ideologisch weder Antisemit noch auch pro-nazistisch«: »Den Beweis, daß Paul de Man kein Fanatiker war, habe ich daher, daß ich ihn während des Krieges frequentiert habe und er wußte, daß ich *im Untergrund* war und mit der Résistance zu tun hatte. Ich habe niemals Angst vor einer Denunzierung gehabt.« Derselbe Akademiker hat keinerlei Erinnerung an einen antisemitischen Artikel, jenen Artikel, den *Le Soir* in seinen Archiven nicht wiederzufinden behauptet.[11] Und er fügt hinzu: »Im übrigen glaube ich zu wissen, daß unser Mann ebenfalls einer Veröffentlichung der Résistance Texte gegeben hat: *Les voix du silence*, *Die Stimmen der Stille*!« Von diesem letzten Zeugnis beunruhigt, ruft Werner Hamacher mich an und bittet mich, bei Georges Lambrichs, dem belgischen Schriftsteller, der lange die neue *Nouvelle Revue Française, NRF*, bei Gallimard geleitet hat und der in der Résistance mit dieser Episode zu tun gehabt haben soll, Erkundigungen einzuholen. Ich wußte von de Man, daß sie sich gut kannten. Ich rufe ihn an. Seine Antwort ist sehr bestimmt, ohne das geringste Zögern: man muß die Geschichte und die Autorität des Onkels berücksichtigen. Selbst wenn er keiner Widerstandsorganisation angehörte, war de Man alles außer einem Kollaborateur. Ja, er hat den französischen Widerstandskämpfern geholfen, in Belgien eine in Frankreich verbotene Zeitschrift zu veröffentlichen und zu verbreiten (mit Texten von Eluard, Aragon usw.). Der Titel dieser Zeitschrift war nicht *Les voix du silence*, *Die Stimmen der Stille*, sondern *Exercice du silence*, *Einübung der Stille* (Fortsetzung folgt).

Das Ohr ganz dicht am Telephon, bin ich dennoch nicht sicher, richtig gehört zu haben. Lambrichs wiederholt: »*Exercice du silence.*«

Januar 1988
Jacques Derrida

Anmerkungen

Die Anmerkungen wurden für den Textauszug neu durchnummeriert. Die ursprünglichen Anmerkungsziffern sind in eckigen Klammern beigefügt.

1 [58] Paul de Man, *The Rhetoric of Romanticism*, New York 1984, S. VIII.

2 [59] Deutsch im Text.

3 [60] De Man, *The Rhetoric of Romanticism*, S. 70.

4 [61] Jacques Derrida, *Mémoires pour Paul de Man*, Paris 1988, S. 26–28.

5 [62] Im Original stehen die deutschen Termini in Klammern hinter den französischen Ausdrücken. [Anm. d. Übers.]

6 [63] Paul de Man, *Blindness and Insight*, Minneapolis (Minn.) 1971, ²1983, S. 222.

7 [64] »Lärm« übersetzt »rumeur«, was auch »Gerücht« heißt. [Anm. d. Übers.]

8 [65] Ich habe weder Raum noch Geduld, noch die Grausamkeit, sie alle zu zitieren. Ich erinnere nur daran, daß sie oft in Zeitungen der Universitätscampusse auftauchen und im allgemeinen den Journalisten von Professoren eingegeben wurden.

9 [66] Vgl. »Deconstructing de Man« von Jon Wiener, in: *The Nation*, 9. 1. 1988. Vom Titel bis zum letzten Satz versammelt dieser haßerfüllte und mit Irrtümern gespickte Artikel beinah alle Lektürefehler, die ich bisher genannt habe. Man erbebt bei dem Gedanken, daß sein Verfasser an einer Universität Geschichte lehrt. Er versucht, auf die Dekonstruktion und ihre »Politik« (wie er sie sich vorstellt) eine Flut von Verleumdungen oder verleumderischer Insinuationen zu übertragen und wagt, von de Man als einem »academic Waldheim« zu sprechen, praktiziert ohne die geringste Hemmung den dogmatischen Abriß, schreibt mir zum Beispiel die Gründung der Dekonstruktion zu, indem er behauptet, ich hätte deren Vaterschaft dem »progenitor« Heidegger zugeschrieben, von dem man nachgewiesen habe, daß das »commitment to Nazism was much stronger than has previously been realized«. Schließen Sie selbst. Da ich mich seit langem und noch vor kurzem andernorts ausführlich zu all diesen Fragen erklärt habe (insbesondere darüber, was die Dekonstruktion, die mich interessiert, von Heidegger empfängt,

aber auch dekonstruiert, über Heidegger und den Nazismus usw.), kann ich den interessierten Leser hier nur auf all diese Publikationen verweisen. Es geht immer darum, sich auf eine unerhoffte (nur zu sehr erhoffte!) Gelegenheit zu stürzen und ein gefundenes Fressen auszubeuten, *koste es, was es wolle*: und wenn der sehr besondere Zeitabschnitt des Lebens eines Mannes uns erlaubte, uns mit einem Schlag der Dekonstruktion zu entledigen und ein für alle Mal ihre beunruhigende Wucherung zu stoppen!?

Das mag jenen unwahrscheinlich vorkommen, die dem Spektakel dieses Zwangs, wenn er in fast schlafwandlerischem Zustand tätlich wird, nicht beigewohnt haben. Das nämlich ist es, was bei denen abläuft, die sich sagen: man muß der Dekonstruktion um jeden Preis ein Ende machen, man hat nie etwas von ihr verstanden, man wird nie lesen, also schnell, hier sind die »Fakten«, die uns davon entbinden werden, sie brauchen nicht einmal interpretiert zu werden, völlig unwichtig, daß sie stattfanden, zwanzig Jahre bevor diese teuflische Dekonstruktion auch nur begann, uns das Leben unmöglich zu machen. Zu dieser Liquidierung um jeden Preis (das heißt zum Preis von unglaublichen Schlußfolgerungen, Manipulationen und groben Verneinungen) fürchtet man nicht einmal mehr die Lächerlichkeit, man glaubt, übrigens nicht zu Unrecht, überall mit Komplizen rechnen zu können.

Dies alles bekommt Sinn in einer theoretisch-historisch-politisch sehr bestimmten Situation. Man kann es ohne Übertreibung sagen: es ist die der gesamten westeuropäischen Kultur, damit meine ich die zwischen Japan und Berlin-West, über die beiden Küsten der USA. Es ist also nicht erstaunlich, daß der Artikel von Jon Wiener (dessen Autor aufgrund seiner Fehlgriffe in *The Nation* berühmt sein müßte, diese hat nach seinen Interventionen schon mehr als einmal scharfe und bedauerliche Richtigstellungen veröffentlichen müssen) sofort andere inspiriert, man müßte sagen, programmiert hat, in den Vereinigten Staaten oder in Europa, vor allem in Deutschland. Gewisse Leute begnügten sich damit, überstürzt seine Irrtümer, Verwechslungen, verleumderischen Andeutungen zu übernehmen. Andere ließen es nicht dabei bewenden. So etwa Herr Frank Schirrmacher in zwei Artikeln der *Frankfurter Allgemeinen Zeitung* (10. und 24. Februar 1988). Nachdem er zu verstehen gegeben hat, daß die Dekonstruktion (von der er sichtlich nichts versteht) Affinitäten mit dem Faschismus und ähnlichen Dingen aufweist, nimmt er die Replik von Werner Hamacher zum Vorwand (die er kürzt, um seiner eigenen Entgegnung mehr Raum zu geben) und wird rückfällig, wobei er so tut, als zöge er seine Beleidigung zurück. Sich angeblich für die »Bedeutung« des »Falles de Man«, »für eine politisch und ästhetisch außerordentlich einflußreiche Theorie« interessierend, wagt er zu schreiben: »Der Dekonstruktivismus ist zu vielfältig, um durch den Fall Paul de Man zerstört zu werden (eine andere Art zuzugeben, daß genau dies die Frage, genauer die Hoffnung ist). Wir wurden mißverstanden, wenn man meinte, wir hatten den Dekonstruktivismus ›faschistisch‹ genannt. Er ist fraglos eine wertvolle analytische Methode modernen Literatur- und Selbstverständnisses. Nur: die Schule wird mit der Gleichung ›Dekonstruktivismus ist Faschismus‹ schon heute konfrontiert, und sie muß darauf eine Antwort finden.«

Wer träumt hier? Und wieso müßte diese »Schule« auf diese diffamierende Gleichung antworten, auf die übrigens offensichtlich niemand antworten kann, nicht einmal Herr Schirrmacher? Müßte man etwa gegen diese irrwitzige Anschuldigung streiten, weil Herr Schirrmacher oder andere Schirrmacher die Idee oder das Begehren hatten, sie zu erfinden, um sie dann widerhallen zu lassen, indem sie so tun, als zögen sie sie zurück oder als schrieben sie sie anderen zu? Und was würde Herr Schirrmacher tun, wenn man ihm, nachdem man ihn als Faschisten bezeichnete, sagte: ich habe nicht gesagt, daß Ihre Methoden faschistisch sind, aber diese Anschuldigung wurde laut, ist jetzt in der Luft, Sie müssen darauf antworten.

10 [67] An interview with Paul de Man, by Stefano Rosso, in: Paul de Man, *The Resistance to theory*, Minneapolis (Minn.) 1986, S. 121.

11 [68] Diese Bemerkung von *Le Soir* (11. Dez. 1987), der in seinen Archiven nicht wiederfindet, was möglicherweise eine Sondernummer und ein Sonderdruck war, von dem die interviewte Person, die »de Man gut kannte und damals häufig sah«, »keinerlei Erinnerung« bewahrt hat, beschäftigte mich bereits. Dasselbe Erstaunen zeigt Charles Dosogne in seinem Brief an Neil Hertz. Er war der erste Direktor der *Cahiers du Libre*-Examen (an denen »eine gewisse Anzahl von Israeliten«

mitarbeiteten) und erinnert zunächst daran, daß Paul de Man »sich mit 20 Jahren mit einer jungen Frau und einem Kind ohne akademische Ausbildung in einer Periode der Auflösung des Staates befand, was ihm nicht erlaubte, sich um eine einträgliche Anstellung zu bewerben. Er hatte nichts als seine weite Kultur und seine große Intelligenz, von denen er profitieren konnte, indem er das annahm, was Beziehungen ihm boten: eine Mitarbeit beim *Soir* und beim *Vlaamsche Land.*« Sodann beruft Charles Dosogne sich auf lange freundschaftliche Beziehungen von 1937 bis 1947, um hinzuzufügen: »Ich kann versichern, daß die Äußerungen und Haltungen Paul de Mans niemals, weder vor noch während des Krieges eine antisemitische Einstellung verdächtigen ließen, was, dies sei am Rande bemerkt, unserer Beziehung ein Ende gesetzt hätte. Der Rassismus stand in grundsätzlichem Widerspruch zu seiner tief humanen Natur und dem universalen Charakter seines Geistes. Deshalb bleibe ich gegenüber den von der *New York Times* zitierten Äußerungen ›mit antisemitischen Anklängen‹, die ihm angelastet werden könnten, äußerst skeptisch. Gäbe es nicht Veranlassung, bestimmte Fragen zu einem Dokument zu stellen, das nicht in der Sammlung des *Soir* selbst figuriert und dessen in der Bibliothèque Albertine vorhandenes Exemplar mit drei Sternchen versehen ist. Warum??«

Zur Textauswahl

Wie bei Jean-François Lyotards Postmoderne-Begriff in den 1980iger Jahren war die Durchsetzung von Jacques Derridas Begriff der Dekonstruktion als Leitbegriff der Kultur in den 1990iger Jahren mit dessen Verarmung verbunden. Dabei ging vor allem seine entscheidende Qualität verloren, jede Lektüre, jedes Aussagensystem nicht als endgültige, ein für alle Mal festliegende Interpretation zu verstehen, sondern als von vielen Faktoren beeinflusstes und sich veränderndes, an den jeweiligen Gegenstand sich anpassendes Bedeutungsgeflecht, das sich verändern, verschieben, umbauen kann, je nachdem, welche bedeutungskonstituierende Faktoren sich ändern, wobei die Gesamtheit dieser Faktoren nicht vom aussagenden oder lesenden Subjekt kontrolliert werden kann. Das Subjekt ist vielmehr nur eine der bedeutungsstrukturierenden Möglichkeiten, die wir allerdings in unserer Kultur ins Zentrum gerückt haben.

Eine Textauswahl aus dem Werk Derridas muss in dieser Situation seine grundlegenden Texte in den Mittelpunkt stellen. Denn nur der Nachvollzug dieser Texte ermöglicht es den für unsere Kultur so wichtigen Einsichten Derridas, sich in unserem Diskursgefüge zu halten, und er verhindert, dass Derridas Texte ohne Anstrengung als irrational denunziert und weggeschoben werden können. Zwar wird das bis heute immer wieder versucht, aber mittlerweile ist diese Strategie auch im Rahmen der Universitätsphilosophie disqualifiziert und gilt selbst als unseriös, weil sie den eigenen Diskursregeln und Anforderungen nicht genügt.

Die Grundlegung im oben beschriebenen Sinne und mit der Einschränkung, dass es im Werk Derridas keine Grundlegung im traditionellen Sinne geben könne, erfolgt im ersten Teil der *Grammatologie*, aber auch, der diskursiven Strategie Derridas entsprechend, in einer Reihe anderer Texte, die um diese Zeit und etwas später veröffentlicht wurden. Dabei haben wir es nicht mit einem Gefüge aufeinander aufbauender, Argumentationen aufgreifender und fortführender Texte zu tun, sondern jedes Mal setzt der Text neu ein und entwickelt sein Bedeutungsgefüge, sei es als Lektüre bestimmter argumentativer Konstellationen oder als Lektüre von Texten der Tradition.

In der ersten Abteilung der vorliegenden Auswahl sind drei Texte zusammengeführt, deren sorgfältiges Studium dem Leser die

Mittel an die Hand gibt, mit denen er das Werk Derridas einordnen und seine Innovationen verstehen kann. Diese Texte zeigen in ihrer Gesamtheit die verschiedenen historisch-systematischen Anknüpfungspunkte, bei denen Derrida ansetzt, und entwickeln die Begriffe, ohne die Derridas Dekonstruktion unmotiviert erscheinen und unverständlich bleiben muss. Im zeitlichen Abstand erweisen sich die ausgewählten Texte neben einigen anderen als die klassischen Texte der Dekonstruktion, an denen keine ernsthafte Beschäftigung mit dem Werk Derridas vorbeigehen kann.

In der zweiten Abteilung der Auswahl sind drei dekonstruktive Lektüren von Autoren versammelt, die jeweils wichtige Aspekte der Dekonstruktion aus der Arbeit mit Texten der Tradition entwickeln. Der Text »Der Schacht und die Pyramide« beschäftigt sich mit Hegel und dekonstruiert die letzte klassische Position der Metaphysik, die unser Wissen noch als System entfalten wollte. »Freud und der Schauplatz der Schrift« klärt das Verhältnis der Dekonstruktion zur Psychoanalyse, die einer der großen antimetaphysischen Ansätze zu Beginn des 20. Jahrhunderts war und ebenso wie die etwa in dieser Periode entwickelte Semiotik de Saussures ein wichtiger Anknüpfungspunkt Derridas für die Entwicklung der Grammatologie und der Dekonstruktion wurde. »Ousia und gramme«, der letzte Text in dieser Abteilung, ist eine Lektüre Heideggers, die daran arbeitet, den Ansatz der Grammatologie von der Metaphysikkritik Heideggers abzugrenzen.

Die letzte Abteilung der Auswahl bietet drei Texte, die sich mit verschiedenen Fragen beschäftigen, die an die Dekonstruktion im Laufe ihrer Entwicklung herangetragen wurden und mit denen sie sich befassen muss. Denn wie jeder philosophische Ansatz wird die Dekonstruktion nicht nur auf ihre argumentative Stimmigkeit hin geprüft, sondern auch auf ihre Auswirkungen auf Fragen der Philosophie, auf ihre ethische und politische Bedeutung. »Gibt es eine philosophische Sprache?« thematisiert das Verhältnis von Dekonstruktion und Sprache. »Unterwegs zu einer Ethik der Diskussion« erörtert das Verhältnis von Dekonstruktion, Ethik und Politik. Der Abschnitt aus *Wie Meeresrauschen auf dem Grund einer Muschel …* unter dem Titel »Paul de Man lesen« befasst sich ebenfalls mit dem Verhältnis von Dekonstruktion und Politik und macht anlässlich der Diskussion um Paul de Man, die zu einer globalen Denunziation der Dekonstruktion missbraucht wurde, die antitotalitäre Motivation und Positionierung der Dekonstruktion unmissverständlich deutlich.

Textnachweise

Das Ende des Buches und der Anfang der Schrift. Übers. von Hans-Jörg Rheinberger und Hanns Zischler. In: Jacques Derrida: Grammatologie. Frankfurt a. M.: Suhrkamp, 1983. © 1983 Suhrkamp Verlag, Frankfurt am Main.

Signatur Ereignis Kontext. Übers. von Werner Rappl unter Mitarb. von Dagmar Travner. In: Jacques Derrida: Limited Inc. Hrsg. von Peter Engelmann. Wien: Passagen Verlag, 2001. © 2001 Passagen Verlag Ges. m. b. H., Wien.

Die différance. Übers. von Eva Pfaffenberger-Brückner. In: Jacques Derrida: Randgänge der Philosophie. Hrsg. von Peter Engelmann. 2., überarb. Aufl. Wien: Passagen Verlag, 1999. © 1988 Passagen Verlag Ges. m. b. H., Wien.

Der Schacht und die Pyramide. Einführung in die Hegelsche Semiologie. Übers. von Günther Sigl. In: Jacques Derrida: Randgänge der Philosophie. Hrsg. von Peter Engelmann. 2., überarb. Aufl. Wien: Passagen Verlag, 1999. © 1988 Passagen Verlag Ges. m. b. H., Wien.

Freud und der Schauplatz der Schrift (Auszug). Übers. von Rodolphe Gasché. In: Jacques Derrida: Die Schrift und die Differenz. 5. Aufl. Frankfurt a. M.: Suhrkamp, 1992. © 1972 Suhrkamp Verlag, Frankfurt am Main.

Ousia und gramme. Notiz über eine Fußnote in *Sein und Zeit* (Auszug). Übers. von Gerhard Ahrens. In: Jacques Derrida: Randgänge der Philosophie. Hrsg. von Peter Engelmann. 2., überarb. Aufl. Wien: Passagen Verlag, 1999. © 1988 Passagen Verlag Ges. m. b. H., Wien.

Gibt es eine philosophische Sprache? Übers. von Karin Schreiner und Dirk Weissmann unter Mitarb. von Kathrin Murr. In: Jacques Derrida: Auslassungspunkte. Gespräche. Hrsg. von Peter Engelmann. Wien: Passagen Verlag, 1998. © 1998 Passagen Verlag Ges. m. b. H., Wien.

Unterwegs zu einer Ethik der Diskussion (Nachwort, Auszug). Übers. von Werner Rappl unter Mitarb. von Dagmar Travner. In: Jacques Derrida: Limited Inc. Hrsg. von Peter Engelmann. Wien: Passagen Verlag, 2001. © 2001 Passagen Verlag Ges. m. b. H., Wien.

Paul de Man lesen (Titel des Herausgebers, Auszug). Übers. von Elisabeth Weber. In: Jacques Derrida: Wie Meeresrauschen auf dem Grund einer Muschel ... Paul de Mans Krieg. Mémoires II. Hrsg. von Peter Engelmann. Wien: Passagen Verlag, 1988.

Jacques Derrida im Passagen Verlag
Herausgeber Peter Engelmann

Psyche. Erfindungen des Anderen I (ISBN 978-3-7092-0041-4)
Mémoires. Für Paul de Man (ISBN 978-3-7092-0042-1)
Schibboleth. Für Paul Celan (ISBN 978-3-7092-0032-2)
Apokalypse. Von einem neuerdings erhobenen apokalyptischen Ton in der Philosophie. No Apocalypse, not now (ISBN 978-3-7092-0031-5)
Bleibe. Maurice Blanchot (ISBN 978-3-85165-968-9)
Préjugés. Vor dem Gesetz (ISBN 978-3-85165-915-3)
Das Tier, das ich also bin (ISBN 978-3-85165-944-3)
Bleibe, Athen (ISBN 978-3-85165-934-4)
Positionen. Gespräche mit Henri Ronse, Julia Kristeva, Jean-Louis Houdebine, Guy Scarpetta (ISBN 978-3-85165-852-1)
Die Wahrheit in der Malerei (ISBN 978-3-85165-809-5)
Voiles. Schleier und Segel (ISBN 978-3-85165-782-1)
Von der Gastfreundschaft (ISBN 978-3-85165-778-4)
Jedes Mal einzigartig, das Ende der Welt (ISBN 978-3-85165-759-3)
H.C. für das Leben, das heißt... (ISBN 978-3-85165-760-9)
Wie nicht sprechen. Verneinungen (ISBN 978-3-85165-758-6)
Maschinen Papier. (ISBN 978-3-85165-747-0)
Echographien. Fernsehgespräche (ISBN 978-3-85165-761-6)
Genesen, Genealogien, Genres und das Genie. Das Geheimnis des Archivs (ISBN 978-3-85165-746-3)
Transfer. Sprache und Institutionen der Philosophie. Vom Recht auf Philosophie II (ISBN 978-3-85165-706-7)

Passagen Verlag